왜 "A 학생"은 / C 학생

밑에서
일하게 되는가

그리고 왜

B 학생은

공무원이 되는가

WHY "A" STUDENTS WORK FOR "C" STUDENTS AND WHY "B" STUDENTS WORK FOR THE GOVERNMENT:
Rich Dad's Guide to Financial Education for Parents

by Robert T. Kiyosaki

로버트 기요사키

안진환 옮김

왜 A 학생은 밑에서 일하게 되는가

Academics 학자형

Capitalists 자본가형

C 학생

그리고 왜 B 학생은 공무원이 되는가

Bureaucrats 관료형

부자 아빠가 들려주는 자녀의 인생을 변화시키는 법

민음인

차례

자녀의 금융 재능을
일깨우라

"모두가 제 나름의 재능을 지닌다.
하지만 나무에 오르는 능력으로 물고기를 평가한다면,
그 물고기는 평생 자신이 바보라고 믿으며 살아갈 것이다."

— 알베르트 아인슈타인

금융 교육이
내 자녀의 인생을 바꾼다

새 책을 쓰고자 할 때마다 나 자신에게 묻는다. "내가 이 책을 쓰는 이유는 무엇인가?"

내 답은 늘 단순하고 똑같다. 왜 학교에서는 돈에 대해 가르치지 않는가? 이는 내가 평생 품어 온 의문이자, 이 책의 집필 동기이다. 선생님들은 매일 우리 머릿속에 다음과 같은 내용을 주입시키려 애썼다.

일자리를 얻으려면 학교에 다녀야 한다. 학교에 다니지 않으면 좋은 직업을 가질 수 없다.

왜 학교에 다니는가?

나는 선생님들께 묻곤 했다. "직업을 갖는 것은 돈을 벌기 위한 게 아닌가요? 그렇다면 차라리 바로 요점으로 들어가서 돈에 대해 가르치는 게 낫지 않은가요?"

이 질문에 시원하게 답해 주는 선생님은 없었다.

벌거벗은 임금님

「벌거벗은 임금님」은 덴마크의 동화 작가 한스 크리스티안 안데르센이
1837년에 발표한 작품이다.

줄거리

오랜 옛날에 옷치장을 너무 좋아하는 나머지 잘 차려입는 일에 돈을 다 써 버
리는 임금님이 살았다. 어느 날 협잡꾼 두 명이 임금님을 찾아와 자기들이 세
상에서 가장 멋진 천을 짤 수 있다고 장담했다. 그러면서 그 천은 성질이 특이
해서 지위에 걸맞지 않거나 말할 수 없이 어리석은 사람의 눈에는 보이지 않는
다고 덧붙였다.

자신의 눈에 그 천이 보이지 않으면 어쩌나 다소 불안한 마음이 생긴 임금님은
처음에는 가장 신임하는 대신을, 다음에는 붙임성 있는 관리를 보내 그 특별한
천을 살펴보게 했다. 그 둘의 눈에는 아무것도 보이지 않았다. 사실 아무것도
없었으니 당연한 이치였다. 하지만 두 신하는 그것이 보이지 않는다는 사실을
인정할 수 없었던 터라 색상과 무늬가 훌륭하다며 거짓된 칭찬을 늘어놓았다.
성 안의 모든 백성들이 그 천의 신기한 힘에 대해 알게 되고 어떤 사람들이 부
적절한 얼간이로 판명날 것인지 궁금해서 안달이 났다.

결국 임금님은 다가오는 경축 행렬 행사에 그 천으로 만든 새 옷을 입고 나가
기로 결정했다. 임금님은 옷이 안 보인다는 것을 알았지만 그 사실을 인정할
수 없었다. 그것은 곧 자신이 지위에 걸맞지 않거나 말할 수 없이 어리석다는
점을 인정하는 셈이었기 때문이다. 백성들이 자신에 대해 그렇게 생각할까 봐

두려웠다.

행사가 진행되자 군중들은 모두 환호하며 박수갈채를 보냈다. 임금님의 새 옷이 이렇게 대단한 환호를 받다니! 전에 없던 일이었다. 물론 그들 역시 옷이 보이지 않는다는 사실을 인정할 수 없었던 것이다. 그런데 그때 한 꼬마가 외쳤다. "하지만 아무것도 입지 않았는데요!"

꼬마의 부모는 깜짝 놀라 아이의 입을 막으려 했다. 꼬마는 몸을 비틀어 부모의 손을 입에서 떨쳐 내고는 다시 외쳤다. "임금님이 벌거벗으셨어요!" 곧이어 꼬마의 친구들이 낄낄대며 외침에 합류했다. "임금님이 벌거벗으셨어요!"

잠시 후 어른들도 옆 사람에게 속삭이기 시작했다. "애들 말이 맞아요!" "아무것도 안 걸치셨구먼!" "임금님이 벌거벗으셨어!" "어리석은 임금님이 우리까지 바보로 만드시는구먼!"

사람들이 진정으로 원하는 것은?

2009년 세계적인 여론 조사 전문가 프랭크 런츠 박사는 자신의 저서 『미국인들이 진정으로 원하는 것*What Americans Really Want…… Really*』에서 다음과 같은 설문 조사 결과를 발표했다.

"만약 선택권이 있다면 당신은 100여 명 정도의 직원을 둔 회사의 오너가 되고 싶습니까, 아니면《포춘》선정 500대 기업의 CEO가 되고 싶습니까?"

이 설문의 응답자 중 80퍼센트가 오너를 택했고, 고작 14퍼센트만이 만 명 이상의 직원을 거느리는 대기업 CEO를 택했다. 나머지 6퍼센트는 '무응답' 내지는 '잘 모르겠다'였다.

다시 말해서 현대인은 '사업가'가 되길 원한다는 얘기다.

문제는 우리의 학교 시스템이 아이들을 피고용인, 즉 조직의 직원이 되도록 훈련시키고 있다는 점이다.

그래서 그렇게 많은 교사와 학부모들이 "학교에 다녀야 좋은 직업, 고임금 일자리를 잡을 수 있다."라고 계속해서 말하는 것이다. "학교에 가서 좋은 직업, 고임금 일자리를 창출하는 법을 배우라."라고 말하는 교사나 학부모를 봤는가? 거의 없을 것이다.

사업가에게 필요한 일련의 기술과 피고용인에게 필요한 기술 사이에는 현격한 차이가 있다. 대부분의 학교는 사업가가 되는 데 필요한 기술을 가르치지 않는다.

런츠 박사는 기업의 직원 중 70퍼센트 이상이 자신의 사업을 시작하는 것에 대해 고려해 봤거나 생각 중이라고 밝혔다. 많은 사람들이 사업가가 되기를 꿈꾸지만 신념대로 밀고 나가 성취하는 사람은 드물다는 의미다. 그렇다면 대부분의 사람들이 피고용인에 머무는 주된 이유는 무엇인가? 바로 금융 교육의 부족이다. 금융 교육을 제대로 받지 못했기 때문에 일자리를 잃고 정기적인 수입을 상실하는 데 대한 두려움, 혹시 실패하면 어쩌나 하는 걱정에 빠져 용기를 내지 못하는 것이다.

금융 교육, 그리고 거기서 얻은 지식을 이용해 꾀하는 변혁이야말로 사업가에게 필수적인 요소이다.

MBA는 잊어라

런츠 박사의 얘기를 더 들어보자.

"그렇다면 한 세대를 사업가로 성공하도록 준비시키는 방법은 무엇인가? MBA(경영학 석사) 과정을 밟게 하면 되는가? 아니다. 대부분의 경영 대학원은 자신의 회사를 시작하도록 가르치지 않는다. 그저 대기업의 일원이 되어 성공하는 방법만 가르칠 뿐이다. 그러나 무(無)에서 시작해 키워 나가는 일이야말로 미국이란 나라의 최대 강점 아니었던가. 미국인들의 혁신성이 가장 잘 발휘된 부분이 바로 그 일 아니었던가."

사라진 아메리칸 드림

미국인들은 늘 사업가가 되고 싶어 했고, 지금도 그러하다.

사람들은 아메리칸 드림에 이끌려 미국으로 이민 왔다.(그리고 그 과정에서 어떤 사람들은 상상할 수조차 없는 고난을 견뎌 냈다.) 유럽에서는 군주의 탄압을 피해, 여타 지역에서는 공산주의 독재자의 압제를 피해 수백만 명이 아메리칸 드림을 꿈꾸며 미국으로 넘어왔다. 자신들의 아메리칸 드림을 실현해 보기 위해서 말이다.

그 아메리칸 드림이 바로 런츠 박사가 말한 "무에서 시작해 키워 나가는 일, 미국이 최대 강점과 혁신을 발휘해 온 부분"이다.

미국의 학교들은 언제부턴가 그 아메리칸 드림을 말끔히 잊은 것 같다. 문제는 현재 학교 시스템이 학생들을 'A' 학생(Academics, 학자형)이나 'B' 학생(Bureaucrats, 관료형)이 되도록 훈련시킨다는 사실이다. 미국의 학교들은 'C' 학생(Capitalists, 자본가형)을 키우는 데 관심이 없다. 이 'C' 학생들이 사업가의 길을 좇고 자본주의의 성화(聖火)를 넘겨받아 새로운 일자리를 창출할 인물들인데 말이다.

주변의 사업가들에게 물어보라. 자본주의 기업가 정신의 가장 큰 걸림돌이 무엇인지? 아마 많은 사람들이 '관료 체제'라고 답할 것이다.

또 물어보라. 젊은 졸업생들이 오늘날의 직업 환경이 요구하는 기술을

갖고 사회에 나온다고 생각하는지? 필경 많은 사람들이 부정적인 답변을
내놓을 것이다. 사실 많은 젊은이들이 자본가를 '적대시하는 태도'로 무
장한 채 사회에 나온다고 봐도 무방하다.

자본가에 대한 증오

미국의 기업가 정신 함양 싱크탱크인 코프먼 재단(Kaufman Foundation)
은 2008년 런츠 박사에게 자본주의에 대한 미국인들의 생각을 조사해
달라고 의뢰했다. 런츠 박사는 설문 조사를 통해 다음과 같은 추론을 도
출했다.

사업가에 대한 존경심과 CEO에 대한 증오심, 이 둘 중에 어떤 것이 더 강렬한
상태인지 구분하기 어렵다.

2012년 11월, 트윙키(Twinkie)와 원더브레드(Wonder Bread)로 유명한
미국의 상징적인 제과업체 호스테스 브랜즈(Hostess Brands)가 회사 문을
닫으며 파산 보호 신청을 냈다. 호스테스의 CEO는 임금과 복리 후생 급
부에 대한 노조의 과도한 요구로 사업장을 폐쇄할 수밖에 없다고 주장
했다.

1만 8000명의 직원만 영향을 받는 상황이 아니었다. 회사가 그렇게 문
을 닫자 1만 8000가구가 직접적인 영향 아래에 놓였다. 가구당 가족 수를
평균 4명으로 잡으면 7만 2000명이 생계에 위협을 받는 일이 벌어진 것
이다. 이러한 파급 효과는 각 가정에서 출발해 학교는 물론이고 치과, 식
료품점, 세탁소, 소매점, 자동차 정비소 등의 사업체, 나아가 교회에 이르

기까지 지역 공동체 전체에 영향을 미친다.

나중에 밝혀진 바에 따르면 호스테스 브랜즈의 CEO와 중역들은 각자 퇴직 보너스로 수백만 달러를 챙겼다.

이러니 미국인들이 CEO들을 증오하지 않을 수 있겠는가. 기업의 CEO나 중역은 대부분 일류 경영 대학원 출신들이다. 여기서 당연한 의문이 떠오른다. 이것이 진정 경영 대학원에서 가르치는 바란 말인가?

불행히도 답은 "그렇다."

가장 똑똑한 축에 드는 학생들 상당수가 경영 대학원에 들어가 MBA를 따고 졸업한다. 그리고 '사업가'가 아닌 '피고용인'이 되어 기업 조직의 사다리를 오르기 시작한다. 그중 가장 야심적인 인물들이 대기업의 CEO가 되고 중역이 되는 것이다.

CEO는 자본가가 아니다

이 부분은 이 책의 후반부에서 다시 구체적으로 다룬다는 점을 밝혀둔다. CEO는 대부분 자본가가 아니다. 대부분의 CEO와 기업의 중역들은 경영 자본가라는 범주에 속한다. 그들 역시 스티브 잡스나 토머스 에디슨, 월트 디즈니, 마크 저커버그 등과 같은 '진짜' 사업가를 위해 일하는 피고용인일 뿐이라는 얘기다. 이들은 사업체에 대해 개인적으로 재정적 지분도 없고, 사업체에 투자를 하지도 않는다.

흥미로운 점은 에디슨과 디즈니는 고등학교도 졸업하지 못했고 잡스와 저커버그는 대학을 마치지 않았다는 사실이다.

대부분의 'A' 학생들은 일류 대학이나 대학원을 졸업하고 경영 자본가가 된다. 다시 말하지만 그들은 진정한 자본가가 아니라 피고용인일 뿐이다. 고임금 일자리를 거머쥐고 자본주의에 오명을 안겨 주는 전형적인 인물들이 바로 이 경영 자본가, 즉 'A' 학생들이다.

경영 자본가들의 후안무치

『미국인들이 진정으로 원하는 것』에서 런츠 박사는 이렇게 말한다.

오늘날의 세계에서 '자본가'라는 단어는 사람들을 겁먹게 만든다. '자본주의'는 직원 1만 명 해고 결재 서류에 서명하는 바로 그날에 본인은 수천만 달러를 챙기는 CEO들을 지칭하는 단어가 되었다.

수백만 명이 일자리와 집, 은퇴 자금을 상실하는 마당에 막대한 보너스를 챙기는 CEO들에 대해 생각해 보라. 이것이 정녕 학교에서 우리의 가장 영리한 젊은이들에게 가르치는 바인가?

다시 말하지만 이 질문에 대한 답은 "그렇다."이다. 학교는 자본주의에 오명을 안겨 주고 있다. 학교에서 가르치는 것이 진정한 자본주의가 아니기 때문이다.

불행히도 부모들은 대부분 아들이나 딸이 수석으로 학교를 졸업하고 《포춘》 500대 기업에 입사해 20대 후반의 나이에 백만 달러를 상회하는 연봉을 벌어들이며 기업의 사다리를 오르기 시작하면 대단한 자부심을 갖는다. 부모들은 대부분 자녀가 스티브 잡스나 토머스 에디슨과 같은 기업가, 즉 진정한 자본가가 아니라 경영 자본가가 되도록 훈련받았다는 사실에 대해선 전혀 개의치 않는다. 오늘날 우리에게 닥친 글로벌 위기는 다음과 같은 이유에 기인한다.

- 학교는 관대함보다는 탐욕에 초점을 맞춘다.
- 학교는 '얼마나 많은 돈을 벌 수 있느냐'에만 관심을 두고 '돈을 벌어 타인을 이롭게 하는' 부분은 도외시한다.
- 학교는 고임금 일자리를 '창출하는' 방법보다는 '찾는' 방법을 가르친다.
- 학교는 기업 사다리를 '오르는' 방법에 치중한 나머지 회사를 '세우고' 기업 사다리를 '창출하는' 방법은 별로 가르치지 않는다.
- 학교는 '재정적 자유'보다는 '직업 안정성'에 초점을 맞추고, 그 결과 대부분의 피고용인들이 '일자리를 잃을까 봐' 걱정하며 산다.
- 학교는 돈에 대해 거의 혹은 전혀 가르치지 않는다. 그래서 현재 상당수의 인구가 사회 보장 제도와 건강 보험 같은 정부의 복지 후생 계획의 가치를 믿으며 그에 의존해서 살고 있다. 군경이나 공무원으로 일하고자 하는 사람들도 대부분 애국심이나 봉사 정신보다는 은퇴 연금이나 의료 혜택에 이끌려 그 길을 택한다.

신공황(The New Depression)

2007년 세계는 하루아침에 새로운 경제 공황에 빠져들었다. 21세기에 발생한 이 공황에는 많은 원인이 있는데, 몇 가지만 살펴보자.

1. 정부에서 마구 돈을 찍어 댔기 때문이다.
2. 정부의 부채와 국민 개개인의 빚이 막대한 수준에 달했기 때문이다.
3. 미국의 경우 사회 보장 제도와 건강 보험 같은 복지 후생 계획이 기금 부족 상태에 이르렀고, 전 세계적으로도 자국 정부의 재정 지원 혜택에 대한 권리 의식이 높아졌기 때문이다.

4. 청년 실업률이 높아졌고 학자금 융자로 인해 신용 등급이 낮아진 상태로 사회에 나오는 젊은이들이 늘어났기 때문이다.
5. 세계화로 인해 일자리가 저임금 국가로 넘어갔고, 결과적으로 국내의 임금 수준도 낮아졌기 때문이다.

이것이 바로 당신의 자녀가 곧 직면할 현실이다.

임금님이 벌거벗으셨어요!

따라서 이제 부모가 물어야 할 질문은 이것이다. "과연 학교에서는 내 자녀를 현실 세계에 맞춰 준비시키고 있는가?"

대답은 "아니다."이다.

그래서 이야기가 복잡해진다. 안데르센이 1837년 「벌거벗은 임금님」에서 경고했던 것처럼 말이다.

사람들의 속삭임은 계속 번져 곧 군중 모두가 소리치기 시작했다.

"임금님이 벌거벗으셨어요."

물론 군중의 외침은 임금님 귀에도 들려왔다. 백성들의 말이 옳다는 것을 알았지만, 자신이 완전히 벌거벗은 채 행렬 행사에 나섰음을 깨달았지만, 임금님은 머리를 꼿꼿이 세운 채 행진을 끝까지 이어 나갔다.

아이들을 현실 세계에 맞춰 준비시키지 못하고 있다는 점을 학교 시스템은 과연 인정할 수 있을까? 그럴 수 없다는 게 내 생각이다. 그것은 곧 실패를 인정하는 것이기 때문이다. 학교 시스템에서 실패가 의미하는 바

왜 A학생은 C학생 밑에서 일하게 되는가

를 우리 모두는 알고 있지 않은가.

학교는 아이가 똑똑하지 않다고 생각할 때 '실패(즉 낙제)'라는 표현을 갖다 붙인다. 하지만 그것은 아이가 학교에서 하라는 대로 하지 않고 있음을 의미할 뿐이다.

금융 교육을 제대로 받지 못하면 당신의 자녀는 벌거벗은 채 학교를 나오게 될 것이다. 'A' 학생은 될지도 모르겠지만 평생을 벌거벗은 임금님처럼 살아갈 가능성이 높다. 다음의 내용을 다시 한 번 곰곰이 새겨 보자.

임금님은 옷이 안 보인다는 것을 알았지만 그 사실을 인정할 수 없었다. 그것은 곧 자신이 지위에 걸맞지 않거나 말할 수 없이 어리석다는 점을 인정하는 셈이었기 때문이다. 백성들이 자신에 대해 그렇게 생각할까 봐 두려웠다.

학교는 아이들을 현실 세계에 맞게 준비시키지 않는다는 사실을 결코 인정하지 않을 것이다. 결국 부모가 나서야 한다. 가장 가깝고 가장 중요한 교사인 부모가 나서서 아이들에게 현실 세계, 즉 돈을 중심으로 돌아가는 세계에 필요한 금융 교육을 실시해야 한다.

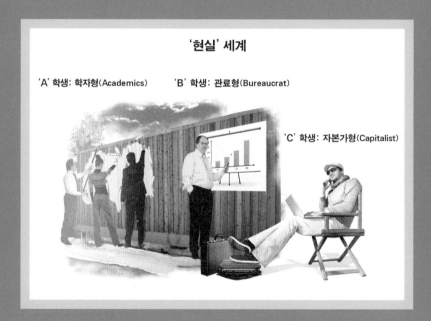

1부

학교는 당신의 자녀를
현실 세계에 대비시키고 있는가?

'현실' 세계

'A' 학생: 학자형(Academics)   'B' 학생: 관료형(Bureaucrat)

'C' 학생: 자본가형(Capitalist)

학교는 어떤 아이들에게는 멋진 경험이지만 다른 아이들에게는 인생 최악의 경험이다.

모든 아이들은 제 나름의 재능을 지닌다. 하지만 불행히도 학교 교육 시스템은 아이들의 재능을 못 알아볼 수도 있고, 때로는 짓밟을 수도 있다.

근대의 위대한 천재 토머스 에디슨의 첫 선생님은 그에게 '혼란스러워하는' 아이라는 딱지를 붙였다. 말 그대로 '어찌할 바를 몰라 한다'는 뜻이다. 에디슨은 학교를 졸업하지 못했다. 그런데 발명가이자 기업가가 되었다. 사진과 영사기, 전구 등이 에디슨의 초기 프로젝트 가운데 일부이다. 에디슨은 회사를 창업하기도 했는데, 그 회사가 바로 오늘날의 GE(General Electric)이다. GE는 세상을 바꾸는 물건을 만들어 온 기업이다.

알베르트 아인슈타인 역시 초등학교부터 대학 때까지 선생님들에게 깊은 인상을 남기지 못했다. 선생님들은 그를 게으르고 꼼꼼하지 못하며 반항적인 아이라고 여겼다. 그를 지도한 선생님들 대부분은 이렇게 말했다. "녀석이 사람 구실이나 하게 될지 모르겠네요." 그러나 아인슈타인은 역사상 가장 영향력 있는 과학자가 되었다.

천재나 재능을 뜻하는 영어 'genius'는 '우리 안의 지니(Geni-in-us)'의 줄임말이다. 모든 사람의 내면에는 마법사 지니가 살고 있다는 얘기다.

부모는 자녀에게서 재능을 발견한다. 대부분의 부모는 자녀의 진정한 재능이 그들의 꿈을 통해 드러난다는 사실을 알고 있다. 아이가 아주 어릴 때부터 재능은 어렴풋이 드러나기 마련이다. 아이가 흥미를 갖거나 열성을 보이거나 도전 의식을 느끼는 상황이나 아이디어를 통해서 말이다.

아이의 재능을 보호하고 키우는 일은 부모의 역할 가운데 가장 중요하다.

이 책은 부모가 자녀의 금융 재능을 일깨우고 발전시키도록 돕는 지침서이다.

Q: 'C' 학생은 어떻게 해서
   'A' 학생을 이기게 되는가?

A: 'A' 학생이 공부하지 않는
   내용을 공부해서.

1장

Lesson 1

우리는 금융 위기가 아니라
교육 위기에 처했다

2012년 미국 대통령 선거에서 버락 오바마 대통령과 미트 롬니 전 매사추세츠 주지사가 받은 금융 교육의 차이가 여실히 드러났다.

고등 교육을 받은 것은 동일했지만 한 후보는 금융 지식이 매우 풍부했고, 다른 후보는 그렇지 못했다.

오바마 vs. 롬니

선거 운동 기간에 오바마 대통령은 약 300만 달러의 수입에 20.5퍼센트의 세금을 낸 반면 미트 롬니 전 주지사는 2100만 달러의 수입에 14퍼센트의 세금을 낸 것으로 밝혀졌다.

두 후보의 수입과 세율의 차이는 많은 유권자들의 화를 돋우었다. 특히 빈곤층과 중산층, 젊은 유권자들은 분노에 가까운 반응을 보였다. 그들은 왜, 어떻게 롬니가 더 많은 돈을 벌고도 세금은 더 낮은 비율로 냈는가에 대해서는 궁금해하지 않고 그저 화만 냈다. 그들은 이렇게 물었어야 했다. "롬니는 어떻게 그럴 수 있었죠?" "어떻게 2100만 달러를 벌었고 세금으로 14퍼센트만 낼 수 있었죠?" "그게 어떻게 합법적으로 가능한가요?" "돈에 관해서라면 오바마 대통령과 롬니 후보 중 누가 더 똑똑하다고 할 수 있죠?"

오바마 대통령은 두 번째 임기가 시작되자 이미 추진 중이던 부자 증세 정책에 더욱 확고한 의지를 보였다. 아이들에게 왜, 어떻게 부자가 더 큰 부자가 되고 계속 부자로 남는지, 그러면서도 왜 종종 세금은 덜 내는지에 대해, 다시 말해서 돈과 자본주의에 대해 가르칠 생각은 없어 보였다. 오바마 대통령은 아이들에게 물고기 잡는 법을 가르치는 대신 잡은 물고기를 나눠 주는 편을 선호하는 것 같다.

이 책은 아이들에게 물고기 잡는 법을 가르친다.

부자가 되려면 무엇이 필요한가?

많은 사람들이 부자를 사기꾼이라고 생각한다. 물론 일부는 그렇기도 하다. 하지만 부자들 가운데는 남을 속이지 않고 정직하게 열심히 일하는 사람들이 훨씬 더 많다. 미국에서 부자들은 옛날 방식으로 아메리칸 드림을 이뤄 낸 사람들이다. 열심히 공부하고 열심히 일하고 현명하게 재정 계획을 세우고 사업체를 키우고 일자리를 창출하면서, 그리고 세금은 합법적으로 가능한 한 적게 내면서 말이다. 그들은 또한 학교에서 가르치지 않는 과목을 공부해서 지금의 부를 일궈 냈다.

교육의 차이는 오바마 대통령과 미트 롬니에게서도 드러난다.

두 사람 모두 훌륭한 학교에 다녔다. 오바마 대통령은 컬럼비아 대학과 하버드 로스쿨을, 미트 롬니는 하버드 경영 대학원과 로스쿨을 졸업했다.

오바마 대통령과 롬니의 가장 큰 차이점은 대통령은 가난한 집에서, 전 주지사는 부유한 집에서 태어났다는 사실이다.

그들의 이야기는 『부자 아빠 가난한 아빠』에 나오는 내용과 비슷하다. 금융 교육이 학교가 아닌 집에서 수행되기 때문이다.

이 책은 대부분의 학생들은 물론 'A' 학생들조차 배우지 못하는 과목을 자녀에게 직접 가르쳐 재정적으로 유리한 출발점에 세우고 싶은 부모들을 위해 쓴 것이다.

본론

교육 '사업'은 세계적으로 가장 큰 산업 가운데 하나로서 지구상 모든 인간의 삶에 어떤 식으로든 영향을 미친다. 미국의 공립 초중등학교만 해도 330만 명의 전업 교사를 고용하고 있으며, 2012~2013학년도(2012년 9월에서 2013년 8월까지) 1년 동안 총 5710억 달러를 소비했다. 이는 2010~2011학년도 고등학교 재학생 수가 약 500만 명인 미국에만 해당하는 것으로, 세계적으로 따지자면 그 비용은 천문학적이라 하겠다. 이들 가운데 몇 명이 고등학교를 졸업하고 몇 명이 중간에 그만둘까? 또 몇 명이 전문대나 일반 대학에 들어가고 그중 몇 명이 실제로 졸업장을 받을까? 학생들이 떠안는 학자금 대출의 충격적인 통계 결과가 전 세계 언론의 머리기사로 실리고 있다. 그리고 오늘날 상대적으로 좀 더 높은 연봉의 글로벌 인력이 되기를 꿈꾸며 엄청난 학비를 감당하면서 석사, 박사 과정까지 밟는 학생은 또 얼마인가?

초등학교부터 대학교까지, 학교 교육에 소비되는 비용은 수천억 달러에 달한다. 군대에서도 국가에 봉사하는 젊은이들을 훈련시키는 데 수십억 달러를 쓰고 있다. 기업의 직원 연수 과정도 수십억 달러 산업이며 미래의 기술자들에게 자동차, 냉장고, 전기 설비, 컴퓨터 등을 점검하고 수리하는 기술을 가르치는 직업 학교도 마찬가지다.

그런데 금융 교육은 어떠한가? 적어도 학교 시스템 내의 공식적인 기관에서는 전반적으로 도외시되고 있다. 나는 거듭 궁금해지지 않을 수 없다. 도대체 왜 그럴까?

- 금융 위기를 일으킨 여러 원인 가운데 금융 교육의 부재도 해당되는가?
- 서브프라임 모기지 사태의 요인 가운데 금융 교육의 부재가 차지하는 비중은 얼마나 될까?
- 집을 잃은 수백만 가구 가운데 몇 가구가 부분적으로나마 금융 교육의 부재로 인해 그렇게 되었는가?
- 그토록 많은 수의 사람들이 사회 보장 제도, 건강 보험, 군인 연금, 공무원 연금(이들 공공 프로그램은 오늘날 세계 곳곳에서 시와 주, 국가 전체를 파산시키고 있다.) 같은 정부의 복지 후생 계획에 의존하게 된 이유가 금융 교육의 부재 때문이라고 할 수 있는가?
- 수백만 명이 정부의 복지 후생 계획을 필요로 하는 미국 역시 세계의 여러 나라들처럼 조만간 파산 위기에 처하게 될 것인가?
- 계속 늘어나고 있는 미국의 국가 부채는 기업 대표들과 정치 지도자들의 금융 교육 부재를 반영하는 것인가?
- 미국도 그리스, 이탈리아, 프랑스, 일본, 영국, 스페인처럼 경제 성장 종언의 시대로 들어서고 있는가?

부자들을 위한 복지

가난한 사람들을 위한 복지 제도가 있다는 건 모두 잘 알고 있다. 그렇다면 부자들을 위한 복지 제도에 대해서는 어떠한가?

- 왜 우리의 지도자들(대통령, 국회의원, 정치 관료)은 공적 부조에 의지하는 가구 수가 증가하는 상황에서 자신들을 위한 막대한 연금과 후한 복리 후생 제도에 찬성하는가? 지도자들이 기초생활 유지를 위해 정부에 의지하는 사람들만큼 재정적으로 궁핍하기 때문인가?
- 지도자들은 국민이 내는 세금을 쓰는 법만 안다. 만약 그들이 부를 창출하는 법을 아는 사람들이라면 어떤 일이 생기겠는가?
- 왜 CEO들은 수많은 근로자들을 해고하는 시점에 막대한 연봉 인상과 스톡옵션 등 여러 특전들을 챙기는가? 금융 교육을 제대로 받지 못해 탐욕스러워진 것일까, 아니면 학교에서 탐욕을 배운 것일까?
- 수십억을 탕진한 은행가들은 적절한 금융 교육을 받았는가?
- 왜 수백만 근로자들이 해고를 당하고 수천 개의 소사업장이 문을 닫는 상황에서 경제를 파탄으로 몰고 간 장본인인 은행가들은 수백만 달러의 보너스를 챙기는가?
- 왜 우리의 자녀들이 배워야 하는 교과 과정을 교사 노조와 정부 관료들이 결정하는가? 무엇을 배워야 하는지, 학생들과 부모들에게 직접 물어보는 건 어떤가?
- 왜 미국에서는 최고 연봉을 받는 근로자 다수가 더 이상 민간 부문에서 나오지 않는가? 왜 공무원들의 급여가 미국 내 최고 연봉으로 꼽히는가? 왜 소방관이나 경찰관들이 은퇴 후 수백만 달러의 종신 복지를 누리는가? 공

공 서비스 부문에 무슨 일이 생긴 것인가?

- 누가 작금의 금융 위기를 초래했는가?

오늘날의 금융 위기는 교육을 제대로 받지 못한 빈곤층에 의해 발생한 것이 아니다. 이 혼돈의 배후에는 연방준비제도이사회 의장 벤 버냉키와 같은 최고 학부에서 교육을 받은 인물들이 존재한다. 그는 스탠퍼드와 프린스턴 대학의 교수이자 대공황 전문가였지만 불행히도 금융 교육을 충분히 받지 못했고 현실 세계의 사업 경험도 부족했다.

이 책의 주제는 교육이다. 그러나 학교에서 가르치는 교육은 아니다.

교육 위기

우리는 금융 위기가 아니라 교육 위기에 처해 있다. 이 위기는 우리의 자녀들이 학교에 들어가는 순간 시작된다. 그들은 수년(때로는 수십 년)의 세월을 배우는 데 소비하지만 돈에 대해 별로 아는 게 없는 사람들이 가르치기 때문에 아무것도 배우지 못한다.

어떤 이유에서인지 학교는 돈에 관한 한 다음과 같이 준(準)종교적 관념을 갖는다.

학교는 이런 구절을 믿는 것 같다.

돈을 사랑함이 일만 악의 뿌리가 되나니. (「디모데전서」 6장 10절)

학교는 다음과 같은 구절은 무시한다.

내 백성이 지식이 없으므로 망하는도다. (「호세아」 4장 6절)

우리는 학교의 금융 교육 부재로 인하여 경제적으로 쇠약해지고 있다. 기원전 5세기 중국 도교의 창시자 노자는 말했다.

만일 그에게 물고기 한 마리를 준다면 당신은 그에게 하루의 양식을 주는 것이다. 만일 그에게 물고기 잡는 법을 가르친다면 평생의 양식을 주는 것이다.

불행히도 우리는 아이들에게 물고기 잡는 법을 가르치기보다는 로빈 후드식의 경제 철학을 가르치고 있다.

부자에게서 거두어 가난한 사람들에게 나눠 주어라.

이것이 이른바 사회주의이다.

결국 이런 관대함이 창출하는 것은 더욱 많은 빈곤층일 뿐이다.

2012년 11월 2일자 《위클리 스탠더드》의 머리기사에 실린 내용이다.

푸드 스탬프(food stamp: 미국의 저소득층 식비 지원 제도) 명부가 일자리 수보다 75배 빠르게 증가하고 있다.

예상대로 공화당은 이 위기의 책임을 오바마 대통령에게 돌렸고 민주당은 공화당의 책임이라고 반박했다.

이 책의 주제는 정치가 아니라 교육이다. 그리고 어째서 금융 교육의

왜 A학생은 C학생 밑에서 일하게 되는가

부재가 금융 위기의 진짜 원인이 되는지 살펴본다.

지체 시간

교사들은 대부분 훌륭한 사람들이다. 문제는 교사와 학부모들이 동일한 교육 시스템에서 교육받은 사람들이라는 사실이다.

수많은 교사들이 좌절을 겪었고 끊임없이 교육 시스템의 변화를 요구해 왔지만 불행히도 교육 업계는 변화의 속도가 가장 더딘 산업 중 하나인 것 같다.

산업 부문마다 지체 시간이 서로 다르다. 여기서 지체 시간이란 새로운 아이디어를 제기해서 받아들여지기까지 지체되는 시간을 의미한다. 예를 들어 기술 업계에서는 지체 시간이 18개월이라고 한다. 새로운 아이디어가 나오고 그 아이디어가 새로운 상품의 형태를 띠기까지 평균 18개월 걸린다는 얘기다. 그래서 새로운 상품을 출시하기 위한 경쟁이 그렇게 치열하다. 신흥 회사들이 이내 문을 닫는 것도 다른 누군가가 새로운 상품이나 기술을 더 빨리, 더 좋게, 더 저렴하게 시장에 내놓기 때문이다.

농경 시대의 지체 시간은 수백 년이었고 산업화 시대의 지체 시간은 50년, 정보화 시대의 지체 시간은 반년으로 측정된다.

자동차 산업의 지체 시간은 25년이라고 들었다. 오늘날 자동차에서 볼 수 있는 새로운 아이디어들이 25년 전에 구상된 것이라는 얘기다. 예컨대 하이브리드 승용차 같은 것 말이다. 그리고 정부 사업은 대략 35년의 지체 시간을 갖는다.

다수의 교사들과 학부모들이 좌절한 이유는 교육 산업의 지체 시간이 50년으로 모든 산업 부문에서 두 번째로 길기 때문이다.

교육보다 더 느린 유일한 산업은 건설 부문으로 지체 시간이 60년이다.

자동차, 정부, 건설, 교육 부문 모두에 강력한 노동조합이 존재한다는 점에 주목하기 바란다. 이들 노조는 산업화 시대의 산물이다.

교육의 미래

교육계의 지체 시간에 의하면 나의 제안은 지금 초등학교에 입학하는 아이들이 할아버지가 된 후에야 받아들여질 것이다.

당신은 이 책이 제안하는 수업을 자녀들에게 가르침으로써 재정적으로 유리한 출발선에 세울 수 있다. 교육계의 지체 시간이 유효하다면, 이 책의 아이디어는 2065년에 실제 교실에 적용되겠지만 그때까지 기다릴 수는 없지 않은가.

이 책은 아이들을 현실 세계에 대비시키는 일이 학교 시스템이 아닌 가정의 역할이라고 생각하는 부모들을 위해 썼다. 현실 세계는 매우 빠르게 진행되고 변화무쌍한 정보화 세계로, 우리가 지금껏 단 한 번도 경험해 보지 못한 세계이다.

또한 이 책은 자녀들이 전 세대가 남긴 더 큰 금융 위기, 금융 쓰레기 더미에 직면할 것임을 아는 부모들을 위해 썼다.

그리고 오바마 대통령이 300만 달러 수입에 20.5퍼센트의 세금을 내는 반면 미트 롬니는 2100만 달러를 벌고 14퍼센트의 세금을 내는 이유를 알고 싶어 하는 부모들을 위해 썼다.

만약 오바마와 롬니가 아는 바의 차이를 인지하고 이해하게 된다면, 그 지식을 자녀들에게 전달할 수 있을 것이다.

나는 성인이 된 후 대부분의 시간을 금융 교육의 옹호자로 살아왔다.

1973년, 베트남 전쟁에 참전했다가 하와이의 집으로 돌아온 나는 아버지가 실업자가 되었다는 사실을 알았다. 내가 가난한 아버지라고 부르는 그분 말이다. 하와이 주 교육감이었던 아버지는 공화당 소속으로 부주지사 선거에 출마했고 민주당 소속이던 아버지의 상관은 이를 탐탁지 않게 생각했다. 결국 선거에서 패한 아버지는 일자리도 잃었다.

아버지는 부주지사 선거에 출마함으로써 스스로 직업의 생명을 끊은 셈이었다. 원리원칙주의자였기 때문에 '직업의 안정성'을 걸고 신념을 실행에 옮겼던 것이다. 학교 시스템의 사다리를 타고 그 꼭대기에 올라가서 보니 하와이 주정부의 부정부패가 심각했고, 그에 격분하지 않을 수 없었다고 한다. 《포브스》는 이후 하와이 주정부를 "하와이 인민공화국"이라고 칭했다. 《포브스》는 해당 기사에 "하와이 주는 움직이는 모든 것에 세금을 부과한다. 피델 카스트로가 이곳에 온다면 고향처럼 느낄 것이다."라고 썼다.

오바마 대통령은 하와이에서 성장한 최초의 하와이 출신 미국 대통령이다. 어쩌면 위 기사가 오바마 대통령의 정부, 사업, 세금 정책의 근원이 무엇인지 잘 설명하고 있는지도 모르겠다.

제국의 종말

나는 공화당원도 민주당원도 아니다. 그리고 우리가 직면한 이 위기에 대해 오바마 대통령에게 책임을 물을 생각도 없다. 이 위기는 수십 년에 걸쳐 숙성된 것이고 유사한 위기 상황이 과거에도 수차례 발생하지 않았던가. 금융에 대한 무지와 정치의 부정부패는 지난 수세기 동안 여러 제국을 무너뜨렸다. 오늘날의 미국 역시 금융에 대한 무지와 부정부패로 인해 붕괴의 위기에 처해 있다.

전쟁의 경제학

머나먼 이국에서 너무 많은 전쟁을 벌인 제국 역시 결국은 멸망의 길을 걸었다. 지금의 상황은 미국이 역사로부터 아무것도 배우지 못했음을 증명한다.

나는 중학생 시절 드와이트 아이젠하워 대통령이 국민들에게 '군산복합체'의 위협을 경고하는 연설을 들었다. 그때는 어렸기 때문에 대통령의 경고가 무슨 의미인지 거의 알지 못했다. 1973년 베트남 전쟁에서 돌아온 후에야 그 말을 이해할 수 있었다. 우리는 베트남 국민의 자유를 위해서가 아니라 돈 때문에 싸웠다. 권력 집단이 우리를 속인 것이다. 전쟁이 큰 사업이라는 사안을 제외하면 베트남에서 싸울 이유가 없었다. 베트남에서 돌아온 나는 더 이상 어떤 논리도 순순히 따라서는 안 된다는 사실을 깨달았다. 혼자 힘으로 생각해야 할 때가 온 것이었다.

군산복합체

1962년 1월 17일, 백악관 고별 연설에서 드와이트 아이젠하워 대통령은 방위 산업 청부 업체와 군대의 무시무시한 결합체인 '군산복합체'가 민주주의 정부를 위협할 것이라고 엄중 경고했다. 그는 제2차 세계대전 중 연합군의 노르망디 상륙 작전을 이끈 육군 장성이었으며 5성 장군으로 퇴역해 대통령이 된 인물이었다.

왜 A학생은 C학생 밑에서 일하게 되는가

육군 및 해군의 동료들을 비난하는 것이 아니다. 군대에서 만난 젊은이들 대부분이 자국을 위해 헌신하는 멋진 사람들이었다. 문제는 전쟁을 벌이는 이유가 군산복합체를 더욱 살찌우기 위해서라는 데 있었다. 군산복합체는 더 많은 돈이 필요할 때면 언제나 또 다른 전쟁을 벌이는 방법을 택한다.

돈을 찍어 내는 것과 관련해서도 우리는 똑같은 실수를 저지르고 있다고 생각한다.

로마 제국이 허물어지기 시작한 것은 화폐의 가치를 파괴하고 타국에서 전쟁을 벌이고 노동자들에게 무거운 세금을 부과하면서부터였다.

"역사에서 배우지 못하는 자는 같은 역사를 반복하는 운명에 처한다."라는 격언이 있다. 이를 증명하듯 미국은 지금 과거의 실수를 반복하고 있다.

'A' 학생들이 공부하지 않는 것을 공부하라

1973년, 나는 아버지에게 군대를 떠나겠다고 알렸다. 연금과 의료 혜택 때문에 군인 신분을 유지하기를 바랐던 아버지는 크게 실망하셨다. 사관학교에서 보낸 시간까지 따지면, 10년을 군대에 몸담았으니 앞으로 10년만 더 기다리면 모든 혜택을 받을 수 있는 상황이었다.

하지만 나는 그렇게 하지 않았다. 가난한 아버지는 나의 해병대 조종사 동기들처럼 민항기 조종사가 되라고 권유했다. 내가 비행 일은 더 이상 하지 않겠다고 말하자, 이번에는 학교로 돌아가 석사 학위를 따고 가능하면 박사 학위까지 따서 기업의 승진 사다리에 오르는 건 어떠냐고 제안했다.

나는 아버지를 진심으로 사랑한다. 하지만 아버지의 제안은 결국 당신이 걸었던 것과 유사한 길을 밟으라는 것이었다. 과거의 실수로부터 배우지 못하면 같은 실수를 반복하게 된다는 것을 또다시 증명하라는 얘기였다.

나는 아버지를 사랑하지만 아버지가 저지른 실수를 똑같이 되풀이하고 싶진 않았다.

만약 내가 가난한 아버지의 충고를 따랐다면 지금 나는 아버지가 노년에 살았던 삶을 살고 있을 가능성이 높다. 저축과 연금, 사회 보장 제도, 노인 의료 보험 제도 등에 기대어 살아가는 고학력의 가난한 60대 노인으로 말이다.

1973년, 나는 부자 아버지의 발자취를 따르기로 결심했다. 그리고 가난한 아버지가 한 번도 공부한 적 없는 분야를 공부하기 시작했다.

이 책은 내가 공부했던 것과 'A' 학생들을 비롯해서 대부분의 사람들은 공부하지 않는 분야에 관해 이야기한다. 'A' 학생들이 공부하지 않는 과목을 공부하면 큰 혜택을 볼 수 있다.

1997년, 나는 『부자 아빠 가난한 아빠』를 자비로 출판했다. 모든 출판사에서 내 책을 거절했기 때문이다. 예상했겠지만 발행인들은 대부분 나의 가난한 아버지처럼 'A' 학생들이다. 대부분의 발행인들이 다음과 같은 내용을 담은 거절 메일을 보냈다. "당장은 귀하의 책을 출판할 의향이 없습니다." 보다 정직한 발행인 몇몇은 이렇게 적었다. "이런 주제가 어떤 반응을 초래할지 잘 모르시는 것 같군요." "귀하의 아이디어는 터무니없소이다."

"당신의 집은 자산이 아니다"

『부자 아빠 가난한 아빠』는 "당신의 집은 자산이 아니다."와 같은 구절 때문에 거센 비난을 받았다. 10년 가까이 지나서야 비로소 전 세계 수백만 명의 주택 소유자들은 집이 자산이 아니라는 사실을 쓰라린 경험을 통해 깨달았다. 부동산의 가치가 전 세계적으로 곤두박질치자 수백만 명이 파산 상황으로 떠밀렸고 집이 거대한 골칫거리(부채)가 될 수 있다는 사실을 직접 경험했다.

"저축하는 사람은 패배자다"

"저축하는 사람은 패배자다."라고 말한 것도 신랄한 비판을 받았다. 하지만 이제 수백만 명의 사람들은 미국연방준비은행과 같은 세계 각국의 중앙은행들이 수조 달러의 돈을 찍어 대는 바람에 저축액의 구매력이 파괴되고 있다는 사실을 인지하고 있다.

2007년 금융 위기 이후 은행은 저축 이자율을 낮추었다. 금융 위기 이전에는 많은 사람들이 이자로 먹고 살았지만 지금은 수백만 명이 저축한 돈을 갉아먹으며 살고 있다.

2000년도에 금값은 온스당 300달러가 안 되었지만 요즘에는 온스당 1,500달러가 넘는다. 달러의 구매력 감소가 가져온 또 다른 결과이다. 또한 은행의 저축 이자는 2퍼센트에 미치지 못하는데 물가 상승률은 5퍼센트 대를 달리고 있다. 정부는 물가 상승률이 제로에 가깝다고 주장하지만 말이다. 저축하는 사람들이 패배자들인 이유를 알겠는가. 간단한 산수만 알아도 이해할 수 있다. 금 1온스당 1,500달러는 온스당 300달러에 비해 훨씬 크다. 그리고 5퍼센트의 물가 상승률은 2퍼센트의 저축 이율보다 훨씬 크다. "저축하는 사람은 패배자다."라는 명제를 푸는 데 대수학이나 미적분학이 필요한 것은 아니다.

좋은 빚은 선이다

많은 금융 전문가들은 권고한다. "빚에서 벗어나십시오."

내가 보기에 그들은 금융 지식이 부족한 것 같다.

나쁜 빚도 있지만 좋은 빚도 있다. 간단히 말하자면 "좋은 빚은 당신의 재산을 늘려주고 나쁜 빚은 당신을 더욱 가난하게 만든다." 불행히도 대부분의 사람들은 자산을 늘리는 좋은 빚에 대해서는 무지하고 부채를 늘리는 나쁜 빚만 알고 있다.

세금은 부자를 더 부자로 만든다

좋은 빚은 당신을 더 부자로 만들 뿐 아니라 세금도 줄여 준다. 좋은 빚을 이용하는 방법을 배우고 그것으로 세금까지 낮추는 과정을 이해한다면 금융 교육의 중요성을 실감할 수 있을 것이다.

이상하지 않은가? 대다수에게 세금은 최고의 지출 비용인데 왜 학교에서는 세금에 대해 가르치지 않는가. 이 책은 누가, 왜 세금을 가장 적게 내는지 알려 준다. 이는 나아가 왜 오바마 대통령은 300만 달러 수입에 20.5퍼센트 세금을 냈고, 롬니는 2100만 달러 수입에 14퍼센트 세금을 냈는지에 대해 새로운 시각을 갖게 해줄 것이다.

오프라의 전화

2000년, 『부자 아빠 가난한 아빠』는 당시 자비 출판 서적으로는 유일하게 《뉴욕타임스》 베스트셀러 목록에 올랐다. 오프라 윈프리에게서 전화가 왔고 나는 그녀의 토크쇼에 출연했다. 이후 '오프라 효과'가 순식간에 발휘되었다.

『부자 아빠 가난한 아빠』는 개인 재무 관리 분야에서 역대 최고의 책이 되었고 6년 넘게 《뉴욕타임스》 베스트셀러 목록에 올랐다. 지금까지 53개 언어로 109개국에서 출판되어 전 세계적으로 3000만 부 이상이 팔렸다.

아이러니컬한 것은 내가 고등학교 영어 과목에서 두 번이나 낙제 점수를 받았다는 사실이다. 잘 쓰지도 못하는데다가 맞춤법이 틀렸기 때문이기도 하지만 결정적인 이유는 선생님께서 내 글에 동의하지 않았기 때문이다.

내 자랑을 하려고 이런 이야기를 늘어놓는 것은 아니다. 전 세계의 독자들이 『부자 아빠 가난한 아빠』에 크게 공감했다는 반응을 전해 왔다. 특히 자국의 교육 시스템(특히 돈과 관련된 부분)에 구멍이 뚫려 있다는 사실을 아는 모든 사람들이 진지하게 호응했다. 내게 복잡한 아이디어와 개념을 쉽게 풀어 내는 재주가 있다고 많은 사람들이 말했다. 그 재능으로 『부자 아빠 가난한 아빠』를 작업했고, 부모들을 위한 이번 책에도 나의 그 재능을 십분 발휘하는 것이 목표이다.

이 책에서 중요한 부분은 각 장의 말미에 마련한 '부모의 행동 단계'이다. 자녀에게 돈에 대해 가르칠 때, 그 첫발을 내딛기 위해 필요한 요령과 도구, 재료 등을 제공한다.

생각의 마무리

오바마 대통령과 미트 롬니 전 주지사는 매우 똑똑한 사람들이다. 둘 다 성품도 좋은 것 같다. 둘은 최고의 정규 교육을 받았다. 하지만 한 사람은 300만 달러를 벌고 20.5퍼센트를 세금으로 낸 반면 다른 사람은 2100만 달러를 벌고 14퍼센트만 세금으로 지출했다.

그 차이는 학교에서 배운 것이 아니라 집에서 배운 것에 있는 것 같다. 여러 면에서 롬니와 오바마의 이야기는 부자 아빠와 가난한 아빠의 이야기와 비슷하다.

나는 대부분의 학생들은 물론 'A' 학생들도 배우지 못하는 것을 자녀들에게 가르치고 싶은 부모들을 위해 이 책을 썼다.

부모의 행동 단계

가정을 실질적인 학습 장소로 바꿔라

아이들은 무언가를 직접해 보면 가장 많이 배우는데 불행히도 대다수의 학교는 아이들이 얌전히 책상에 앉아 공부하기를 바란다. 이 아이들은 집에 돌아온 후에도 다시 책상에 앉아 숙제를 해야 한다.

오늘 당장 '부자 교육의 밤'을 만들어라. 일주일 혹은 한 달에 한 번 날짜를 정해 돈에 대해 실질적으로 배울 수 있는 시간을 갖도록 하라. 그 시간을 정기적인 가족 행사로 만들고 가급적 재밌게 즐기는 자리로 만들어라.

모노폴리나 어린이를 위한 캐시플로 같은 게임을 이용해 놀고 즐기며 배우게 하라. 아이들은 게임을 진행하는 과정에서 자기 나이에 맞는 현실 세계의 자금 활용과 도전 과제, 문제점 등을 토론하는 기회를 가질 것이다. '부자 아빠' 온라인 금융 게임을 비롯한 다양한 모바일 콘텐츠들도 확인해 보길 바란다.

일주일 혹은 한 달에 한 번 갖는 그 저녁 모임이 자녀의 보다 나은 삶과 보다 나은 가족 관계를 위한 토대가 될 것이다. 그 시간은 평생 학습하는 자세를 몸에 익히는 데도 도움이 된다.

이 책을 토의 및 보충 자료로 활용하라. 부자 아빠 시리즈에는 『부자 아빠의 자녀 교육법』과 같은 지침서도 있다. 게임과 활동 과제, 연습 과제와 함께 보다 집중된 콘텐츠를 책을 통해 이용할 수 있다. 금융 교육과 관련해 좋은 소식은 우리 주변에 정보가 무수히 많다는 사실이다. 개인이든 가족이든 해야 할 일은 시간을 내서 정보를 흡수하는 것뿐이다. 다만 교육과 판촉용 선전을 구분하는 데 주의를 기울여야 한다는 점을 잊지 말기 바란다.

부자 아버지는 수년 동안 자신의 친아들과 나를 데리고 일주일에 적어도 한 차례 이상 모노폴리 게임을 했다. 부자 아버지는 게임을 통해 재미있는 방법으로 현실 세계의 교훈을 가르치려 했다. 반면 가난한 아버지는 "숙제는 다 했느냐?"고 묻기만 했다.

2장

Lesson 2

가장 중요한 것을
배우지 못하는 아이들

자녀의 인생에서 부모의 역할이 새롭고 중대한 차원을 띠게 된 데에는 많은 이유가 있다. 시대가 변했다는 사실을 반박할 사람도, 오늘날은 변화의 시대라는 사실에 대해 이의를 제기할 사람도 거의 없을 것이다. 하지만 대부분의 경우 시대에 발맞춰 적절한 변화를 이뤄 내는 사람은 흔치 않다는 게 내 생각이다. 우리의 부모 세대가 들려준 재정 관련 조언들이 여전히 통용되는 것만 봐도 그렇다. 오래되고 구식인, 오늘날에는 아무짝에도 쓸모없는 조언들이 말이다.

본론

동화는 끝났다

옛날 옛적에 그저 학교에 다니고 직업을 구한 다음 열심히 일하다가 은퇴하면 사는 데 별 지장이 없던 시절이 있었다. 몇 년 전까지만 해도 회사를 다니기만 하면 은퇴 이후에도 회사에서 제공하는 복지 혜택을 계속 누릴 수 있기도 했다. 오늘날 이런 이야기는 동화에 불과하다.

옛날 옛적에 집을 사기만 하면 집의 가치가 올라가던 시절이 있었다. 주택 소유자들은 자고나면 부자가 되곤 했다. 많은 사람들이 집을 팔아 목돈을 챙겼고, 어떤 사람들은 은퇴 이후까지 보유하다가 작은 집으로 옮기며 목돈을 챙겨 남은 인생을 행복하게 살았다. 오늘날 이런 이야기는 동화에 불과하다.

옛날 옛적에 미국이 세계에서 가장 부유한 나라이던 시절이 있었다. 오늘날 이런 이야기는 동화에 불과하다.

옛날 옛적에 미국 달러가 금과 동일한 가치를 갖던 시절이 있었다. 오늘날 이런 이야기는 동화에 불과하다.

옛날 옛적에 대학만 졸업하면 대학 문턱을 밟지 못한 사람들보다 더 많은 돈을 번다고 거의 확신할 수 있었던 시절이 있었다. 오늘날 이런 이야기는 동화에 불과하다.

2007년 서브프라임 모기지 시장의 붕괴와 더불어 역사상 가장 큰 규모의 금융 재난이 시작되었다. 그와 동시에 동화가 악몽으로 변했고, 그 악몽은 아직도 진행 중이다.

수백만의 부모들은 두려운 나머지 자녀들에게 계속 이렇게 충고한다. "대학에 가서 학위를 따라. 그래야 고임금 일자리를 잡을 수 있다." 대졸자를 포함한 청년 실업률이 고공 행진을 멈추지 않는데도 아직 충격에서 헤어나오지 못한 부모들은 그저 이 주문만 되뇌고 있다. 일자리를 찾지 못한 대졸자 다수는 더 높은 학위를 따기 위해 대학원에 진학한다. 그런 후 학자금 융자라는 빚에 더욱 깊이 빠진 채 대학원을 나와 흔치 않은 고

임금 일자리를 찾아 헤맨다.

교육비는 점점 오르고 있다

전 세계적으로 각종 재화와 서비스의 가격이 하락했는데도 교육비는
올랐다.

- 2006년 미국의 주택 가격은 평균 23만 달러였다. 2011년 주택 가격은 26퍼
  센트 떨어져 평균 17만 달러가 되었다.
  주택 가격이 떨어지는데도 대학 등록금은 2006년과 2007년 사이에 4.6퍼센
  트 올라 1년 평균 2만 2218달러가 되었다.
- 2007년 10월 9일 다우존스 산업지수는 14,164라는 역사상 최고치를 기록했
  다. 2009년 3월까지 그 지수는 50퍼센트 하락해 6469가 되었다.
  주식 시장이 붕괴하던 2007년과 2008년 사이에 대학 등록금은 5.0퍼센트
  상승해 평균 2만 3712달러가 되었다.
- 2008년 7월 유가는 배럴당 147달러를 기록하며 최고점에 올랐고, 이후 약
  40달러로 폭락했다가 다시 회복세를 띠었다.
  유가가 폭락하던 2008년과 2009년 사이에 대학 등록금은 6.2퍼센트 올라
  평균 2만 5177달러가 되었다.
  2011년, 학자금 융자 부채 총액이 처음으로 신용카드 부채 총액을 넘어섰
  다. 그 규모는 미국에서만도 1조 달러를 상회한다.

지울 수 없는 빚

오늘날 고등 교육을 받은 수많은 학생들이 학자금 융자라는 부채를 떠

안은 채 교문을 나선다. 학자금 융자는 모든 부채 가운데 최악의 빚이라 할 수 있다. 결코 탕감이나 면제를 허용치 않는 빚이기 때문이다. 주택 융자금이나 신용카드 부채와 같은 여타 유형의 빚은 채무자가 파산을 신청하면 변제 능력을 넘어서는 부분은 모두 지워진다. 하지만 학자금 융자는 그렇지 않다. 평생을 따라다닌다는 얘기다. 심지어 채무자가 사망해도 부모가 대신 갚아야 한다. 부모의 보증으로 대출이 이뤄진 경우가 많기에 하는 얘기다.

시계는 째깍째깍 돌아가고 있다

학생이 졸업하자마자 이자 시계는 작동을 시작해 이자를 축적해 나간다. 학교를 나와 부를 축적해도 모자란 마당에 수많은 학생이 점점 가난해진다는 의미다. 학자금 대출 원금에 이자가 붙기 시작하고 그 이자가 쌓여 가면 결국 더욱 깊은 빚의 수렁에 빠질 수밖에 없다.

학자금 융자는 채무자의 삶에 평생 악영향을 끼칠 가능성이 높다. 그가 구매하는 주택(혹시 구매할 능력이 된다면)에도 영향을 끼칠 수 있고, 그가 꾸리는 가정(혹시 꾸릴 능력이 된다면)의 삶의 질에도, 안정된 은퇴 생활(혹시 은퇴할 능력이 된다면)에 대한 염원에도 영향을 끼칠 수 있다.

많은 경우 학자금 융자는 평생 채무자의 목을 죄는 올가미가 될 가능성이 높다.

대학 교육의 가치는?

역사상 처음으로 사람들은 대학 교육의 가치에 대해 의문을 품기 시작했다. 몇몇은 대학 교육의 투자 수익률이 그만한 투자를 할 가치가 없어

보인다고 단언할 정도다.

2006년과 2007년 사이에 미국 내 대졸자의 초임 평균치는 3만 달러였다. 2009년과 2010년 사이에 그 값은 2만 7000달러로 떨어졌다.

실업률 위기

청년 실업률은 국제적인 위기이다. '아랍의 봄'과 '월가 점령 시위', 여타 실업 청년들의 집단 시위 등은 모두 여기에 기인한다.

2012년 대선 선거 운동의 열기가 한창일 무렵, 양당의 후보자들은 일자리를 미국으로 되돌

미래 충격

역사상 최초로 자녀 세대가 부모 세대보다 재정적으로 넉넉하지 않은 시대가 오고 있다고 많은 사람들이 믿고 있다.

려놓겠다는 공약을 발표했다. 미국에서 공장 노동자의 일당이 (복지 혜택까지 포함한다면) 125달러에서 200달러에 달하는 마당에 그게 현실적으로 가능한 일인가? 저임금 국가에서는 노동자에게 하루 2달러만 주면 부릴 수 있는데 말이다.

심지어 중국조차 저임금 국가들 때문에 골머리를 앓고 있다. 노동자 임금이 중국보다 싼 나라가 수십 곳이 존재하기 때문이다. 꼭 수학 교수나 경제 전문가라야 공장들이 저임금 노동자를 쫓아간다는 사실을 이해할 수 있는가? 당신이라면 일당 200달러를 주는 곳에 공장을 세우겠는가, 2달러만 줘도 되는 곳에 세우겠는가?

2012년 11월 5일자 《타임》은 피터 검벨이 쓴 다음과 같은 기사를 실었다.

청년 실업 문제의 심각성

이번 주 대서양 양안에서 발표된 청년 실업률 통계치를 보면 그 비율이 미국보다는 유럽에서 훨씬 더 높다는 점을 알 수 있다. 특히 25세 이하 유럽 청년들의 상황이 암울하다. 27개 EU 회원국 전체 청년 실업률은 지난 9월 기준으로 전년의 21.7퍼센트 대비 22.8퍼센트로 소폭 증가한 것으로 나타났다. 그리스와 스페인은 비율이 50퍼센트를 상회한다. 한편 미국은 11월 2일 노동통계국 발표에 따르면 지난 10월 기준으로 전년과 대비해 근본적으로 변화가 없는 7.9퍼센트를 유지했다. 25세 이하 미국 청년들의 실업률은 16퍼센트 수준이다.

그러나 이러한 통계치는 상황을 호도하는 것에 가깝다. 상황 전체를 담고 있는 게 아니기 때문이다. 이 통계치는 대학 및 대학원 진학이나 훈련 프로그램 참여로 노동 시장에 나와 있지 않은 수백만의 젊은이들을 포함하지 않는다. 그러한 젊은이들까지 고려하면 유럽이든 미국이든 훨씬 더 암울한 그림이 그려진다. 이 실질적인 상황에서 주목할 점은 미국의 그림이 유럽보다 더 어둡다는 사실이다.

교육은 역사상 그 어느 때보다도 더 중요해지고 있다. 학교는 경제를 지탱할 전문적인 근로자를 훈련시키는 중요한 기능을 제공한다. 예를 들면 학교는 의사와 회계사, 법률가, 엔지니어, 교사, 사회복지사, 기계공, 건설 근로자, 요리사, 경찰, 군인 등 문명 사회에 필수적인 인재들을 훈련시킨다.

하지만 글로벌 경제가 수축하고 있는 현실에서 이들 가운데 얼마나 많은 인원이 일자리를 갖게 될까? 2012년 4월 미국의 졸업반 학생 중 의미 있는 일자리를 확보한 인원은 절반이 채 안 됐다. 나머지 학생들 가운데 상당수도 결국 일자리를 정하긴 했지만 모두 능력 이하의 일자리였다.

여기서 지당한 의문이 떠오른다. 과연 어떤 종류의 교육이 중요한 건가?

그리고 일자리가 계속 저임금 국가로 옮겨 가는 마당에 왜 우리는 계속에서 아이들에게 "학교를 마치고 고임금 일자리를 얻으라."고 말하는가? 정보기술의 발달로 저임금 국가의 회계사나 법률가를 고용할 수 있는 상황인데 왜 우리는 계속 자녀들에게 회계사나 법률가가 되라고 종용하는가? 기술의 진보로 일부 직업은 쓸모가 없게 된 마당에 왜 우리는 직업의 안정성에 대해 말하는가? 그리고 역시 중요한 질문 하나 더. 도대체 왜 학교는 금융 교육을 아예 실시하지 않거나 거의 실시하지 않는가?

먹이사슬의 꼭대기

대부분의 부모는 자녀들이 안정된 미래를 위해 좋은 교육을 받길 원한다. 그들은 자녀들이 먹이사슬의 꼭대기에 오르길 바란다. 대부분의 부모는 자녀들이 천한 직업을 갖고 고생하거나 능력 이하의 일자리를 잡고 저임금에 시달릴까 봐, 갈수록 세금만 더 내고 평생을 물가 상승률과 씨름할까 봐 걱정한다.

많은 부모들은 자녀들이 깊이 있고 견실한 교육을 받고 상위권이나 수석 자리를 차지해서 가급적 의사나 변호사, CEO가 되길 바란다.

홍보용 선전

학교에서 펼치는 홍보용 선전의 전형은 다음과 같다.

"반드시 학교를 마쳐야 한다."

"반드시 대학 학위를 따야 한다."

"학교를 졸업하지 못하면 성공적인 삶을 이끌 수 없다."

다음의 50인은 학교를 마치지 못했지만 졸업장에 구애받지 않고 정상에 오른 인물들이다.

1. 조지 워싱턴, 미국 대통령

2. 에이브러햄 링컨, 미국 대통령

3. 해리 트루먼, 미국 대통령

4. 그로버 클리블랜드, 미국 대통령

5. 재커리 테일러, 미국 대통령

6. 앤드루 존슨, 미국 대통령

7. 존 글렌, 우주 비행사, 미 상원의원

8. 배리 골드워터, 미 상원의원

9. 벤저민 프랭클린, 미 대사

10. 윈스턴 처칠, 영국 수상

11. 존 메이어, 영국 수상

12. 로버트 프로스트, 시인

13. 플로렌스 나이팅게일, 간호사

14. 벅민스터 풀러, 미래학자 겸 발명가

15. 조지 이스트먼, 이스트먼 코닥의 창업자

16. 레이 크록, 맥도날드의 창업자

17. 데이브 토머스, 웬디스의 창업자

18. 랠프 로렌, 패션 디자이너 겸 기업가

19. 도리스 레싱, 노벨 문학상 수상자

20. 조니 버나드 쇼, 극작가

왜 A학생은 C학생 밑에서 일하게 되는가

21. 피터 제닝스, ABC 방송 뉴스 앵커

22. 크리스토퍼 콜럼버스, 탐험가

23. TD 제이크스, 목사

24. 조엘 오스틴, 목사

25. 존 록펠러, 스탠더드 오일의 창업자

26. 칼 로브, 대통령 고문

27. 테드 터너, CNN의 창업자

28. 쿠엔틴 타란티노, 영화감독

29. 피터 잭슨, 영화감독, 대표작 「반지의 제왕」

30. 마크 트웨인, 작가

31. 레온 유리스, 작가

32. 칼 번스타인, 《워싱턴포스트》 기자

33. 칼리 피오리나, 휴렛팩커드의 CEO

34. 찰스 디킨스, 작가

35. 앤드루 카네기, 경영주

36. 윌리엄 포크너, 노벨상 및 퓰리처상 수상 작가

37. 리카싱, 아시아 최대 갑부

38. 리처드 브랜슨, 버진항공과 버진레코드의 창업자

39. 엔조 페라리, 페라리의 창업자

40. 헨리 포드, 포드자동차의 창업자

41. J. 폴 게티, 게티오일의 창업자

42. 잭 런던, 작가

43. 래리 엘리슨, 오라클의 창업자

44. 톰 앤더슨, 마이스페이스의 창업자

45. 마크 저커버그, 페이스북의 창업자

46. 스티브 잡스, 애플의 창업자

47. 스티브 워즈니악, 애플의 창업자

48. 빌 게이츠, 마이크로소프트의 창업자

49. 폴 앨런, 마이크로소프트의 창업자

50. 링고 스타, 비틀스의 멤버

학교는 다녀야 한다

아이들이 당장 학교를 때려치워야 한다거나, 학교가 중요하지 않다는 얘기를 하는 게 아니다. 교육은 매우 중요하다. 다만 어떤 종류의 교육이냐가 문제다. 그리고 우리 아이들의 교육이 어떤 결과를 낳느냐 역시 중요하다. 학교 교육으로 아이들이 미래에 대한 준비를 할 수 있을 것인가? 훌륭한 학교 교육만으로 아이들은 점점 더 안정성이 사라지는 세상에서 재정적 안정성을 확보할 수 있을 것인가?

이 책은 학교에서 가르치지 않는 교육을 다룬다. 아이들이 안정감을 느끼기 위해 일자리가 필요하지도, 정부 연금이 필요하지도 않은 그런 경로를 밟도록 가르치는 게 주제다. 정상에 앉은 사람들 밑에서 일하지 않고도 정상에 도달할 수 있는 방법이 있다.

이 책은 자본주의를 다룬다. 왜 우리 시대의 위대한 비즈니스 리더 다수가 대학을 졸업하지 않았는지 설명할 것이다. 대표적인 예가 스티브 잡스와 빌 게이츠, 마크 저커버그이다. 이 책에서 당신은 이들 기업가가 무엇을 알고 있었는지, 그리고 왜 학교를 떠났는지 확인하게 될 것이다.

교육의 미래

옛날 옛적에 모든 아이들이 두 가지 유형의 교육에만 집중하면 되는 시절이 있었다.

1. **학문 교육**: 이 교육은 읽고 쓰고 수학 문제를 푸는 방법에 대한 일반적인 기술을 지원한다. 이는 아주 중요한 교육이다.
2. **전문 교육**: 이 교육은 먹고살기 위한 좀 더 전문화된 기술을 제공한다. 상위권 학생, 즉 'A' 학생은 의사나 회계사, 엔지니어, 법률가, 기업체 임원이 된다. 여기에 속하는 다른 수준의 학교는 기계공이나 건설 근로자, 요리사, 간호사, 비서, 컴퓨터 프로그래머 등이 되길 원하는 학생들을 가르치는 직업 학교이다.

이제 무엇이 빠졌는지 알 수 있지 않은가.

3. **금융 교육**: 이는 우리의 학교 시스템에서 발견할 수 없는 수준의 교육이다. "이것은 미래의 교육이다." 거듭 강조하는 바이지만, 우리는 아이들에게 일자리를 얻어 돈을 벌려면 학교에 가라고 조언하면서도 돈에 대해서는 거의 혹은 전혀 가르치지 않는다.

다음 통계 수치는 슬프면서도 정신이 번쩍 들게 한다. 학생들 90퍼센트가 돈에 대해 더 많은 걸 배우길 원하는데도 교사의 80퍼센트는 그것에 대해 가르치길 불편해한다. 언젠가 분명히 금융 교육은 학교 교과 과정의 일부가 될 것이다. 하지만 가까운 미래에 그렇게 될 것 같지는 않다.

나의 금융 교육은 아홉 살 때부터 시작되었다. 부자 아빠를 통해서 말이다. 그분은 내 친아버지가 아니라 나의 가장 친한 친구의 아버지였다. 그리고 그분은 모노폴리 게임을 교육의 도구로 삼았고, 우리는 방과 후 몇 시간씩 그 게임을 하며 놀았다.

집에 돌아오면 내가 가난한 아빠라고 칭하는 친아버지는 이렇게 묻곤 했다. "하루 종일 뭐하다 온 거니?"

"모노폴리 게임을 했어요."라고 대답하면, 가난한 아빠는 "그런 멍청한 놀이로 시간을 허비하지 말아라. 집에 와서 공부해야지. 숙제도 해야 하고. 숙제를 하지 않으면 좋은 점수를 못 받고, 점수가 좋지 않으면 좋은 대학에 못 들어가고, 그러면 좋은 일자리도 얻지 못하는 거란다."라고 말씀하셨다. 그 좋은 점수를 늘 받지 못했던 탓에(나는 영원한 'C' 학생이었다.), 가난한 아빠와 나는 이런 대화를 정기적으로 나누었다.

나의 절친 마이크는 부자 아빠의 아들이었다. 우리는 부자 아이들이 다니는 학교에 다녔다. 다행인 것은 당시 우리가 가난했다는 사실이다. (부자 아빠는 아직 부자가 아니었고, 가난한 아빠는 성공은 했어도 결코 부자는 아니었다.) 이는 부자 아빠가 정기적으로 우리와 모노폴리 게임을 하며 우리의 금융 교육에 박차를 가하는 계기가 되었다. 그분은 우리가 부자 아이들보다 더 똑똑하고 더 부유해지길 바랐다.

어느 날 부자 아빠는 마이크와 나를 '현장 학습'에 데려갔다. 그분은 우리를 박물관이나 미술관이 아니라 자신이 임대하던 '초록색 집들'에 데려가 둘러보게 했다. 나는 거기서 부자 아빠가 현실 세계에서도 '모노폴리'

게임을 한다는 사실을 깨달았다. 그분이 말씀하셨다. "언젠가 이 초록색 집들은 내가 운영하는 빨간색의 커다란 호텔이 될 것이다."

집에 돌아와 친아버지에게 마이크의 아버지는 현실 세계에서 모노폴리를 하고 있다고 말씀드리자 가난한 아빠는 크게 웃으셨다. 그분은 그게 말도 안 되는 얘기라고 생각하셨다. 가난한 아빠는 여지없이 내게 그런 게임으로 시간 낭비 그만하고 숙제나 하라고 이르셨다.

당시 친아버지는 하와이 빅아일랜드의 교육장이셨다. 몇 년 후 그분은 주정부 교육 시스템의 정상에 올라 하와이 주 전체의 교육을 총괄하는 교육감이 되셨다.

나의 가난한 아빠는 학급 반장을 도맡고 졸업식에서는 졸업생 대표로 고별사를 낭독한 전형적인 'A' 학생이셨다. 그분은 학교를 사랑하셨다. 하와이 대학의 4년 과정을 2년에 끝내고 스탠퍼드 대학과 시카고 대학, 그리고 노스웨스턴 대학도 다니셨다.

나의 부자 아빠는 8학년, 그러니까 중2 과정도 채 마치지 못하셨다. 당시 그분의 부친이 돌아가셔서 가업을 떠맡아야 했기 때문이다. 그렇게 정규 교육을 짧게 받았는데도 그분은 마침내 하와이에서 가장 부유한 인물 중 한 명이 되셨다. 내가 열아홉이 되었을 때 부자 아빠는 자신 소유의 '빨간색 호텔'을 와이키키 해변에 마련하셨다. 십 년 만에 그분의 '작은 초록색 집들'은 거대한 '빨간색 호텔'이 된 것이다.

어린 시절 나는 모노폴리 게임과 부자 아빠의 교육이 내 인생의 방향을 얼마나 심오하게 바꿔 놓을지 깨닫지 못했다. 부자 아빠는 게임을 이용해 나를 자본가처럼 사고하도록 훈련시키고 있었다.

부자 아빠와 가난한 아빠는 서로 정반대의 삶을 살았다. 두 분 다 선량한 분들이었지만 사고방식은 결코 일치하지 않았다. 내가 열 살 때 두 분의 차이점이 극명하게 표출되는 사건이 발생했다. 부자 아빠가 나를 데리고 그 '초록색 집들'의 임차인들에게 임대료를 받으러 다녔다는 사실을 말씀드리자 가난한 아빠는 크게 언짢아 하셨다. 엄마도 아빠와 함께 화를 내셨다. 두 분은 그것이 열 살 소년에게 너무 잔인한 수업이라고 생각하셨다. 내게 그것은 현실 생활에 눈을 확 뜨는 수업이었다.

후에 나는 왜 엄마와 아빠가 그렇게 화를 내셨는지 알게 되었다. 우리 역시 임차인이었던 것이다. 나의 부모님들도 임대료를 받으러 문을 두드리는 집주인을 겪으며 살고 계셨다. 몇 년 후, 내가 중학교에 다닐 때 부모님은 마침내 저축한 돈으로 집을 구입할 수 있었다.

나의 불공평한 이점

두 아빠 모두 정규 교육을 중시했다. 두 분 모두 아들들이 대학에 들어가길 기대했고, 마이크와 나는 그 기대를 충족해 드렸다. 부자 아빠의 아들은 하와이 대학에 다녔고, 수업 틈틈이 아버지의 사업을 돌봤다.

나의 친아버지는 내 대학 등록금을 대줄 만큼 돈이 충분치 않았다. 고등학교 졸업 무렵이 되자 나는 혼자 힘으로 대학을 다녀야 한다는 사실을 알았다. 나는 사관학교에 진학하는 것으로 해결책을 찾았다. 학업 성적은 엉망이었지만 SAT 점수가 준수하게 나온 데다가 내가 미식축구 특기생이라는 점이 유리하게 작용했다. 나는 두 장의 의회 추천장을 손에 거머쥐었다. 한 장은 메릴랜드 주 애너폴리스에 위치한 미 해군사관학교에 갈 수 있는 티켓이었고, 다른 하나는 뉴욕 주 킹스포인트 소재 미 해양대학교(미 5대 사관학교 중 하나)행 티켓이었다. 나는 킹스포인트행을 택했고,

1969년에 이학사 학위를 취득하며 졸업했다.

돌이켜보면 내가 부자 아빠 덕분에 얼마나 불공평한 이점을 누리며 성장했는지 알 수 있다. 특히 돈과 관련해서 말이다. 아홉 살에서 열여덟 살이 되어 뉴욕의 대학으로 떠날 때까지 나는 일주일에 한두 차례씩 방과 후에 부자 아빠와 시간을 보냈고, 한 달에 두 번씩 격주로 토요일마다 부자 아빠를 위해 무료로 일을 했다.『부자 아빠 가난한 아빠』를 읽은 독자라면 그 일로 나의 가난한 아빠가 얼마나 언짢아하셨는지 기억할 것이다. 가난한 아빠는 나의 부자 아빠가 우리를 이용해먹는다고 믿으셨다. 정당한 임금을 지불하지 않았으니까 말이다. 교원 노조의 일원이었던 친아버지는 '아동노동법' 운운하며 부당함을 성토하셨다.

부자 아빠는 자신의 아들과 나에게 임금을 지불하지 않으셨다. 왜냐하면 우리를 자본가가 되도록 훈련시키고 있었기 때문이다. 그분이 돈을 주지 않은 이유는 우리를 돈을 위해 일하는 임금 근로자가 되도록 훈련시키고 싶지 않았기 때문이다. 그분은 우리가 고용주가 되도록 훈련시키고 있었다. 다른 사람의 재능과 다른 사람의 돈이 자신을 위해 일하도록 만드는 기업가나 자본가가 되도록 말이다.

분명 부자 아빠의 "돈 벌기 위해서가 아니라 배우기 위해서 일하라."는 개념은 나의 가난한 아빠를 화나게 만들었다. 가난한 아빠는 자본주의자라기보다는 사회주의자에 가까웠으니까.

다음 쪽의 그림은 교육학 박사인 에드거 데일(Edgar Dale, 1900~1985)이 1969년에 고안한

> **부자 아빠의 교훈**
>
> "게임이 교사보다 나은 스승이다."

"학습 원뿔(Cone of Learning)"이다. 데일 박사는 시카고 대학에서 박사 학위를 취득했고 오하이오 주립대학에서 수년간 학생들을 가르쳤다.

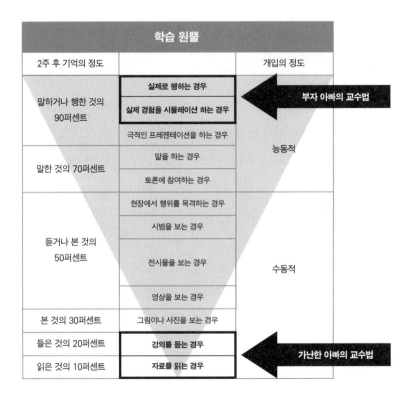

출처: 「데일의 학습 원뿔을 개작한 자료」, 1969
허락하에 발췌하여 원안을 수정함

이 그림을 보면 학습 도구로 모노폴리를 이용하고, 임대료 수금에 우리를 대동한 부자 아빠의 방법은 마이크와 나에게 돈에 대해 가르치는 매우 효과적인 방식이었음을 알 수 있다.

왜 A학생은 C학생 밑에서 일하게 되는가

Q: 그렇다면 읽기와 강연 듣기는 중요하지 않다는 의미인가?

A: 아니다. 적어도 나의 경우는 그렇지 않다. 모노폴리 게임은 더 배우고 싶은 내 욕구를 일깨웠다. 오늘날 나는 더 많이 읽고 더 많이 공부하고 더 많이 수업에 참석한다. 실생활 경험의 시뮬레이션인 그 게임이 내게 더 많이 배우도록 고무했기 때문이다.

나는 읽는 속도가 더딘 사람이지만 남들은 잘 안 읽는 복잡한 금융 및 비즈니스 서적도 곧잘 집어 들고 애써 탐독한다. 모노폴리 게임이 이렇게 현실 세계 교육을 축적하도록 견실한 기반까지 제공해 주었다고 나는 믿는다.

좀 더 중요한 것은 어린 시절에 경험한 모노폴리 게임과 부자 아빠의 임대료 수금 학습을 통해 내가 더 많은 것을 배우고 싶어졌다는 사실이다. 그때의 교훈은 내 두뇌 속에 각인되어 있다. 훌륭한 대학에서 이학사 학위를 취

> ### 기업가 정신
>
> 프랭크 런츠 박사는 『미국인들이 진정으로 원하는 것』에서 다음과 같은 설문 조사 결과를 소개했다.
> - 응답자 81퍼센트가 고등학교와 대학교에서 학생들에게 기업가 자질을 함양토록 지도해야 한다고 답했다.
> - 응답자 77퍼센트가 주정부와 연방정부에서 국민들에게 창업을 하도록 독려해야 한다고 답했다.
> - 응답자 70퍼센트가 미국 경제의 성공과 안정이 기업가 정신에 달려 있다고 답했다.

득했는데도 나는 사실 대학 4년 동안 배운 내용 중 상당 부분을 잊어버렸다. 예컨대 3년 동안이나 미적분학을 배웠으면서도 지금 미적분학 문제를 풀라고 하면 쉬운 것도 풀어 낼 자신이 없다. "안 쓰면 잊는다."는 속

담이 있지 않은가. 만약 내가 로켓을 연구하는 과학자라면 미적분학이 필요할 것이다. 하지만 부자가 되는 일에는 필요하지 않다. 초등학교 수준의 산수(더하기 빼기 곱하기 나누기)만 할 줄 알면 충분하다.

1984년 아내 킴과 함께 미국과 호주, 뉴질랜드, 싱가포르, 캐나다, 말레이시아 등지에 분소를 갖춘 금융 교육 회사를 설립했다. 우리는 게임과 시뮬레이션을 이용해 투자와 기업가 정신을 가르쳤다. 재미있고 흥미롭게 말이다.

1994년 우리는 은퇴했다. 킴은 37세였고 나는 47세였다. 우리는 비활성 소득, 즉 우리의 투자처에서 나오는 현금흐름을 토대로 은퇴 생활을 영위했다. 부자 아빠처럼 현실 세계에서 모노폴리 게임을 한 것이다. 그리고 지금도 그렇게 생활하고 있다. 2007년 부동산 거품 붕괴와 더불어 자산의 가격이 떨어짐에 따라 우리의 수입(현금흐름)은 증가했다. 시장 붕괴나 격변의 상황에 잘 대처하는 법을 배우는 것이야말로 금융 교육의 핵심이다.

1996년 킴과 나는 리치대드컴퍼니(The Rich Dad Company)를 설립했다. 리치대드컴퍼니는 캐시플로 101, 캐시플로 202, 어린이용 캐시플로 등의 보드게임 상품을 생산한다. 보드게임은 가족들이 함께 학습하는 데 아주 유용한 도구이다. 우리는 또한 모바일 기기와 태블릿을 위한 전자 게임도 출시하고 있다. 우리의 전자 상품들은 온라인 교과 과정 및 진단 도구와 연계되어 학습자들이 자신의 등급을 확인하고 잘못을 개선하며 향상을 꾀할 수 있도록 돕는다.

1956년 마이크와 내가 아홉 살이었을 때 부자 아빠는 게임과 시뮬레이션을 이용해 우리에게 금융 기술과 기업가 정신을 가르쳤다. 부자 아빠는 시대를 앞서 가던 분이었으며 덕분에 우리는 급우들은 모르는 불공평한 이점을 누렸다.

부모의 행동 단계

돈과 그것이 생활에서 하는 역할에 대해 토론하라

불행히도 많은 가정에서 돈에 관한 토론이나 대화를 거의 하지 않는다. 돈이 화제가 되는 경우는 대개 논쟁의 대상이 됐을 때뿐이다. 나는 어린 시절 돈을 놓고 엄마와 아빠가 싸움을 벌이는 장면을 목격한 쓰라린 기억이 있다. 아빠가 얼마를 벌든 우리 집은 항상 돈이 부족했다. 돈에 대해 의논하는 대신 엄마와 아빠(내가 가장 사랑하는 두 분)는 돈 문제만 나오면 싸움으로 내달리곤 했다. 반면에 나의 부자 아빠는 실제적인 돈 문제를 놓고 상의하는 데 여러 시간을 할애하곤 했다. 지금도 나는 부자 아빠의 토론 방식을 우리 부부의 결혼 생활에 도입해 활용하고 있다. 돈 문제가 생기면 우리는 싸움 대신 토론을 벌인다.

일단 '부자 교육의 밤'을 가족 행사로 정례화하고, 일상생활에서 실제로 발생하는 돈 문제를 놓고 토론하는 시간을 만들어라. 각자(혹은 가족)의 문제와 난관에 대해 솔직히 털어놓고 그 원인이 무엇이며 어떤 해결책이 가능할지 서로 의견을 교환하는 게 바람직한 방법이다.

당신의 가정을 돈에 관한 싸움의 장이 아닌 토론의 장으로 만드는 데 시간을 투자하라. 결코 아깝지 않은 투자가 될 것이다.

왜 부모가 중요한가?

3장

Lesson 3

아이들 미래의
네 가지 위험 요소

부모는 아이에게 가장 소중하고 훌륭한 교사로서 교육이라는 건물을 쌓아 올리는 토대를 제공한다. 부모는 아이가 처음으로 말문을 뗐을 때 기뻐하는 사람이며, 걷고 뛰는 법과 숫자를 세는 법, 읽는 법과 자전거 타는 법을 가르치는 사람이다. 그리고 아이가 성장함에 따라 많은 부모들이 앞날을 이끄는 안내자이자 조언가, 롤모델이 된다. 부모는 날마다 아이와 의견을 나누고 교류하며, 자신의 의도와 상관없이 아이의 삶에 막대한 영향을 끼친다. 우리는 롤모델을 보고 따른다. 새로운 생각에 개방적이고 평생 공부하며 배우는 부모를 보고 자라는 아이들 또한 그 모습을 마음 깊이 새긴다. 부모가 끊임없는 질문으로 아이의 이해를 돕고, 열린 마음으로 아이의 관점을 이해하고, 자녀(그리고 배우자)가 풍족하고 보람 있는 삶을 추구하도록 격려할 때, 아이의 삶은 크게 바뀐다.

많은 부모들이 세상 풍파로부터 아이를 보호하고픈 마음과 오늘날의 현실, 즉 불안정한 미래에 대비시키는 마음 사이에서 갈팡질팡한다. 미

65

래는 정보를 분석하고, 다양한 관계와 동향을 포착하고, 변화에 신속하고 민첩하게 변화할 수 있는 사람의 차지가 될 것이다. 우리가 사는 세상과 우리 부모님이 자란 세상이 다르듯이, 우리의 자녀들은 우리와는 또 다른 세상과 마주하게 될 것이다. 새롭고 독특한 도전들과, 새로운 기회를 접하게 될 것이다.

본론

"방 안에 거대한 고릴라가 있다."는 표현이 있다. 이는 중요한 문제, 혹은 무시할 수 없는 문제가 있지만 다들 알면서도 아무도 자진해서 입 밖으로 꺼내지 않는다는 의미다.

우리 아이들의 미래에는 네 마리 고릴라가 있다

우리 자녀들은 앞으로 네 마리의 고릴라를 만나게 될 것이다. 대다수의 사람들이 이 고릴라에 대해 말하는 것을 꺼려하지만, 그것들은 분명히 존재한다. 사람들은 아이들에게 이 고릴라에 대해 말해 주지 않지만 아이들은 언젠가 그것들과 마주칠 것이고, 따라서 그전에 충분한 대비를 해 두어야 한다.

고령화

첫 번째 고릴라: '고령화'라는 새로운 골칫거리

나이 든다는 것이 문제로 취급되는 것은 새로운 현상이다.

1935년, 프랭클린 D. 루스벨트 대통령이 사회보장법을 인가했다. 당시만 해도 65세는 상당한 고령에 속했다. 그러나 오늘날 "60대는 중년이다."

적어도 상당수의 베이비붐 세대들은 그렇게 믿고 싶어 한다. 많은 미국인이 나이가 들면서 죽음이 가까워졌다는 사실보다도 누군가에게 기대어 살아야 할지도 모른다는 것을 더욱 두려워한다. 우리의 아이들은 의학과 첨단 기술의 발달로 인해 90세나 120세를 '고령'으로 인식하게 될지도 모른다. 다시 말해 나이가 든다는 것은 새로운 기회이자 문제인 것이다.

2012년이 되자 미국 정부는 마침내 2033년이면 사회 보장 제도가 지급 불능에 이르리라는 사실을 시인했다. 2033년에 당신의 아이들은 몇 살일까? 대부분의 베이비붐 세대는 80대에 들어설 것이다. 그때가 되면 미국 정부는 어떻게 노인 인구에게 의식주와 의료 혜택을 제공할 것인가?

미국 사회보장국에 따르면 2012년 미국에서 장애인 연금을 수령하고 있는 인구는 약 1080만 명이었다. 이는 지난 10년 사이에 53퍼센트나 증가한 수치다. 2007년 금융 위기 발생 이후 500만 명 이상이 장애인 연금을 신청했다. 실업률이 증가하자 더 많은 이들이 장애인 연금을 받게 된 것이다. 그렇다면 앞으로 20년 내에 경기가 회복되지 않으면 어떤 일이 일어나겠는가?

> **나이는 자산인가 부담인가?**
>
> 농경 시대와 산업 시대에 나이는 자산이었다. 나이가 든다는 것은 더 현명해지는 것을 의미했다. 하지만 정보 시대에 나이가 든다는 것은 부담이 되었다.

현재도 다수의 정부들이 공무원 연금을 지불하지 못하고 파산할 위기에 놓여 있다. 캘리포니아 주의 연금 제도는 거의 재앙에 가까운 수준이다.

정부는 언제까지 미래의 노인들을 부양할 수 있을까? 이 거대한 고릴라는 우리 자녀들이 풀어야 할 문제가 될 것이다.

나이 든 부모와 부메랑 키드

몇 년 전만 해도 아메리칸 드림이란 내 집을 마련하는 것이었다. 하지만 이제는 여러 세대가 함께 모여사는 가정이 많다. 3대, 심지어는 4대가 한 집에 사는 경우도 있다. 그런 까닭에 요즈음 한 지붕 아래 여러 가족이 모여 사는 다세대용 주택이 늘고 있는 것이다.

오늘날에는 '부메랑 키드'들이 많다. 부메랑 키드란 집을 떠나 대학에 갔지만 취직에 실패하고 거친 세상에서 홀로서기를 할 수 없어 부모 집으로 돌아온 아이들을 가리킨다.

많은 성인들이 부메랑 키드 외에도 나이 든 부모를 모시고 산다. 미국

왜 A학생은 C학생 밑에서 일하게 되는가

에서 노인을 장기 부양하는 데 들어가는 비용은 월 8,000달러까지 이를 수 있으며, 이는 많은 사람들의 한 달 봉급보다도 더 많은 돈이다.

이처럼 우리 자녀들은 여러 세대를 부양해야 한다는 부담마저 지게 될 것이다. 당신의 아이들이 당신의 집에 다시 들어와 살게 될까? 아니면 당신이 자녀의 집에 들어가 손자 손녀들과 함께 살아야 할 것인가? 혹시 장수라는 축복을 누리게 되면 자녀들이 당신의 건강과 생계를 책임져 줄 수 있을까?

가장 큰 고릴라는 무엇인가

우리 앞에 놓인 가장 크고 비싼 문제는 사회 보장 제도도 아니고 다세대의 공동 주거도 아니다. 방 한가운데 앉아 있는 가장 크고 거대한 고릴라는 바로 메디케어(Medicare) 제도다. 미국 노인 의료 보험 제도인 메디케어는 1965년 처음 시행되었으며, 현재 지급 유예 채무액은 자그마치 100조 달러 이상이다. 이는 전 세계에 존재하는 돈보다도 더 많은 액수다. 우리의 자녀들은 앞으로 이 100조 달러짜리 고릴라와 씨름을 해야 한다.

조지 W. 부시 대통령은 가장 비용이 많이 드는 사회적 문제, 즉 가장 거대한 메디케어 부채를 만든 장본인이다. 메디케어 D(처방약 보험) 법안을 승인했기 때문이다.

한편 버락 오바마 대통령의 오바마케어(Obamacare: 전 국민 의료 보험)는 또 다른 대규모 골칫거리의 발판을 마련했다. 그 대가는 언젠가 우리의 아이들이 치러야 할 것이다. 나는 오바마케어가 메디케어보다 더 막대한 문제를 초래할 것이라고 믿는다.

현재 8000만 명에 이르는 미국 베이비붐 세대의 첫 번째 집단이 사회 보장 연금과 메디케어의 혜택을 받고 있다. 간단히 셈해 봐도 8000만 명의 사람들이 매달 정부로부터 1,000달러의 연금을 받는다면 그 800억 달러는 모두 납세자들의 주머니에서 나와야 할 것이다. 바로 당신과 당신 아이들의 주머니 말이다.

베이비붐 세대는 그들의 부모 세대보다 더 장수할 것이라서 더 값비싼 의료 혜택을 받게 될 것이다. 적어도 우리 아이들과 그 친구들을 비롯한 누군가가 그들이 황금기를 누릴 수 있게 돈을 대 주는 동안에는 말이다. 그리하여 다음 고릴라가 등장한다.

두 번째 고릴라: 급증하는 국가 부채

복리(複利)의 위력에 대해 들어본 적이 있는가? 아인슈타인은 그것을 가리켜 "세상에서 가장 강력한 힘"이라고 지칭했다.

그런 강력한 복리의 힘은 기하급수적으로 늘어나는 복리 부채에서도 찾아볼 수 있다. 우리의 아이들은 복리 부채의 가혹함은 물론, 복리 부채에 수반되는 이자의 공포까지도 실감하게 될 것이다.

2000년에 미국의 국가 부채는 5조 달러였다. 2012년 현재 그 액수는 16조 달러까지 불어난 상태다.

2011년에 그리스 정부가 국가 부도를 선언하자 그리스 곳곳에서 폭동이 발생했다. 미국과 영국, 일본도 그리 멀지 않았다.

이 같은 현실은 우리 자녀들을 기다리는 또 다른 고릴라로 이어진다.

신공황

세 번째 고릴라: 신공황

벤 버냉키는 미국 연방준비은행의 수장이다. 그는 세계에서 가장 강력한 은행가로 평가받고 있는데, 그것은 그가 미국 달러의 발행권을 쥐고 있기 때문이다.

벤 버냉키는 본래 프린스턴대 교수로서, 대공황을 연구했다. 그는 대공황이 역사상 유난히 비참했던 원인을 연방정부가 화폐를 발행하지 않아서 미국 경제가 무너졌기 때문이라고 믿는다. 따라서 그는 '양적 완화', 즉 화폐 발행을 통해 경기를 회복시킴으로써 신공황을 극복할 수 있다고 생각한다. 버냉키가 "헬리콥터 벤"이라는 별명을 얻게 된 것도 경기가 침체된다면 헬리콥터에서 돈다발을 뿌리겠다고 공언했기 때문이다.

역사는 우리에게 두 가지 형태의 경제 불황이 존재함을 말해 준다.

1. 1929년 미국의 대공황
2. 1920년대 독일의 초인플레이션

간단히 설명하자면, 미국의 대공황은 화폐를 충분히 발행하지 않은 것에서 기인했다. 반대로 독일의 초인플레이션은 화폐를 너무 많이 발행하여 발생했다.

'A' 학생인 벤 버냉키 의장은 다음과 같은 불안한 발언을 하기도 했다.

- 미국 정부는 인쇄기라는 현대 기술을 보유하고 있으며, 한 푼도 들이지 않고 미국 달러를 원하는 만큼 찍어 낼 수 있다.(2002)
- 지난 2년간 부동산 가격이 거의 25퍼센트나 상승했다. 일부 지역에서 투기 현상이 증가하긴 했지만 이러한 전국적인 집값 상승은 주로 경제 회복의 기미를 반영하는 것이다.(2005)

2007년에 부동산 시장이 폭락하기 시작하자 그는 이렇게 말했다.

- 연방준비제도는 현재 경기 침체가 발생할 것이라고는 예상하지 않는다.(2008)
- 사람들은 우리가 돈을 찍어 낸다고 생각한다. 우리는 돈을 찍어 내지 않는다.(2010)

버냉키 의장은 학식이 뛰어난 인물이다. 그러나 불행히도 그는 사업가가 아니다. 내가 보기에 그의 발언들은 현실 세상과 '매우 동떨어져' 있다.

2007년 이후로 버냉키 의장이 독일식 경제 불황을 선호한다는 사실이 명백해졌다. 만일 그의 시도가 성공한다면, 이는 초인플레이션으로 이어질 것이다. 그는 화폐를 발행하면 화폐를 발행함으로써 비롯된 문제가 해결될 것이라고 믿는다. 그것은 마치 알코올 중독자가 술을 마셔서 알코올 중독을 치료하려는 것과 같다.

> ### Q&A
>
> **Q:** 미국의 대공황은 얼마나 오랫동안 지속되었는가?
>
> **A:** 대공황은 25년 동안 계속되었다. 1929년 주식 시장이 붕괴하기 직전 다우지수는 381포인트였다. 다우지수가 다시 그때 수준으로 회복된 것은 1954년의 일이다.
>
> 지난 세기의 대공황이 25년 동안 지속되었다면 2007년에 시작된 신공황은 2032년까지 이어질 것이다.

초인플레이션은 단기간에 극심한 인플레이션이 발생하여 화폐 가치가 거의 의미 없는 수준으로 폭락한 현상을 가리킨다. 초인플레이션이 발생하면 돈을 위해 일하는 사람들과 성실하게 저축해 온 사람들이 가장 큰 피해를 입는다. 이 점은 대단히 중요한데, 왜냐하면 지난 세기의 대공황에서 살아남은 것은 반대로 일자리가 있고 돈을 모아 둔 사람들이었기 때문이다.

1920년대에 독일의 경제 공황에서 살아남은 이들은 생존에 필요한 상품과 재화(집, 채무, 연료 같은)를 생산하는 사람들이었다. 그중 일부는 원하는 만큼 가격을 인상할 수 있었기에 더 크게 번성할 수 있었다.

신공황이 오면 저축하던 사람들, 은퇴자들, 고정 수입의 근로자들이 가장 많은 것을 잃을 것이다. 채무자들이나 식량과 연료, 주택 생산자들이나 현금이 아닌 금과 은, 보석을 소유한 사람들이 가장 많이 얻을 것이다.

요컨대 우리는 아이들을 두 종류의 공황에 모두 대비시켜야 한다.

에드먼드 버크 경(Sir Edmond Burke, 1729~1797)은 이렇게 말했다.

역사를 모르는 자는 똑같은 실수를 반복한다.

현재 전 세계를 강타하고 있는 금융 위기는 우리 모두의 잘못이다. 왜냐하면 우리의 학교 제도가 금융 교육의 필수 요소인 금융의 역사를 가르치지 않았기 때문이다.

경제학자들의 경고

오늘날 많은 사람이 '화폐 발행'을 통해 경제를 자극하는 것을 케인스 경제학이라고 말한다. 말도 안 되는 이야기다. 그것은 케인스 경제학이 뭔지 모르는 대중을 속이는 거짓말이다.

다음은 화폐의 평가절하에 관한 영국의 경제학자 존 메이너드 케인스의 말이다.

레닌은 자본주의 체제를 파괴할 가장 좋은 방법은 통화를 타락시키는 것(인플레이션)이라고 말했

> **부자 아빠의 교훈**
>
> 금융 교육에는 반드시 금융의 역사에 대한 교육을 포함해야 한다. 부자 아빠는 이렇게 말했다. "미래를 준비하려면 반드시 과거를 알아야 한다."

다. 통화를 타락시키는 것만큼 기존의 사회 기반을 전복시키는 더 교묘하고 확실한 수단은 없다. 인플레이션이 지속되는 동안 정부는 국민들이 가진 부의 대부분을 은밀하고 조용하게 빼앗아 갈 수 있다. 그런 과정은 경제 법칙의 파괴적 측면에 숨어 있는 힘과 연관되어, 거의 아무도 눈치 채지 못하는 방식으로 이뤄진다.

네 번째 고릴라: 높은 세금
중앙은행이 화폐를 발행할 때마다 두 가지 일이 발생한다.

1. 세금이 상승한다.
2. 인플레이션이 증가한다. (인플레이션은 또 다른 형태의 세금이다.)

납세는 애국이 아니다
많은 사람이 세금 납부가 국민의 의무라고 생각한다. 하지만 이는 금융 역사를 알지 못하는 데서 기인한 잘못된 생각이다.

1943년에 미국 의회는 세금납부법(Current Tax Act)을 승인했다. 그것은 제2차 세계대전의 전비(戰費)를 충당하기 위한 방법이었다. 이제 미국 정부는 역사상 처음으로 근로자들이 세금을 내기 전 직접 그들의 봉급에서 돈을 징수할 수 있게 되었고, 근로자들은 자유 수호라는 명목에 이끌려 기꺼이 그것을 허락해 주었다. 그래서 많은 미국인이 아직도 납세가 애국이라고 착각하는 것이다. 하지만 제2차 세계대전이 끝난 후에도 미국 정부는 계속해서 세금을 징수했다.

알다시피 정부를 운영하는 관료들은 돈을 쓰는 법은 알아도 버는 법은 모른다. 그들이 아는 것이라고는 세금을 인상하는 것뿐이다.

정부의 무분별한 지출과 높은 과세는 부자만의 문제도, 빈곤층만의 문제도 아니다. 부자들은 빈곤층만큼이나 많은 복지 프로그램의 혜택을 받는다. 그들에게는 기업 복지 제도가 있고 빈곤층에게는 사회 보장 제도가 있다. 이름이 뭐가 됐든 간에, 그 대가를 지불하는 것은 결국 납세자들이다.

부자들을 위한 복지 제도는 대개 "포크(pork)"라고 불리는데, 포크는 '아무 곳에도 연결되어 있지 않은 다리'나 '군에게 쓸모없는 무기 개발'과 같은 프로그램 등에 자금을 지원한다. 포크가 부자들을 위한 복지 제도인 까닭은 그것이 실제로는 아무 쓸모도 없으면서 부자 사업가들에게 수익을 안겨 주는 프로젝트에 돈을 대 주기 때문이다.

오늘 우리는 부자들과 빈곤층을 위한 이런 복지 프로그램의 홍수 속에서 살고 있다. 이에 대한 정부 지원이 전면적으로 중단된다면 2007년 서브프라임 사태보다도 더 큰 붕괴가 야기될 정도다. 물론 정부가 지원하는 프로그램 가운데 좋은 결과를 가져오는 것들이 있는 것도 사실이다. 다만 문제는 우리의 자녀들이 그런 프로그램의 자금을 조달하기 위해 점점 더

왜 A학생은 C학생 밑에서 일하게 되는가

많은 세금을 내야 한다는 것이다.

아이를 키우는 부모라면 최대한 빨리 자녀들과 함께 세금에 대해 논의해 보아야 한다. 누가 가장 많은 세금을 납부하는가? 그리고 그 이유는 무엇인가?

부자 아빠는 내게 세금에 관해 설명하며 현금흐름 사분면을 그려 보였다.

네 개의 사분면에 적힌 글자는 각각 다음을 의미한다.

E: 봉급 생활자(Employee)

S: 자영업자 또는 전문직 종사자(Small business, Self-employed)

B: 사업가(Big business: 직원 500명 이상)

I: 투자가(Investor)

우리는 모두 하나 이상의 사분면에 속해 있다. 이것을 "현금흐름 사분면"이라고 부르는 이유는 어디에서 현금흐름을 얻느냐에 따라 우리가 속한 사분면이 결정되기 때문이다. 다양한 곳에서 현금흐름을 얻는 사람은 동시에 여러 개의 사분면에 속할 수 있다.

E 사분면에 있는 봉급 생활자는 일자리를 갖고 있으며 봉급에 의존하는 사람이다.

S 사분면의 자영업자와 전문직 종사자는 노동 시간에 따라 수수료나 사례금을 받는다. 변호사나 의사 같은 많은 'A' 학생들이 S 사분면에 속한다.

B 사분면은 스티브 잡스나 빌 게이츠처럼 대규모 사업을 운영하는 사업가들이 있는 곳이다.

I 사분면은 워런 버핏 같은 전문적이고 적극적인 투자가들로 구성되어 있다.

대부분의 사람은 국민연금이나 401(k) 같은 데에 투자하는 소극적 투자가이다. 이들은 전문 투자가가 아니라 소극적 투자가이기 때문에 투자 소득에 대해 높은 세금을 납부한다.

대부분의 CEO는 E 사분면에 속한다. 그들은 '경영 자본가'이며, 진짜 사업가들을 위해 일하는 피고용인이다. 진정한 자본가란 스티브 잡스나 빌 게이츠, 마크 저커버그처럼 직원 500명 이상인 사업장을 창설해 S 사분면에서 B 사분면으로, 그리고 I 사분면으로 이동하는 사람을 가리킨다.

학교에서는 학생들에게 현금흐름 사분면의 왼쪽 면인 E와 S에 속하는 사람이 되라고 가르친다. 대부분의 부모가 자녀에게 "좋은 학교를 졸업하고 직장을 얻어라.(E 사분면)" 혹은 "의사나 변호사가 돼라.(S 사분면)"고 조언하는 것도 바로 이 때문이다.

우리 부모님은
내가 커서
E 사분면이나
S 사분면에
속하기를
바랐다.

부자 아버지는
내가 커서
B 사분면이나
I 사분면에
속하기를
바랐다.

    세금과 관련하여 각각의 사분면과 거기 속한 사람들 사이에는 커다란 차이가 있다.

    어떤 현금흐름 사분면에 속하는가, 다시 말해 어떤 종류의 소득을 올리느냐에 따라 과세 방식이 달라지기 때문이다. 다음 표는 각각의 사분면에서 얻는 소득의 종류와 누가 가장 높은 비율의 세금을 내는지를 보여 준다.

각각의 사분면에서 납부하는 세율

봉급 생활자
employee
40%

20%
사업가
big business

0%
투자가
investor

자영업자 또는 전문직 종사자
self-employed **60%**

이제 어째서 오바마 대통령은 수입의 20.5퍼센트를 세금으로 낸 반면 미트 롬니는 14퍼센트밖에 내지 않았는지 알겠는가? 그들이 각각의 사분면에서 얻는 소득의 종류가 다르기 때문이다. 오바마 대통령은 E와 S 사분면의 시각으로 세상을 본다. 미트 롬니는 B와 I 사분면의 눈으로 세상을 본다.

대부분의 사회주의자들은 E와 S 사분면에 속한다. 진짜 자본주의자들은 B와 I 사분면에서 살고 있다.

그러므로 아이들에게 "학교를 졸업하고 (E 사분면의) 일자리를 얻어라." 혹은 "학교를 졸업하고 (S 사분면의) 의사나 변호사가 돼라."고 하는 것은 세율이 가장 높은 소득을 위해 일하라고 말하는 것과 같다. 'A' 학생들, 다시 말해 S 사분면에 속한 의사와 변호사들은 네 개의 사분면 가운데 가장 많은 세금을 낸다.

언론이 "부자 증세"를 부르짖을 때마다 결국 그 부담은 E와 S 사분면에 있는 고소득자들의 어깨 위에 떨어지게 되어 있다. CEO나 의사, 변호사 들 말이다. 진짜 부자들, 즉 B와 I 사분면에 속한 진짜 자본가들은 세금을 내더라도 아주 적게 낸다. 오바마 대통령과 같은 일부 사람들은 그러한 현실이 매우 불공평하다고 생각한다. 이 책의 후반부에서는 B와 I 사분면에 주어지는 세금 혜택이 공정할 뿐만 아니라 국가 경제를 유지하기 위해서 불가피하다는 사실에 대해 살펴본다.

연봉 1달러

Q: 스티브 잡스의 연봉은 왜 1달러였는가?

A: 스티브 잡스는 진짜 자본가였다. 그는 E나 S 사분면에서 소득을 얻지 않았다.

일찍부터 세금에 대해 이해하고 나면 당신의 자녀들은 앞으로 무엇을 공부하고 어떤 사분면이 자신에게 가장 적합할지 더 나은 선택과 결정을 할 수 있다. 단순히 세금을 적게 내기 위해 특정한 사분면을 선택해야 하는 것은 아니지만, 네 사분면 각각의 근본적인 차이를 이해하는 것은 금융 교육의 일부분이다. 현금흐름 사분면과 다양한 유형의 소득, 그리고 각각의 소득에 부과되는 세금에 대해 제대로 알면 아이들은 돈과 사업, 투자에 대해 더 나은 선택을 할 기반을 마련할 수 있다.

아이들을 B와 I 사분면에 대비해 준비시키는 것은 많은 시간이 걸린다. 스티브 잡스와 빌 게이츠, 마크 저커버그는 십 대 시절부터 B와 I 사분면으로 향하는 여정을 시작했다. 이들 세 명은 모두 하버드 대학이나 리드 칼리지 같은 명문대에 입학했지만 자퇴하고 말았다. 왜냐하면 학교란 기본적으로 학생들을 E와 S 사분면을 위해 준비시키는 곳이기 때문이다.

아이들을 고릴라와의 싸움에 대비시킬 때는 다른 선택의 여지가 존재한다는 사실을 알려 주는 것이 중요하다. 단순히 "학교를 졸업하여 일자리를 얻고 열심히 일해 더 많은 세금을 내는 것"외에도 다른 선택을 할 수 있다는 것을 가르쳐야 한다.

앞으로 나는 각각의 사분면마다 다른 세율이 적용되는 이유를 설명하고, 사람들이 '부자 증세'를 주장할 때마다 정부는 왜 B와 I 사분면에 손을 대지 않는지 알려 줄 것이다. 오바마 대통령이 아무리 노력한다고 해도 B와 I 사분면 사람들은 세금을 적게 낼 합법적인 방도를 찾아낼 것이다.

자본주의에 대한 교훈은 『부자 아빠 가난한 아빠』의 첫 번째 장에서부터 시작된다. "부자들은 돈을 위해 일하지 않는다." 돈을 위해 일하는 사람들, 즉 E와 S 사분면에 있는 이들이야말로 가장 높은 세금을 낸다. B와

I 사분면에 속한 사람들은 자본가다. 자본가는 정부가 원하는 일을 해 준다. 그들은 일자리를 창출하고 저렴한 주택을 공급하므로 세금을 적게 낸다. 이것이 바로 서구 자본주의의 현실이다.

각각의 사분면마다 다른 세율이 적용된다는 사실에 대해서는 앞으로 차차 이야기하도록 하자. 세금은 금융 교육에서 아주 중요한 부분이기 때문이다.

사분면을 옮겨 가기에는 이미 늦은 것일까?

Q: E 사분면과 S 사분면에서 B 사분면과 I 사분면으로 옮겨 가는 것은 젊을 때에만 가능할까?

A: 그렇지 않다. 샌더스 대령은 퇴직 후에 그런 여정을 시작했다. 그는 65세가 되었을 때 자신이 운영하는 작은 치킨 가게를 우회해 새 고속도로가 뚫리는 바람에 사업이 망하고 말았다. 그래서 그는 S 사분면을 떠나 켄터키프라이드치킨 사업을 시작해 B와 I 사분면으로 옮겨 갔다. 대령에게 유리한 점이 있었다면 새로운 사분면으로 옮겨 가는 여정을 시작했을 때 이미 그가 S 사분면에서 프라이드치킨을 만드는 솜씨가 뛰어났다는 것이다.

B와 I 사분면에는 필요한 요소들이 많다. 그래서 확실한 금융 교육을 빨리 시작하는 것이 중요하다. 많은 사람이 이 여정을 시작하지만 실제로 성공하는 사람은 소수에 불과하다. 그 대신 성공한 사람은 어마어마한 보상을 얻을 수 있다. B와 I 사분면에서 성공하는 것은 에베레스트 산을 오르는 것과 비슷하다. 세계 정상에 우뚝 서서, 금융 세계에서 먹이사슬의

왜 A학생은 C학생 밑에서 일하게 되는가

정점에 오르는 것이다. 아이가
일찍부터 여정을 시작한다면 성
공 가능성은 더욱 커진다.

B와 I 사분면에서 성공하기 위
해 반드시 똑똑한 사람이 될 필
요는 없다. 'A' 학생이나 'B' 학
생이 될 필요도 없다. 그것은 E
나 S 사분면에서 중요한 자질일
뿐이다. B 사분면과 I 사분면에서
성공하는 것은 팀 스포츠에 비유할 수 있다. 당신이 할 일은 똑똑하고 믿
음직스럽고 열심히 일하는 사람들을 한데 끌어 모으는 것이다. 말로는 간
단해 보이지만 실제로는 B와 I 사분면에서 접하게 되는 가장 힘들고 어려
운 일이기도 하다.

나의 이야기

나는 1969년 뉴욕 주에 있는 미 해양 대학교를 졸업했다. 베트남전이
발발하자 나는 4년 동안 준비했던 것처럼 상선 사관이 되기보다 조국을
위해 봉사하기로 결심하고 군대에 자원했다. 스탠더드 오일 사의 유조선
사관이라는 좋은 일자리를 선택할 수도 있었지만, 조국을 위해 봉사해야
한다고 생각했다.

그래서 1969년에 스탠더드 오일 사의 배를 타는 대신 해병대에 입대했
고 비행 학교에 들어갔다.

플로리다 주 펜사콜라에 있는 해군 비행 학교의 정문을 통과한 것은 내게 배움이라는 위대한 모험의 시작을 알리는 신호탄이었다.

내 고등학교 시절은 끔찍했다. 해양 대학교는 경쟁이 치열했고 힘들었다. 그러나 해군 비행 학교에서 나는 배움과 사랑에 빠졌다. 아무리 힘들어도 배움에 대한 사랑과 애정을 포기하지 않았고, 생전 처음으로 '무언가를 배우는 학생'이라는 역할을 좋아하게 되었다.

배우는 것을 좋아하는 법을 배우는 것은 중요하다. 왜냐하면 교육은 다음과 같은 하나의 과정이기 때문이다.

교육 과정

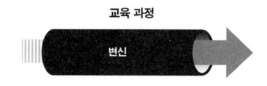

해군 비행 학교는 진실로 한 마리 애벌레를 나비로 새로 태어나게 하는 과정이었다.

비행 학교는 단순한 교육 장소가 아니었다. 그곳은 새로운 변신의 장이었다. 비행 학교는 내게 정신적, 감성적, 육체적, 그리고 영적인 도전 과제를 안겨 주었고 나는 도전을 사랑했다. 이것이 교육의 진정한 목적이다. 바로 학생이 더 많이 배우고 더 큰 존재가 될 수 있게 고무하는 것

왜 A학생은 C학생 밑에서 일하게 되는가

말이다.

내가 생각하기에 부모의 가장 중요한 역할은 아이의 재능을 이끌어 내고 배움에 대한 사랑과 애정을 북돋는 교육 과정을 찾아내는 것이다. 그것은 음악이나 미술, 정원 가꾸기일 수도 있고, 의학이나 법률일 수도 있다. 나한테 그것은 비행 학교였다. 비행기 조종술을 배우는 것은 배움에 대한 내 애정을 고취시켰다. 모노폴리 게임이 나를 부자가 되도록 고무한 것처럼 말이다.

하지만 내적인 것이 아니라 외적인 동인에 의해 자극받는다면, 그것은 동기가 아니라 조작, 혹은 조종이라고 해야 할 것이다.

교육 과정에서 가장 중요한 것은 아이의 재능을 이끌어 내고 북돋는 것이지, 시험을 못 봤다고 벌을 주거나 아이 자신이 스스로를 멍청하게 여기도록 하는 것이 아니다.

가정에서 탄탄한 금융 교육을 받은 아이는 좋아하는 일을 하면서 부자가 될 수 있다. 나 자신을 예로 들자면, 지금 나는 사람들을 가르치는 일을 한다. 대부분의 교사는 E 사분면에서 소득을 올리고 늘 충분한 돈을 벌지 못한다고 불평한다. 나는 그런 불평을 하지 않는다. 이유가 무엇일까? 나는 B 사분면에 있는 교사이기 때문이다. 또 I 사분면에서도 일하기 때문에 봉급이 필요하지 않다. 내 돈은 대부분 I 사분면에서 비롯되는데, 그것은 세율이 가장 낮은 사분면이며 심지어 때로는 세금을 아예 낼 필요가 없다.

사분면을 이용하여 자녀의 영감을 고취하라

내가 부모들에게 말해 주고 싶은 교훈은 이것이다. "현금흐름 사분면은 직업보다 더 중요하다."

이 책의 대부분은 B와 I 사분면에서 필요한 교육과 기술, 경험에 할애되어 있다. 여기서 중요한 질문은 이것이다. "당신 아이의 정신을 고취하는 사분면은 무엇인가?"

E와 S 사분면은 나에게 배움에 대한 애정을 북돋워 주지 못했다. 그런 일을 해 준 것은 B와 I 사분면이었다.

아이가 선택하는 직업도 별반 다를 바가 없다. 나는 교사다. 하지만 일반적인 E 사분면의 교사가 아니라 B와 I 사분면의 교사다.

언젠가 내가 교사가 되리라고는 꿈에도 짐작하지 못했다. 나는 그저 원하는 사분면이 있었을 뿐이다.

스티브 잡스도 마찬가지다. 잡스의 일대기를 읽어 보면, 그는 봉급 생활자나 작은 사업체를 운영하는 자영업자가 되려고 하지 않았다. 그의 꿈은 그보다 훨씬 크고 원대했다.

최악의 상황에 대비하라

하나의 현금흐름 사분면에서 다른 사분면으로 옮겨 갈 때 어려움을 겪는 한 가지 이유는 대부분의 사람들이 영감이 아니라 두려움 때문에 사분면을 선택하기 때문이다. 예를 들어 대다수의 사람들이 E 사분면을 선택하는 이유는 돈을 충분히 벌지 못할까 봐 두려워하기 때문이다. 금전적 두려움 때문에 안정적인 직업과 복지 혜택, 정기적인 봉급을 선택하는 것이다.

S 사분면의 경우, 많은 사람들이 신뢰감이 부족하기 때문에 그곳을 택한다. 내 경험에 의하면 S 사분면 사람들은 타인을 많이 신뢰하지 않는다. 그들은 혼자 일하고, 스스로 보스가 되고 싶어 한다. 그래서 그들은 이렇게 말한다. "뭔가를 제대로 하고 싶다면 직접 스스로 하라."

S 사분면의 문제점은 사업을 실제로 소유하지 못한다는 것이다. 당신이 가진 것은 '일자리'이다. 따라서 일을 그만두면 수입도 중단된다. 이는 곧 '사업'을 운영하는 것이 아니라 그저 '일하느라 바쁜 삶'을 살고 있음을 의미한다.

반면 B 사분면의 사업은 당신이 일을 하든 그렇지 않든 계속해서 수입을 안겨 준다.

삶을 훈련하라

나와 아내 킴이 각각 마흔일곱과 서른일곱의 나이에 은퇴할 수 있었던 이유는 B와 I 사분면에서 소득을 올리고 있었기 때문이다. 우리는 E와 S 사분면에서는 아무런 수입도 올리지 않았다.

내가 비행 학교를 좋아했던 한 가지 이유는 날마다 두려움에 맞서 싸우고 극복하는 법을 배웠기 때문이다. 내가 비행 학교에 간 것은 꾸준한 봉급이나 다른 사람들보다 이른 퇴직 혜택을 받기 위해서가 아니었다. 물론 나는 다른 많은 동료들이 그런 것을 노리고 있다는 사실을 알았다. 직업 군인은 미국 정부에 소속된 봉급 생활자이기 때문이다.

내가 해병대와 비행 학교에 간 것은 영감을 얻고, 전쟁에 대비하기 위해서였다. 우리의 훈련 교관들은 안정성을 추구하지 않았다. 그들은 우리가 비행 연습을 할 때마다 '긴급 기동' 연습을 하도록 주문했다. 의도적으로 전투기에 문제를 일으키거나 심지어 때로는 엔진을 꺼트리기도 했다. 교관들은 우리가 공포에 맞서 싸우고, 늘 침착성을 유지하고, 계속해서 조종을 하도록 내몰았다. 그것은 B와 I 사분면의 삶을 위한 완벽한 훈련이나 다름없었다.

많은 사람들이 금전적 문제를 겪는 이유는 감정에 휩쓸려 삶을 살아가기 때문이다. 그들은 경제적 두려움에 직면하는 대신 그것을 회피하고 숨으려 한다. E 사분면에 있는 많은 봉급 생활자들은 안정적인 직업과 정기적인 봉급이라는 이불 밑으로 머리를 들이밀고, S 사분면의 자영업자들은 똑똑하고 유능해져야 한다는 개인주의의 베일 뒤로 몸을 숨긴다.

아이들에게 고릴라에 대해 말해 주라

자녀에게 좋은 성적을 얻어 현실 세계에서 보호받을 수 있는 좋은 일자리를 얻으라고 가르치지 마라. 그 대신 그들의 미래에서 어슬렁거리고 있을 네 마리 고릴라에 대해 말해 주어라. 돈에 관한 한 모든 아이들은 똑똑해질 수 있다. 비행 학교 시절 교관들이 내가 전쟁에 대비할 수 있게 도와준 것처럼 아이들이 스스로 미래를 준비할 수 있게 해 주라.

많은 전문가들이 자녀에게 겁을 주는 것은 바람직하지 못하다고 말한다. 하지만 이것은 겁을 주는 것이 아니다. 자녀에게 미래를 준비시키는 것이다. 아이들은 두려움을 직면하고 최악의 상황에 대비함으로써 더 나은 삶을 영위할 더 나은 기회를 잡게 된다.

그리고 만일 '당신의 자녀'가 E 사분면의 직업 안정성이나 S 사분면의 독립성을 선택한다고 해도, 적어도 더 많은 정보를 가지고 더 나은 결정을 내릴 수 있을 것이다. 자녀가 B 사분면이나 I 사분면에서 성공할 가능성이 가장 높다고 판단한다면, 앞으로 충분한 시간을 갖고 그것을 준비할 수 있다. 스티브 잡스와 빌 게이츠가 십 대 때부터 성공을 준비했듯이, 당신의 아이가 사업가가 되길 원한다면 일찌감치 준비하는 편이 좋다.

당신의 자녀는 지금 우리가 사는 세상과 크게 다른 세상을 마주하게 될 것이다. 엄청난 경제적 기회가 있을 테지만 동시에 문제도 심각할 것이다. 세계 곳곳에서 국가 부도가 목격되고 있다. 그리스의 붕괴는 그저 시작일 뿐이다.

사람들은 말한다. "미국의 다음 세대는 지난 세대보다 가난할 것이다." 부분적으로 그 원인은 우리의 교육 제도가 아이들을 현실 세계에, 미래에 충분히 대비시키지 못한 데 있다. 다시 말하지만 아이들을 미래로부터 보호하는 것이 아니라 미래에 대해 준비시켜야 한다.

금융 역사에 관해 마지막으로 한마디

1971년에 리처드 닉슨 대통령이 금본위제를 폐지했다.

그때부터 미국 달러는 진짜 돈이 아니게 되었다. 그것은 단순한 통화 (通貨), 부채 수단, 그리고 미국의 납세자들에게 써 주는 차용증이 되었다.

좋은 소식은 1971년 이후로 세계 경제가 급속도로 번창했다는 것이다. 하지만 그것은 빚을 기반으로 한 경제였다.

2007년 마침내 그 빚의 거품이 터지고 말았고 우리는 금융 위기의 시대, 신공황의 시대에 살게 되었다.

역사로부터 배우지 못한 대가를 톡톡히 치르고 있는 것이다.

역사는 반복된다

1744년에 태어난 메이어 암셀 로스차일드는 로스차일드 은행 제국의 창시자이다. 그는 글로벌 금융 위기의 원인에 대해 이렇게 말한 바 있다.

"내게 한 나라의 통화 발행권을 달라. 그러면 누가 법률을 만들든 개의치 않겠다."

1971년에 닉슨 대통령이 달러와 금을 교환하는 금본위제를 폐지하자, 누가 법률을 만드는지는 더 이상 중요하지 않게 되었다. 공화당이든 민주당이든 상관없었다. 이제 세계에서 가장 강력한 국가 미합중국은 은행가들의 손아귀에 들어가게 되었다.

그러나 닉슨 대통령은 은행가들의 힘에 굴복한 첫 번째 미국인이 아니었다.

미국 건국의 아버지이자 독립 선언서에 서명한 독립 운동가, 그리고 미합중국의 3대 대통령인 토머스 제퍼슨은 이렇게 말했다.

민간은행이 국가의 통화 발행을 통제하게 된다면 처음에는 통화 팽창을, 그 다음에는 통화 긴축을 이용하여 결국 비대해진 은행과 기업들이 국민의 재산을 박탈하고, 아이들은 자신들의 선조가 개척한 땅과 터전을 잃고 떠돌게 될 것이다.

제퍼슨은 또한 이렇게 경고했다.

나는 우리의 자유를 억압하는 데 있어 은행 설립이 상비군 설립보다 훨씬 위험하다고 생각한다. 우리가 지출한 돈을 후손들이 갚는다는 원리는 미래로부터 돈을 갈취하는 대형 사기나 다름없다.

다시 말해 1913년에 설립된 중앙은행들과 그중 가장 강력한 연방준비은행은 우리의 부모들과 자녀들, 그리고 그 자손들로부터 미래를 갈취하고 있는 것이다. 이러한 도적질은 이미 전 세계에 만연해 있고, 현재 우리가 맞닥뜨리고 있는 금융 위기에 불을 지폈다.

미국의 연방준비은행은 미국의 기관이 아니다. 그것은 전 세계에서 가장 부유한 은행가 가문들에 의해 좌지우지된다. 그것은 더 이상 연방 기관도 아니다. 당신과 나는 아무런 힘도 행사할 수가 없다. 연방준비은행은 돈을 준비해 두고 있는 곳도 아니다. 돈이 필요하지 않다. 왜냐하면 돈을 발행하는 곳이기 때문이다. 그것은 은행이 아니다.

1913년에 발효된 미국 수정헌법 제16조는 연방정부가 국민에게 소득세를 부과할 수 있도록 했다. 이에 따라 미국 국세청(IRS)이 창설되었고, 소득세를 징수할 수 있는 권한을 부여받았다.

1913년에 미국 국민들은 자신들의 돈에 대한 통제권을 잃었다. 세계에서 가장 부유한 몇몇 사람들이 세계 최고의 강대국을 마음대로 부릴 수 있게 된 것이다. 그러한 강탈 행위는 세금에서부터 시작되었다. 세금은 부유하고 권력을 지닌 자들이 그들이 통제하는 정부를 통해 자신들의 주머니를 불리는 수단이기 때문이다.

부유한 은행가 가문들이 우리의 미래를 도둑질할 수 있는 것은 학교에서 신뢰할 수 있는 금융 교육을 제공하지 않기 때문이라고 생각한다. 그러므로 부모들은 그러한 공백을 메우고 아이들을 미래의 금융 현실에 대비하게 해야 한다.

1743년에 태어난 토머스 제퍼슨은 이미 그러한 미래에 대해 경고한 바 있다.

결국 비대해진 은행과 기업들이 국민의 재산을 박탈하고, 아이들은 자신들의 선조가 개척한 땅과 터전을 잃고 떠돌게 될 것이다.

정부가 납세자들의 세금으로 골드만삭스나 뱅크오브아메리카 같은 대형 은행과 AIG나 제너럴모터스 같은 대기업을 구제하는 것도 이런 이유 때문이다. 그것은 일자리를 살리기 위해서가 아니었다. 부자들을 살리기 위해서였다.

중앙은행을 없애라?

2012년 대선 기간에 텍사스 의원 출신의 공화당 경선 후보였던 론 폴은 자신의 저서인 『중앙은행을 없애라 *End the Fed*』라는 책에 대해 언급했다. 이 책에서 그는 미국 국민들의 이해와 상반되는 방향으로 움직이는 중앙은행의 힘에 관해 썼다. 간단히 말해 벤 버냉키의 봉급은 누가 지불하고 있는가?

폴은 '중앙은행 폐지 운동'이라는 풀뿌리 운동에 큰 영감을 주기도 했다.

토머스 제퍼슨도 그의 주장에 동의할 것이다. 제퍼슨은 1800년대에 이렇게 말했다.

화폐 발행권을 은행으로부터 빼앗아 와야 한다. 그것은 원래의 주인인 국민들에게 돌아가야 한다.

헛된 노력

의도는 좋지만 '중앙은행 폐지 운동'은 시간 낭비다. 완전히 부패한 시스템은 결국 무너지게 되어 있다. 그 예로 로마 제국을 보라. 그렇다면 중앙은행 제도도 붕괴하게 될까? 언제 그렇게 될까? 그걸 누가 알겠는가?

부자 아버지는 그분의 아들과 내게 중앙은행을 무너뜨리라고 가르치지 않았다. 그분은 우리에게 "중앙은행이 돼라."고 가르쳤다. 그러기 위해서는 대단히 높은 수준의 금융 교육이 필요해서 그분은 어렸을 때부터 우리에게 금융 교육을 했다.

이 책의 후반부에서 당신은 자녀에게 '중앙은행을 무너뜨리는 법'이 아니라 '중앙은행이 되는 법'을 가르치는 법을 배울 것이다.

당신은 어떻게 내가 중앙은행처럼 스스로 돈을 만들고 대기업처럼 합법적으로 적은 세금을 내는지 알게 될 것이다. 내가 이 점을 강조하는 이유는 이처럼 삶을 바꿀 수 있는 금융 교육을 받는다면 당신과 당신 자녀도 '스스로 돈을 만들어 낼 수' 있기 때문이다.

이 점을 분명히 말해 두고 싶다. 나는 이것이 공평하다고는 생각하지 않는다. 금융 교육이 가져다주는 것은 오히려 불공평한 이점이다. 인생은 원래 불공평한 법이다. 나는 '자유'가 대단히 고귀한 것이라고 생각하며, 그래서 베트남전에 참전했다. 자유에는 선택할 자유가 포함된다. 우리의 교육 제도가 학생들에게 네 개의 사분면에 관한 교육을 받을 수 있는 선택권을 제공하지 않는다면, 그것은 제대로 작동하고 있는 것이 아니다.

이 세상에는 더 많은 스티브 잡스가 필요하다. 학교를 떠나 B와 I 사분면에 대해 배우는 사람들 말이다. 그들은 애초에 왜 학교를 떠나야 했을까? 스티브 잡스는 일자리를 창출했다. 우리의 학교는 CEO 같은 경영 자본가들, 다시 말해 본인도 일자리를 필요로 하면서 종종 다른 사람들의 일자리를 없애 버리는 피고용인들을 넘치도록 만들어 낸다.

학교에서 선택적이고 왜곡된 역사를 가르치는 것은 공평하지 않다. 아이들에게는 진실을 가르쳐야 한다. 우리의 역사는 사실 대부분 돈과 관련되어 있다. 전쟁이 자유를 수호하기 위한 것이라고 가르치는 것은 진실을 왜곡하는 것이다. 대개 전쟁은 돈 때문에 벌어지는 다툼이다. 전쟁은 하나의 거대한 비즈니스다.

크리스토퍼 콜럼버스가 탐험가라고 말하는 것은 일부 시각만을 반영한 편협한 주장이다. 그는 이사벨라 여왕의 후원을 받은 사업가였으며, 탐험에 나선 것도 아시아와의 교역로를 찾기 위해서였다.

콜럼버스는 그 시대의 스티브 잡스였다. 그는 남북 아메리카 대륙의 부를 발견했고, 그 결과 스페인을 세계 최고의 부국으로 만들어 주었다.

프란시스코 피사로, 페르디난드 마젤란, 에르난 코르테스 같은 위대한 탐험가(해적)들이 가져온 황금 덕분에 한때 호황을 누렸던 위대한 스페인은 오늘날에는 그리스와 이탈리아, 프랑스와 함께 유럽 경제의 골칫거리이다. 금과 은이 사라진 스페인은 다른 국가들과 마찬가지로 부채, 즉 중앙은행의 '가짜 지폐'로 인해 흥하고 망했던 것이다.

해적들은 아직도 전 세계를 누비고 있다. 하지만 이제 그들은 해적선을 몰지 않는다. 그들은 국제 은행들을 운영한다.

1838년에 메이어 암셀 로스차일드가 한 말은 되새겨 볼 가치가 있다.

내게 한 나라의 통화 발행권을 달라. 그러면 누가 법률을 만들든 개의치 않겠다.

오늘날 그가 살아 있다면 이렇게 말할 것이다.

내게 전 세계의 통화 발행권을 달라. 그러면 누가 법률을 만들든 개의치 않겠다.

모노폴리 게임에서 배울 수 있는 교훈

모노폴리 게임의 규칙은 다음과 같다.

은행은 절대로 파산하지 않는다. 은행에 돈이 떨어지면 은행가는 종이에 글씨를 써서 얼마든지 필요한 만큼 돈을 발행할 수 있다.

그래서 부자 아버지는 모노폴리 게임을 이용해 그분의 아들과 내게 돈에 대해 가르쳤던 것이다. 부자 아버지는 종종 이렇게 말했다. "모노폴리는 현실과 똑같은 게임이다."

오늘날의 세상

오늘날의 세상은 가짜 돈과 부채, 납세자들에게 써 주는 차용증을 토대로 돌아가고 있다.

금세라도 무너질 수 있는 이런 종이 집을 지은 은행가들은 큰 부자가 되었고 정부로부터 많은 보너스와 지원금을 받는 반면, 수백만 명의 납세자들은 나날이 가난해지고 있다.

이것은 미국에만 해당되는 이야기가 아니다. 전 세계가 그렇다.

국제적인 고릴라들

해적들이 국가의 돈을 좌지우지하게 되면 어떤 일이 생기는지 몇 가지 예를 들어보자.

일본

일본은 세계 최고의 저축률을 자랑하지만 일본 경제는 지난 20년 동안 침체되어 있다.

미국도 경제를 살리기 위해 저축을 해야 한다는 주장을 다시금 생각해 보게 하는 사실이다.

그리스

2012년에 그리스는 국가 부도를 선언했고, 퇴직자들은 빈곤을 견디다 못해 자살을 선택하기 시작했다. 다음 차례는 스페인과 이탈리아, 포르투갈이 될 것이다. 많은 국가의 젊고 똑똑한 인재들이 일자리를 찾아 해외로 떠나고 있는데 이러한 사태를 '두뇌 유출'이라고 부른다.

이탈리아

2012년 초반 이탈리아에서는 가솔린 가격이 단 하루 만에 1갤런당 10달러에서 16달러로 급등했다. 국채 이자를 지불하기 위해 관련 세금을 인상했기 때문이었다. 교육을 많이 받은 관료의 문제점은 세금을 인상하면 경제가 살아날 것이라고 믿는다는 것이다. 그들의 생각과 달리, 세금은 경제를 죽인다. 은행가와 정치가들만이 배를 불릴 뿐이다.

은행이 화폐를 발행하면 세 가지 일이 발생한다. 세금과 인플레이션이 상승하고, 국민들은 더 가난해진다.

프랑스

유럽에서 두 번째로 경제 규모가 큰 프랑스는 경제 성장률이 둔해지면서 부채의 늪으로 빠져들고 있다. 프랑스인들은 더욱더 열심히 일하는 것이 아니라 자유 시간을 늘리고 덜 일하고 빨리 은퇴했다. 생산성이 저하되자 국가 전체의 생산성도 하락했다.

이러한 문제를 해결하기 위해 프랑스 정부가 한 일은 부자들의 세금을 인상하는 것이었다. 그것은 지금 미국이 원하는 일이기도 하다. 하지만 부자들에게 세금을 부과하면 그들과 그들의 돈은 그 나라를 떠날 뿐이다.

중국

실업률과 군사력이 증가하면서 중국의 성장 엔진도 비틀거리기 시작했다.

멕시코

미국의 이웃 나라인 멕시코는 정부보다 마약 왕들이 더 많은 돈과 무기, 영향력을 가진 국가다. 다시 말해 그곳은 아이들을 키우기에 바람직한 환경이 아니다.

빨리 시작하는 것이 좋다

자녀를 삶에서 유리한 출발점에 세우고 싶다면, 돈에 대해 그리고 돈이 역사에 미치는 영향력에 대해 일찍부터 가르치는 것이 좋다. 아이에게 돈과 세금의 진짜 법칙에 대해 가르쳐라.

다음 장에서는 금융 교육이 아이에게 줄 수 있는 삶의 (불공평한) 이점에 대해 배울 것이다. 'A' 학생들도 누리지 못하는 이점 말이다.

당신 자녀의 미래

에드먼드 버크의 경고를 다시 한 번 떠올려 보라.

역사를 모르는 자는 똑같은 실수를 반복한다.

나라면 돈의 미래에 깔려 무너지는 게 아니라 돈의 역사로부터 배우는 편을 택하겠다.

1971년 이후 미국 달러는 구매력의 90퍼센트 이상을 상실했다. 40년이 지나면 나머지 10퍼센트도 사라질 것이다.

명심하라. 자녀에게 자본가가 되는 법을 가르치고, 자본가들이 누리는 B와 I 사분면의 불공평한 이점을 교육하고, 돈과 세금의 진짜 법칙을 알려 준다면, 네 마리 고릴라가 당신 자녀의 미래를 파탄 낼 확률은 줄어든다.

부모의 행동 단계

돈 문제를 교훈을 배울 기회로 활용하라

나의 부모님은 자식들을 돈 문제로부터 최대한 보호하려고 애썼다.

문제는 우리 네 형제자매가 우리 집에 금전적 문제가 있다는 사실을 알았다는 점이다. 우리는 돈 문제에 직면하는 법이 아니라 그것을 숨기는 법을 배웠다.

반대로 부자 아버지는 돈 문제가 생기거나 피고용인과 마찰이 일어날 때면 그러한 실제 사례를 새로운 것을 배울 기회로 활용했다. 그분은 시간을 들여 우리에게 문제의 핵심과 해결 방도에 대해 설명했다.

부자 아버지는 종종 이렇게 말했다. "문제는 너를 더 똑똑하게 만들 수도 있고, 더 가난하게 만들 수도 있지. 그건 너한테 달렸단다."

가정에 금전적인 문제가 발생하면 이 책이나 다른 자료를 이용해 해결할 방도를 모색해라. 그런 다음 해당 문제에 대해 이야기를 나누면 더욱 현명하고 강력한 해결 방법을 찾을 수 있을 것이다.

가족들은 금전적인 문제의 해결 방법을 함께 모색함으로써 금융적으로 더욱 똑똑해질 수 있다. 그런 환경에서 자란 아이는 나중에 성인이 되어 돈 문제가 발생해도 자신이 더욱 똑똑해질 수 있는 기회로 받아들일 것이다.

아이가 너무 어리거나 때로는 불편할 수 있는 현실적인 돈 문제를 받아들일 준비가 되어 있지 않다면, 식료품 쇼핑을 할 때 데려가 당신이 가족의 식비를 어떻게 마련하고 운용하고 있는지 이야기해 주어라. 그것이 바로 실생활 교육이다.

우리 모두는 돈 문제를 갖고 있다. 심지어 부자들도 그렇다. 바로 그런 돈 문제를 다루는 방식이 당신이 부자가 될지 가난해질지를 결정한다. 나는 좋은 돈 문제를 낭비해서는 안 된다고 배웠다. 왜냐하면 그런 문제를 해결할 때마다 점점 더 똑똑해지기 때문이다.

아이가 몇 살이 되었을 때
돈에 대해 가르치기
시작해야 할까?

4장

Lesson 4

언제 돈을
가르쳐야 할까?

부모라면 대부분 자기 자녀가 돈에 대해 얼마나 알고 있는지 안다. 갓 난아기는 반짝거리는 동전을 좋아하고, 조금 나이가 들면 물건의 가격을 어느 정도 인식하게 된다. 어렸을 때 새 장난감이나 자전거를 사 달라고 조르면 부모님이 뭐라고 했는지 기억하는가? "너는 땅을 파면 돈이 나오 는 줄 아니?"

아이들은 식료품점에서, 영화관에서, 그리고 주유소에서 돈이 손에서 손으로 넘어가는 것을 보고, 금세 수표와 지출에 대해 이해한다. 아이들 은 곧 자기 돈을 갖는 것을 좋아하게 된다. 이빨요정이 주는 몇 달러든, 정원 청소를 도왔다고 아빠가 준 5달러든, 아니면 할머니가 생일선물로 준 용돈이든 말이다.

Q: 아이가 몇 살이 되었을 때 돈에 대해 가르치기 시작해야 할까?

A: 아이가 1달러 지폐와 5달러 지폐를 구분하게 되었을 때

모든 아이들은 다음과 같은 세 개의 '배움의 창'을 거친다.

첫 번째 창: 출생 직후 ~ 12세
두 번째 창: 12 ~ 24세
세 번째 창: 24 ~ 36세

세 개의 배움의 창

아이를 가르칠 때는 세 개의 배움의 창에 대해 이해하고, 각각의 단계에 아이가 무엇을 경험하고 다음 단계로 넘어가는지 알아야 한다.

첫 번째 배움의 창

출생 직후 ~ 12세: 비약적 학습

대부분의 교육 심리학자들은 첫 번째 배움의 창이 아이가 비약적인 발전을 이루는 단계라는 데에 동의한다. 이 단계에서 아이는 보고 듣고 느끼는 모든 것이 새로우며, 흥분에 가득 차 열렬히 학습한다. 아이는 '뜨겁다'라는 단어는 이해하지 못해도 그것이 어떤 느낌인지는 알게 된다.

이 단계에서 아이의 두뇌는 찰흙덩어리와 비슷하다. 또 하나의 덩어리처럼 아직 분화되지 않은 상태이기도 하다. 아이의 두뇌는 네 살이 되어서야 좌반구와 우반구로 나뉘기 시작한다.

어떤 사람이 '우뇌 우세형'이라면 그는 예술적이고 창의적이며 삶에 대해 자유롭고 감정적인 방식으로 접근한다. '좌뇌 우세형'의 사람은 그보다 학구적이고 덜 창의적이지만 더 논리적이다. 좌뇌는 읽기와 쓰기, 말하기, 수학적 사고 및 기능을 관장하는데, 전통적인 학교에서는 좌뇌 우세형 학생이 똑똑하다고 생각하는 경향이 있다.

반면에 음악이나 미술, 댄스 학교에서는 우뇌형 학생들을 선호한다. (왼손잡이 학생은 여기서 말하는 좌뇌와 우뇌의 영향력이 반대일 수도 있다.)

많은 전문가들은 위대한 천재들이 좌우 반구를 양쪽 모두 우세하게 사용했다고 믿는다. 한 전문가는 윈스턴 처칠에 대해 연구했는데, 처칠은 어린 시절 머릿속에서 갑자기 놀라운 생각이 번쩍 떠오르곤 했다고 한다. 그리고 나면 조금 후에 그런 번득이는 아이디어를 말로 정확하게 표현할 수 있었다. 간단히 설명하자면, 그런 번득이는 천재성은 창의성을 관장하는 우뇌에서 발생한다. 한편 언어는 좌뇌에서 관장하기 때문에 그 생각은 우반구에서 좌반구로 이동할 시간이 필요하므로 그는 몇 분 후에 자신의 새로운 아이디어를 말로 표현할 수 있었다. 요즘 사람들이라면 "머리에 불이 들어왔어."라고 표현할지도 모른다. 하지만 짐작하다시피 모든 학자들이 이런 학설에 동의하는 것은 아니다.

모노폴리 같은 게임들이 교육 도구로 유용한 이유는 게임이 좌뇌와 우뇌를 모두 활발하게 자극하기 때문이다. 게임은 사람이 좌뇌만 사용하는 것이 아니라 열과 성을 다해 몰두하게 만든다. 이것은 성인이나 아이나 마찬가지다. 다시 말해 배움은 정신적인 과정을 넘어 육체적이고 감성적인 과정인 것이다.

당신이 이 논쟁의 어느 쪽에 있든 간에 출생 후부터 12세 사이의 아이들이 배움에서 왕성한 식욕을 자랑하는 것은 분명한 사실이다. 부모가 아이에게 배우라고 격려할 필요조차 없다. 이 시기의 아이들은 적극적으로 배운다. 바닥을 기다가 걸음마를 시작하고, 말하고 먹고 자전거를 배운다. 이 작은 학습 기계는 부모를 지쳐 나가떨어지게 할 정도다.

그러다가 아이는 학교에 가게 된다.

아이는 첫 번째 배움의 창을 통해 언어와 발음을 배운다. 이를테면 앨라배마에서 태어난 아이는 남부 사투리를 배울 테고 뉴욕에서 태어난 아이는 뉴욕식 발음을 하게 될 것이다. 설사 아이가 자라 다른 언어를 배운다고 해도 생애 초반에 익힌 어투는 새로운 언어에까지 옮겨 간다.

유럽에서 자란 아이들은 다소 유리한 점이 있는데, 첫 번째 배움의 단계에 다언어 문화에서 자라기 때문이다. 이런 경험은 후에 아이가 새로운 언어를 쉽게 습득할 수 있게 돕는다. 반면에 단일 언어 환경에서 자란 아이는 나중에 외국어를 익힐 때 다소 어려움을 겪을 수 있다.

첫 번째 배움의 창 기간에는 문화와 음식, 음악에 대한 기호를 키우게 된다. 한 아이가 좋아하는 것을 다른 아이는 혐오할 수도 있다. 도시에서 자란 아이는 시골에서 자란 아이와 세상을 다르게 볼 것이고, 빈민가에서 자란 아이는 교외의 중산층 아이와 다른 가치관을 지니게 될 것이다. 마찬가지로 가난한 아이는 부잣집 아이와 다른 세계관을 갖는다. 학대를 받으며 자란 아이는 애정을 듬뿍 받으며 자란 아이가 결코 이해하지 못할 도전과 난관에 부딪칠 것이다.

출생 후부터 12세 사이에 두뇌는 비교적 주름이 적고 매끈하지만 학습이 계속되면서 신경 경로가 형성된다. 간단히 말해 신경 회로는 뇌 속에 난 도로와 같다. 새로운 동네에 이사를 가면 새로운 길을 익혀야 하는 것처럼(집에서 슈퍼마켓으로 가는 길, 출근하는 길, 교회에 가는 길), 아이가 기고, 걷고, 말하고, 자전거 타는 법을 배울 때마다 두뇌는 새로운 신경 회로를 형성한다.

12세라는 나이가 중요한 까닭은 그때가 지나면 아직 형성되지 못한 신경 회로가 지워지거나 사라져 버리기 때문이다. 다시 말해 '사용하지 않으면 사라지는 것'이다.

일단 신경 회로가 생성되고 두뇌에서 사용되지 않은 부분이 없어지면 새로운 것을 배우기가 어려워진다. 12세 이후에 새로운 것을 배우며 각각의 점들을 잇는 것은 그리 쉬운 일이 아니다. 이제는 점과 점을 잇는 것이 아니라 나이든 두뇌의 계곡과 능선을 잇고 연결하는 다리를 세워야 하기 때문이다.

그러므로 "나이 든 개에게 새로운 재주를 가르칠 수는 없다."라는 말은 어느 정도 신빙성이 있다. 나이가 들수록 배우는 속도는 느려지고 새로운 신경 회로를 생성하는 것은 점점 더 어려워진다.

이러한 기간을 "창(窓)"이라고 부르는 이유는 그것이 정말로 '창문'이기 때문이다. 그것은 한정된 기간 동안 열려 있는, 무언가를 배울 수 있는 기간이다. 예를 들어 걷는 법을 배울 수 있는 창문이 있다. 이 첫 번째 창문이 열려 있는 동안 걷는 법을 배우지 못하면 그 아이는 평생 기우뚱거리며 걸을 수도 있다. 걷기에 필요한 골격과 근육, 운동 기능을 충분히 발달시키지 못한 까닭이다. 말하는 법과 사교성도 마찬가지다. 아이가 첫 번째 배움의 창이 열린 동안 읽고 쓰는 법을 배우지 못하면 평생 어려움을 겪을 것이며 어쩌면 장애를 갖게 될 수도 있다. 물론 나중에 배우는 것도 가능하지만, 다른 사람보다 훨씬 어렵게 그 기술을 익혀야 할 것이다. 적절한 시기를 놓치면 창문은 닫혀 버린다.

부모의 학대 때문에 옷장 안에 감금되어 자란 한 아이가 있다. 그 아이는 첫 번째 배움의 창을 놓쳤고, 두 번째 배움의 창도 대부분 놓쳐 버렸다. 지금은 자유의 몸이 되었지만 그녀는 아직도 정신적, 육체적, 감정적, 그리고 사회적으로 심각한 장애를 겪고 있다. 대부분의 평범한 아이들과 달리 정상적인 신경 회로를 발달시키지 못했기 때문이다.

두 번째 배움의 창

12 ~ 24세: 반항적 학습

십 대에 접어들면서 아이는 반항을 통해 배운다. 십 대 소년에게 "술 마시지 마."라고 말한다면, 그 아이는 술을 마시거나 적어도 술과 관련된 경험을 할 가능성이 크다. 십 대 청소년에게 당신 차를 빌려 주면서 "과속하면 안 된다."라고 말하면 아이는 아마 과속을 할 것이다. 그리고 만약 당신이 "섹스를 하지 마라."고 말한다면, 궁금증이 생긴 아이는 섹스를 시도해 볼 것이다. 특히 요즘처럼 또래집단의 압력이 극심할 때에는 더더욱 그렇다.

두 번째 배움의 창은 '반항적 학습'의 창이라고 불린다. 아이들은 이 기간 동안 반항을 하며 배운다. 그들은 '자신'이 하고 싶은 것이나 배우고 싶은 것을 하고 싶어 한다. 누군가 시키는 대로 따르기보다 스스로 결정을 내리고 싶어 한다. 아이들은 스스로 생각하고 선택하는 힘을 기르고 연습한다.

우리가 아는 세대 간 갈등은 대개 이 단계에서 발생한다. 예를 들어 음악 분야에서는 십 대들과 반항심이 강한 세대들이 새로운 음악 장르를 개발해 냈다. 1950년대에는 척 베리와 엘비스 프레슬리가 있었다. 로큰롤은 재즈를 듣던 어른들에게 엄청난 충격을 안겨 주었다. 1960년대에는 비틀스와 롤링스톤스가 나타나 텔레비전이라는 새로운 매체를 통해 로큰롤을 확산시켰다. 1970년대에 존 트라볼타는 디스코의 제왕이었다. 랩 음악과 힙합은 1990년대를 장악했고, 마이클 잭슨은 백인과 흑인, 음악, 춤, 영화와 뮤직 비디오 사이의 경계를 무너뜨리며 정교한 안무를 선보였다.

두 번째 배움의 창을 마주했을 때의 도전 과제

반항적 학습에서 맞닥뜨리는 도전 과제는 아이가 아직 '결과'라는 단어의 참된 의미를 모른다는 것이다. 이를테면 부모가 "과속하지 마라." 하고 말할 때, 아이는 과속이라는 행동이 어떤 결과(속도 위반 딱지, 교통 사고, 어쩌면 사망까지도)를 불러올지 이해하지 못한다. 부모인 당신은 행동의 위험과 결과를 잘 알지만 아이들은 그렇지 않다.

많은 십 대 청소년이 이런 반항적인 시기에 잘못된 길로 빠진다. 마약을 하고, 학교를 중퇴하고, 미혼모나 미혼부가 되거나 범죄를 저지르기도 한다. 왜냐하면 그들은 자신의 행동이 가져올 파괴적 결과를 모르기 때문이다.

두 번째 배움의 창이 대단히 중요한 단계임은 두말할 필요가 없다. 이 시기에는 특히 부모 자식 간의 관계가 무척 중요한데, 첫 번째 배움의 창과 마찬가지로 부모는 아이의 가장 중요한 교사가 되어야 한다.

이 시기에 아이가 삐뚤어진다고 해서 부모가 나쁘거나 아이가 나쁘다는 의미는 아니다. 두 번째 배움의 창은 아주 중요한 기능을 한다. 이 시기에 아이가 본능적으로 저항하는 것은 그것이 삶의 이 시기에 배우는 방식이기 때문이다.

두 번째 배움의 창 시기에 자녀가 철부지 행동 때문에 곤란한 처지에 빠졌을 때, 이 상황을 다루는 과정에서 부모 자식 관계가 시험대에 오를 수 있다. 이것은 부모와 자녀의 관계를 확립하고 발전시킬 아주 중요한 순간이다. 다음과 같은 경우를 생각해 보라.

- 딸이 자동차 사고를 냈을 경우 부모는 어떻게 반응해야 하는가? 만약 아들이 음주운전으로 체포되었다면? 이럴 때 부모 자식 간의 관계는 시험대에 오르게 된다. 부모가 얼마나 좋은 교사인지 판가름이 나는 것이다.
- 착하고 모범적이며 대학 입학을 앞둔 아들이 실은 마약 거래로 한 달에 수천 달러의 수입을 올리고 있었음을 알게 된 부모는 어떻게 해야 할 것인가? 아들을 경찰에 신고해야 할까, 아니면 자식의 범죄를 덮기 위해 최선을 다해야 할까?
- 자녀가 수시로 학교 수업을 빼먹고 교칙을 무시한다는 사실을 알게 되었다면? 자식이 문제아가 된 데 대해 학교를 비난할 것인가, 아니면 학교 당국과 교사, 아이와 함께 문제를 해결하려고 노력할 것인가?
- 십 대 딸이 집에 와서 임신을 했다고 고백하며 아기 아버지가 누군지 모른다고 한다. 이때 부모는 어떻게 해야 할까?

하나같이 대답하기 어려운 상황들이다. 모든 아이들이 다르듯이 집집마다 이런 일에 대한 반응도 다를 것이다. 가령 자녀가 한 명 이상인 집이라면 아이들마다 차이도 있을 것이다. 부모가 각각의 자녀에게 줄 수 있는 교훈은 대부분 서로 다르고, 많은 고민이 필요하다. 서로의 관점을 이해하려는 노력뿐만 아니라 원활한 의사소통이 중요하다.

나는 인생에서 두 번째 배움의 창, 즉 12세에서 24세까지의 기간이 가

왜 A학생은 C학생 밑에서 일하게 되는가

장 중요하다고 생각한다. 이 시기를 순탄하게 보낸다면 아이는 더 나은 삶을 살 가능성이 높아진다.

자, 그렇다면 당신은 부모로서 아이가 반항을 통해 배우는 두 번째 배움의 창을 다룰 준비가 되어 있는가? 첫 번째 배움의 창을 잘 지나왔다면 두 번째 배움의 창에서도 아이들을 잘 이끌어 나갈 수 있을지 모른다. "잘 헤쳐 나갈 거야."라는 마음가짐으로 이 시기를 보낸다면 별로 걱정할 필요는 없다. 어쨌든 대부분의 아이들은 잘 헤쳐 나가기 마련이기 때문이다. 하지만 알다시피 어떤 아이들은 그렇지 못하다. 그리고 그럴 때야말로 부모의 역할이 결정적으로 중요해진다.

세 번째 배움의 창

24 ~ 36세: 전문적인 학습

이때는 어른이 되어 '세상에서 자신의 자리를 찾는 법'을 배우는 시기이다. 말할 필요도 없겠지만, 아주 아주 중요한 기간이다. 이 시기에 이르러서야 부모는 자신과 교육 제도가 아이를 얼마나 잘 가르쳤는지 확인할 수 있다. 다들 알겠지만 현실은 절대 공평하거나 공정하거나 친절하지 않다. 현실은 대단히 엄하고 무서운 교사가 될 수 있다.

세 번째 배움의 창 기간에는 전문성의 뿌리를 내리게 된다. 가령 의과 대학에 간 아이는 이제 좋은 의사가 되는 법을 배우기 시작한다. 아이는 자신이 올바른 길을 선택했는지 비로소 확인할 수 있게 된다. 전문 교육을 받지 못한 사람은 자신에게 맞는 길을 찾아 이 직업에서 저 직업으로 떠돌 수도 있다. 많은 젊은이들이 이 시기에 꿈을 실현하기 위해 발버둥치며 자신의 재능을 발견한다.

사람들은 이 시기에 대개 결혼을 하고 가정을 꾸리고 처음으로 자기 집을 마련한다. 진짜 세상의 경제적 현실을 실감하는 시기다. 삶에서 돈이 점점 더 중요해지고, 대개 돈은 늘 부족하다. 점점 더 극심해지는 경제적 압박을 어떻게 해결할지는 아이가 첫 번째와 두 번째 배움의 창 시기에 돈에 대해 무엇을 배웠는지에 달려 있다.

2007년 금융 위기 이후 수많은 젊은이들이 세 번째 배움의 창 시기에 직장을 구하지 못하거나 의미 있는 일을 찾지 못했다. 이 기간에 발전하지 못하면 남은 생에 상당한 영향을 끼칠 수 있다. 높은 청년 실업률이 단순히 '일자리가 없는 것'보다 더 심각한 문제인 이유는 바로 이런 까닭이다. 지금 세대에 실직자가 많다는 것은 앞으로 당신의 자녀들이 엄청나게 심각한 문제를 해결해야 한다는 의미일 수 있다.

교사는 한 학기나 일 년밖에 가르치지 않지만 부모는 아이를 평생 가르친다. 부모가 평생 교사로서 세 개의 창문 내내 자녀의 삶에 제공하는 일관성과 안정성은 부모가 어째서 아이에게 가장 중요한 교사인지를 다시금 실감하게 해 준다.

나의 이야기

당연한 얘기지만, 나는 아홉 살 때 배움의 창에 대해 아무것도 몰랐다. 그저 학교에서 가르쳐 주는 내용에서 뭔가가 빠져 있다는 것만 느꼈을 따름이다. 바로 '돈'이라는 과목 말이다. 그래서 나는 부자 아버지를 찾아갔다. 학교에서 만날 수 없는 다른 부류의 교사가 필요하다는 것을 본능적으로 깨달았기 때문이다.

사실 나는 일곱 살 때부터 새로운 교사를 찾고 있었다. 어머니가 부엌 식탁에 앉아 흐느끼는 모습을 봤을 때였다. 어머니가 운 이유는 청구서는 쌓여 가는데 집에는 돈이 한 푼도 없었기 때문이었다. 나는 아직도 어머니가 빨간 숫자들로 가득한 우리 집 통장을 보여 준 기억이 난다.

1950년대에 은행은 고객들에게 타자기로 기록한 입출금 내역서를 보냈다. 그것은 금색 종이였는데, 매달 초 아버지가 은행에 급여를 예금할 때는 숫자가 검은색으로 적혀 있지만 부모님이 수표를 사용할수록 글씨는 빨간색으로 변했다. 그것은 부모님이 쓴 수표를 모두 지불할 예금이 부족하다는 것을 의미했다. 다시 말해 우리 부모님의 은행 계좌는 마이너스였다.

나는 어머니가 슬퍼하시는 모습에 큰 충격을 받았다. 아직 나이가 어렸던 나는 사람들이 왜 돈 때문에 우는지 이해하지 못했다. 내 첫 번째 배움의 창이 막 열린 셈이었다.

나는 어머니에게 왜 아버지가 이 문제를 해결하지 않느냐고 물었다. 그러자 어머니는 아버지를 옹호했다. "아버지는 최선을 다하고 계시단다. 일을 하면서 대학원에도 다니시잖니. 그러면 나중에 더 많은 봉급을 받을 수 있거든."

일곱 살 때 나는 어머니의 말씀을 이해할 수 없었다. 그저 뭔가 아주 중요한 것이 잘못되었다고 느꼈을 뿐.

어른이 된 지금, 나는 누군가 경제적 문제에 대한 해결책으로 "학교에 가서 학위를 딸 겁니다."라고 하는 말을 들으면 얼굴을 찡그리며 입술을 깨물게 된다.

부자 아버지의 말씀이 귀에 들리는 듯하다. "학교에 가서 부자가 될 수 있다면 지금쯤 학교 교사들은 모두 백만장자가 되어 있을 거다."

내 첫 번째 배움의 창

전에도 말했듯이 부자 아버지는 그분의 아들과 내게 모노폴리 게임으로 돈에 관한 교훈을 가르쳤다. 그분은 우리에게 무엇을 할지 지시하고 실수를 피하라고 충고하는 것이 아니라, 우리가 게임을 하다가 저지른 실수를 예로 들며 이야기를 나누고 가르침을 주었다.

배움의 창 이론에 따르면 돈과 관련된 내 신경 회로는 모노폴리 게임을 하면서 형성된 셈이다.

나는 학교 성적이 좋았던 적이 없다. 아무리 열심히 노력해도 평균적인 학생에 불과했다. 두 아버지 모두 내 성적 때문에 걱정이 컸는데, 부자 아버지의 아들인 마이크도 나와 별반 다를 바는 없었다.

하루는 부자 아버지가 우리를 불러 말했다. "학교 성적은 중요하다. 하지만 내가 한 가지 비밀을 알려 주마."

"그게 뭔데요?" 우리가 물었다.

부자 아버지가 몸을 숙이며 속삭였다. "은행에서는 나한테 성적표를 보여 달라고 요구한 적이 한 번도 없단다. 은행은 내가 학창 시절에 성적이 좋았는지, 얼마나 좋은 학교를 나왔는지 따위에는 관심이 없지."

우리는 궁금해서 부자 아버지에게 물었다. "그럼 은행에서는 뭘 보고 싶어 하나요?"

"내 재무제표지." 부자 아버지는 이렇게 말하며 책상 서랍에 손을 뻗었다. 그분은 우리에게 재무제표를 펼쳐 보이며 말했다. "재무제표는 학교를 졸업한 후의 성적표 같은 거다. 문제는 대부분의 학생들이 학교를 졸업한 후에도 재무제표가 뭔지 모른다는 것이지."

아내와 나는 캐시플로 보드게임을 개발하면서 재무제표를 이용했다.

직업 _____   **플레이어** _____

목표: '비활성 소득'을 증가시켜 '총지출'을 능가하게 함으로써 '새앙쥐 레이스'에서 빠져나와 '빠른 길'로 들어선다.

손익계산서

수입	
내용	현금흐름
급여:	_____
이자/배당금:	_____
부동산/사업:	_____
	_____
	_____
	_____
	_____

회계감사

(오른쪽에 앉은 사람)

비활성 소득: _____

(이자/배당금+부동산/사업에서 생성된 현금흐름)

총소득: _____

지출	
세금:	_____
주택 융자:	_____
학자금 대출:	_____
자동차 할부금:	_____
신용카드 사용액:	_____
소액 지출:	_____
기타 지출:	_____
자녀 양육 관련 지출:	_____
융자금 지불:	_____

자녀 수:
(게임 초기에는 0명)

자녀 1인당
지출액:

총지출: _____

월별 현금흐름: _____
(총 소득 - 총 지출)

대차대조표

자산		
저축:		
주식/펀드/CD:	보유량:	주가:
부동산/사업:	선금:	비용:

부채	
주택 융자	_____
학자금 대출	_____
자동차 융자	_____
신용카드	_____
소액 부채	_____
부동산/사업	담보 융자/부채
	_____
	_____
융자금	_____

재무제표를 기반으로 하는 이 금융 게임은 모노폴리 게임을 발전시킨 것이다. 이런 게임을 통해 배운 돈과 투자에 관한 교훈은 실제 삶에 적용할 수 있다.

첫 번째 배움의 창 단계에서 부자 아버지는 내 머릿속에 재무제표의 개념과 구조를 심어 주었다. 그 단순한 그림은 내 신경 회로의 일부가 되었고, 그 후로 내 삶의 방향을 인도했다.

부자 아버지가 말한 재무제표의 구성은 다음과 같다. 이것은 당신이 학교를 졸업한 뒤에 은행에서 요구하는 '성적표'이다.

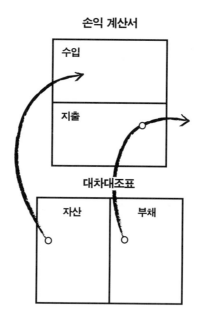

부자 아버지는 돈과 관련된 언어를 가르칠 때 대부분의 금융 용어를 아주 단순하게 풀이해 주었다. 예를 들어 '자산'과 '부채'의 경우에도 사전에 명시된 복잡하고 어려운 정의가 아니라 누구든지 이해할 수 있는 간단한 의미를 말해 주었다.

가령 웹스터 영어 사전에서는 '자산'을 이렇게 정의하고 있다.

자산.(asset) 명사. /'a-, set also -sət/

a. 죽은 사람의 재산 및 유산으로, 법률상 채무나 대금을 지불할 수 있는 것

b. 개인, 단체, 법인 등의 전 재산이나 부동산으로, 채무를 지불할 수 있는 것

한편 부자 아버지는 자산이라는 단어를 한마디로 정의했다. "내 주머니에 돈을 넣어 주는 것." 부채에 대한 정의도 아주 단순했다. "내 주머니에서 돈을 빼 가는 것."

앞의 그림에 그려진 화살표는 현금흐름을 의미한다. 돈이 들어오고 나가는 현금흐름의 방향은 자산과 부채의 차이를 보여 준다.

부자 아버지는 현금흐름이야말로 돈의 세계에서 가장 중요한 단어라고 생각했다. 현금흐름을 보지 못하면 무엇이 자산이고 부채인지 구분할 수 없기 때문이다.

그래서 부자 아버지는 "집은 자산이 아니다."라고 말한다. 그 이유는, 설사 주택 융자금이나 대출금이 없더라도 집을 사면 재산세와 각종 공과금, 유지비를 지출해야 하기 때문이다. 그분이 살고 있는 거주지는 매달 그분의 주머니에서 돈을 빼 가기 때문에 그 집은 부채에 해당했다.

반면 임대용 건물은 달랐다. 그것은 자산이었다. 설사 그 건물에 빚이

걸려 있을지라도 말이다. 세입자들이 내는 돈으로 융자금과 세금, 부동산 관리비를 충당할 수 있고, 그분의 주머니에 돈을 넣어 주기 때문에 임대용 건물은 자산이었다.

해가 갈수록 그분은 점점 더 부자가 되었다. 해가 갈수록 더 많은 임대용 건물을 사들였기 때문이다. 그분은 초록색 집들을 사들여 빨간색 호텔을 지었다. 그리고 빨간색 호텔이 충분히 늘어나자 초록색 집을 사는 것을 중단했다.

부자 아버지는 "자산은 내 주머니에 돈을 넣어 준다."는 말을 끊임없이 강조하고 또 강조했다. 그러고는 재무제표의 자산 부문으로부터 수익 부문으로 화살표를 그렸다. 그분의 말과 설명, 간단한 그림은 내 머릿속에 깊이 각인되었고 내 뇌에 신경 회로를 발달시켰다. 나는 언어(좌뇌)를 사용하는 것은 물론 그림(우뇌)을 이용해 게임이라는 육체적 활동과 연결 지었다.

무엇보다 중요한 것은 그분이 내게 아주 훌륭한 교사가 되어 주었다는 점이다. 풍부한 인내심을 갖고 자신이 무슨 말을 하는지 잘 알고 있으며, 우리를 사랑하고 우리가 얼마나 그분에게 중요한지 끊임없이 알려 주는 훌륭한 교사. 부자 아버지는 우리가 세상에 나가 성공하길 바랐다. 그분은 아주 바빴지만 우리와 함께 몇 시간씩 모노폴리 게임을 하곤 했다. 그분은 우리가 세상에서 살아남을 수 있도록 대비시켰다. 돈에 따라 돌아가는 진짜 세상 말이다.

부자 아버지는 우리가 단 한 번 설명만 듣고 교훈을 습득하리라고는 기대하지 않았다. 그분은 장기적인 교육을 위해서는 반복 학습이 효과적이라고 믿었다. 그분이 한번 중요하다고 얘기하는 것은 언제고 다시금 반복하고 강조하게 될 터였다. "자산은 주머니에 돈을 넣어 준다."라는 말과 그림을 한번 보고 나면 앞으로 수백 번은 그것을 다시 보게 되리라는 의미였다. 그분은 모노폴리 게임을 할 때마다 "부채는 주머니에서 돈을 빼 간다."는 말을 숱하게 반복했다.

나는 이제 내가 살고 있는 주택이 부채라는 것을 안다. 왜냐하면 매달 내 주머니에서 돈을 빼 가기 때문이다. 나는 또한 내가 소유한 임대용 아파트 건물과 상업용 건물, 유정, 사업체, 그리고 내 책과 보드게임, 저작권 등의 지적 자산이 모두 매달 내 주머니에 돈을 넣어 주는 자산이라는 것을 안다. 자산에서 나오는 현금흐름 덕분에 나는 봉급이나 은퇴 계획이 필요하지 않다.

아인슈타인은 이렇게 말했다. "단순함은 천재에게 주어지는 재능이다." 부자 아버지는 학문적 천재는 아니었지만 돈에 있어서만은 천재였다. 그분은 현실에서 모노폴리 게임을 즐겼다.

거의 누구나, 심지어 학교를 중퇴한 사람도 현실 속에서 모노폴리 게임을 할 수 있다. 자기가 좋아하는 게임을 찾아내는 것은 중요하다. 스티브 잡스는 자신이 하는 게임을 좋아했다. 그것은 사람들로 하여금 스스로 똑똑하고 멋지고 천재가 된 것처럼 느끼게 만드는 게임이었다. 그래서 애플 스토어에는 '서비스 데스크' 대신에 '지니어스 바(genius bar)'가 있는 것이다. 샌더스 대령은 프라이드치킨 사업과 프랜차이즈라는 게임을 좋아했다. 월트 디즈니는 사람들을 행복하게 해 주고 디즈니랜드라는 환상적인 동화 속 세계를 창조하는 것을 사랑했다. 이들 세 사람 모두 대학을 졸업하지 않았지만 자신이 좋아하는 게임을 찾아내는 데 성공했다. 그리고 그 게임을 통해 천재성을 발현했다.

많은 운동선수들이 이와 유사한 경험을 한다. 그들의 천재성은 교실에서는 드러나지 않아도 일단 운동장에 나가면 한껏 피어나는 것이다.

음악을 사랑하는 사람은 악기를 연주하거나 노래를 부를 때 천재성을 발휘한다. 믹 재거는 회계사가 되려고 명문대에 갔지만 결국 롤링스톤스에서 천재성을 발휘했다.

아이가 지닌 특별한 재능이나 천재성은 대개 그들이 꿈꾸는 미래에서 나타난다. 캐시플로 게임에서는 주사위를 돌리기 전에 자신의 꿈을 선택할 수 있다.

나는 첫 번째 배움의 창 기간에 자본가와 다른 사람들 사이의 차이점을 알게 되었다. 나는 하고 싶은 게임을 찾았다. 열두 살 무렵, 나의 신경 회로에는 다음과 같은 그림이 새겨져 있었다.

봉급 생활자(E)와 전문직 혹은 자영업자(S)는 직업 안정성에 초점을 맞춘다.

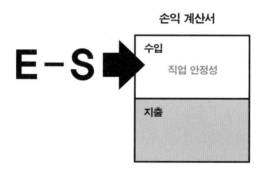

사업가(B)와 투자가(I)는 부동산/상품과 자산의 획득에 초점을 맞춘다.

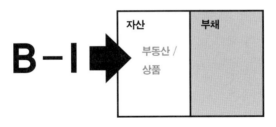

대차대조표

열두 살의 어린 나는 사업체와 부동산 같은 자산을 획득할 방법을 알지 못했다. 하지만 내 뇌 속에 형성된 신경 회로는 점차 자산 부문에 초점을 맞추기 시작했다. 부자 아버지와 함께 집세를 받거나 세입자를 퇴거시키러 갈 때마다 내 신경 회로는 점차 확고해졌고, 나는 삶에서 어떤 길을 가야 할지 확신하게 되었다. 당시에는 깨닫지 못했지만, 나는 자본가가되기 위한 계획을 세우고 있었다.

내 두 번째 배움의 창

12세부터 24세 사이는 내게 아주 흥미로운 시기였다. 나는 학교에서 힘든 시기를 겪었고, 열다섯 살과 열일곱 살 때에는 영어 과목에서 낙제했다. 우리 아버지가 교육감이었기에 망정이지 그렇지 않았다면 나는 열다섯 살 때 학교를 그만뒀을 것이다.

처음으로 학업과 관련된 문제에 부딪쳤을 때, 아버지는 나를 꾸짖거나 내게 겁을 주지 않았다. 그저 이렇게 말했다. "세상을 살다 보면 네 마음에 안 드는 사람과 너를 좋아하지 않는 사람을 만나게 된다. 이번 경험을 통해 배우고 성장하고 계속 앞으로 나아가도록 하렴." 아버지는 내 영어 선생님에 대해 말한 것이었다. 그 선생님은 우리 반의 3분의 2가 넘는 학생들에게 낙제 점수를 주었다.

아버지는 문제의 교사를 파면하고 다른 교사들에게 이렇게 설명했다. "교사가 할 일은 학생들을 가르치는 것이지 낙제시키는 게 아닙니다. 학생이 실패한다면 그건 교사가 실패한 것이지요."

내가 열일곱 살이 되어 또다시 영어 과목에서 낙제했을 때 아버지는 미소를 지으며 이렇게 말했다. "이젠 너 혼자 알아서 해 보렴." 그래서 나는 영어 선생님을 찾아가 재시험을 치르고 D학점을 받았다.

내가 열다섯 살 때, 부자 아버지는 그분의 아들과 나를 토요일마다 열리는 경영 회의에 데려가곤 했다. 회의 때마다 그분은 회계사와 변호사, 건축가, 건축업자, 은행가, 세일즈 매니저, 부동산 관리자, 인사 담당자를 한자리에 모아 사업 문제에 관해 논의했다.

재능 일깨우기

수년 뒤에 나는 뉴욕 해양 대학교에서 이상형에 가까운 영어 교사를 만났다. 그분은 정말 뛰어난 교사로, 내가 글을 쓰도록 격려해 주었다. 고등학교 시절 영어 과목 때문에 그토록 고생했던 나는 대학교 1학년 때 B를 받을 수 있었다. A. A. 노튼 박사님이 아니었다면 나는 지금 베스트셀러 작가가 되지도 못했을 것이다.

최고의 팀이 승리한다

부자 아버지 주변의 조언가들, 즉 그분의 변호사와 회계사, 은행가들은 대부분 'A' 학생이었다. 그들은 하나같이 학문적으로 영리하고 똑똑했다. 다른 사람들은 'B' 학생이었다. 사업에서 가장 힘든 점이라고 할 수 있는 사람 다루는 일에 뛰어난 관료들 말이다. 그중 몇 명은 학사 학위를 소지했고, 어떤 이들은 승진을 거듭해 그 자리까지 올랐다. 부자 아버지의 팀에는 변호사와 회계사, 은행가, 회사의 관리자, 그리고 다른 리더들이 포함되어 있었다. 그분은 자주 이렇게 말했다. "사업은 팀 스포츠다. 최고의 팀을 가진 사람이 승리하는 법이지."

부자 아버지는 또한 종종 이렇게 말했다. "E와 S 사분면에서는 아주 똑똑한 사람이 되어야 한다. 하지만 B와 I 사분면에서는 가장 똑똑한 사람이 될 필요가 없다. 주변을 'A' 학생들로 채우면 그만이거든."

나의 조언가들

지금은 나도 내 팀을 가지고 있다. 그들은 사업 및 투자에서 각각 특정 분야의 전문가들이다. 그들은 각자의 전문 지식과 경험을 다른 사람들과 공유하기 위해 책을 집필했고, 그런 책들은 현재 '부자 아빠의 조언가들(Rich Dad Advisors)' 시리즈로 출간되어 있다.

생각하는 것은 힘든 일이다

고등 교육을 받지 않은 또 다른 인물인 헨리 포드 역시 조언가 팀을 두고 있었다. 여기 헨리 포드에 관한 일화를 하나 소개한다.

헨리 포드가 '멍청하다'는 것을 증명하고 싶어 하는 몇몇 석학이 그의 사무실을 찾아와 질문을 퍼붓기 시작했다. 질문을 들을 때마다 헨리 포드는 책상 위에 놓인 전화기를 집어 든 다음 "이 사람에게 물어보시오."라고 말했다.

그중 한 사람이 화를 내며 말했다. "이게 바로 우리가 하고 싶은 말이오. 당신

은 아무것도 몰라요. 우리가 질문할 때마다 당신은 다른 사람에게 물어보라고
하잖소."

포드는 바로 그 순간을 기다리고 있었다. 그는 잠시 뜸을 들이더니 입을 열었
다. "나는 당신들이 가르치는 학교를 졸업한 똑똑한 사람들을 고용하오. 그러
면 그들은 내게 답을 알려 주지요. 당신들이 그렇게 하라고 그 사람들을 가르
쳤잖소. 내가 하는 일은 생각하는 것이오."

그런 다음 그는 지금까지 전해 오는 유명한 말을 했다.

"생각하는 것은 가장 힘든 일이오. 그래서 그것을 할 수 있는 사람이 그리도 적
은 것이지."

모임은 그렇게 끝났다.

언어의 힘

나는 언어 능력이 좋은 편이 아니다. 영어 과목에서는 두 번이나 낙제
했고, 프랑스어와 스페인어, 일본어에서도 낙제했다. 그렇지만 부자 아버
지의 회의에서 나는 다양한 직업을 가진 사람들이 서로 다른 언어로 말한
다는 것을 알았다. 이를테면 변호사는 법률 언어를 말하고, 회계사는 회
계 언어를 말했으며, 은행가는 금융 언어를, 그리고 정원사는 조경 언어
를 말했다. 나는 자본가가 되려면 다양한 전문 언어를 배워야 한다는 것
을 깨달았다. 돈의 언어를 공부하면 대부분의 'A' 학생보다 더 많은 돈을
벌 수 있을 터였다.

두 번째 배움의 창이 열려 있던 고등학교 시절에 나는 다양한 전문가
들이 말하는 서로 다른 언어에 주의를 기울였다. 나는 모두 똑같이 영어
로 말하더라도 다양한 분야의 언어와 어휘를 배운다면 불공평한 이점을

누릴 수 있음을 깨달았다.

두 번째 배움의 창 기간에 나는 부자 아버지를 꾸준히 관찰했다. 나는 열세 살 때 학교를 그만둔 그분이 매우 똑똑하고 재능 있고 경험 있는 사람들을 이끄는 것을 보았다.

내가 정식 교육을 받지 않으면서 어떻게 그런 다양한 사람들을 지휘할 수 있느냐고 묻자 그분은 이렇게 대답했다. "그들을 존중하기 때문이다. 우리 모두는 각자 자신의 분야에 정통한 사람들이다. 우리는 모두 남들과 다른 특별한 재능과 기술을 갖고 있지. 나는 그 사람들이 필요하고 그 사람들도 내가 필요하다. 그래서 상호 존중하는 관계는 오래 간단다. 존중심은 돈보다도 더 중요하다. 자신의 재능이 존중받고 있다고 느끼면 사람들은 훨씬 더 열심히 일한다. 그리고 존중받지 못하는 느낌을 받으면 돈을 더 많이 바라면서 일은 더 적게 하지."

두 번째 배움의 창 시기에 내가 배운 중요한 교훈은 다양성의 중요함이다. 나는 두 분 아버지를 둔 덕분에 내 친아버지가 매우 획일화된 문화에서 일한다는 것을 알 수 있었다. 그분 주위에 있는 사람들은 대개 학위를 적어도 하나 이상 소지한 교사였다. 박사 학위를 가진 사람들은 심지어 학사 학위를 가진 사람을 깔보기조차 했다.

나중에 자라 '유유상종'이라는 말이 사실임을 깨달으면서 나는 이 교훈을 더욱 실감했다. 오늘날 나는 경찰들은 경찰끼리, 변호사는 변호사, 부동산 중개업자들은 다른 부동산 중개업자들과 어울린다는 것을 안다.

열여덟 살 때 나는 해양 사관학교에 입학했고 자본가인 'C' 학생이 되길 원한다면 의사나 변호사, 기술자, 교사 같은 전문가가 아니라 다방면에 능통한 리더가 되어야 함을 깨달았다. 나는 삶의 모든 분야에서 서로 다양한 교육과 문화, 경제적 배경을 가진 사람들과 함께 일하고 어울리는 법을 배워야 했다.

오늘날 비즈니스 리더십과 관련해 내가 개인적인 롤모델로 삼는 인물은 도널드 트럼프이다. 그는 크게 성공한 부자이지만 대부분의 사람들을 존중하며 대한다. 부자든 가난한 사람이든 상관없이 말이다. 도널드와 함께 일할 때, 우리는 가장 힘들 때조차도 항상 서로에 대한 존중심을 기반으로 대화를 나눴다.

도널드와 내가 네트워크 마케팅을 높이 평가하고 지지하는 이유도 그 분야에서 성공하려면 엄청난 개인적 발전과 리더십 기술이 필요하기 때문이다. 당신도 배울 마음만 있다면 관련 기술을 기꺼이 가르쳐 줄 사람이나 조직을 쉽게 접할 수 있을 것이다.

요약하자면 아주 많은 학생들이 너무 오래 학교에 다니며 전문화되고 있다. 자본가인 'C' 학생은 전문가가 아니라 다방면에 능통한 사람이 되어야 한다. 사람과 대화하기보다 문자를 선호하는 내향적인 천재들은 자본가가 될 수 있는 가능성이 적다.

내 세 번째 배움의 창

1973년 스물다섯의 나이에 베트남에서 돌아왔을 때, 나는 앞으로의 인생을 위해 몇 가지 결정을 내려야 했다. 한 가지만은 분명했다. 조종사로서의 경력을 마치고 나면 자본가가 되고 싶었다.

내 진짜 아버지가 53세라는 인생의 황금기에 가진 재산도 없이 일자리를 잃은 것을 목격하자, 내 신경 회로는 자본주의를 향해 급속도로 뻗어나가기 시작했다. 나는 스탠더드 오일 사의 유조선을 탈 수도 있었고, 다른 해병대 친구들처럼 민간 항공기를 조종할 수도 있었지만, 그런 직업은 지나치게 전문적이었다. 유조선에서 일하는 사관들은 동료 사관들과만 어울렸고, 비행기 조종사들은 동료 비행기 조종사들과만 어울렸다.

그들과 달리 내게는 부자 아버지가, 그리고 인생의 선택에 관해 그분이 가르쳐 준 교훈이 있었다.

선택의 기로

부자 아버지는 현금흐름 사분면을 가리키며 자주 이렇게 말했다. "각각의 사분면은 서로 다른 교실이다. 각각의 교실은 서로 다른 과목을 가르치고, 다른 기술을 발전시키고, 서로 다른 교사가 필요하지."

세 번째 배움의 창이 열렸을 때, 나는 이제 내가 배워야 할 교실, 내가 속해야 할 사분면을 택해야 할 때가 왔음을 알았다. 만일 비행기 조종사나 유조선 사관이 되기를 원한다면 E 사분면을 선택하는 셈이었다. 스물다섯 살이었던 나는 이제 B와 I 사분면의 교육을 받을 준비가 되어 있었다. 나는 다시 학생으로 돌아갈 터였다. B와 I 사분면에서 졸업하는 데 얼마나 많은 시간이 걸릴지는 알 수 없었지만 적어도 나는 부자 아버지에게 가르침을 받은 경험이 있었다. 아홉 살 때 모노폴리 게임으로 시작된 그 교육은 내가 새로운 과정을 시작할 수 있는 디딤돌이 되어 주었다.

1973년 스물다섯 살 때, 나는 삶의 기로에 놓였다. 성인이 되고 처음으로 직면한 중대한 갈림길이었다. 가난한 아버지는 스탠더드 오일 사에서 사관으로 일하든가 아니면 항공기 조종사로 일하며 E 사분면의 봉급 생활자가 되라고 조언했다. 아버지에게 더 이상 그런 일을 하지 않겠다고 말하자, 그분은 당신처럼 대학원에 가서 MBA나 박사 학위를 취득하라고 말했다.

나는 아버지 말대로 하와이 대학의 MBA 과정에 등록했다. 얼마 지나지도 않아 내가 옛날에 얼마나 학교를 싫어했었는지 다시금 실감했다. 헬리콥터 조종사로 전장을 누비다가 실제 사업에 대해서는 아무것도 모르는 대학 교수들의 강의를 듣는 것은 정말이지 너무 힘든 일이었다.

내 첫 번째와 두 번째 배움의 창 기간에 나는 부자 아버지의 직원들과 함께 경영 회의에 참석했었다. 대학에서 나는 사업이라고는 손도 대 본 적 없는 대부분의 교수보다 내가 훨씬 풍부한 실제 경험을 갖고 있음을 깨달았다.

교수에게 질문을 할 때마다 나는 현실적이고 실질적인 가르침이 아니라 판에 박힌 이론적인 대답만 들었다. MBA 과정을 석 달쯤 들었을 때, 나는 또다시 낙제했다. 나는 정말이지 제대로 배우고 싶었다. 하지만 MBA 교육이라는 환경은 나와 전혀 맞지 않았다.

사업은 민주주의가 아니다

부자 아버지와 고문 팀의 아주 진지하고 지루한 회의 시간에 있었던 일이다. 감정이 고조되고 의견 차이가 극대화되자 부자 아버지가 마침내 강압적인 목소리로 말했다. "사업은 민주주의가 아니오. 당신들한테 월급을 주는 건 나요. 그러니 내가 원하는 대로 하든가 아니면 새 일자리를 찾아보시오."

그때 내 나이 열여섯쯤이었던 것 같다. 나는 그 말에 상당한 충격을 받았다. 나는 어른들이 그렇게 격한 말다툼을 벌이는 것을 처음 보았다. 부자 아버지가 원하는 대로 하지 않으면 그들을 해고하겠다고 위협하자 대다수 직원들이 의견을 누그러뜨렸다. 부자 아버지가 말했다. "내가 원하는 건 당신들이 할 일을 하는 것뿐이오. 변명 따위는 듣고 싶지 않아요. 가서 해야 할 일을 하든가, 아니면 새 일자리를 알아보시오."

회의가 끝난 뒤에 부자 아버지는 그분의 아들과 내게 괜찮으냐고 물었다. 나는 처음으로 부자 아버지가 이렇게 말하는 것을 들었다. "그래서 'A' 학생들이 'C' 학생들을 위해 일하는 거다. 'A' 학생들은 학교에서는 뛰어났을지 몰라도 자기 사업을 시작하고 운영할 배짱이 없거든. 그들은 학교를 졸업하고 전문가가 된다. 그래서 법률이나 회계학, 또는 영업이나 마케팅 같은 한 가지 분야밖에 모르지. 보수를 받고 일하는 법은 알지만 사업을 구축하고 돈을 버는 방법은 모른다. 머리는 좋을지 몰라도 배짱이 부족해. 위험에 맞닥뜨리면 겁부터 집어먹지. 내가 돈을 지불하지 않으면 그들은 일하지 않는다. 정해진 것 이상의 일을 할 때면 야근 수당이나 휴가 같은 걸 원하고. 그들은 내가 자기들 방식대로 하길 바라면서도 실패했을 때에는 그 대가를 치르지 않으려고 하지." 부자 아버지는 이렇게 덧붙였다. "나는 내가 저지른 실수뿐만 아니라 저 사람들이 저지른 실수에 대해서도 대가를 치러야 한다. 회사가 무너지면 그 뒤처리와 빚, 금전적인 손해를 감당해야 하는 것도 나고. 하지만 저 사람들은 다른 회사로 옮기면 그만이지. 이게 바로 'A' 학생과 'C' 학생의 차이점이란다."

그러더니 그분은 이렇게 말했다. "네 아버지 같은 사람들은 'A' 학생이다. 학교 성적은 좋지만 결코 학교를 떠나지 못하지. 그래서 그들은 'B' 학생, 즉 관료가 된다. 그들은 책임감은 있지만 위험을 두려워해. 대부분의 관료들은 정부나 여타의 관료 조직에서 일하지. 사내 정치나 게으름, 무능력 같은 게 용인되는 대기업이나 조직의 뒤에 숨어 지내고 말이야. 대부분의 'A' 학생들과 'B' 학생들은 위험 부담을 감내하고 자신의 결정에 따라 생사가 결정되는 B나 I 사분면에서는 살아남지 못한다."

부자 아버지는 또 교사 노조의 수장이었던 내 아버지를 비판하곤 했다. 내 앞에서 딱히 대 놓고 그 문제를 꺼낸 건 아니지만, 그분은 노조에 대한 악감정을 굳이 숨기지 않았다. 한번은 한 무리의 직원들이 그분이 운영하는 호텔과 레스토랑에 노조를 구성하려고 했는데 그때 그분은 이런 말로 그들의 계획을 무마시켰다. "만약 노조를 만들면 난 이 사업을 접을 거요. 그러면 당신들은 일자리를 잃고 실업자가 되겠지. 나는 돈도 필요 없고 다른 사업을 시작하면 그만이지만, 당신들은 일자리가 필요하지 않소? 난 이제까지 당신과 당신 가족들을 공평하게 대해 줬소. 그러니 내가 원하는 건 나와 내 가족도 공평하게 대해 달라는 것뿐이오." 노조 결성 문제는 투표에 붙여졌고, 부결되었다.

위험한 전장에서 돌아와 삶의 세 번째 배움의 시기에 교실에 앉아 MBA 수업을 듣고 있으려니 하품이 절로 나오며 눈물이 찔끔거렸다. 이제야 부자 아버지의 교훈을 더 잘 이해할 수 있을 것 같았다. 나는 부자 아버지가 부동산과 생산 수단을 획득하여 자산 부문에 집중했음을 깨달았다. 그분은 진정한 자본가였다.

부자 아버지를 위해 일하는 사람들(대부분 'A' 학생과 'B' 학생이었다.)과 내 가난한 아버지는 일자리 안정과 꾸준한 보수에만 초점을 맞췄다. 그들은 대학교 졸업장과 일자리를 갖고 있었지만 아무것도 소유하고 있지 않았다. 자산도 없었고 생산 수단도 없었다. 그러니 그들에게 안정적인 직업과 복지 혜택, 연금 계획이 필요한 것은 당연했다.

MBA 강좌에 앉아 교수들이 실제 경험이 아닌 교과서에나 나오는 이론을 늘어놓는 것을 듣고 있으니 새삼 내가 그들을 존중하지 않는다는 것을 알게 되었다. 그 사람들이 나쁘다는 것이 아니다. 대부분의 교사들은 내 가난한 아버지와 비슷하다. 일평생을 한 직업에 종사하는 선량한 사람들 말이다. MBA를 가르치는 교수들의 문제는 그들이 E와 S 사분면에 살고 있는 'A' 학생들이라는 점이었다. 나는 B와 I 사분면에 있는 교사들에게 배우고 싶었다.

나는 3개월 만에 MBA 강좌를 그만뒀다. 자진해서 학교를 그만둔 건 생전 처음이었다. 당연하겠지만, 가난한 아버지는 그런 내 선택을 아쉬워하셨고 부자 아버지는 그렇지 않았다.

나는 현실 세계에서는 단 한 번도 배우고 익히는 것을 중단한 적이 없다. 나는 부자 아버지의 조언에 따라 사흘짜리 부동산 투자 강좌를 들었다. 처음에는 다소 반항을 하기도 했다. "하지만 전 부동산에는 전혀 관심이 없는데요." 또 나는 그분에게 가진 돈이 거의 없다고 털어놓았다. 하지만 부자 아버지는 싱긋 웃으며 말했다. "그래서 더더욱 부동산 투자에 관해 배워야 하는 거다. 부동산 투자에서 중요한 건 땅이 아니야. 부채에 대해 배우고 OPM, 즉 다른 사람의 돈(Other People's Money)을 이용해 부자가 되는 법을 배우는 거란다."

그제야 나는 부자 아버지가 내가 그토록 꿈꾸는 B와 I 사분면의 삶을 얻기 위한 교육으로 인도해 주고 있음을 깨달았다. 다음 그림을 보라.

교육은 과정이다. 의사가 되고 싶으면 의대에 가야 한다. 변호사가 되고 싶으면 로스쿨에 가야 한다. B와 I 사분면의 자본가가 되고 싶으면 그에 적합한 교실과 교사, 교육 과정을 세심하게 선택해야 한다.

1974년 해병대에서 아직 조종사로 복무하고 있을 때, 나는 IBM과 제록스에 입사 지원서를 냈다. 그 두 회사의 영업 및 경영 훈련 프로그램이 가장 훌륭했기 때문이다. 제대가 코앞으로 다가왔을 무렵 나는 제록스의 훈련 프로그램에 합격해서 버지니아 주 리스버그에 있는 훈련센터로 날아갔다. 제록스는 내 신경 회로들이 일련의 점들을 연결해 B와 I 사분면으로 뻗어 가도록 돕는 또 다른 교육 과정이었다.

제록스에서 일하는 동안 나는 수줍은 성격을 극복하고 문전박대하는 고객들을 견뎌 내며 집집마다 방문해 복사기를 판매했다. 그렇게 2년이 지나자 자연스럽게 훌륭한 영업 사원이 되었고, 마침내 B와 I 사분면의 자본가가 되는 데 필수적인 요소를 갖추게 되었다.

일찍 시작하라

첫 번째와 두 번째 배움의 창 시기에 부자 아버지의 가르침을 받지 않았다면, 나는 아마도 가난한 아버지의 조언에 따라 MBA를 마치고 A 및 B 학생들과 경쟁하며 기업에서 승진 사다리를 오르는 데 매진했을 것이다. 나는 다른 사람들을 고용해 나 자신을 위해 일하도록 만들지 못했을 것이다.

어쩌면 지금쯤 나는 자산을 얻기 위해서가 아니라 봉급을 받기 위해 일하고 있을지도 모른다. 나이를 먹을수록 더 많은 세금을 내고, 은퇴 후에는 모아 둔 연금으로 계속 먹고살 수 있기를 꿈꾸면서 말이다.

다시 한 번 강조한다. 나는 교육이 반드시 필요하다고 믿는 사람이다. 다만 학교에서 가르치는 전통적인 교육을 지지하지 않을 뿐이다. 당신의 자녀가 E 사분면의 봉급 생활자나 S 사분면의 의사나 변호사가 되길 바란다면 전통적인 교육도 나쁘지 않다. 하지만 자녀가 모든 성공의 기회를 접하길 바란다면, 모든 교육의 기회 또한 접할 수 있게 해 주어야 하지 않겠는가. 많은 경우 그것은 전통적인 교육이 아니라 그보다 더 현실적이고 덜 관습적인 학습 환경과 교실을 의미한다.

내가 배운 중요한 교훈은 이것이다. 각각의 사분면은 서로 다른 교실이다. 그러므로 각각 다른 교사가 필요하다.

Q 제록스나 IBM 같은 곳에서 일자리를 얻을 수 없다면 어떻게 해야 하는가? 그런 경우에는 어떻게 판매 훈련 및 경험을 쌓아야 할까?

A: 판매 훈련 및 경험은 창업을 꿈꾸는 사람들, 특히 B와 I 사분면에서 사업을 하고 싶은 사람들에게 중요한 요소다. 판매 훈련을 쌓는 방법에는 여러 가지가 있다.

앞에서 언급했듯이, 그러한 훈련을 쌓고 싶은 이들에게 도널드 트럼프와 나는 네트워크 마케팅을 추천한다. 많은 네트워크 마케팅 회사들이 자기 계발과 감정 관리, 자기 극복, 판매 훈련과 관련해 훌륭한 프로그램을 갖추고 있다. 특히 판매 활동을 두려워하거나 처음으로 이 분야에 발을 들이는 사람에게 크게 유용하다.

네트워크 마케팅 회사의 장점은 설사 실적이 좋지 않더라도 해고당할 위험이 없다는 것이다. 내가 제록스에 다니던 시절, 판매 실적이 좋지 않았다면 회사에서 해고당했을 것이다. 내가 회사를 위해 얼마나 오래 열심히 일했는지는 중요하지 않다. 판매 직원들은 조금이라도 실적이 떨어지면 한두 달 만에 목이 달아날 수 있다는 것을 알고 있다.

Q: 돈이 없으면 어떻게 하는가?

A: 그래서 내가 부동산 투자 강좌를 들으라고 권하는 것이다. B와 I 사분면에서 필요한 능력과 기술에 대해 알게 되면, 자신의 돈을 쓸 필요가 없다는 것을 깨달을 것이다. 당신은 다른 사람(이를테면 은행)의 돈을 이용해 자금을 마련하면 된다. 자신의 돈은 사용할 필요가 없다.

간단히 말해 자본가는 빚을 이용해 부자가 되는 법을 안다. OPM, 즉 다른 사람의 돈을 이용하는 것이다.

진짜 자본가가 되기는 대단히 힘들기 때문에 실제로 성공하는 사람은 극소수다. 그래서 당신과 당신 자녀의 교육에 투자를 해야 하는 것이다. 요즘 같은 시대에는 더더욱 그렇다. 어떤 사분면이 되었든 적극적으로 배우고 공부하지 않는 자는 순식간에 뒤처질 수 있다.

스티브 잡스나 빌 게이츠, 마크 저커버그 같은 위대한 사업가(동시에 자본가)들의 이야기를 보면, 삶의 첫 번째와 두 번째 배움의 창이 열렸을 때 그들은 이미 자본주의와 그와 관련된 교육 과정으로 가는 여정을 시작했음을 알 수 있다. 비틀스 같은 스타나 프로 운동선수들도 마찬가지다.

자신이 무엇이 될지 첫 번째와 두 번째 창 기간에 반드시 결정해야 한다는 얘기가 아니다. 내가 하고 싶은 말은, 자녀가 무슨 직업을 선택하든 어쨌든 돈을 다루게 될 것이라는 점이다. 그러니 최대한 일찍부터 금융교육을 시작하여 자신에게 어떤 사분면이 가장 잘 맞을지 선택하는 것이 좋지 않겠는가.

부자 아버지는 그분의 아들과 내가 진짜 돈의 세계에 대비할 수 있도록 해 주었다. 학교는 대부분 그런 것들을 가르치지 않는다. 그러므로 배움의 세 창문을 지나는 내내 부모의 사랑과 인내심, 가르침은 필수적이며, 모든 아이들이 어린 시절부터 가정에서 돈에 대해 배워야 하는 것이다.

나이 든 개

나도 이제 나이가 들었다. 각종 첨단 기술을 받아들이고 이해하는 데 어려움을 겪는 나이가 된 것이다. 컴퓨터나 휴대 전화를 사용할 때도 남에게 도움을 청할 때가 많다. 내 오래된 신경 회로가 새로운 경로가 생겨나는 것을 방해하고 있는 것이다.

내게는 70대 초반의 지인이 있다. 그는 의사였는데 2007년에 금융 시장이 폭락하면서 많은 돈을 잃었다. 그는 직접 돈을 관리하지 않았다. 평생 모은 돈을 자산 관리사에게 맡겼을 따름이다. 그런데 그 자산 관리사가 잘못된 결정을 내렸고 이제 그는 앞으로 수년간, 어쩌면 평생 은퇴를 하지 못할 것이다.

그는 현금흐름이라는 개념을 도무지 이해하지 못했다. 나는 매달 현금흐름이 내 계좌에 돈을 넣어 준다고 설명했지만 그는 그 말조차 이해하지 못했다. 모노폴리 게임을 이용해 현금흐름의 개념을 설명했을 때도(가령 초록색 집 하나는 매달 10달러를 가져다준다.), 그는 시간을 투자하지 않아도 돈이 저절로 들어온다는 개념을 이해하는 데 어려움을 겪었다.

그가 이해하는 한 가지는 자본 소득뿐이었다. 돈을 주고 무언가(이를테면 주식)를 사서 마진을 남기고 되파는 것이었다. 그것이 바로 그가 대학 때 배운 투자의 개념이었다. 그는 주식 시장이 1만 4000포인트에서 7,000포인트대로 떨어지기 전까지는 나름 괜찮은 수익을 올리고 있었다. 하지만 이제 그는 다시 주식 시장으로 돌아가기가 두렵다. 주가가 다시 올라갈

지도 의심스럽고, 어쩌면 더 떨어질지도 모르기 때문이다. 그의 집도 마찬가지다. 2007년에 400만 달러였던 그의 집값은 현재 150만 달러에 불과하다.

내가 매달 수천 명의 세입자가 내게 수표를 보낸다고 설명하자 그가 멍한 표정을 짓던 것이 떠오른다. 그는 내 말을 이해하지 못했다. 그가 가진 신경 회로는 자본 소득만을 이해할 수 있을 뿐 현금흐름은 이해하지 못했다. 어렸을 때는 그 친구도 분명히 모노폴리 게임을 하면서 자랐는데 말이다. 그는 초록색 집이 매달 10달러의 돈을 가져다줄 수 있다는 것을 알았지만, 그의 마음속에서 모노폴리는 그저 애들이나 하는 게임일 뿐이었다.

지혜의 창

하나의 창이 닫히면 새로운 창이 열린다. 48세 무렵을 지나면 또 다른 새로운 배움의 창이 열린다. 이 창은 대개 '지혜의 창'이라고 불리는데, 그것은 우리가 새로 배우는 것들이 전에 배운 것들을 거쳐 여과된다는 뜻이다.

이 '지혜의 창'을 얼마나 잘 이용하는지는 우리가 얼마나 현명한지에 달려 있다. 다시 말해 좋은 경험이든 나쁜 경험이든 생애 초반에 풍부한 경험을 쌓고 거기에서 많은 것을 배웠다면, 그런 경험과 새로운 지식이 결합하여 대단히 강력해질 수 있다. 이런 말을 자주 들어보지 않았는가? "그때 그런 경험을 해서 다행이야. 그땐 정말 힘들었지만 대신에 지금의 나를 만들어줬거든."

좋은 소식

명심하라. 배움의 창은 열렸다가 닫혔다. 그리고 대부분 나이가 들면 어느 정도 지혜가 쌓이기 마련이다.

이 '지혜의 창'을 얼마나 잘 이용하는지는 우리가 얼마나 현명한지에 달려 있다. 다시 말해 좋은 경험이든 나쁜 경험이든 생애 초반에 풍부한 경험을 쌓고 거기에서 많은 것을 배웠다면, 그런 경험과 새로운 지식이 결합하여 대단히 강력해질 수 있는 것이다. 이런 말을 자주 들어보지 않았는가? "그때 그런 경험을 해서 다행이야. 그땐 정말 힘들었지만 그 대신에 지금의 나를 만들어 줬거든."

나쁜 경험

반면에 나쁜 소식도 있다. 젊은 시절 접한 것이 나쁜 경험뿐이며 그로부터 아무것도 배우지 못했다면 그것은 분노와 회한으로 남고, 뭔가를 새로 배운다 해도 과거에 얽매인 감정 때문에 손상되거나 왜곡되고 만다.

우리 주변에는 후회 속에 살아가는 사람이 얼마나 많은가. 그들은 이렇게 말한다. "그때 그렇게 하지 않았더라면 좋았을 것을……." "난 늘 운이 나빴어." "그걸 알았더라면……." 혹은 "이젠 너무 늦었어." 등등. 이런 깨달음은 분노와 후회를 뛰어넘어 모종의 행동을 취하는 강력한 계기가 될 수도 있다. 어째서 부정적인 감정에만 집착하여 전진하는 삶을 포기하는가?

부모는 이처럼 나쁜 경험에 사로잡혀 자신의 힘과 에너지에 한계선을 긋는 모습을 자녀에게 보여 줘서는 안 된다. 자녀에게 삶의 좋은 것들을 물려주고자 하는 부모의 욕망은 매우 강력한 동기가 될 수 있다. 부모는 삶을 살아가며 자신이 한 선택과 행동을 통해 아이들에게 메시지를 보낼 수 있다. 항상 새로운 것을 배우고, 열린 마음으로 생소한 것을 받아들이고, 실수를 인정하고 그것으로부터 배우는 부모를 보고 자란 아이는 확고한 깨달음을 얻게 된다. 배움이란 평생에 거친 과정이라는 깨달음 말이다.

아이들에게 필요한 롤모델이란 바로 그런 것이다. 그리고 만일 그러한 롤모델이 삶의 힘든 경험과 도전을 통해 현실적인 교훈을 배우고 포용하는 자신의 부모라면, 아이는 변화와 선택의 힘에 있어 '언행이 일치하는' 아주 특별하고 훌륭한 교사를 얻은 것이다.

부모의 행동 단계

새로운 아이디어와 단어, 개념과 경험을 일상생활을 통해 꾸준히 아이들에게 가르친다

가정에서뿐만 아니라 은행, 극장, 쇼핑몰이나 휴가지, 교회에서도 끊임없이 알려 주고 가르쳐 줘라. 배움의 창을 고려해 자녀의 연령대에 적합한 주제와 활동을 이용한다.

새로운 개념이나 아이디어를 중심으로 특정한 활동이나 게임을 고안한 다음, 그 과정을 통해 긍정적 강화를 한다. 일상적인 대화를 나눌 때 새로운 단어나 아이디어를 포함시켜 그런 개념과 어휘들이 자연스럽게 아이에게 스며들게 한다.

첫 번째 배움의 창
출생 후 ~ 12세: 비약적 학습

이 시기에 게임, 놀이, 토론, 가족 모임 등에 시간을 투자한다면 두 번째 배움의 창이 왔을 때 그 결과를 확인할 수 있다. 첫 번째 배움의 창은 신경 회로가 발생하고 뇌의 분화가 아직 끝나지 않은 시기이다. 한편 열두 살 이후에는 새로운 것을 배우기가 좀 더 힘들어진다. 새로운 것을 배우려면 새로운 신경 회로를 처음부터 만들어 내야 하기 때문이다.

실제로 '나이 든 개'에게 '새로운 재주'를 가르치기는 어렵다. 그래서 이 배움의 시기가 그토록 중요한 것이다. 이때 아이는 새로운 어휘와 정의를 배우고 빚, 자산, 부채, 이득, 투자, 자기 사업 시작하기와 같은 기본 개념을 익혀야 한다.

두 번째 배움의 창

12 ~ 24세: 반항적 학습

두 번째 배움의 창은 탐구 학습을 격려하는 시기이다. 아이가 의문점에 대해 스스로 답을 찾게 하라. 행동 결과를 분석할 도구를 제공하고, 그 과정에 대해 아이들과 함께 자유롭게 토론하라.

두 번째 배움의 창은 결과의 개념을 가르치기에 최적의 시기다. 이 시기에 아이에게 뭔가를 하지 못하게 금지한다면 말 그대로 정반대의 결과를 가져올 것이다. 그러므로 "~하지 마라."고 말하는 대신 이런 식으로 물어보라. "만약에 네가 그렇게 하면 어떻게 될 것 같니?"

아이가 직접 결정을 내린 뒤 실패를 하더라도 서둘러 도우러 달려가지 마라. 아이는 자신의 행동과 결정이 가져오는 현실과 결과를 경험하고 그것을 극복하면서 배우게 된다. 매일같이 '결과'라는 단어를 사용하고 익숙하게 만들어라.

교육과 평생 학습의 가치를 가르치는 가장 좋은 방법은 아이가 자라는 동안 부모가 옆에서 함께 배우고 성장하는 것이다.

세 번째 배움의 창

24 ~ 36세: 전문적 학습

성인이 된 자녀가 인생의 길을 찾으면, 부모로서 당신의 역할 및 자녀와의 관계는 변화하게 된다. 아이와 바람직한 관계를 형성하고 금융 교육에 많은 시간을 투자했다면 그에 상응하는 보답을 받을 것이다. 어쩌면 성인이 된 당신의 아들딸은 첫 번째와 두 번째 배움의 창 시기에 당신과 함께했던 활동이나 토론을 다시금 되풀이하고 있을지도 모른다.

가정의 금융 교육은 아이가 자라면서 맞닥뜨릴 선택의 순간에 대비해 튼튼한 토대를 준비시키는 것이다. 아이들이 두 번째 배움의 창에서 돈이 어떻게 그들을 위해 일하는지 알게 되는 것이 이상적이다.

세 번째 배움의 창은 부모가 성인 자녀들이 삶의 열정을 찾고 탐색하는 것을 목격하는 시기이다. 또 부모가 아이의 선택과 결정을 지지하고 격려할 기회를 만나는 시기이기도 하다. 자녀가 현실 세계 속에서 자기만의 재능을 십분 발휘할 수 있도록 말이다.

학교를 졸업한 많은 젊은이들이, 심지어 학위를 소지한 이들조차도 자신이 진정 무엇을 하고 싶은지 알지 못한다. 오늘날 아이들은 그 어느 때보다도 다양한 경력이나 직업을 선택할 수 있다. 만일 그들이 배움과 학습에 대해 확고한 태도를 갖고 있다면, 돈보다 배움을 더 귀중하게 여길지도 모른다.

과거의 성공이
미래의 성공을
보장하지는 않는다.

5장

Lesson 5

왜 수석 졸업생이
성공하지 못하는가

좋은 성적과 학문적 성공은 양날의 칼과 같다. 단기적으로 볼 때, 'A' 학생이라는 명성은 성공적인 회사원이 되는 지름길을 닦고 몇 개의 문을 열어 주며, 대학이 '가장 총명하고 뛰어난' 학생들의 직업이라고 일컫는 것을 얻는 데 도움이 될지도 모른다. 학문적 성공은 일부 학생들에게 봉급 생활자의 삶을 준비시켜 주지만, 학교 졸업 후에 얻는 좋은 일자리보다 더 중요한 것은 행복하고 부유한 삶이다. 현실 세계에서는 학교와 완전히 다른 새로운 게임이 펼쳐진다. 전혀 다른 규칙이 적용되는 신나고 속도도 빠른 게임 말이다.

대부분의 사람들은 세계적인 사업가들 대다수(스티브 잡스, 리처드 브랜슨, 빌 게이츠, 마크 저커버그 등)가 다음 묘사와 일치하지 않는다는 데 동의할 것이다.

"그들은 규칙을 준수하고 열심히 일하고 배우는 것을 좋아한다. 그러나 사회적 틀을 깨트리지는 않는다. 그들은 정해진 시스템 내에서 가장 효과적으로 활동하므로 그것을 바꾸고 싶어 하지 않는다."

우리의 미래는 변화를 포용하고, 앞날을 내다보며 필요를 예측하고, 새로운 기회와 도전에 창의성과 민첩성, 열정으로 대응하는 사람들의 것이 될 것이다.

본론

수석 졸업생은 왜 자본가가 되지 못하는가

1981년 보스턴 대학 교수인 캐런 아널드는 일리노이 고등학교의 수석 및 차석 졸업생들을 대상으로 연구를 수행했다. 아널드 교수는 이렇게 말한다.

이 학생들은 학업적 성공을 보장하는 자질을 갖추고 있었으나, 그러한 특성이 반드시 사회적 성공으로 이어지지는 못했다.

그들은 정해진 시스템 안에서 목표를 성취하는 법을 아는 '본분에 충실한' 사람들이었다.

누군가 수석 졸업생으로 선정되었다는 것은 그 사람이 성적이라는 기준 하에서 탁월한 성과를 성취했다는 의미다. 그것은 그 사람이 삶의 이런저런 부침에 어떻게 대응할지에 대해서는 아무런 정보도 제공하지 않는다.

수석 졸업생들은 어떻게 되는가?

아널드 교수는 저서 『전도유망한 학생들의 삶*Lives of Promise: What Becomes of High School Valedictorians*』에서 고등학교 수석 졸업생은 대학에 진학하여

홀륭하게 적응하며, 평균 3.6학점의 좋은 성적으로 대학을 졸업한다고 밝혔다. 그중 대다수가 회계, 의료, 법률, 공학, 교육 같은 전통적인 분야로 진출한다.

아널드는 말했다. "수석 졸업생들은 세상을 바꾸지는 않지만 적어도 그것을 운영하며, 그 일을 꽤 잘 해낸다. 그러나 그들이 A를 받는다고 해서 그들의 학업 성적이 직업적 성취로 이어지는 것은 아니다." 그녀는 또한 이렇게 덧붙였다. "그들은 자신이 사랑하는 어떤 분야에 전적으로 열정을 쏟아 붓는 법이 없다. 이를테면 회계사로 이름을 날리거나 세상을 바꿀 기회는 거의 없거나 희박하다. 그들은 규칙을 준수하고 열심히 일하고 배우는 것을 좋아하지만 사회적 틀을 깨트리지는 않는다. 그들은 정해진 시스템 안에서 가장 효과적으로 활동하므로 그것을 바꾸고 싶어 하지 않는다."

시험 점수가 곧 행복?

또 다른 연구는 1940년도 하버드 졸업생 95명을 대상으로 그들이 중년 나이에 접어들기까지 추적 조사했다. 이 연구는 대학교 때 좋은 성적을 받은 학생이 연봉과 생산성, 직업적 성공에서 성적이 낮은 동료들에 비해 특별히 뛰어나지는 않음을 보여 준다. 이 연구는 또한 좋은 학업 성적이 더 높은 수준의 행복이나 우정, 바람직한 가족 관계나 남녀 관계로 이어지지도 않는다는 사실을 밝혀 냈다.

《하버드 비즈니스 리뷰*Harvard Business Review*》는 학업 성적에 관한 기사를 이렇게 게재했다.

학업적 성공은 직업 생산성을 평가하는 좋은 지표가 아니며, IQ 또한 중요한 요소가 아님이 밝혀졌다.

기사는 계속해서 이렇게 말한다.

학업 성적이 뛰어난 많은 사람들이 교실 밖에서 여러 번의 실패를 경험한 후에도 자신의 지성에 대해 상당한 자부심과 자만심을 드러낸다.

백만장자의 마음가짐

『백만장자 마인드 The Millionaire Mind』에서 저자 토머스 J. 스탠리는 재계에서 성공해 엄청난 부자가 된 사람들의 독특한 자질을 심층적으로 분석했다. 세간의 믿음과 달리, 학교 성적과 출신 계층, SAT 성적과 성공 사이에는 뚜렷한 상관관계가 존재하지 않았다.

실제로 《포브스》가 선정한 세계 최고 부자 400명 가운데 33퍼센트는 대학에 입학한 적이 없거나 대학을 중퇴한 사람이다. 나아가 중퇴자들의 평균 순자산은 48억 달러로, 평균 15억 달러인 대졸자들에 비해 훨씬 많다. 하버드나 예일, 프린스턴 같은 명문대를 졸업한 동료들과 비교하면 중퇴자들의 순자산 쪽이 200퍼센트 높다.

왜 수석 졸업생이 성공하지 못하는가

다음에 보이는 학습 원뿔을 살펴보자. 이것을 보면 왜 수석 졸업생들이 E와 S 사분면에서는 뛰어나지만 자본가들의 B와 I 사분면에서는 자주 실패하는지 알 수 있다.

학습 원뿔		
2주 후 기억의 정도		개입의 정도
말하거나 행한 것의 90퍼센트	실제로 행하는 경우	능동적
	실제 경험을 시뮬레이션 하는 경우	
	극적인 프레젠테이션을 하는 경우	
말한 것의 70퍼센트	말을 하는 경우	
	토론에 참여하는 경우	
듣거나 본 것의 50퍼센트	현장에서 행위를 목격하는 경우	수동적
	시범을 보는 경우	
	전시물을 보는 경우	
	영상을 보는 경우	
본 것의 30퍼센트	그림이나 사진을 보는 경우	
들은 것의 20퍼센트	강의를 듣는 경우	
읽은 것의 10퍼센트	자료를 읽는 경우	

대부분의 수석 졸업생들은 학습 원뿔의 가장 아래쪽에서 뛰어나다. 그들은 독해 능력이 탁월하며 강연을 듣는 것만으로도 잘 배울 수 있다.

연구에 따르면 글과 강의를 통해 효과적으로 배울 수 있는 학생은 25퍼센트에 불과하다. 대부분의 학생들에게 그것은 좋은 학습 방식이 아니다. 현 교육 제도는 독해와 강의를 가장 중요하고 기본적인 학습 방식으로 여기지만 실제로 그런 식으로는 장기적인 학습 및 유지가 매우 어렵다.

학습 원뿔의 윗부분에 있는 활동들에서 대부분의 수석 졸업생이 뛰어난 모습을 보이지 못하는 한 가지 이유는, 'A' 학생들은 실수하는 것이 나쁜 일이고 자신이 멍청하다는 증거라고 생각하기 때문이다. 그래서 실수를 저지를 위험을 피하려고만 한다.

그래서 많은 사람이 학습 원뿔의 꼭대기, 즉 '실제로 행하기'에서 성공하지 못하는 것이다. 아널드 교수의 말을 다시 떠올려 보라.

"그들은 규칙을 준수하고 열심히 일하고 배우는 것을 좋아하지만 사회적 틀을 깨트리지는 않는다. 그들은 정해진 시스템 안에서 가장 효과적으로 활동하므로 그것을 바꾸고 싶어 하지 않는다."

나의 이야기

우리 아버지는 수석 졸업생이었다

우리 아버지에게는 다섯 명의 형제자매가 있었다. 여섯 동기들 중 세명이 수석 졸업생이었고, 우리 아버지도 그중 한 명이었다. 이 세 명은 모두 박사 학위를 받았다. 수석 졸업생이 아닌 세 명 중 두 명은 대학원을 졸업한 석사였고 다른 한 명은 학사였다.

내 아버지는 아마도 학문적 천재였을 것이다. 그분은 게걸스럽게 읽고 공부했고 하와이 대학을 2년 만에 졸업했다. 정규직으로 일하며 가족을 부양하는 동시에 스탠퍼드 대학과 시카고 대학, 노스웨스턴 대학에서 대학원 수업을 들었다. 그런 다음 하와이 대학에서 박사 학위를 땄다. 그리고 하와이 역사상 가장 뛰어난 두 교육자 중 한 명으로 추앙받았다.

아버지는 쉰셋의 나이에 일자리를 잃었다. 그분은 아무런 준비도 되어 있지 않았다. 아버지는 뼛속까지 교육자이자 공무원이었고, 가르치는 것

외에는 다른 기술이 전혀 없었다.

아버지는 모아 둔 저축과 은퇴 자금을 몽땅 털어 유명 브랜드의 아이스크림 가맹점을 열었지만 얼마 가지 않아 망해 버렸다. 내가 1973년에 베트남에서 돌아와 아버지를 찾아갔을 때, 그 훌륭하고 착한 분은 거실에 앉아 신문을 훑어보며 일자리를 찾고 있었다.

우리 아버지는 학습 원뿔의 가장 꼭대기에 있는 '실제로 행하기'를 시도했고, 그 결과 모든 것을 잃었다. 수석 졸업생이라는 타이틀은 약육강식의 세계에서 살아남는 데에 아무 도움도 되지 않았던 것이다. 그분은 E와 S 사분면에서 곧장 B와 I 사분면으로 옮겨 갔고…… 패배했다.

우리 아버지는 학교에서 'A' 학생이었다. 정부 관료로도 훌륭한 경력을 쌓았다. 그러나 불행히도 돈과 사업, 투자에 있어 '세 개'의 배움의 창을 모두 놓치고 말았다. 그래서 그분은 B와 I 사분면의 치열한 경쟁 세상에서 살아남지 못했다.

하나의 성공이 다른 성공을 보장하지는 않는다

내가 이번 장에서 전하고 싶은 메시지는 간단하다. 한 사분면에서 성공한다고 해서 반드시 다른 사분면에서 성공하는 것은 아니다. 우리 아버지의 경우에 고등학교를 수석으로 졸업한 것은 E 사분면에서 공무원으로 일하는 데에는 도움이 되었지만 B와 I 사분면에서는 별로 도움이 되지 않았다.

이는 보스턴 대학과 하버드 대학의 연구 결과와도 일치한다. 그래서 대부분의 수석 졸업생이 E와 S 사분면에 머무르는 반면, 스티브 잡스와 빌 게이츠, 마크 저커버그를 비롯한 많은 대학 중퇴생들은 B와 I 사분면에서 천재성을 발휘할 기회를 잡는 것이다.

부자 아빠는 종종 이렇게 말했다.

"대부분의 'A' 학생들은 2 더하기 2가 4라는 것을 아는 데 만족한다. 하지만 2 더하기 2를 '4달러'나 '백만 달러'로 바꾸는 방법은 알지 못하지. 자본가들은 2 더하기 2를 400만 달러로 만드는 법을 알고 싶어 한다. 자본가에게 그런 종류의 수학은 배울 가치가 충분하거든."

마지막 당부

대부분의 수석 졸업생은 E와 S 사분면에서 안전하게 일한다면 성공할 수 있다. 하지만 B와 I 사분면, 즉 빠른 속도로 변화하고 치열한 경쟁이 활개 치는 자본주의 세계에 들어서면 대학교 졸업장이나 평균 성적 따위는 더 이상 아무 쓸모도 없다. 다시 한 번 강조하지만, 한 사분면에서 성공한다고 해서 다른 사분면에서 성공하는 것은 아니다.

부모가 아이에게 일찍부터 다양한 사분면에 대해 가르칠수록 아이는 앞으로의 삶에 더욱 잘 대비할 수 있다.

부모의 행동 단계

자녀의 꿈에 대해, 그리고 전통적인 제도 밖에 있는 다양한 성공 방식에 대해 함께 얘기를 나눈다

자녀의 재능은 그 아이의 꿈에서 발견할 수 있다. 자녀가 자유롭게 자신의 꿈에 대해 이야기할 수 있는 환경을 조성하라. 아무리 허황된 꿈이라도 좋다. 그것은 대단히 중요하고 의미 깊은 일이다. 당신은 당신의 자녀가 엄청나게 매력적이고 놀라운 기질을 품고 있다는 것을 깨닫고 놀라게 될지 모른다. 미래는 곧 그들이 개척하는 것임을 알려 주고 격려해 주어라.

학습 원뿔을 길잡이로 이용하길 바란다. 아이에게 독해와 독서가 언제나 가장 좋은 학습 방법은 아니라는 사실을 알려 주어라. 연습과 시뮬레이션이 얼마나 중요한지, 그리고 그런 것들이 진짜 세상에 어떻게 대비하게 해 주는지 설명하라.

운동 연습이나 경기에 데려가는 것도 좋다. 연습이란 운동선수들이 진짜 시합을 하기 전에 하는 시뮬레이션이며, 실수는 미래에 맞닥뜨릴 좌절감과 도전을 다루는 방법을 배우는 기회가 되어 준다.

소득을 변화시켜라.

인생을 변화시켜라.

6장

Lesson 6

부자들이
망하는 이유

삶의 변화를 만드는 첫 번째 단계는 맥락을 변화시키는 것이다. 즉 세상을 보는 시각, 그리고 정보 및 경험을 걸러 내는 과정을 변화시키는 것에서 시작한다는 얘기다. 변화를 설명할 때 우리는 흔히 작은 애벌레가 예쁜 나비로 다시 태어나는 이미지를 떠올린다. 이것은 매우 유용한 이미지다. 변화는 하나의 과정이며, 그 끝에 있는 것은 그 시작만큼이나 중요하고 강력하기 때문이다.

근로 소득을 비활성 소득과 자본 소득으로 전환하는 법을 배우면 당신의 미래와 자녀들의 미래를 활짝 열어젖힐 수 있다. 앞으로 나는 다양한 종류의 소득과 그 차이점을 이해하는 것이 어째서 중요한지 설명할 것이다. 세상은 지금 이 순간도 끊임없이 변화하고 움직이고 있다. 이는 늘 새로운 도전과 기회가 있다는 의미다. 자녀를 앞으로 다가올 세상에 대비시키는 것은 부모에게 주어진 가장 중요한 역할 중 하나이며, 그것은 대단히 힘들고 어려운 일일 수 있다. 그러한 도전을 극복하기 위해서는 세상이 변화함에 따라 우리의 생각과 행동(즉 두뇌에 제공하는 정보와 그런 정보에 기반한 행동)도 변화해야 한다.

본론

약 2000년 전 그리스는 세계 최강의 제국이었다. 지금 우리가 사용하는 단어들 중 상당수도 그리스어에 기원을 두고 있다. 민주주의(democracy)와 극장(theater), 올림픽(Olympics), 마라톤(marathon)은 물론이요, 알파벳(alphabet)이라는 단어는 그리스 문자의 첫 두 글자인 알파(alpha)와 베타(beta)에서 비롯된 것이다. 그리스는 또 우리에게 '배심원 판결'과 '비극'이라는 개념을 알려 주기도 했다. 그러나 위대했던 그리스는 오늘날 사지가 절단된 채 경제적 생명 유지 장치에 매달려 가까스로 목숨을 유지하고 있는 상태다. 이는 현대 그리스의 비극이라고 칭해도 무리가 없을 것이다.

그리스 비극

일본과 영국, 프랑스와 미국도 세계라는 무대 위에서 그와 별반 다르지 않은 그리스 비극을 연출하는 중이다. 만약 이들 강대국 중 한 곳이 무너진다면 그것은 전 세계의 비극이 될 것이다.

한때 최고의 풍요를 누렸던 베이비붐 세대의 수많은 은퇴자들이 이제는 은퇴 자금으로 살아갈 수 없을지도 모른다는 두려움에 떨고 있다. 내 또래의 많은 국민들은 개인적으로 그러한 그리스 비극에서 큰 역할을 할지도 모른다고 느끼고 있다. 그들의 자식, 손자, 증손자 들은 그 비극의 관객이 되어 언제쯤 연극이 끝날지 지켜보는 중이다.

폭군의 등장

전 세계적인 금융 위기가 해결되지 않는다면 연극의 결말은 결코 아름답지 않을 것이다. 금융 위기가 닥치면 흔히 새로운 형태의 리더들이 부상하기 마련이다. 바로 폭군이다. 이들 리더 중 몇몇은 매우 악명이 높다. 프랭클린 델러노 루스벨트(Franklin Delano Roosevelt, FDR), 아돌프 히틀러, 마오쩌둥, 이오시프 스탈린, 로베스피에르, 나폴레옹 등등. 아이러니컬한 것은 '폭군(despot)'이라는 단어가 그리스의 '데스포테스(despotes: 주인, 군주)'에서 유래했다는 사실이다.

루스벨트 대통령이 이 명단에 포함되어 있다는 점에 대해 불쾌감을 느끼는 사람들도 있을 것이다. 사람들은 이 점에 대해 내게 가혹한 비판을 쏟아 내곤 했다. 그렇다. FDR은 미국에서 가장 존경받는 대통령 중 한 사람이다. 하지만 책을 덮기 전에 먼저 내 설명부터 들어보기 바란다.

첫 번째 이유

히틀러와 프랭클린 루스벨트 대통령은 같은 해인 1933년에 취임했다.

두 번째 이유

각각의 나라에서 두 사람이 당선된 이유는 똑같은 문제를 해결하기 위해서였다. 바로 경제 공황이다.

세 번째 이유

두 사람 모두 이 문제를 해결하는 데 실패했다. 히틀러의 해결책은 전쟁을 일으키는 것이었다. 루스벨트의 해결책은 전쟁에 참전하고 사회 복지 제도를 실시하는 것이었다. 1935년 발의된 사회보장법은 미국에서 가장 각광받는 정부 정책이다.

문제는 루스벨트 대통령이 제시한 해결책이 아무 효과도 없었다는 것이다. 루스벨트는 그저 문제를 미래의 리더들에게 '떠넘겼을' 뿐이다. 오늘날 사회 보장 제도와 메디케어는 어마어마한 골칫거리가 되었다. 그리스와 영국, 일본을 비롯해 전 세계 다른 국가들 역시 마찬가지다. 그리고 더 이상은 이 문제를 미룰 수도 없다. 어쩌면 그것은 새로운 폭군의 도래를 의미하는 것인지도 모른다.

베이비붐 세대는 자신들이 사회 보장 제도와 메디케어 혜택을 받을 자격이 충분하다고 주장한다. 그 말은 사실이다. 그들이 사회 보장 제도에 크게 기여한 것은 사실이기 때문이다. 문제는 정부의 모든 사회 보장 프로그램들이 폰지 사기와 똑같다는 것이다. 폰지 사기는 새로운 투자가들의 돈을 오래된 투자가들에게 배당금인 척 지급하는 행위이다.

버니 매도프라는 이름을 기억하는가? 그는 폰지 사기계의 거물로, 결국에는 모든 게 들통 나 감옥에 갔다. 그가 한 일은 위법이었다. 그리고 내가 보기에 지금 미국 정부가 하는 일 또한 비도덕적이다. 복지 제도는 미국의 영혼을 손상시키고 있다. 사회 복지 제도는 이 나라를 세운 이들의 영혼을 내부에서부터 좀먹는 암 덩어리다. 그것은 사람들을 나약하게 만들며, 정부가 문제를 대신 해결하도록 종용한다.

물론 나도 정부의 도움이 필요한 사람들을 알고 있다. 어떤 이들은 정말로 절실하게 도움의 손길이 필요하다. 문제는 사지가 멀쩡한 수백만 명의 미국인이

왜 A학생은 C학생 밑에서 일하게 되는가

정부의 돈으로 살아가고 있다는 것이다. 이는 리더들도 마찬가지다. 대통령부터가 그렇다. 미국의 대통령과 국회의원들은 버니 매도프조차 얼굴을 붉힐 정도로 터무니없는 '복지' 혜택을 받는다. 정부의 이런 돈줄은 퇴직 군인과 관료, 경찰과 소방관, 교사와 같은 공무원들에게까지도 뻗어 있다.

앞에서 언급한 사람들이나 그들의 직업을 비하하려는 것이 아니다. 나는 경찰과 군인, 소방관, 교사, 국가 공무원들이 하는 일을 존경하고 고맙게 생각한다. 그들은 아주 중요한 일을 하는 사람들이다.

내가 우려하는 것은 국민들 사이에 '재정 지원 혜택에 대한 권리 의식'이 팽배해지고 있다는 점이다. 그들은 "정부가 당연히 나를 보살펴 줘야 한다."는 태도를 취하며, 이러한 사고방식은 점점 더 많은 사람들에게 퍼져 나가고 있다. 오늘날 근로자들은 일자리를 잃으면 가장 먼저 실업 수당부터 신청한다. 실업자가 어떻게 '수당'을 받을 자격이 된단 말인가?

그렇다면 이런 사고방식이 이 책과, 그리고 자녀를 미래에 대비시키고자 하는 부모들과 무슨 관계가 있을까? 사실 대답은 아주 간단하다. 나는 학교 시스템과 기존의 전통적인 교육이 아이들에게 물고기 잡는 법을 가르치는 데 실패했다고 생각한다. 우리는 아이들에게 물고기 잡는 법을 가르쳐 더 강인하고 자립적이고 유능하게 만드는 것이 아니라, 의존하는 문화를 가르쳤다. 정부가 모든 것을 해결해 줄 것이라는 사고방식은 미국의 건국 이념을 갉아먹고 있다. 이러한 '권리 의식'은 아메리카 제국은 물론 전 세계를 무너뜨릴 것이다.

재정 절벽

2012년 대선이 마무리되고 시끌벅적한 흥분이 채 가라앉기도 전에 워싱턴은 재정 절벽이라는 커다란 소동에 휩싸였다. '부자 증세'를 외치는 민주당과 사회 보장 제도 및 메디케어 축소를 원하는 공화당 사이에 전투가 벌어진 것이다. 사태의 근본 원인은 아직도 해결되지 않았고, 상황은 변하고 있다.

이 문제가 해결되지 못한 까닭은 우리의 '경제 문제'가 실은 '사회 문제'이기 때문이다. 너무나도 많은 사람들이 정부가 모든 것을 해결해 주길 바란다. 그들은 정부가 자신들의 미래를 '책임져야 한다'고 생각한다. 왜냐하면 그들은 그럴 능력이 없거나 스스로 물고기를 잡지 않기로 결심했기 때문이다.

당신도 눈치 챘겠지만, 이 문제는 곧 다른 수많은 문제들처럼 당신 '자녀들'이 떠맡을 골칫거리가 될 것이다. 그렇다면 지금 부모들은 무엇을 해야 할까?

'복지 제도'라는 마차

똑같은 사고방식으로는 문제를 해결할 수 없다

어떤 이들은 알베르트 아인슈타인이 '미친 짓'에 대해 이렇게 정의했다고 말한다.

같은 일을 몇 번이고 되풀이하면서 다른 결과가 나오기를 기대하는 것은 미친 짓이다.

일자리가 해외로 이전되고 첨단 기술로 대체되는 상황에서 아이에게 "학교를 졸업하고 일자리를 얻어라."라고 조언하는 것은 미친 짓이다.

돈이 더 이상 돈이 아니라 빚일 뿐이며 납세자에게 써 준 차용증에 불과할 때 아이들에게 "돈을 저축해라."라고 말하는 것은 미친 짓이다.

실제로는 부채에 불과한 집에 대해 "집은 자산이다."라고 말하는 것은 미친 짓이다.

그리고 "주식은 장기적으로 투자해라."고 충고하는 것도 미친 짓이다. 이른바 전문 투자 기관들이 개미 투자자나 때로는 고객의 이득을 무시하고 수백만 달러짜리 컴퓨터로 단기 거래를 하거나 1,000분의 1초 단위로 초고속 매매를 하는 요즘 같은 세상에 말이다. 어쩌면 차라리 라스베이거스에서 도박을 하는 편이 나을지도 모른다.

알베르트 아인슈타인은 또 이렇게 말했다.

애초에 문제를 만들었을 때와 똑같은 사고방식으로 문제를 해결할 수는 없다.

다음은 낡은 문제를 해결할 수 있는 새로운 사고방식에 관한 이야기다.

당신의 자녀를 어떻게 미래에 대비시키고, 그 과정에서 돈은 어떤 역할을 할 것인가. 여기 교육에 대한 기존과는 다른 관점을 소개한다.

문제를 해결하는 첫 번째 단계는 문제에 대한 맥락을 바꾸는 것이다.

내용 vs. 맥락

여기 물이 담긴 컵이 하나 있다.

컵에 담긴 물은 '내용'을 의미한다. 그리고 컵 자체는 '맥락'을 의미한다.

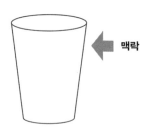

교육은 내용을 가르친다

전통적인 학교 교육은 '내용'에 초점을 맞춘다. 읽기, 쓰기, 셈하기 같은 것들 말이다.

다시 말해 전통적인 교육은 맥락, 즉 '학생'에게 초점을 맞추지 않는다.

내가 학교 생활에 어려움을 겪은 것은 교사들이 내 머릿속에 집어넣는 내용(물)이 마음에 들지 않았기 때문이다. 내가 "왜 그런 걸 배워야 하죠?"라고 물을 때마다 선생님들은 한결같이 이렇게 대답했다. "좋은 교육을 받지 않으면 좋은 직장을 얻을 수가 없기 때문이란다."

나는 나이를 먹으면서 선생님들의 그런 대답이 나라는 '맥락'을 고려하지 않은 것임을 깨달았다. 그들은 내가 당연히 봉급 생활자가 되리라고 여겼던 것이다.

부자의 맥락 vs. 가난한 사람의 맥락

맥락은 내용을 담는 그릇이다. 맥락은 가시적일 수도 있고 비가시적일 수도 있으며, 인간적일 수도 있고, 비인간적일 수도 있다.

어떤 사람의 맥락은 그 사람의 철학과 믿음, 원칙, 가치관, 두려움, 의심, 태도, 선택 등을 모두 포함한다.

가난한 사람들의 맥락은 이러한 말들로 드러난다.

- "나는 절대로 부자가 되지 못할 거야."
- "부자는 천국에 가지 못해."
- "난 돈이 많은 것보다 행복한 게 좋아."

- "돈은 별로 중요하지 않아."
- "정부가 사람들을 보살펴 줘야 해."

　많은 가난한 사람들이 가난한 이유는 그들이 가난한 맥락을 갖고 있기 때문이다. 대부분의 경우 가난한 사람들은 돈을 더 많이 번다고 해서 부자가 되지는 못한다. 가난한 사람들에게 돈을 주면 많은 경우에 그들은 더욱 오랫동안, 대개는 영원히 가난해질 뿐이다.

　바로 그런 이유 때문에 복권에 당첨된 많은 사람이 금세 빈털터리가 되는 것이다. 스포츠 스타들도 마찬가지다.

　중산층은 가난한 사람들과는 또 다른 우선순위와 가치관, 사용 어휘들을 가지고 있다.

- "교육을 많이 받아야 해."
- "고소득 직장을 얻어야 해."
- "나는 좋은 동네에 있는 좋은 집에 살고 싶어."
- "안정적인 직업이 가장 중요해."
- "휴가를 얼마나 길게 받을 수 있을까?"

　중산층의 맥락을 가진 사람들은 대개 부자가 되지 못한다. 많은 사람들이 '남들한테 뒤처지지 않기 위해' 점점 더 많은 빚을 지게 된다. 중산층의 맥락을 가진 이들은 투자를 하는 것이 아니라 소비를 늘린다. 그들은 더 큰 집을 사고, 돈이 많이 드는 휴가를 떠나고, 근사한 자동차를 몰고,

교육에 돈을 쓴다.

대부분의 사람들이 신용카드를 사용하기 때문에 정신을 차려 보면 부자가 되기는커녕 빚더미(나쁜 빚, 소비자 부채)에 올라 있는 게 태반이다.

"좋은 빚이 있고 나쁜 빚이 있다."는 말을 들으면 그들의 맥락은 꽉 닫혀 버린다. 그들이 아는 것은 나쁜 빚뿐이고 그것은 그들을 더욱 가난하게 만든다. 대부분의 사람들은 부자로 만들어 주는 좋은 빚이 있다는 개념 자체를 이해하지 못한다.

이런 사람들에게 가장 좋은 충고는 "신용카드를 잘라 버리고 빨리 빚을 갚아라."이다. 그것이 그들의 맥락이 담을 수 있는 내용(물)의 한계선이기 때문이다.

대부분의 중산층 사람들도 투자에 관한 맥락을 지니고 있는데, 바로 "투자는 위험하다."라는 생각을 뒷받침하는 맥락이다. 이는 대다수 사람들이 대학에 가기 위한 전통적인 교육에만 투자하면서 금융 교육에는 투자하지 않기 때문이다.

부자의 맥락을 반영하는 표현들로는 다음과 같은 것을 들 수 있다.

- "나는 반드시 부자가 될 거야."
- "나는 내 사업을 하고 있어. 내 일은 곧 내 삶이야."
- "자유가 안정보다 더 중요해."
- "내가 도전을 기꺼이 받아들이는 것은 더 많은 것을 배울 수 있기 때문이야."
- "내가 얼마나 더 발전할 수 있는지 보고 싶어."

이런 사람들은 대부분 진정한 자본가다. 이들은 다른 사람의 돈과 재능을 활용할 줄 안다.

중산층이 은행에 저축을 하거나 노후 자금을 모으면, 은행은 그 돈을 자본가들에게 빌려 준다.

부자 아빠의 가르침도 결국은 "맥락이 내용보다 더 중요하다."는 것이다.

내가 학교 생활에 잘 적응하지 못한 한 가지 이유는 봉급 생활자가 되고 싶지 않았기 때문이다. 나는 직원이 아니라 '고용주'가 되고 싶었고, 사업가가 되고 싶었다.

선생님이 "성적이 나쁘면 좋은 직장에 들어갈 수 없어."라고 말할 때마다 나는 도무지 그 말을 받아들일 수가 없었다. 그래서 마음을 닫아 버렸다. 열두 살 때 나는 벌써 부자 아빠와 3년째 같이 일하고 있었고 더 이상은 봉급 생활자의 맥락을 갖고 있지 않았다.

"좋은 직장을 가질 수 없을 거야."라는 말은 봉급 생활자가 되고 싶은 다른 친구들에게는 효과가 있었을지 모른다. 그러나 내게는 아무런 영향도 끼치지 못했다.

"돈을 모아 네 사업을 시작하는 법을 가르쳐 주마." 만약에 선생님이 이렇게 말했다면 달랐을 것이다. 나는 선생님의 말에 주의를 집중하고 귀를 기울였을 테고, 교실 맨 앞자리에 앉아 눈을 반짝반짝 빛냈을 것이다. 아마도 "아시는 걸 몽땅 가르쳐 주세요!"라고 외쳤을 거다.

나의 이야기

내용보다 맥락이다

부자 아빠는 '돼지에게 노래를 가르치는 것'은 쌍방이 모두 손해 보는 일이라고 말했다.

"너한테는 시간 낭비고, 돼지에게는 괴로운 일이다."

부자 아빠의 말은 이런 의미였다.

가난한 사람이 맥락을 바꾸지 않는다면 부자가 되는 법을 가르칠 수 없다. 가난하거나 중산층의 맥락을 가진 사람에게 부자 되는 법을 가르치는 것은 시간 낭비다. 그리고 그들 자신에게는 괴로운 일이다.

나는 지난 30년 동안 창업과 투자에 대해 가르쳐 왔다. 그것은 부자 아빠가 내게 가르친 것들이었다. 나는 부자 아빠가 옳았다는 사실을 증명할 수 있다. 『부자 아빠 가난한 아빠』가 처음

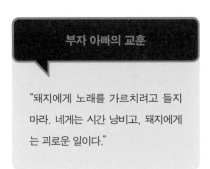

부자 아빠의 교훈

"돼지에게 노래를 가르치려고 들지 마라. 네게는 시간 낭비고, 돼지에게는 괴로운 일이다."

출간되었을 때, 많은 사람들이 그 안에 담긴 생각을 거부했다. 출판계에 포진한 'A' 학생들은 그 책을 헛소리라고 치부해서 나는 1997년에 자비로 출판할 수밖에 없었다. 기자나 지식인들은 대부분 'A' 학생이고, 이들은 자본가인 'C' 학생과 다른 맥락을 갖고 있다. 2002년 『기요사키와 트럼프의 부자』가 출간되었을 때는 마치 데자뷰를 보는 것 같았다. 도널드 트럼프와 내가 공동 집필한 그 책은 금융 위기에 대해 경고하며 중산층이 그 여파를 고스란히 떠안게 될 것이라고 우려했다. 금융계는 우리의 예측을 좋아하지 않았다. 나는 어째서 금융계가 우리의 책을 공격하는지 생각해 보았다. 대답을 찾기란 별로 어렵지 않았다. 나는 네 개의 서로 다른 맥락이 움직이고 있음을 알 수 있었다. 미디어 소유주와 광고주들, 언론계, 그리고 시청자들이었다.

인생은 맥락이다

우리의 인생은 맥락으로 이뤄져 있다. 어떤 맥락은 눈으로 볼 수 없는 반면 어떤 맥락은 물리적인 것도 있다. 몇 가지 예를 들어보자.

1. 미국 헌법은 맥락이다

헌법은 미국의 건국 및 통치 이념과 가치를 대변한다.

2. 종교는 맥락이다

예를 들어 기독교도는 이슬람 교도와 다른 맥락을 갖고 있다. 이는 그들이 가진 내용 또한 다르다는 것을 의미한다. 기독교인은 예수가 신의 아들이라고 믿지만 이슬람교인은 예수가 선지자일 뿐이라고 생각한다.

만약 내가 독실한 기독교 신자에게 "선지자 무함마드의 말씀에 따르면······."
이라고 말한다면 그들의 맥락은 닫힐 가능성이 크다. 하지만 내가 "예수님이
말씀하시길······."이라고 말한다면 그들의 맥락은 계속해서 열려 있을 것이다.
다시 말해 "마음을 열어라."는 말은 실제로 "맥락을 열어라."는 말과 일치한다.
2012년 미국 대선 기간에 오바마 대통령의 정적들은 그가 이슬람교를 믿는다
고 말했다. 대통령 본인이 기독교인이라고 직접 밝혔는데도 말이다. 롬니의 정
적들은 "롬니는 기독교인이 아니라 모르몬 교도"라고 속삭였다. 맥락은 이렇
게 중요할 수 있다.

3. 경제 철학은 맥락이다

지난 대선 기간 동안 많은 사람들이 오바마 대통령을 사회주의자라고 불렀다.
다른 사람들은 롬니를 자본가라고 불렀다.

우리는 개인적인 맥락에 따라 후보의 경제 철학에 근거해 그 사람을 받아들일
수도 있고 거부할 수도 있다. 예를 들어 당신이 사회주의자라면 롬니를 '자본
가'로 낙인찍고 관심을 끊을 것이다. 반면에 자본주의자라면 사회주의자에게
표를 던지는 것은 꿈에도 생각하지 못할 것이다.

4. 교회를 짓는 것은 물리적 맥락이다

헬스 클럽도 마찬가지다. 우리는 교회에도 가고 헬스 클럽에도 간다. 교회에는
영적 회복을 위해 가고 헬스 클럽에는 신체의 회복을 위해 간다.

5. 학교를 세우는 것은 물리적 맥락이다

사무실 건물도 마찬가지다. 요즘은 많은 학교에서 부모에게 자녀를 일터에 데

려가라고 조언한다. 하지만 불행히도 부모의 일터를 방문하는 대부분의 아이들은 봉급 생활자의 맥락만을 마주할 뿐, 사업을 창조하는 사업가나 고용주의 맥락을 접하는 경우는 드물다.

6. 가정은 또 다른 물리적 맥락이다

아이를 키우는 부모라면 이렇게 자문해 보기 바란다. 우리 집의 맥락은 무엇인가? 우리는 가난한 집의 맥락을 갖고 있는가, 아니면 중산층의 맥락을 갖고 있는가? 혹은 부잣집의 맥락을 갖고 있는가?

맥락을 바꾸면 인생이 바뀐다

1973년에 베트남에서 돌아왔을 때, 부자 아빠는 내게 부동산 투자 강좌를 들어보라고 조언했다. 그분은 말했다. "부자가 되고 싶다면 빚을 이용해 부자가 되는 법을 배워야 한다."

나는 이미 "부자가 되고 싶다."라는 맥락을 갖고 있었기에 그분의 말씀을 따랐다. 내가 가진 맥락은 "빚은 나를 부자로 만들어 줄 것이다."라는 내용을 쉽게 받아들였으므로 나는 사흘짜리 부동산 투자 강좌에 등록했다.

만약 내가 중산층이나 가난한 사람의 맥락을 갖고 있었다면 이렇게 대답했을 것이다. "생각해 보겠습니다. 하지만 부동산 투자 강좌를 듣기 전에 대학에 가서 MBA를 딸래요."

오늘날 나는 사람들에게 이렇게 말한다. "부동산 투자에서 중요한 것은 빚입니다. 그 빚은 당신을 부자로 만들어 줄 겁니다. 그리고 빚을 많이 질수록 세금은 더 적게 내지요." 그러면 사람들의 맥락은 굳게 닫히고 만다. 그들은 어린애처럼 두 귀를 손바닥으로 틀어막고 어렸을 때부터 부모님이 주입시킨 맥락을 떠들어 댄다. 투자는 위험하다. 빚은 나쁘다. 부자들은 탐욕스럽다. 빚과 세금으로는 부자가 될 수 없다……

그러면 나는 다시금 깨닫는다. "맥락이 내용을 결정한다." "돼지에게 노래하는 법을 가르치려 들지 마라. 그것은 돼지가 스스로 '원할 때'에만 가능한 일이다."

그 부동산 투자 강좌는 정말 좋았다. 나는 이미 부자 아빠에게 많은 것을 배웠고 내가 살고 있는 아파트를 소유하고 있었지만, 그 강좌는 내게 많은 것을 가르쳐 주고 앞으로도 많은 것을 배워야 한다는 사실을 깨닫게 해 주었다.

강사는 아주 훌륭한 교사였다. 그는 가르치는 것을 좋아했다. 그는 성공한 부동산 투자가였고 급여가 필요하지도 않았다. 그는 진짜배기였다. 그리고 자신이 가르치는 것을 정말로 행동으로 옮기는 사람이었다. 그보다 더 좋은 것은 그가 돼지들에게 노래하는 법을 가르치는 것이 아니었다는 점이다. 나와 함께 강좌를 듣는 사람들은 모두 기꺼이 투자를 배우고 싶어 했다.

사흘간의 강좌가 끝났을 때, 강사가 말했다. "여러분의 교육은 이제부터 진짜 시작입니다." 그는 싱긋 웃으며 말했다. "숙제를 내 드리지요. 앞으로 석 달간 100개 이상의 임대용 부동산을 탐색하고, 조사하고, 분석하고, 감정 평가서를 써 보십시오."

우리 중 대다수는 숙제가 뭔지 알고 신이 났다. 몇 명은 그렇지 않았다. '패자의 맥락'이 그들을 가로막고 있었던 것이다. 그들은 변명을 늘어놓았다.

- "시간이 없는데요."
- "가족들이랑 시간을 보내야 합니다."
- "휴가를 갈 예정이었어요."
- "그럴 돈이 없습니다."

그러자 강사는 미소를 지으며 말했다. "다시 한 번 말씀드리죠. 수업은 끝났습니다. 여러분의 교육은 이제부터 진짜 시작입니다."

맥락은 사고방식이 아니다

많은 사람들이 맥락이란 그저 사고방식일 뿐이라고 생각한다. 하지만 맥락은 생각이 아니다. 그보다 훨씬 거대한 것이다. 맥락은 당신의 핵심이며, 몸이며, 마음이며, 영혼이다. 사고방식을 바꾸기는 비교적 쉽지만 맥락을 완전히 바꾸는 것은 그보다 훨씬 어렵고 심오한 일이다.

돈을 예로 들어보자. 많은 사람들이 가난한 이유는 돈과 관련해 가난한 맥락을 갖고 있기 때문이다. 사흘짜리 부동산 강좌를 듣고 그 내용을 내면화하고 배운 것을 응용하지 않는다면 당신은 맥락을 바꿀 수가 없다.

내가 부자 아빠에게 강사가 석 달 내에 100개 이상의 임대용 부동산을 찾아 평가하라는 과제를 내 주었다고 말하자, 그분은 빙긋 웃으며 말했다. "좋은 선생이구나."

부자 아빠는 맥락이라는 단어를 사용하지 않았다. 그분은 그저 이렇게 말했다. "그 숙제를 하고 나면 너 자신과 세상에 대한 시각이 바뀔 거다. 부자의 눈으로 세상을 바라보게 되는 거지. 그 숙제는 성공을 보장하지도 않고 너를 당장 부자로 만들어 주지도 않을 거다. 하지만 너는 부자들과 똑같은 일을 하게 될 거야."

앞 장에서 배운 학습 원뿔이 생각나는가? 원뿔의 꼭대기에 있는, 뭔가 새로운 것을 배우고 그것을 유지하는 가장 좋은 방법은 '실제로 행하기'이다. 석 달 동안 100개의 부동산을 검토하는 것은 '시뮬레이션'이다.

배움도 선택이다

부동산 투자 강좌가 끝나자 강사는 학생들을 나눠 여러 팀으로 구성했다. 앞으로 석 달간 함께 과제를 하게 될 우리 팀은 여섯 명으로 이뤄져 있었다.

강의가 끝나고 첫 번째 주에 두 명이 그만두었다. 그들은 첫 모임 때 나타나지도 않았다. 그 뒤로는 연락도 닿지 않았다. 그들의 맥락이 승리를 거둔 것이다.

이제 남은 것은 네 명이었다. 우리는 열심히 과제를 해 나갔고, 4주쯤 지났을 때 한 명이 이렇게 선언하며 떠나갔다. "부동산은 나한테 안 맞는 것 같아." 이번에도 그의 맥락이 이긴 것이다.

그리고 두 달쯤 지났을 때 네 번째 사람이 그만두었다. 이번에 그의 변명은 "가족들과 좀 더 시간을 보내고 싶어."였다.

결국 끝까지 그 과제를 해낸 사람은 우리 팀에서 단 두 명뿐이었다. 우리는 도합 104개의 부동산을 검토했다. 나와 함께 과제를 끝낸 존은 부동산 중개인이 되어 수백만 달러를 벌었다. 내 성적도 별로 나쁜 편은 아니었다. 우리가 그 사흘짜리 강좌에 지불한 돈은 385달러였다.

교육 vs. 변화

교육에 대한 내 선택이 내 인생을 바꿨다. 가난한 아빠를 기쁘게 하기 위해 MBA 강의를 들었지만 나는 금세 흥미를 잃고 그만둬 버렸다. 나는 그것이 내 인생을 바꾸지 못할 것임을 이미 알고 있었다. 나는 높은 연봉을 주는 일자리를 두 개나 선택할 수 있었다. 하나는 스탠더드 오일 사의 유조선에 타는 것이었고 다른 하나는 조종사가 되는 것이었다. 내가 MBA 과정을 끝마치더라도 어차피 봉급 생활자가 될 터였다.

내가 부동산 투자 강좌에 등록한 것은 비행 학교에서 느꼈던 것과 똑같은 경험을 하고 싶어서였다. 나는 변화하고 싶었다. 변신하고 싶었다. 일자리와 봉급, 복지 혜택에 얽매인 애벌레가 되기보다 나비처럼 새로 태어나 훨훨 날고 싶었다.

사분면을 옮겨 가고 싶다면?

각각의 현금흐름 사분면은 맥락이다. 직장을 그만두고 사업을 시작한 사람은 무엇보다 먼저 자신이 가진 맥락을 바꿀 필요가 있다. E와 S 사분면에서 B와 I 사분면으로 옮겨 가고 싶은 사람들도 맥락을 바꿔야 한다.

맥락을 바꾸는 데에는 시간이 걸린다. 그것은 하루아침에 할 수 있는 일이 아니다. 단순히 사고방식을 바꾸는 것이 아니기 때문이다. 긍정적인 사고만으로는 부족하다. 그것은 정신적, 신체적, 영적으로 진화하는 과정이다. 엄청난 용기와 신념, 자존감, 그리고 배우고자 하는 열망이 필요한 것이다.

도널드 트럼프와 나는 대학생들에게 강연하는 것을 좋아한다. 또 우리는 특히 네트워크 마케팅 조직과 일하는 것을 좋아하는데, 그것은 네트워크 마케팅 회사에서 일하는 사람들이 배움에 대해 매우 열성적이기 때문이다. 그들은 혈기왕성하고 항상 배움에 굶주려 있다. 어째서 그렇게 활기가 넘치는 것일

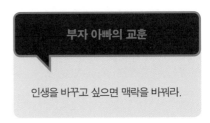

까? 그것은 그들이 다른 어떤 교육보다도 에너지가 많이 필요한 변화 과정에 놓여 있기 때문이다. 그들은 대부분 E와 S 사분면에서 벗어나 B와 I 사분면의 세계로 들어가고 있다. 그들은 일자리를 찾지 않는다. 그들은 자신이 발을 들여놓는 세상에 급여라는 것이 없다는 것을 안다. 그래서 그토록 훌륭한 청중이 될 수 있는 것이다. 도널드와 나는 그들과 맥락을 공유하고 있으므로 그들은 우리의 내용을 좋아한다.

자신을 바꾸고 싶다면 소득의 종류를 바꿔라. 그러면 인생이 바뀐다.

금융 교육에서는 세 종류의 소득을 반드시 가르쳐야 한다.

대부분의 사람들, 심지어 'A' 학생들도 오직 한 가지 소득에 대해서만 배운다. 하지만 부자들은 나머지 두 가지 소득을 위해 일한다.

세 가지 소득

돈의 세계에는 세 종류의 소득이 있다.

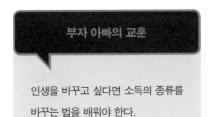

1. 근로 소득
2. 투자 소득
3. 비활성 소득

이 세 종류의 소득은 전 세계 어디에나 존재한다. 가난한 사람들과 중산층은 대부분 근로 소득을 얻기 위해 일한다. 부자들은 투자 소득과 비활성 소득을 얻기 위해 일한다.

모노폴리 게임도 이런 중요한 교훈을 가르친다. 가령 이 게임에서 200달러를 주고 초록색 집을 샀다고 하자. 그것은 월급이라는 소득을 매달 10달러라는 비활성 소득으로 전환한 것이다. 굳이 'A' 학생이 아니더라도 이러한 소득의 전환은 쉽게 이해할 수 있으리라.

일부 부자들이 빈털터리가 되는 이유

복권으로 백만장자가 된 사람이 다시 빈털터리가 되거나, 돈 많은 스포츠 스타가 어느 날 갑자기 파산하는 이유는 소득을 전환하지 못했기 때문이다.

의사와 변호사, 그리고 S 사분면의 수많은 고소득 사업가들이 오늘날 경제적 곤란을 겪고 있거나 생각만큼 부자가 되지 못하고 있다. 그들이 소득의 종류를 전환하지 못했기 때문이다.

금융 전문가들은 말한다. "열심히 일해서 돈을 모아 401(k) 연금에 투자하라." 하지만 그 조언을 따르는 사람들은 돈을 변화시키지 못한다.

돈을 위해 일하는 사람들은 근로 소득을 위해 일하며, 근로 소득은 세 가지 소득 중에 세금이 가장 높다. 은행에 돈을 저축하는 것 또한 근로 소득을 위해 일하는 것과 똑같다. 이 경우 소득은 그들의 예금에 붙는 이자일 것이다. 401(k) 계좌나 퇴직 연금은 은행에서 돈을 빼는 순간부터 근로 소득과 똑같은 취급을 받게 된다.

이는 미국뿐 아니라 대부분의 서구 국가에서도 똑같이 적용된다. 연금 계획이나 프로그램의 명칭만 다를 뿐이다.

부모는 다양한 종류의 소득을 이해하고 자녀에게 소득을 전환시키는 방법을 가르쳐 삶을 바꾸는 방법을 알려 주어야 한다.

그렇다면 세 가지 소득의 가장 큰 차이점은 무엇일까?

근로 소득은 일반적으로 '급여'를 뜻한다. 근로 소득에는 세 가지 소득 중 가장 높은 세율이 부과된다. 대부분의 사람들은 학교에서 근로 소득을 위해 일하는 법을 배우며, 학교를 졸업하고 나면 봉급 생활자가 된다. 돈을 위해 일하는 사람은 근로 소득을 위해 일하는 것이다. 아이러니컬하게도 저축 이자 역시 근로 소득세와 똑같은 세율이 적용된다. 퇴직 이후의 401(k) 연금 소득도 근로 소득과 동일한 세금이 부과된다. 내 생각에는 401(k)보다 훨씬 나은 노후 대책이 많다.

투자 소득은 '자본 이득'이라고도 부른다. 대부분의 투자가들은 자본 이득을 위해 투자한다. 자본 이득은 싸게 사서 비싸게 팔 때 얻는 것인데, 예를 들어 10달러에 주식을 사서 15달러에 판다면 5달러의 자본 이득을 얻은 셈이다. 그 이득은 투자 소득으로서 세율이 적용된다.

세금은 내가 주식에 투자하지 않는 가장 큰 이유 중 하나다. 위험을 무릅쓰고 주식에 투자했는데 돈을 벌어 세금을 내야 한다면 그게 다 무슨 소용인가. 부동산과 주식으로 얻은 자본 이득에는 20퍼센트의 세금이 부과된다. 주식 배당금에 부과되는 세율 역시 20퍼센트이다.

비활성 소득은 "현금흐름"이라고도 부른다. 모노폴리 게임에서 플레이어가 초록색 집 한 채당 받는 10달러의 수입이 비활성 소득에 해당한다. 이 소득은 세 가지 소득 중에 세율이 가장 낮고 때로는 아예 세금을 낼 필요가 없다.

세금이 붙지 않는 현금흐름에 투자하려면 높은 수준의 금융 교육과 경험이 필요하다. 여기에 대해서는 책의 후반부에서 다시 다루겠다.

인생을 바꿔라

석 달 동안 이어진 부동산 과제는 변신의 과정이었다. 학습 원뿔이 묘사한 것처럼 그것은 실제로 하기 전에 거치는 시뮬레이션이었다.

스포츠 세계에서 시뮬레이션은 "연습"이라고 불리고, 연극 무대에서는 "리허설"이라고 불린다.

학교에서는 실수를 저지를 여지가 없다. 학생들은 시험을 보고, 교사들은 맞는 것과 틀린 것을 구분하고, 점수를 매기고, 수업은 계속해서 앞으로 진도를 나간다.

수많은 'A' 학생이 실제 삶에서 성공하지 못하는 한 가지 이유는 그들의 맥락, 즉 그들의 뼛속까지 스며 있는 신념 체계에서 실수란 멍청하다는 증거이기 때문이다.

반면에 비즈니스 세계의 사업가들은 실수가 배움의 과정이라는 것을 안다. 많은 경우 실수가 자신의 사업 모델과 상품, 서비스에 관한 귀중한 피드백을 얻는 기회라는 것도 안다.

내가 캐시플로 보드게임을 적어도 10번 이상 하라고 권하는 이유는 게임에서 이기는 것이 중요한 것이 아니라 최대한 많은 실수를 하고 거기서 배우는 것이 중요하기 때문이다. 게임을 할 때마다, 특히 질 때마다 당신은 더욱 똑똑해지고 현실 세계에 더욱 잘 대비할 수 있다. 학습 원뿔에서 볼 수 있듯이, 시뮬레이션(게임, 연습, 리허설)은 실제로 행하기 전에 해 보는 것이다.

학생들이 낙제하는 이유

'A' 학생들이 사회에서 반드시 성공하지 못하는 한 가지 이유는 학교에서 인정하는 지능 외에도 다양한 지능이 존재하기 때문이다.

1983년에 하버드 교육대학원 교수 하워드 가드너는 『정신의 구조: 다중지능 이론*Frames of Mind: The Theory of Multiple Intelligences*』를 출간했다.

다음은 가드너가 분류한 일곱 가지 지능에 관한 간단한 설명이다.

1. 언어 지능

언어 지능이 높은 사람은 읽고 쓰기에 능하며 단어와 날짜를 기억하는 데 뛰어나다. 그들은 읽고 쓰고 강의를 들으면서 가장 잘 배운다. 이들은 좌뇌 발달형이다.

언어 지능이 높은 사람은 학교 생활이 쉬운 편이다. 대부분의 'A' 학생은 언어 지능이 뛰어나다. 언론인이나 작가, 변호사, 의사가 되는 경우가 많다.

2. 논리 수학 지능

이 지능이 높은 사람들은 수학에 뛰어나다. 숫자와 수학적 문제, 논리, 추상적 문제를 쉽게 다루고 이해한다. 대개 좌뇌 발달형이다.

논리-수학 지능이 높은 학생은 전통적인 교육 환경에서 성적이 뛰어나며 대개 'A' 학생이 된다. 엔지니어, 과학자, 의사, 회계사, 애널리 스트와 같은 직종에 종사한다.

3. 신체 운동 지능

이들은 주로 신체적 능력이 뛰어나다. 몸을 움직이고 직접 행동함으로써 배우는 경향이 있다.

신체-운동 지능은 체육관이나 축구장, 댄스 스튜디오, 연기 학원, 목공소나 자동차 수리점에서 발현된다.

프로 운동선수, 댄서, 모델, 배우, 외과 의사, 소방관, 군인, 경찰관, 비행기 조종사, 자동차 레이서, 기계공은 대개 이 지능이 높다.

4. 공간 지능

공간 지능은 그림이나 시각화, 디자인, 퍼즐 풀기 등에서 두드러지게 나타난다. 이 지능이 높은 사람들은 흔히 우뇌 발달형으로 여겨진다. 이 지능을 갖춘 학생은 전통적인 교육 환경에서는 그리 좋은 성적을 거두지 못하는 경향이 있지만, 미술이나 디자인, 색채, 건축에 초점을 맞춘 학교에서는 좋은 성적을 낸다. 이들은 미술가나 인테리어 디자이너, 패션 디자이너, 건축가 등이 된다.

5. 음악 지능

이 지능을 갖춘 사람들은 음악, 리듬, 박자, 음정, 음색에 민감하다. 노래를 잘 부르거나 악기를 잘 다룬다.

음악 지능을 가진 학생들은 전통적인 교육 환경에서는 그리 뛰어나지 못하다. 대신 음악 학교 같은 환경에서 재능을 발휘한다.

6. 대인관계 지능

이런 사람들은 의사소통에 뛰어나다. 대개 친구들 사이에서 인기가 좋고 외향적이며, 타인의 감정과 기분, 성격, 동기에 민감하게 반응한다.

이런 지능을 갖춘 학생들은 학교에서 잘하는 경향이 있다. 특히 학생회처럼 대중의 인기와 관련된 분야에서는 더욱 그렇다. 이들은 흔히 판매나 정치, 교육, 혹은 사회사업 분야에 종사한다.

7. 자기 이해 지능

"감성 지능(emotional intelligence)"이라고도 불린다. 자기 반성 및 자기 성찰과 관련 있는 지능이며, 이 지능이 높은 사람은 자기 자신을 깊이 이해하고 강점과 약점, 개성을 파악한다. 또한 감정과 반응을 다루는 능력이 뛰어나다.

자기 이해 지능은 스트레스가 높은 상황에서 필수적이다. 아니, 실은 어느 분야에서든 성공에 필수적이다.

성공 지능

자기 이해 지능은 자기 자신과 의사소통하는 능력을 의미한다. 다시 말해 자기 자신과 대화하고 스스로의 감정을 제어하는 능력이라는 얘기다. 예를 들어 화가 잔뜩 난 사람이 속으로 "입을 열기 전에 먼저 10까지 세어 보자."고 말한다면 그 사람은 자기 이해 지능을 발휘하고 있는 셈이다. 그런 사람은 감정적으로 말을 내뱉기 전에 먼저 자기 자신과 대화한다.

자기 이해 지능은 사회에서 성공을 거두는 데 필수적이다. 특히 상황이 힘들고 일을 그만두고 싶거나 겁이 날 때에는 더욱 그렇다.

우리 모두는 지나치게 감정적인 사람을 알고 있다. 그런 사람은 이성적으로 생각하기보다 성급하게 감정을 폭발시키는 경향이 있으며 나중에 후회할 말들을 내뱉는다.

감성 지능을 높이라는 것은 감정을 없애 버리라는 의미가 아니다. 감성 지능이 발달했다는 것은, 화를 내는 것은 괜찮지만 분노에 휩싸여 통제력을 잃어서는 안 된다는 것을 잘 안다는 뜻이다. 감정적으로 상처를 입을 수는 있지만 복수라는 이름으로 어리석은 짓을 해서는 안 된다.

어쩌면 당신은 머리는 좋아도 감정적인 문제 때문에 삶의 다른 부분에서 피해를 입는 사람을 알고 있을지도 모른다.

중독은 대개 감성 지능의 결핍에서 비롯된다. 좌절감에 휩싸이거나 화가 나고 두려운 사람들은 과식을 하거나 술을 마시거나 섹스를 하거나 마약을 하는 방식으로 감정적 고통을 줄이려고 애쓴다. 어떤 사람들은 따분해질 때마다 쇼핑을 하면서 돈을 흥청망청 써 버린다.

한편 긍정적인 면을 본다면, 극단적인 고통과 폭력의 대상이 되고도 그것을 극복한 사람들을 생각해 볼 수 있다. 넬슨 만델라를 떠올려 보라. 그는 부당한 이유로 감옥에 보내졌지만 위인으로 거듭나 마침내 자신을 가둔 남아프리카공화국의 대통령이 되었다. 높은 감성 지능은 종종 위대함이라는 모습으로 나타난다.

높은 감성 지능을 가진 사람들은 흔히 이런 말로 묘사된다.

- "그 사람은 압박감에 시달려도 끄떡없어."
- "그 사람은 늘 목표를 달성하지."

- "그 사람은 화를 다스릴 줄 알아."
- "그 사람은 사물의 양쪽 면을 다 볼 수 있어."
- "그 사람은 5년 전에 담배를 끊었지."
- "겉으로는 별로처럼 보여도 신뢰할 수 있는 사람이야."
- "약속을 지키는 사람이야."
- "그 사람은 끈기 있고 자제력이 강해."
- "그 사람은 변명을 하는 법이 없어."
- "그 사람은 자기 실수를 인정할 줄 알아."

이것은 성공한 사람들의 공통점이기도 하다.

유치한 어른들

어린아이들이 어떻게 구는지 다들 잘 알 것이다.

- 마음에 안 든다고 울고 불고 하기
- 원하는 대로 할 수 없을 때 떼쓰기
- 지치면 그만둬 버리기
- 장난감 독차지하기
- 잘못을 하고도 다른 사람 탓으로 돌리기
- 거짓말하기
- 무서워지면 엄마아빠에게 달려가기
- 친구가 새 장난감을 받았다고 시기하기
- 물건 어지럽히기

- 무엇이든 갖고 싶어 하기

대부분의 어른들은 아이들이 이렇게 행동하면 눈을 감아 주곤 한다. 어쨌든 아직 철부지 어린아이일 뿐이니까. 어른들은 이렇게 말한다. "크면 달라질 거야."

그러나 불행히도 많은 어른들이 다 자란 후에도 이런 유치한 행동에서 벗어나지 못한다. 그들은 거짓으로 꾸미는 데 능숙해지고, 미성숙한 감정을 가면이나 행동 뒤에 숨기는 데 익숙해진다.

많은 어른들이 처음 만날 때는 상냥한 얼굴로 예의바르게 행동한다. 그러다 시간이 지나고 가까운 사이가 되면, 그 어른의 얼굴 뒤에 숨겨진 고약한 성질을 가진 어린아이가 드러난다. 일단 상대방의 행동방식을 알게 되고 좀 더 잘 파악하고 나면, 우리는 그가 얼마나 미성숙한 사람인지 깨닫는다. 우리는 그런 사람을 가리키며 이렇게 말한다.

- "그 사람은 믿을 수가 없어."
- "그 사람은 네가 듣고 싶은 말만 해줄걸."
- "앞에서는 웃지만 뒤에서는 칼로 찌를 인간이야."
- "그 사람은 툭 하면 성질을 부려."
- "일이 힘들어지면 그만둬 버릴걸."
- "그 사람은 맨날 불평만 해."
- "그 사람 유부남이면서 몰래 바람피우고 있잖아."
- "욕심이 너무 많아."
- "누가 자기에 대해 조금이라도 나쁜 말을 하면 참지를 못해."

왜 A학생은 C학생 밑에서 일하게 되는가

- "그 여자는 뒷담화를 너무 좋아해."

다시 말해 많은 사람들이 육체적으로는 어른이 될지 몰라도 감정적으로는 어른이 되지 못한다. 그들 내면에는 아직도 어린아이가 산다. 학교를 졸업하고 일자리를 얻고 나면 그들의 내면에 살고 있는 어린아이가 튀어나온다. 열심히 일해 급여를 받고 나면 그 어린아이가 나타나 돈을 다 써 버리는 것이다. 시간이 지날수록 그들은 자신이 어쩌다 이렇게 됐는지 고민하게 된다. 수년간 열심히 일했건만 손에 남은 것은 아무것도 없다.

정서 발달이 부진하면 현실 세계에서 앞으로 나아가지 못한다. 많은 어른들이 '필요한 일'이 아니라 '원하는 일'을 하면서 세월을 보낸다.

감성 지능은 장기적인 성공에 필수적인 능력이다. 구체적으로 말하자면 다음과 같다.

- 침대에서 미적거리지 않고 헬스 클럽에 가서 운동을 한다.
- 원하지 않아도 금융 교육을 받는다.
- 다른 사람들이 어떻든 늘 친절하게 행동한다.
- 간식을 먹지 않고 산책을 간다.
- 술을 마시고 싶지만 꾹 참는다.
- 내키지 않는 전화를 건다.
- 아무리 바빠도 봉사 활동을 한다.
- 화를 내기 전에 마음을 다스린다.
- 보고 싶은 프로그램이 있지만 텔레비전을 끄고 가족과 함께 시간을 보낸다.

한마디로 어른이 된다는 것은 감정적으로 성장한다는 의미다.

인생을 바꾼 거래

사흘간의 부동산 투자 강좌가 끝나고, 나는 변신을 시작했다. 석 달 동안 100개 이상의 부동산을 평가하는 것은 그리 어려운 일은 아니었다. 그것은 누구나 할 수 있는 일이었다. 나는 그저 석 달 동안 꾸준히 그 일을 하며 강좌에서 내가 배운 것들을 적용했을 뿐이다. 대다수의 사람들처럼 나도 주머니가 비어 있었다. 해병대 장교는 돈을 많이 벌지 못한다. 그리고 시간도 별로 없었다. 여전히 해병대에서 조종사로 일하면서 밤에는 MBA 과정까지 수강하고 있었기 때문이다.

그 석 달은 내 감성 지능, 즉 성공 지능을 시험하는 기간이었다.

석 달이 거의 끝나 갈 무렵, 나는 마침내 어떤 부동산에 투자를 해야 할지 깨달았다. 왜 하필 거기에 투자해야 하는지 이유도 알고 있었다. 온몸이 흥분됐다. 부자 아빠의 말처럼 나는 오직 소수의 사람들만 볼 수 있는 세상을 보고 있었다.

그 부동산은 마우이 섬에 있는 침실 하나짜리 아파트였다. 마우이 섬에서 가장 아름다운 해안 도로 건너편에 위치했고, 단지 전체가 은행의 담보권 행사로 압류된 상태였다. 아파트의 가격은 1만 8000달러였다.

나는 돈이 없었다. 심지어 선금을 낼 돈도 없었다. 나는 이제까지 배운 대로 신용카드를 이용해 집값의 10퍼센트인 1,800달러를 선금으로 지불했다. 나머지 1만 6200달러는 판매자, 즉 은행 측에서 융자해 주었다. 분할 상환금과 이자를 포함해 모든 비용을 지불한 뒤에도 나는 매달 25달러의 순이익을 얻을 수 있었다. 이 작은 거래는 내 인생을 완전히 바꾸었다.

큰돈을 번 것은 아니었지만, 나는 이 거래를 통해 커다란 변화를 겪었다. 나는 내가 부자가 될 수 있다는 것을 깨달았다. 나는 부자 아빠의 맥락을 갖고 있었다. 나는 앞으로 돈이 필요하지 않을 것이다. 앞으로 다시는 "그럴 형편이 못돼."라고 말하지도 않을 것이다. 더욱 중요한 것은 내가 학문 세계의 'C' 학생에서 자본주의 세상의 'C' 학생으로 바뀌었다는 점이다. 배움에 대한 욕망이 주체하지 못할 정도로 밀려왔다.

나는 더 이상 고등학교와 대학교 시절의 성적에 연연하지 않았다. 자본주의 세상에서 'C' 학생에게 중요한 성적표는 재무제표뿐이었다.

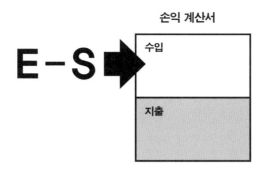

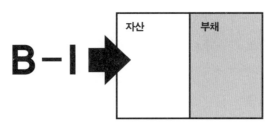

대차대조표

자산	부채
B-I ➡	

어떻게 한 걸까?

우리 부부가 은퇴했을 때, 나는 마흔일곱 살이었고 아내 킴은 서른일곱 살이었다. 많은 사람들이 우리 부부가 어떻게 그렇게 일찍 은퇴할 수 있었는지 궁금해한다. 그 비결을 설명하는 것은 지독하게 어렵다. 좋은 교육을 받은 평범한 사람들에게 우리가 빚과 세금을 이용해 부자가 되어 일찍 은퇴할 수 있었다는 사실을 어떻게 설명하겠는가.

그래서 우리는 말로 설명하기보다 캐시플로 보드게임을 만들었다. 그것은 세계에서 유일하게 평범한 점수표 대신 재무제표를 사용하는 게임이다.

이 게임의 목적은 플레이어에게 근로 소득을 투자 소득과 비활성 소득으로 전환하는 방법을 가르치는 것이다. 많은 사람들이 이 게임이 자신의 인생을 변화시켰다고 말한다. 그것은 이 게임이 맥락을 바꾸기 위한 것이기 때문이다.

삶이 바뀌다

그토록 오랫동안 부자 아빠에게 가르침을 받는데도, 나는 부동산 투자 강좌를 듣고 석 달 동안 실수를 저지른 후에야 깨달음을 얻을 수 있었다. 그때 나는 변화가 시작되었음을 알았다. 매달 25달러의 수입은 그리 큰돈은 아니었지만 B와 I 사분면으로 옮겨 가는 큰 걸음이었다.

세상을 보는 관점이 바뀌었다. 초점이 바뀌었다. 변화가 시작되었다.

결론

현재 전 세계적으로 펼쳐지고 있는 그리스의 비극은 실수가 아니다. 국가든 조직이든 사람이든, 일단 월계관을 쓰고 나면 언젠가는 일어나게 되어 있는 일이다. 그것은 과거에 얽매여 있을 때, 세상이 끊임없이 변화하고 있음을 잊어버릴 때 일어나는 결과다.

많은 스포츠 스타와 복권 당첨자들, 고소득자들이 모든 것을 잃고 빈털터리가 되는 이유는 그들이 소득의 종류를 전환하는 법을 배우지 못했기 때문이다. 소득의 종류를 전환하면, 그들의 삶은 바뀐다.

학교 시스템의 문제점은 대부분의 아이들이 부모가 근로 소득을 위해 일하는 가정(맥락)에서 성장하고, 학교(강화된 맥락)에서는 근로 소득을 위해 일하는 법을 배운다는 것이다. 이것은 그저 평범한 교육일 뿐, 변화가 아니다.

'A' 학생들조차 그러한 변화가 어려운 까닭은 그렇게 바뀌기 위해서는 다른 어떤 지능보다 높은 감성 지능이 필요하기 때문이다.

근로 소득을 투자 소득과 비활성 소득으로 전환하는 방법을 배운 사람들은 E와 S 사분면의 맥락을 B와 I 사분면의 맥락으로 변화시킬 수 있다. 애벌레가 나비로 변신하는 것과 똑같은 과정을 거치는 셈이다.

인생을 바꾸고 싶은가? 그렇다면 맥락을 바꾸고, 소득의 종류를 바꿔라.

그리고 명심하라. 돼지에게 노래하는 법을 가르치려고 들지 마라. 그것
은 돼지가 스스로 '원할 때'만 가능한 일이다.

부모의 행동 단계

돈이 사람을 부자로 만드는 것이 아님을 가르쳐라

많은 사람들이 돈이 있으면 부자가 될 수 있다고 생각한다. 하지만 실
제로 돈은 사람을 더 가난하게 만들 수도 있다.

아이에게 빈털터리가 된 백만장자 스포츠 스타를 예로 들어 설명해 주
어라. 그런 모순은 아이가 마음을 열고 돈과 부자가 되는 것의 관계를 이
해하고 해답을 찾게 도와줄 것이다.

그런 다음 모노폴리나 캐시플로 게임을 이용해 왜 초록색 집과 빨간색
호텔을 가장 많이 갖고 있는(재무제표에 가장 많은 자산이 기입된) 사람이 세
계에서 가장 부유한 부자인지 설명한다.

무엇이 사람을 부자로 만들어 주는지 아이와 이야기를 나누고, 이 책이
나 학습 가이드를 사용해 왜 부자들이 가난해질 수 있는지 설명한다. 이
런 대화를 나누고 나면 아이는 돈이 아니라 마음가짐이 부자로 만들어 준
다는 사실을 깨달을 것이다. 또한 부자가 되기 위해 반드시 돈이 필요한
것은 아님을 알게 될 것이다.

욕심 또는 관대함……
학교에서는 무엇을 가르치는가?

7장

Lesson 7

천재들은
왜 관대한가

아이를 베풀 줄 아는 관대한 사람으로 키우는 비결은 무엇일까? 실은 아주 간단하다. 금융 교육을 받지 못한 사람은 학교 졸업 후에 경제적으로 절박하고 궁핍해지고 욕심꾸러기가 된다. 마음과 영혼을 동시에 변화시키는 금융 교육은 우리가 다른 관점으로 세상을 볼 수 있게 돕는다. 동전의 양쪽 면을 보는 것이 얼마나 중요한지 알려 주는 것이다.

학교에서는 아이들에게 무엇을 가르치는가? 아이들에게 먹을 물고기를 던져 주고 여전히 가난하고 탐욕스럽게 만드는 것은 아닌가? 아니면 물고기 잡는 법을 가르치면서 혁신적이고 자립심이 강하고 스스로를 부양할 수 있는 책임감 있는 사람이 되도록 가르치는가?

우리는 부모로서 자녀가 삶에서 어떤 길을 택할 수 있는지 보여 줄 수 있다. 아이가 재능을 이용해 두려움에서 벗어나 자유로운 삶을 꾸려 가도록 도와줄 수 있다. 아이의 재능을 발견하고 발전시키는 것은 곧 아이에게 관대함과 너그러움을 가르치는 길이다.

학교에서 아이들에게 무엇을 가르치는지, 그리고 대부분의 학교가 아이들의 미래를 얼마나 준비시키지 못하는지 생각할 때마다 나는 이렇게 자문한다.

- 대부분의 학생들은 왜 학교 졸업 후에 안정적인 일자리를 찾는가?
- 왜 그렇게 많은 봉급 생활자들이 고용주가 자신을 평생 보살펴 줄 것이라 생각하는가?
- 사회 보장 제도는 어쩌다 미국 역사상 가장 거대한 정부 프로그램이 되었는가?
- 미국이 메디케어와 다른 복지 제도의 자금을 확보하지 못해 파산하게 되는 이유는 무엇인가?
- 우리가 가난한 것은 교육 제도가 학생들을 현실 세계에 대비시키지 못했기 때문인가?
- 학교 시스템이 '복지 혜택을 누릴 권리'라는 의식을 키우는가?
- 우리의 교육 제도가 아메리칸 드림을 무너뜨리고 있는가?

가난한 이들의 땅

150여 년 전, 프랑스 귀족인 알렉시스 드 토크빌은 아메리칸 드림의 힘과 전 세계에서 아메리칸 드림을 꿈꾸며 신대륙으로 몰려온 수백만 명의 이민자들에 대해 쓴 적이 있다.

당시 유럽과 아시아에는 기본적으로 두 계층이 존재했다. 귀족과 나머지 사람들이었다. 농민으로 태어난 사람들은 아무리 열심히 일하고 노력한들 귀족이 될 수 없었다. 아메리칸 드림은 그런 보잘것없는 농부도 미국의 '귀족'이 될 수 있는 기회가 있다는 것을 상징했다. 자기 소유의 땅을 갖고, (그들이 소유한 사업의 상품이나 서비스의) 생산을 통제하고, 열심히 일해 자신이 꿈꾸는 삶을 실현할 기회 말이다. 기업가 정신 그 자체인 아메리칸 드림은 자본주의의 원동력이었다.

사람들은 이러한 아메리칸 드림을 꿈꾸며 고향을 떠나 미국으로 향했다. 대부분은 기쁜 마음으로 중산층에 합류했고, 미국에는 그들만의 귀족 계층이 형성되었다. 그들은 헨리 포드와 토머스 에디슨, 월트 디즈니, 스티브 잡스, 마크 저커버그 같은 사업가들이다.

알렉시스 토크빌은 소작농이 중산층으로 올라설 수 있다는, 심지어 부자가 될 수 있다는 희망이 있는 한 미국인들은 부자와 가난한 사람들 사이의 격차를 견뎌 낼 것이라고 생각했다.

2007년 금융 시장이 붕괴하면서 아메리칸 드림도 함께 사그라지기 시작했다. 불경기가 지속될수록 더욱 많은 사람이 일자리를 잃고 집과 사업, 은퇴 자금을 잃었다. 한때 이 나라를 움직이던 정신과 원동력이 사라진 것이다.

중산층의 자산 기반은 주택이었다. 현재는 수많은 주택들의 가치가 융자금 이하로 떨어진 상태다. 수백만 명의 사람들이 자기 집을 잃고 남의 집에 세 들어 살고 있다. 점점 더 많은 사람이 상류층에 진입하거나 부자가 되기는커녕 중산층의 지위에서 미끄러져 빈곤층으로 전락하고 있다.

2011년 미국의 빈곤층은 4620만 명에 달한다. 이는 대략 미국인 여섯 명 중 한 명이 빈곤하다는 뜻이며, 이 숫자는 지금도 증가하는 중이다. 집과 재산을 잃은 사람은 빈곤층이 되어 정부 지원에 기대 살아가게 된다. 일부는 범죄에 몸을 내던져 폭력 범죄나 화이트칼라 범죄 또한 증가하고 있다.

집을 잃은 인구가 늘어나면서 공산주의와 사회주의, 전체주의를 지지하는 이들이 점점 더 활개를 칠 것이다. 그들 모두의 공통적인 적은 자본주의가 될 것이다.

미국이 위대한 국가인 이유는 더 나은 삶의 기회를 찾아 건너온 사람들이 모여 만든 나라이기 때문이다. 그들은 성공하기를 원했다. 자본가가 되기를 원했다. 그러다가 뭔가 변했다. 오늘날 많은 사람들은 아메리칸 드림을 이루기 위해 열심히 노력하기보다는, 그저 자신이 아메리칸 드림을 누릴 '권리'가 있다는 의식에 젖어 살아간다.

미국뿐만 아니라 전 세계 사람들이 세상이 자기에게 빚을 지고 있다고 생각하는 듯 보인다. 많은 이들이 학교에 가고, 좋은 교육을 받고, 일자리를 얻고, 그런 다음 회사나 정부가 평생 자신을 돌봐 주길 바란다.

이처럼 팽배한 권리 의식은 개인의 경제적 책임에 대한 시각을 바꾸는 데 지대한 역할을 하고 있다.

생각해 보라.

- 이러한 사고방식이 그리스와 프랑스, 캘리포니아 주 등이 직면한 재정 문제에 얼마나 큰 영향을 끼쳤을까?
- 어째서 우리의 리더들, 즉 대통령과 국회의원, 여타 공무원들에게 가장 좋은 복지 혜택이 제공되는가? 일단 누군가가 대통령이나 국회의원에 당선되

면, 납세자들은 평생 그들을 돌봐 주어야 한다. 나는 이렇게 묻고 싶다. 리더가 될 정도로 그들의 자격이 충분하다면, 어째서 그들은 경제적으로 스스로를 돌보지 못하는가?

- 어째서 공무원들은 평생 경제적 안정을 누릴 권리가 있다고 생각하는가? 공무원은 언제부터 국민을 위해 봉사하는 일꾼에서 자기 잇속만 차리는 일꾼으로 변했는가? 공공에 대한 봉사보다 안정적인 직업과 혜택을 위해 일하는 각료와 공무원이 얼마나 많은가?
- 왜 CEO나 기업 경영진은 평범한 직원들보다 더 좋은 경제적 혜택을 받아야 하는가? 그들이 그렇게 많은 연봉을 받을 정도로 똑똑하다면 그들 역시 자기 자신을 보살필 깜냥은 되지 않겠는가?
- 사람들은 왜 정부나 고용주가 자신을 평생 보살펴야 한다고 생각하는가?

이처럼 당연히 혜택을 받아야 한다는 권리 의식은 어디서 비롯된 것일까? 안정적인 직업과 복지 혜택을 위해 싸우는 교사노조가 장악하고 있는 학교 시스템에서 시작된 것일까? 어째서 교사들은 학생에게는 점수를 매기면서 자신의 성과에 대해 평가하는 것을 거부하는가? 바로 그들이 우리 아이들에게 그런 권리 의식을 물려주는 것일까? 현재 미국의 학교 시스템 내에 만연한 권리 의식에 금융 교육은 어떤 영향을 끼칠 수 있을까?

미국인은 자본주의를 어떻게 생각하는가

이 책의 서두에서 프랭크 런츠의 저서 『미국인들이 진정으로 원하는 것』의 내용을 인용한 바 있다. 오늘날 미국 국민들이 존경하는 사람과 증오하는 사람에 관한 그의 말을 인용했는데, 여기서 다시 한 번 언급하겠다. 이번 장의 핵심과 밀접하게 연관되어 있기 때문이다. 우리의 학교 시스템은 학생들에게 가난함과 탐욕을 가르치고 있다.

사업가에 대한 존경심과 CEO에 대한 증오심, 이 둘 중에 어떤 것이 더 강렬한 상태인지 구분하기 어렵다.

런츠 박사는 또 이렇게 말했다.

실제로 미국인들은 성공한 CEO보다 성공한 사업가들을 세 배 가까이 신뢰하는 경향이 있다.

오늘날 세계에서 '자본가'라는 단어는 사람들을 겁먹게 만든다. '자본주의'는 직원 1만 명 해고 결재 서류에 서명하는 바로 그날에 본인은 수천만 달러를 챙기는 CEO들을 지칭하는 단어가 되었다.

런츠 박사는 미국인들이 아메리칸 드림을 추구하는 사업가를 존경한다는 사실을 발견했다. 그는 다음과 같이 썼다.

소규모 사업가의 경우, 그녀(여성이 운영하는 소규모 사업은 급속도로 후퇴 중인 경제하에서도 가장 빠르게 성장하는 부문에 속한다.)는 설사 큰 성공을 거두더라도 수백만 달러의 보너스를 챙기지 않는다. 그녀에게는 황금 낙하산이 없다.(스카이다이빙 교육 사업을 운영한다면 또 모르겠지만 말이다.) 그녀는 직원을 해고할 일이 생기더라도 서류 한 장으로 통보를 보내기보다 직원과 똑바로 눈을 맞추고 그 사실을 알려 줘야 한다. 또 사업이 정말 성공할 것인지, 직원들을 실망시키게 되지는 않을지 평생 밤잠을 설치며 고민해야 한다.

미국인들은 시간과 돈, 열정을 투자해 작은 사업을 시작하는 것이 어마어마하게 위험하다는 사실을 알고 있다.(그것을 성공시키기는 더더욱 어렵다는 사실도.) 그런데 소규모 사업가들은 그런 리스크를 감수하고도 대기업 CEO들보다 훨씬 더 적은 금전적 보상을 얻는다.

MBA 과정에 관한 런츠 박사의 말을 들어보자.

MBA는 잊어라. 대부분의 경영 대학원은 자신의 회사를 시작하는 법을 가르치지 않는다. 그저 대기업의 일원이 되어 성공하는 방법만 가르칠 뿐이다.

자본가 vs. 경영 자본가

사업가이자 '진정한 자본가'인 존 보글은 세계 최대의 뮤추얼 펀드 회사 중 하나인 뱅가드 펀드(Vanguard Funds)의 설립자이다. 그는 경영 자본가들에 대해 대단히 비판적인 견해를 갖고 있다.

보글은 저서 『만국의 주주들이여, 단결하라*The Battle for the Soul of Capitalism*』에서 "금융 체계가 어떻게 사회적 이상을 해치고 시장의 신뢰를 저하시키며 투자가들로부터 거액을 훔쳐 갈 수 있는지"에 대해 설명한다.

그 책에 관한 한 인터뷰에서 그는 말했다. "우리 모두는 내가 책에서 전통적인 '소유주 자본주의'의 끔찍한 돌연변이라고 표현한 것을 목격하고 있습니다. 기업의 소유주들이 대부분의 자본을 제공하고 대부분의 보상을 회수하는 '소유주 자본주의'가, 경영자들이 소유주들보다 먼저 이득을 챙기는 새로운 형태의 '경영자 자본주의'로 변형된 거죠." 여기서 보글이 말하는 '기업의 소유주들'이란 바로 공개 기업의 주주들을 일컫는다.

보글은 상당수의 대기업이 진짜 자본가가 아니라 '경영 자본가'들에 의해 운영된다고 말한다. 그들은 사업가가 아니라 피고용인이다. 그중 많은 수가 명문 경영 대학원을 졸업한 'A' 학생이다. 경영 자본가들은 사업가가 아니다. 사업을 시작한 이들이 아니며, 사업을 소유하고 있지도 않다. 그들은 모종의 책임을 지고 있지만 개인적인 경제적 리스크를 부담하지 않는다. 그들은 결과가 좋든 나쁘든 상관없이 급여를 받는다. 기업이 번창하든 실패하든 보수를 받는다. 직원들이 일자리를 잃거나 주주들이 투자금을 날려도, 그들은 돈을 받아 간다.

존 보글은 특히 제너럴 일렉트릭의 전 CEO 잭 웰치에 대해 비판적이다. 잭 웰치는 GE에 고용된 경영 자본가였다. GE의 창립자는 토머스 에디슨이다. 토머스 에디슨은 대학에 가지도 않았고 교사들은 그에게 '산만하다'는 낙인을 찍었다.

반면 잭 웰치는 매우 훌륭한 교육을 받았다. 그는 일리노이 대학교에서 화학 공학 박사 학위를 받았으며 세계에서 가장 유명한 CEO이기도 했다. 많은 사람들이 그가 최고의 CEO 중 한 명이라고 믿는다. 잭 웰치는 유명 인사로서 경제 관련 TV 프로그램에 자주 초청된다.

보글은 이러한 세간의 평가에 동의하지 않는다. 그는 웰치가 자기 돈을 챙기는 데에는 능하지만 GE의 주주와 직원들을 위해서 한 일은 별로 없는 형편없는 경영 자본가였다고 평가한다.

잭 웰치의 탐욕은 그의 이혼 소송 과정에서 적나라하게 드러났다. 보글은 『만국의 주주들이여, 단결하라』에서 잭 웰치에 대해 이렇게 묘사한다.

제너럴 일렉트릭의 잭 웰치는 혼외정사라는 사소한 사건으로 인해 원치 않는 주목을 받게 되었다. 이혼 절차를 밟는 도중, 은퇴한 경영인이 관례적으로 '은밀하게' 제공받는 보상에 조명이 비춰지게 된 것이다.(만약 그가 이혼을 하지 않았다면 GE의 진정한 주인인 주주들조차도 그가 얼마나 많은 돈을 받았는지 영원히 몰랐을 것이다.) 잭 웰치가 GE의 CEO로 일하며 받은 총액은 거의 10억 달러에 달하며, 한 전문가의 감정에 따르면 그의 풍성한 퇴직 수당은 연간 약 200만 달러로 날마다 꽃과 와인이 배달되는 뉴욕의 아파트와 회사 전용기를 무제한으로 사용할 수 있는 권리까지 포함된다. 그런데도 그는 경제적 여유가 거의 없는 듯 보인다. 매달 자선단체에 기부하는 돈이 614달러에 불과한 것을 보면 말이다.

보글은 웰치의 퇴직 수당을 승인한 것은 GE의 이사회라고 말한다. 그들 또한 경영 자본가라는 사실은 말할 필요도 없다.

잭 웰치에 대한 주식 시장의 평가가 그리 좋지 않았는데도 그들은 웰치에게 막대한 보상을 안겨 주었다. 2000년에 GE의 시가 총액은 6000억 달러였지만, 이후 계속 하락해 2005년 초반 무렵에는 3790억 달러에 이르렀다.(잭 웰치는 2001년 9월에 은퇴했다. — 옮긴이)

토머스 에디슨이 살아 있었다면 과연 잭 웰치에게 그 정도로 후한 보상을 내렸을지 궁금하다.

뮤추얼 펀드 산업

보글은 투자 회사의 CEO들을 저격하며 '은퇴 제도'에 관해 우려를 내비치고 있다. 그는 국민들의 퇴직과 은퇴가 미국 최대의 금융 공황을 불러일으킬 것이라고 예측한다.

뮤추얼 펀드 산업에 몸담고 있는 보글은 특히 이 업계의 탐욕스러움에 진절머리를 낸다.

내가 처음 이 업계에 뛰어들었을 때만 해도 뮤추얼 산업은 대체로 규모가 작고 개인이 운영하는 회사들로 구성되어 있었으며, 이들 회사는 투자 전문가들이 운영했다.

지금은 모든 것이 바뀌었다. 이들은 이제 대기업이 되었다. 더 이상 개인이 소유하는 회사는 없다. 투자 회사들은 모두 도이치 은행이나 마시 앤드 맥레넌(Marsh & McLennan), 선 라이프(Sun Life)와 같은 거대 금융 그룹의 소유이다. 간단히 말해 뮤추얼 펀드 자산의 상당 부분을 이들 금융 그룹이 운영한다는 뜻이다. 그리고 그들은 '당신'의 자본이 아니라 '그들 자신의' 자본에 대한 수익금을 벌기 위한 사업을 하고 있다.

보글은 뮤추얼 펀드에 투자할 때, 투자자인 우리는 100퍼센트의 돈을 붓고 100퍼센트의 위험 부담을 진다고 말한다. 반면 뮤추얼 펀드 회사는 돈을 투자하지도 않고 위험 부담을 전혀 지지도 않으면서 80퍼센트의 수익금을 늘 손에 쥐고 있다. 수익이 발생하면 투자자가 가져갈 수 있는 것은 고작 20퍼센트뿐이다.

워런 버핏도 같은 생각이다

워런 버핏은 우리 시대의 가장 위대한 투자가 중 한 명이다. 그는 자본
가이자 사업가다. 경영 자본가가 아니다.

다음은 워런 버핏이 대부분의 좋은 대학에서 'A' 학생이었던 경영 자본
가와 전문 투자 회사들을 가리키며 하는 말이다.

다른 분야의 전문가들은, 예를 들어 치과 의사들은 일반인에게 많은 혜택을
제공한다. 그러나 돈과 관련해 전문 자산 관리인들은 대체로 아무것도 주지
않는다.

이 말이 사실이라면 다른 식으로도 표현할 수 있을 것이다. 금융 교육
을 받지 못했거나 투자에 적극적인 역할을 할 생각이 없는 사람들은 전문
자산 관리사에게 돈을 맡기고 자신의 경제적 미래에 대한 책임을 그들에
게 넘겨준다. 그리고 만일 버핏의 말이 옳다면, 그러고도 아무것도 얻지
못한다. 다른 식으로 설명해 보자. 당신의 돈이 당신을 위해 일하게 만드
는 것과 관련해 거의 어떤 가치도 되돌려주지 않는 '전문가'에게 돈을 맡
기는 것은 얼마나 위험한 일인가?

관료: 'B' 학생

중고교를 졸업하는 학생들 가운데 가장 많은 비율을 차지하는 것은
'B' 학생이다. 그들은 대개 'A' 학생들로부터 교육을 받는다. 뛰어난 머리
로 고등 교육을 마친 후 교사가 되는 일부 'A' 학생들로부터 말이다. 이들
'B' 학생은 결국 삶에서 어떤 길을 선택할까? 내가 보기에 그들은 관료가

된다.

관료란 무엇인가?

수십 년 전 부자 아빠가 말했다. "문제는 이 세상이 관료들에 의해 돌아간다는 것이다." 그분은 관료란 CEO나 회장, 세일즈 부장, 정부 관리처럼 권위 있는 위치에 있지만 개인적으로 금전적 위험 부담은 지지 않는 사람이라고 설명했다. 그리고 이렇게 덧붙였다. "관료는 많은 돈을 잃을 수 있지만 자기 돈은 한 푼도 잃지 않는다. 일을 잘하든 못하든 자기 몫은 챙겨 가지."

국가를 운영하는 관료들, 특히 정치 지도자들을 보면 대부분이 변호사 출신이라는 것을 알 수 있다. 연준 의장인 벤 버냉키는 전직 대학 교수다. 그는 'A' 학생에서 'B' 학생(관료)이 된 인물이며 세계에서 가장 힘 있는 은행가이기도 하다. 그런데 우리는 왜 지금과 같은 금융 위기를 겪고 있는가.

부자 아빠는 말했다. "진정한 자본가, 즉 사업가는 1달러를 100달러로 만드는 법을 안다. 하지만 관료들은 1달러를 받으면 100달러를 써 버리지."

이런데도 우리가 왜 전 세계적인 금융 위기를 겪고 있는지 모르겠단 말인가.

학교에서는 무엇을 가르치는가

많은 사람들이 학교에서 금융 교육을 받지 못하고 경제적으로 궁핍하고 절박한 마음가짐으로 졸업하게 된다. 아마도 이런 말을 들어봤을 것이다. "절박한 사람들은 절박한 일을 한다." 이는 "궁핍한 사람들은 절박한 일을 한다."로 바꿔 말할 수도 있다.

다음은 매슬로의 욕구 단계 이론을 그린 것이다. 이 이론은 심리학자인 에이브러햄 매슬로가 개발한 것으로, 1943년 발표된 그의 논문 「인간 동기부여 이론*A theory of Human Motivation*」에서 처음 제시되었으며 1954년 발간된 저서 『동기와 성격*Motivation and Personality*』에서 완성되었다.

매슬로의 욕구 단계 이론은 사람들이 기본적인 욕구를 충족시킨 후에야 다음 단계의 욕구로 넘어간다는 내용을 담고 있다. 이는 흔히 피라미드로 표현되는데 아래쪽에 위치할수록 기본적인 욕구를, 위쪽으로 갈수록 고차원적인 욕구를 의미한다.

매슬로의 욕구 5단계

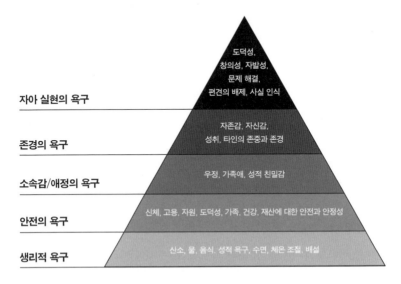

자아 실현의 욕구 — 도덕성, 창의성, 자발성, 문제 해결, 편견의 배제, 사실 인식

존경의 욕구 — 자존감, 자신감, 성취, 타인의 존중과 존경

소속감/애정의 욕구 — 우정, 가족애, 성적 친밀감

안전의 욕구 — 신체, 고용, 자원, 도덕성, 가족, 건강, 재산에 대한 안전과 안정성

생리적 욕구 — 산소, 물, 음식, 성적 욕구, 수면, 체온 조절, 배설

매슬로의 두 번째 욕구 단계: 안전

내가 보기에 우리의 교육 제도는 매슬로의 두 번째 욕구 단계, 즉 '안전의 욕구'를 충족시켜 주지 못하고 있다. 그래서 그토록 많은 사람이 절박하고 탐욕스러운 마음가짐으로 학교를 떠나는 것이다.

금융 교육을 받지 못한 사람들은 진심으로 안전하다는 느낌을 받지 못하며, 자원을 통제할 수도 없으며, 가족이나 건강, 재산에 대해 안심하지도 못한다.

학교를 졸업한 사람들은 대부분 경제적 안정, 즉 급여를 추구한다. 많은 사람들이 일자리를 지키기 위해서라면 무엇이든 할 것이다. 다시 말하지만 '무엇이든' 말이다. 경제적 안정이 보장되지 못하면 사람은 절박해지고, 집과 일자리, 혜택과 연금을 잃을지도 모른다는 두려움 속에 살게 된다. 그리고 일할 나이가 지나면 결국 사회 보장 제도와 메디케어에 의존해 살아가야 한다.

바로 그런 이유로 일부 CEO와 자산 관리자들이 양심과 도덕성을 내던지고, 어떤 경우에는 적극적으로 직원과 주주들, 또는 고객들을 속이는 것이다. 자기 잇속을 챙기기 위해 남들을 속이거나, 야비한 짓을 하거나, 심지어는 범죄를 저지르는 CEO나 자산 관리사를 당신도 많이 목격했으리라.

그런 사람들 중 몇몇은 신문의 1면을 장식했고 지금도 감옥에 갇혀 있다.

다음에 내가 다시금 환기하는 존 보글의 말은 우리가 아는 대규모 기업들의 이사회에서 어떤 일이 벌어지고 있는지 말해 준다.

제너럴 일렉트릭의 잭 웰치는 혼외정사라는 사소한 사건으로 인해 원치 않는 주목을 받게 되었다. 이혼 절차를 밟는 도중, 은퇴한 경영인이 관례적으로 '은밀하게' 제공받는 보상에 밝은 조명이 비춰지게 된 것이다.

잭 웰치가 아내를 속이고 바람을 피우지 않았다면, 그와 GE 이사회가 회사의 진짜 주인인 주주들을 얼마나 깊이 속이고 있었는지 밝혀지지 않았을지도 모른다. 여기서 다시금 이 사건이 도덕적 문제와 연관되어 있다는 사실에 주목해야 한다. '도덕성'은 매슬로 피라미드의 밑에서 두 번째 단계에 포함되어 있다.

이것이 우리의 학교가 가장 똑똑하고 잘난 학생들에게 가르치는 것인가? 나는 정말로 그런 것 같아 두렵다.

나의 이야기

나는 아메리칸 드림이 죽어 가고 있다고 생각한다. 왜냐하면 많은 이들이 도덕의 잣대를 잃고 방황하고 있기 때문이다. 학교는 학생들의 교육에 대한 욕구를 충족시켜 주지 못하고, 매슬로의 두 번째 욕구인 안전의 욕구에 대해서는 더더욱 그렇다. 수많은 학생들이, 특히 가난한 집안의 학생들이 거리에서 범죄와 폭력을 저지르고 있다.

부자 아빠는 종종 이렇게 말했다. "궁핍한 사람들은 결국 탐욕스러운 인간이 된다. 탐욕스러운 사람은 절박해지지. 그리고 절박한 사람들은 절박한 일을 하게 된다."

부자 아빠가 내게 준 가장 큰 선물은 사업가와 봉급 생활자라는 동전의 양면을 모두 볼 수 있게 해 준 것이었다. 그분은 마이크와 내게 사업가의 삶을 보여 주었고, 기업가 정신과 그러한 사고방식이 번창할 수 있는 환경을 제시했다. 오늘날 나는 일자리나 봉급, 돈, 보너스, 정부의 지원이나 사회 보장 제도, 메디케어가 필요하지 않다. 아내와 나는 매슬로의 네 번째 욕구 단계인 존경의 단계에 도달했고, 우리는 자신감을 발판 삼아 사업가가 되어 1996년 리치대드컴퍼니를 시작할 수 있었다. 그것은 우리가 '은퇴'하고 2년 뒤의 일이었다.

리치대드컴퍼니는 우리를 매슬로의 다섯 번째 단계인 자아 실현의 단계로 끌어올려 주었다. 우리는 봉급이 필요하지 않다. 우리가 일을 하는 것은 일단 그 일이 좋고, 우리가 아는 것을 남들과 공유해 그들의 발전을 돕고 싶기 때문이다. 우리는 많은 돈을 벌지만 그중 대부분은 우리의 주머니로 들어오지 않는다. 우리가 번 돈은 대부분 회사를 성장시키는 데 사용하고, 새롭고 참신한 기술에 투자하며, 더 많은 사람과 신제품을 개발하는 데 이용한다. 그것이 바로 진정한 자본가가 하는 일이다.

또한 불행히도 상당한 액수를 탐욕스러운 사람들로부터 우리 사업을 지키는 데 사용한다.

탐욕스러운 사람들

다른 사업가들과 마찬가지로 우리도 사업을 하면서 탐욕스러운 사람들과 마주친 경험이 있다. 궁핍하고 탐욕스러운 자들의 거짓말에 속거나 사기를 당한 적도 있다. 그들은 대부분 'A' 학생이었고 일부는 화이트칼라 범죄자였다. 서글프게도 이런 일은 창업 과정에서, 그리고 이른바 우리의 '사법 체계(justice system)' 하에서 자주 일어난다. 어쩌면 '부당함 체계(injustice system)'라고 불러야 옳을지도 모르겠다.

부자든 가난하든 우리 모두는 기만적이고 부정직한 사람들과 맞닥뜨리게 되어 있다. 학교가 학생들의 두 번째 욕구를 충족시키지 못할 때 이런 일이 발생한다. 많은 학생들이, 심지어 'A' 학생들마저도 궁핍하고 절박하고 욕심쟁이가 되어 학교를 졸업한다. 그보다 더 나쁜 것은 세상이 당연히 자신을 도와줘야 한다는 권리 의식에 사로잡히는 것이다.

좋은 소식

다행인 것은 우리가 그 과정에서 정말 멋진 사람들도 만났다는 사실이다. 리치대드컴퍼니를 시작하면서 비약적인 신뢰를 키우지 못했다면 우리는 결코 그들을 만나지 못했을 것이다.

1994년에 은퇴한 후 돈을 은행에 넣어 둔 채 날마다 골프만 치며 보냈더라도 그들을 만나지 못했으리라.

나는 부자 아빠가 자주 하던 말씀을 도널드 트럼프가 처음 했을 때를 기억한다.

나는 동업 관계가 틀어질 때마다 다시 훌륭한 동업자를 만났다.

킴과 나도 마찬가지였다. 우리는 '부자 아빠 조언가'의 대다수를 사업적으로 그다지 즐겁지 않거나 유익하지 못한 상황에서 만났다. 그런 경험은 "아무리 암울한 상황이라도 밝은 부분은 있다."는 속담이 옳다는 것을 말해 준다. '부자 아빠 조언가'들은 그런 '밝은 부분'이자 내 삶에 어둡고 힘든 시련이 닥칠 때 만난 긍정적인 결과였다.

교육의 실패

Q: 교육 제도가 매슬로의 두 번째 욕구를 충족시켜 주지 못하면 어떤 일이 일어나는가?

A: 새로운 아메리칸 드림이 등장한다. 알렉시스 드 토크빌은 모두가 부자가 될 수 있는 아메리칸 드림의 힘에 대해 말했다.

그러나 그로부터 150년이 지난 지금 새로운 아메리칸 드림은 사회 보장 제도와 메디케어가 미국인들을 부양해 줄 것이라는 희망인 듯하다.

새로운 미국

미국 의회예산처에 따르면 1979년에서 2007년 사이 미국의 계층별 소득 증가 수준은 다음과 같다.

빈곤층: 지난 30년간 18% 증가

중산층: 지난 30년간 40% 증가

부유층: 지난 30년간 275% 증가

그러다 2007년에 경제 위기가 닥치자 경기는 바닥을 쳤다. 현재 중산층과 빈곤층의 소득 증가는 멈췄지만 부자들은 그 어느 때보다 더 빠른 속도로 부를 늘리고 있는 듯 보인다.

2011년에는 빈곤층에 해당하는 미국인의 숫자가 4620만 명까지 증가했다. 이는 국민 여섯 명 중 한 명이 빈곤 속에 살고 있다는 의미이다. 게

다가 이 숫자는 계속 증가 추세에 있다. 재산이 없는 사람은 빈곤층이 되고 정부의 지원에 기대 살아가야 한다. 이 같은 상황은 대개 가정 및 거리에서 폭력을 증가시킨다.

푸드 스탬프에 의존하는 학생들

현재 4700만 명에 달하는 미국인이 연방정부로부터 식료품을 원조 받고 있다. 푸드 스탬프 제도는 지난 12년 동안 미국 경제를 약화시키고 지난 5년간 실업률을 증가시킨 큰 원인이기도 하다. 대부분의 사람들이 잘 모르고 있는 사실은 우리 경제에서 푸드 스탬프에 의존하는 가장 큰 집단 중 하나가 대학생이라는 것이다. 등록금이 상승한 데다 그들을 도와주던 부모들이 직장이나 집을 잃고 등록금으로 쓸 돈을 대출받을 자격마저 잃어버리면서, 학생들은 이제 알아서 생계를 유지해야 한다.

다음 세대의 빈곤층

교사들이 빈곤층으로 이동하고 있는가?

2011년 캘리포니아 주 교사 연금기관인 CalSTRS는 560억 달러 적자라는 끔찍한 현실을 마주하게 되었다. 이 수치는 그들의 보유 자산과 추정 부채 사이의 격차였다. CalSTRS는 매년 60억 달러를 징수하지만, 퇴직 교사들에게 연금을 지급하기 위해서는 매년 100억 달러가 필요했다. 연간 40억 달러는 어마어마한 액수다. 특히 돈을 버는 방법이나 투자법을 모르는 정부 기관일 경우에는 더욱 그렇다. 대부분의 연금 관리 투자가들은 I 사분면에 있는 사람이 아니다. 그들은 대부분 E 사분면에 있는 봉급 생활자들로, 전문 투자가인 것처럼 위장하고 있을 뿐이다. 만약 그들이 진짜 투자가라면 봉급 생활자로 일하지 않을 것이다.

캘리포니아 주의 교원 연금 제도가 지급 불능 상태에 이르면 납세자들은 또다시 어마어마한 긴급 구제 사태를 접하게 될 것이다. 더불어 최악의 소식은 수백만 명의 교사들이 중산층에서 빈곤층으로 추락한다는 것이다.

여기서 다시 존 보글의 말을 상기해 보자. "미국의 퇴직 제도는 전반적으로 대단히 열악한 상황에 처해 있으며…… 앞으로 이 나라의 가장 큰 경제적 문제가 될 것이다."

관대한 자본가들

부모는 아이에게 '관대한' 자본가가 되도록 가르쳐야 한다. 그러한 교육은 가정에서부터 시작된다.

이것이 중요한 이유는 학교에서는 자본가는커녕 관대한 사람이 되는 것도 배울 수 없기 때문이다. 부자 아빠는 B-I 삼각형을 이용해 그분의 아들과 내게 관대한 자본가가 되라고 가르쳤다.

학교 시스템에서는 학생들에게 현금흐름 사분면의 왼쪽에 있는 E와 S 사분면에서 일하도록 장려한다.

미국 농무부의 광고

베로니크 드 루지는 《내셔널리뷰 온라인 *National Review Online*》을 통해 푸드 스탬프가 "사람들을 멋지게" 만들어 준다는 미국 농무부의 기가 막힌 광고에 대해 말한 바 있다.

라디오 광고에서 은퇴한 할머니 두 명이 그들의 친구인 '마지'에 관해 대화를 나누고 있다. 두 사람의 대화에 따르면 마지는 "무척 멋져 보인다." 한 할머니가 다른 할머니에게 묻는다. "걔 비결이 뭐야?" 대답은 바로 푸드 스탬프였다.

B-I 삼각형은 사업의 여덟 가지 면모들로 구성되어 있다.

1. 사명

2. 리더십

3. 팀

4. 제품

5. 법률

6. 시스템

7. 의사소통

8. 현금흐름

전문가 vs. 다방면에 박식한 통합가

대부분의 학교는 학생들에게 전문가가 되는 법을 가르친다. 제품 디자인 학위를 딴 학생들은 B-I 삼각형의 '제품' 부문에서 일자리를 찾는다. 로스쿨을 졸업한 학생들은 삼각형의 '법률' 부문을 채우고 싶어 하고, 공학이나 컴퓨터 학위를 가진 사람들은 '시스템' 부문에서 일자리를 얻는다. 마케팅 학위를 가진 사람들은 삼각형의 '의사소통' 분야에 초점을 맞추고, 회계와 관련된 학위를 가진 사람들은 대개 '현금흐름' 부문에서 일자리를 찾는다.

하지만 사업가는 전문가가 아니다. 그들은 모든 방면을 조금씩 아는 사람이다. 스티브 잡스와 빌 게이츠가 학교를 그만둔 이유는 전문가가 되고 싶지 않았기 때문이다. 그들은 '전문가를 고용'했다.

이렇게 다방면에 박식한 통합가는 반드시 '사명'에 충실해야 하고 강력한 '리더십' 기술을 갖춰야 하며, 실제 경험을 갖춘 'A' 학생들로 구성된 똑똑하고 영리한 '팀'을 운영해야 한다.

대부분의 사업이 실패하는 이유

소규모 사업들이 실패하는 가장 큰 이유는 다음과 같다.

1. 사업가가 여덟 가지 요소를 모두 갖추지 못했다

예를 들어 새로 회사를 세운 창업가는 흔히 제품에만 집중하는 경향이 있다. 그들은 훌륭한 제품을 갖고 있을지는 몰라도 나머지 일곱 가지 요소는 미흡하다.

2. 사업가가 한 분야의 전문가다

'유유상종'이라는 말은 이런 경우에 쓸 수 있다. 이를테면 변호사들끼리 모여 사업체를 구성한 법률 사무소가 여기에 해당된다. 혹은 기술자들이 모여 인터넷 회사를 차린 경우도 그렇다. 그들은 모두 똑똑한 전문가이지만 다른 일곱 가지 요소에 대한 전문 지식과 경험이 부족하다.

3. 사업가에게 사명이 부족하다

사업 운영의 힘들고 거친 굴곡을 헤쳐 나가기 위해서는 앞서 소개한 일곱 가지 지능 가운데 감성 지능과 사명 의식이 가장 중요하다고 했던 말이 기억나는가? 훌륭한 사업가들은 평범한 사람이라면 포기하고 좌절했을 갖가지 고난을 헤치고 전진한 사람들이다.

스티브 잡스는 자신이 설립한 회사인 애플에서 쫓겨났었다. 그는 자기가 고용한 CEO인 존 스컬리와 이사회(이들 역시 경영 자본가다.)에 의해 해고되었지만 나중에 다시 돌아와 애플을 세계에서 가장 수익성 높은 회사로 부활시켰다.

빌 게이츠는 '미국 정부 vs. 마이크로소프트' 소송 사건에 휘말렸다. 1998년 미 법무부는 독점금지법을 위반한 혐의로 마이크로소프트를 기소했다.

마크 저커버그는 윙클보스 쌍둥이 형제와 기나긴 소송을 헤쳐 나가야 했다. 그들은 마크 저커버그에게 페이스북에 대한 아이디어를 제공했다고 주장했으며, 마크는 그 주장에 대해 1억 6000만 달러를 지급하기로 합의했지만 쌍둥이는 그 뒤로도 더 많은 돈을 요구하고 있다.

"성공이라는 자식에겐 부모가 많지만 실패라는 자식은 고아이다."라는 말은 백번 옳다.

사업가의 확고한 사명 의식과 높은 감성 지능이 없었다면 애플이나 마이크로소프트, 페이스북은 오늘날 존재하지 않을 것이다.

성공의 열쇠는 관대함이다

세간에 널리 퍼진 믿음과 달리 성공한 사업가들은 대부분 관대하고 마음이 넓다. B-I 삼각형을 보면, B 사분면의 사업가는 성공적인 창업을 위해 반드시 일자리를 만들어야 한다는 것을 알 수 있다.

학생들은 대부분 학교를 졸업한 후에 일자리를 '찾는다.' 그들이 일자리를 필요로 하는 이유는 학교에서 매슬로의 기본적 욕구 중 하나인 안전의 욕구를 충족시켜 주지 못했기 때문이다. 그래서 대부분의 'A' 학생이 'C' 학생을 위해 일하는 것이다.

부모가 시간을 들여 매슬로의 욕구 단계와 B-I 삼각형을 아이에게 가르친다면, 아이는 자신의 삶의 목표가 두 번째 단계에서 머무르며 안정적인 일자리와 지속적인 급여에 만족하는 것이 아니라 다섯 번째 단계인 자아 실현에 있음을 깨달을 수 있다.

두 번째 단계의 욕구를 충족시키지 못한 두려움과 불안 속에서 살아간다면 우리 내부에 있는 재능과 자질을 발견하기 어렵다.

나는 진정한 재능이 매슬로의 다섯 번째 단계에서 실현된다고 믿는다. 거기에는 오늘날 세상에서 꼭 필요한 아름답고 강력한 단어들과 가치, 능력이 존재한다.

1. 도덕성: 부자가 되기 위해 다른 사람들을 속일 필요가 없다.

2. **창의성**: 자신의 재능을 발휘한다.

3. **자발성**: 실수를 할지도 모른다는 두려움 없이 살아간다.

4. **문제 해결**: 해결책에 집중한다.

5. **편견의 배제**: 삶에 대해 보다 광범위한 맥락을 가진다.

6. **사실 인식**: 진실을 두려워하지 않는다.

마지막으로 한마디

스스로 원하는 삶을 꿈꾸고 추구하는 능력을 아이에게 키워 주는 원동력은 바로 가정에서 느끼는 안정감과 자신감, 사랑이다.

부모의 행동 단계

탐욕과 관대한 마음가짐의 차이에 대해 이야기를 나눈다

가난한 아빠는 늘 부자 아빠가 탐욕스럽다고 생각했다. 반대로 부자 아빠는 내 가난한 아버지가 탐욕스럽다고 생각했다. 두 분의 생각이 다른 것은 돈과 욕심, 관대함에 대한 그분들의 맥락이 달랐기 때문이다.

사업가와 자본가가 사업과 제품, 서비스에 투자하는 행위에는 관대함이 존재한다. 그러한 행위는 곧 많은 다른 사람들에게 일자리와 기회를 제공하기 때문이다.

스티브 잡스가 억만장자가 될 수 있었던 방법과 이유에 대해서도 이야기를 나눠 보라. 그는 자신의 재능을 나누고 전 세계의 의사소통 방식을 혁신함으로써 부자가 되었다. 페이스북의 마크 저커버그와 구글의 창설자, 그 밖에 자신의 재능을 아낌없이 세상 사람들과 나눈 운동선수와 음악가들에 대해서도 이야기해 보라.

시간이 날 때마다 당신 자녀가 자신의 재능을 발견하도록, 그리고 그것을 세상에서 발휘하도록 격려하라.

문제는 학교 시스템과 교사들이 천재성에 대한 그들만의 기준과 정의를 갖고 있다는 것이다. 그것은 당신 자녀가 가진 천재성과 일치하지 않을 수도 있다. 토머스 에디슨의 천재성은 실험실에서 발현되었고, 스티브 잡스의 천재성은 애플 컴퓨터를 시작한 차고에서 발휘되었다. 마크 저커버그의 페이스북은 대학교 기숙사에서 시작되어 동료 학생들이 서로 연결되고 소통할 수 있도록 했다.

부모의 가장 중요한 역할은 아이가 자신의 재능과 천재성을 가장 빛낼 수 있는 환경을 찾도록 격려하고 북돋아 주는 것이다.

8장

Lesson 8

권리 의식의
위험성

2013년 1월, 프랑스 배우 제라르 드파르디유가 프랑스 국적을 버리고 러시아로 귀화했다. 프랑스 정부가 부자들에게 부과하는 세금이 지나치게 높다는 이유였다.

2013년에 캘리포니아 주가 주 소득세를 인상하자 부자들은 네바다 같은 면세 주로 이사하기 시작했다.

2013년에 내 친구 한 명은 이탈리아에서 집안 대대로 내려오던 와인 사업을 접고 부자들에게 면세 혜택을 주는 나라로 옮겨 갔다.

2013년, 400명 이상을 고용하고 있는 건축 사업을 하는 한 친구가 24년 동안 이어 온 사업을 접었다. 그는 말했다. "오바마케어 때문에 직원들의 의료 보험 비용이 24퍼센트나 올랐어. 계속 사업을 하다간 돈을 잃을 판이야."

2013년, 내가 아는 소아과 의사가 진료를 그만뒀다. 그녀는 이렇게 말했다. "의료 과실 보험료를 더 이상 감당할 수가 없어. 보험 회사를 위해 일한다는 게 말이 돼?"

본론

1935년, 프랭클린 델러노 루스벨트 대통령이 사회보장법을 승인했다.
이 법안은 현대 미국인의 삶에서 위험하다고 간주되는 것들, 가령 노령과
빈곤, 실업, 결손 가정 아동들을 줄이기 위한 것이었다.

오늘날 사회 보장 제도는 미국 역사상 가장 거대한 국가 주도 프로그
램 중 하나이다.

1964년에 린든 존슨 대통령은 '위대한 사회(Great Society)' 정책을 개시
했다. 빈곤층 구제를 위한 이 정부 프로그램은 훗날 메디케어와 메디케이
드, 노인복지법으로 이어졌고, 이런 제도들은 공화당 대통령인 리처드 닉
슨과 제럴드 포드, 조지 W. 부시 대통령 체제 하에서 더욱 확대되었다.

오늘날 메디케어는 미국 역사상 가장 돈이 많이 드는 국가 주도 프로
그램이다.

2010년에 버락 오바마 대통령은 '오바마케어'라고 불리는 환자 보호
및 건강 보험료 적정 부담법(The Patient Protection and Affordable Care Act)을
승인했다.

불행히도 이 '건강 보험 개혁법'은 사업체가 책임져야 하는 직원들의
건강 보험료를 29퍼센트나 인상하는 결과를 불러왔다. 사업 운영 비용이
상승하면 일자리가 없어진다. 이는 즉 오바마케어가 부자와 사업가들뿐
만 아니라 근로 빈곤층과 중산층에게도 부담을 지우고 있음을 뜻한다.

중산층 살리기

2012년 대선 기간 동안 오바마 대통령과 공화당 후보 미트 롬니는 앞다퉈 "중산층을 살리겠다."고 공약했다.

빈곤층을 살리는 문제는 어떻게 된 것인가? 우리가 왜 중산층을 살려야 한단 말인가? 현재의 중산층이 미래에는 빈곤층이 되는 것일까?

나의 이야기

수년 동안 주일학교 교사들은 내 머릿속에 이런 교훈을 심어 주었다. "물고기를 주면 하루를 먹일 수 있다. 물고기 잡는 법을 가르치면 평생을 먹일 수 있다."

학교 시스템은 학생들에게 물고기 잡는 법을 가르치는 데 실패했는가? 혹시 학생들에게 날마다 물고기를 받을 권리가 있다고 가르치는 건 아닐까? 그래서 점점 더 많은 사람들이 정부에 생계를 의존하는 것일까?

7장에서 언급한 매슬로의 욕구 단계를 떠올려 보라. 나는 학교 시스템이 학생들에게 안전의 욕구를 충족시켜 주지 못하고 있다고 확신한다.

매슬로는 두 번째 욕구 단계에 대해 이렇게 설명했다.

안전의 욕구: 신체, 고용, 자원, 도덕성, 가족, 건강, 재산에 대한 안전과 안정성

그렇다면 여러 가지 질문이 떠오른다. 우리 아이들에게 물고기 잡는 법을 가르치지 못했기 때문에 미국의 문화가 무너지기 시작한 것일까? 실업과 금융 자원의 낭비, 자기 집의 상실, 건강 보험 정책의 미흡함이 범죄

율 증가와 도덕적 해이, 비만 인구 증가와 가정의 붕괴를 불러온 것일까?

사회 보장 제도와 메디케어, 오바마케어와 같은 사회 복지 프로그램은 사태를 더욱 악화시키는가, 아니면 개선하는가? 그것이 사람들에게 날마다 물고기를 줌으로써 정부에 의존하도록 만들고 있지는 않은가? 그래서 사회 보장 제도와 메디케어, 오바마케어가 금융 위기를 가져온 건 아닐까? 무엇보다, 앞으로 당신의 자녀들이 그 비용을 지불해야 하는 건 아닌가?

7600만 명의 베이비붐 세대 중 점점 더 많은 사람들이 연금을 수령하고 메디케어 혜택을 받으면서, 미국의 중산층은 점점 더 빈곤층으로 추락하고 있지 않은가?

바로 그런 이유 때문에 2012년에 오바마 대통령과 미트 롬니가 중산층을 살리겠다는 공약을 들고 나온 게 아닐까? 알다시피 미국에서 가장 무거운 세금 부담을 지고 있는 것은 중산층이기 때문이다. 많은 중산층에게 세금은 가장 큰 지출 항목이다. 오바마케어를 자세히 들여다보면 그것이 실은 건강 보험 제도가 아니라 세금임을 알 수 있다. 문제는 그 세금을 누가 낼 것인가다. 그것은 가난한 자들도, 부자들도 아니다. 이런 세금은 결국 중산층의 어깨 위에 지워지며, 학교가 아이들에게 물고기 잡는 법을 가르치지 않는다는 점을 고려하면 아마도 당신 자녀에게 떠넘겨질 것이다.

"나는 받을 권리가 있다"

2012년의 어느 날 나는 라디오를 들으며 운전을 하고 있었다. 그날 게스트로 나온 한 하원 의원이 청취자들을 대상으로 질의 응답을 하고 있었다. 한 젊은 남자가 전화를 해서 물었다. "나는 1990년에 해군에 입대해서 2011년에 제대했습니다. 지금 나이가 서른아홉인데, 내가 받을 수 있는 퇴직 혜택으로 뭐가 있나요?"

의원은 그의 질문에 답하지 않았다. 그저 조국에 봉사해 주어 감사하다는 말만 했을 뿐.

이는 요즈음의 근심스러운 상황을 상징적으로 보여 준다. 필연적으로 이런 질문이 떠오를 수밖에 없다. 얼마나 많은 사람들이 복지 제도라는 이 무거운 마차를 끌고 있는 것일까?

'복지 제도'라는 마차

라디오를 듣던 나는 그 사람의 '권리 의식'이 대체 어디서 나왔는지 궁금해졌다. 나는 베트남전에 참전했고 6년간 해병대에서 복무했다. 육군에서 상당히 높은 직위에 올라 퇴직한 친척 두 명이 나와 악수를 나누며 이렇게 말한 것을 기억한다. "적어도 20년은 군에 있어야 한다." 그것은 내가 20년 이상 군에 복무하면 퇴직 후에 평생 동안 연금과 의료 보험 혜택을 받을 수 있다는 의미였다.

당시에 나는 그것이 무척 이상했다. 나는 스탠더드 오일 캘리포니아 지사에서 제안한 월 4,000달러의 좋은 직업(1969년에 그것은 초봉으로 대단한 액수였고, 1년에 5개월 휴가를 얻을 수도 있었다.)을 거절하고 해병대에 입대해 200달러의 월급을 받았다. 나는 조국을 위해 봉사하고 싶었을 뿐, 돈이나 평생 혜택을 바라고 해병대에 들어간 것이 아니었다. 나는 존 F. 케네디 대통령의 다음과 같은 취임 연설에 대해 나만의 방식으로 응답했던 셈이다. "국가가 당신을 위해 무엇을 해 줄 수 있는지 묻지 말고, 당신이 국가를 위해 무엇을 할 수 있는지 물어보십시오."

1974년에 나는 해병대를 떠났다. 나는 20년 동안이나 군에 머무를 생각이 없었다. 베트남전은 종전을 앞두고 있었고, 나는 조국에 충분히 봉사했으며, 이제는 앞으로 나아갈 때였다. 국가를 위해 봉사하는 것은 내게 일종의 특권이었다. 나는 아무것도 받을 권리가 없었다. 나는 그런 경험을 할 수 있었다는 데 감사했다. 오히려 아직도 나라에 빚을 지고 있다는 생각이 들 정도였다.

금융 위기인가, 교육 위기인가?

라디오 방송 이야기로 돌아가 보자. 그 젊은 전직 군인은 의원을 놔 줄 생각이 없는 모양이었다. 그는 자신이 어떤 혜택을 받을 수 있을지 끈덕지게 캐물었다.

그 이야기를 들으며 나는 다시금 자문해 보았다. 이런 당연하다는 권리

왜 A학생은 C학생 밑에서 일하게 되는가

의식은 대체 어디서 시작된 것일까? 어째서 이렇게 많은 사람들이 정부에 기본적인 생계를 의지하려 드는가? 사회 보장 제도는 어쩌다가 미국 역사상 가장 큰 프로그램이 되었는가?

그리고 오바마케어는 내 사업에 어떤 영향을 끼칠까? 건강 보험료가 치솟으면 나도 내 직원들을 내보내야 할까? 7500만 명에 이르는 베이비붐 세대 가운데 38퍼센트가 비만 판정을 받고 '법에 의해 그들이 받을 권리가 있는' 의료 혜택을 받기 시작하면 어떤 일이 벌어질까?

그리고 그들 베이비붐 세대가 노후 자금을 모두 지출한 후까지 장수한다면 어떻게 될까? 2011년의 평균 사회 보장 수당은 월 1,200달러였다. 인플레이션이 발생하면 빈곤율이 증가할 뿐만 아니라 무주택자와 범죄율, 도덕적 해이, 세금이 치솟을 것이다. 정부는 문제를 해결하기 위해 가짜 돈을 찍어 내기 시작할 것이다. 초인플레이션은 피해야 한다. '이미' 미국인의 절반이 벼랑 끝에 몰려 있기 때문이다.

어째서 전 국민의 15퍼센트에 달하는 4600만 명의 사람들이 푸드 스탬프에 의존해 살고 있는가.

대답할 수 없는 질문이 너무 많다.

따라서 나는 다시 묻는다. "왜 학교에서 금융 교육을 하지 않는가? 이토록 많은 사람이 정부가 그들의 삶을 책임져야 한다고 믿는 이유는 금융 교육이 미흡하기 때문 아닐까? 우리가 지금 겪고 있는 금융 위기가 실은 교육 위기라는 사실은 명백하지 않은가?"

《더 위크*The Week*》의 2013년 2월 기사는 이렇게 말한다. "4620만 명의 미국 국민들이 가족 구성원 중 노동 활동을 하는 사람이 있는데도 최저생활비(일인당 연간 1만 1702달러, 4인 가족 기준 2만 3021달러) 이하로 생활하고 있다." 많은 사람들이 정부의 지원을 필요로 한다. 그것은 사실이다. 하지만 또한 많은 이들이 그렇지 않은 것도 사실이다. 그들은 마음속에서 분명 이렇게 되뇌고 있을 것이다. 일을 하지 않아도 정부가 돈을 주는데 왜 일을 한단 말인가?

"왜 돈에 대해서 가르쳐 주지 않나요?"

나는 어렸을 때 선생님에게 이렇게 묻곤 했다. "왜 돈에 대해 가르쳐 주지 않나요? 왜 부자가 되는 법은 가르쳐 주지 않아요?"

나는 한 번도 대답을 들어본 적이 없다. 세월이 한참 지난 뒤에야 나는 선생님들이 두 가지 이유 때문에 내 질문에 대답하지 못했다는 것을 알았다. 하나는 그들 자신이 금융 교육을 받지 못했기 때문에 부자 되는 법을 가르치지 못한다는 것이었다. 그리고 두 번째는 그들이 돈에 대해 배우는 것이 중요하지 않다고 생각했기 때문이었다. 왜냐하면 그들은 나중에 정부가 그들을 보살펴 주리라고 믿었기 때문이다.

그 선생님들은 교사 노조의 수장인 우리 아버지와 비슷했다. 오늘날 교사들과 교사 노조는 권리 의식이 팽배해 있다. 교사들에게 평생의 꿈을 물어보라. 그러면 아마 '평생 정규직'이라고 대답할 것이다. 그리고 다른 단어는 아마도 '복지 혜택을 받을 권리'이리라.

대중의 권리 의식

수많은 사람들이 평생 동안 안정적인 급여와 혜택을 얻을 수 있길 바란다. 정부에 의존하는 권리 의식은 특히 'B' 학생들에 만연해 있는데, 그들은 대개 정부 조직을 위해 일하며 안정적인 삶을 추구한다.

우리의 법 제도 또한 이런 권리 의식에 불을 지피고 있다. 우리가 아는 대부분의 재판은 정의가 아니라 돈을 얻기 위한 것이다. 판사는 분명 우리 사회에서 중요한 역할을 하고 있지만, 우리의 사법 제도는 하찮은 로마식 서커스가 되어 가고 있다. 즉 부자와 가난한 사람들 사이의 전투인 것이다.

의사들의 의료 과오 보험료가 증가하는 것은 의료 보험료가 인상되는 한 가지 이유일 뿐이다. 많은 배심원들이 의사가 보험 혜택을 받을 수 있는 '부유한 의사'라는 이유만으로 그들에게 불리한 판결을 내린다. 높은 보험료는 결국 많은 의사들이 직업을 포기하게 만든다.

현재 '의료 과오 문제 개혁안'에 관해 많은 이야기가 오가고 있다. 이 개혁안은 현재 판사와 배심원이 터무니없는 수준까지 지정할 수 있는 환자 보상액을

> ## 1억 4600만 명의 미국인이 노동 빈곤층으로 분류된다
>
> 2013년 2월 《더 위크》는 다음과 같은 기사를 게재했다.
>
> "많은 경제학자들이 노동 빈곤층은 보다 광범위한 의미가 있으며, 소득을 통해 의식주와 교통, 자녀 양육과 의료 보험 같은 기본적인 필요를 충족하지 못하는 사람들이라고 정의한다. 이러한 기준에 따르면 현재 1억 4600만 명 이상의 미국인이 노동 빈곤층으로 분류된다. 이들은 대개 저축금이 없고 매달 봉급을 통해 생계를 유지하며 구멍 난 예산을 빚으로 메운다."

적정 수준으로 제한한다는 내용이다. 그러나 이 개혁안이 절대로 성공하지 못할 한 가지 이유는 워싱턴에 살고 있는 대부분의 입법자들이 변호사 출신이라는 것이다. 나머지는 변호사들로부터 많은 후원금을 받는 정치가들이다.

텔레비전에서는 새로운 고객을 확보하기 위해 밤낮으로 광고가 흘러 나온다. 그들은 말한다. "사고로 부상을 입으셨나요? 지금 당장 전화 주십시오. 우리는 변호사입니다. 여러분이 마땅히 받아야 할 보상을 받게 해 드립니다."

헬스 클럽에서 만난 권리 의식

아내 킴과 나는 단골 헬스 클럽에 다니면서 늘 같은 트레이너의 관리를 받고 있다. 그 헬스 클럽은 쓸데없는 것들을 권하지 않는다. 화려하지도 않다. 그곳은 NFL과 NBA 같은 곳에서 뛰는 프로 선수나 올림픽 참가를 꿈꾸는 사람이 훈련하는 곳이다. 그곳에는 요가 스튜디오도 없고 색깔별로 화려한 운동복도 없으며 손에 단백질 음료를 들고 다니며 잡담을 일삼는 사람도 없다. 또 넓은 물리 치료 공간도 있다.

지난 3년간 '물리 치료'를 위해 일주일에 사나흘을 들르는 한 법률가가 있었다. 그는 점심시간에 운동을 하러 오는 것도 아니고 퇴근 시간에 오는 것도 아니었다. 그는 한참 일을 해야 할 낮 시간에 들르곤 했다. 그는 한 시간 정도 치료사와 어깨 운동을 한 다음 '직장'으로 돌아갔다. 그는 웨이트 운동도, 격렬한 운동도 하지 않았다. 나와 비슷한 60대였는데 심각할 정도로 고도 비만이었다. 하루는 그 사람에게 여기서 무엇을 하냐고 묻자, 그는 예의바르게 미소를 짓

> **부자 아빠의 교훈**
>
> 부자 아버지는 종종 이렇게 말했다. "우리는 대가를 치른 만큼 얻는다. 사람들에게 일하지 않는 대가로 돈을 준다면 점점 더 많은 사람이 일을 하지 않을 것이다."

더니 말했다.

"정부에서 내 재활 치료 비용을 대 주고 있답니다. 은퇴를 할 때까지 1~2년밖에 안 남았기 때문에 얻을 수 있는 건 최대한 활용하려고요."

나도 대부분의 공무원은 좋은 사람이라는 것을 안다. 하지만 '혜택을 받을 권리'라는 말을 들을 때마다 속이 뒤틀려서 견딜 수가 없다. 냉정하게 굴기가 너무 힘들다. 많은 공무원이나 관료들이 정부가 이런 프로그램과 혜택을 지원할 자금이 거의 없다는 사실을 깨닫지 못하고 있다. 그 돈은 모두 우리 국민들, 납세자들, 그리고 머지않아 당신의 자녀들에게서 나오는 것이다.

하지만 나는 "받을 자격이 있다"

많은 미국 국민들이 이렇게 말한다. "나는 사회 보장 연금과 메디케어 혜택을 받을 자격이 충분해. 그동안 계속 돈을 내 왔으니까." 비록 그 말이 사실이라 할지라도 두 눈을 뜨고 냉정한 현실을 보라. 만약 당신이 1950년에 사회 보장 기금을 내기 시작했다면, 당신은 납부한 1달러당 30달러를 돌려받게 된다. 이는 사회 보장 제도가 거대한 피라미드 사기라는 사실을 증명할 뿐이다. 정부는 돈이 없기 때문에 이 30달러를 아직 젊은 근로자들의 지갑에서 빼내 와야 한다. 젊은 세대가 기성세대의 노후를 책임져야 하는 것이다.

권리 의식에 젖은 리더들

권리 의식은 미국 대통령과 상원 및 하원의 특권 의식에서 시작되었다. 이들 관료는 그들 자신을 위해 역사상 가장 후한 복지 혜택에 투표해 온 것이다.

이것이 바로 우리의 교육 제도가 매슬로의 두 번째 욕구 단계를 충족시키지 못했을 때 벌어지는 일이 아닐까?

진정한 선거 이슈

2012년 대선 기간에 전직 주지사 롬니를 몰래 찍은 영상이 공개되었다. 부자들만 참석할 수 있는 선거 자금 마련 모임에 참석한 그는 미국인의 47퍼센트가 소득세를 내지 않고 있다고 말했다.

논란의 대상이 될 수 있는 표현으로 가득한 이 30분짜리 연설은 곧장 인터넷에 게시되었다. 롬니는 소득세를 내지 않는 47퍼센트의 국민들이 "정부에 의존"하고 있으며 "의료 보험과 의식주, 그 외의 다른 모든 것에 대해 그런 것들을 받을 권리가 있다."고 생각한다고 말했다.

이 영상은 거센 항의의 물결을 불러왔다. 민주당은 피 냄새를 맡은 상어처럼 잽싸게 달려들었다. 그들은 어째서 국민의 47퍼센트가 소득세를 내지 않는지 정당성을 부여했고, 많은 사람들이 롬니가 말한 사실이 부정확하다고 공격했다.

사실을 말해 보자

당파와는 아무런 상관도 없는 미국 조세정책센터가 내놓은 사실을 보자. 2011년 미국 국민 중 약 46퍼센트에 해당하는 7600만 명이 연방소득세를 단 한 푼도 내지 않았다.

롬니가 제시한 47퍼센트가 정확한지 아닌지를 떠나 그는 정치적으로 큰 타격을 입었고 결코 그 상처를 회복하지 못했다. 그 영상은 그의 당선

가능성에 종지부를 찍었다. 오바마 대통령은 부자들에 대해 적극적인 공세에 나섰고, 1퍼센트의 부자들이 "정당한 몫"의 세금을 내지 않고 있다고 말했다.

롬니는 감정에 반박하는 사실을 말해야 했다. 사실은 다음과 같다.

- 미국의 1퍼센트 부자가 되기 위해서는 연간 37만 달러의 소득이 있어야 한다. 2011년의 경우, 1퍼센트의 최상위 계층이 미국 소득세 전체의 37퍼센트를 납부했다.
- 소득 계층의 하위 50퍼센트에 속하기 위해서는 연간 소득이 3만 4000달러 이하여야 한다. 이들은 전체 세수의 2.4퍼센트를 차지한다.

간단히 말해 미국에서 가장 부유한 1퍼센트가 전체 소득세의 37퍼센트를 납부하는 반면, 3만 4000달러 이하의 소득을 가진 절반의 미국인은 2.4퍼센트를 납부한다는 의미다. 자, 그렇다면 다시 한 번 묻겠다. 누가 정당한 몫을 내지 않고 있는가?

이런 질문은 뜨거운 감자와도 같다. 내 말을 이해했다면 한번 자문해보라. 당신은 얼마나 깊은 '권리 의식'을 지니고 있는가? '부자 대 가난한 사람들'이라는 부차적인 정치적 문제를 개입시키지 않는다면 당신도 높은 금융 교육을 받는 것을 좋아하지 않겠는가?

부자 증세

2013년에 오바마 대통령은 "부자 증세"라는 모토를 내세웠다. 하지만 정말로 부자들이 더 많은 세금을 내게 되었을까? 2013년 이후 연소득 40

만 달러 이상을 올리는 개인들은 이전보다 더 많은 세금을 납부해야 한다. 이번에도 상위 1퍼센트가 그들의 정당한 몫보다 더 많은 세금을 내게 된 것이다. 그들은 이미 책임지고 있는 37퍼센트보다 더 많은 부담을 져야 한다.

수많은 미국인들이 그것이 정당하다고 생각한다. 그들은 부자들이 더 많은 세금을 내야 한다고 믿는다.

내 생각은 다르다. 오바마 대통령은 부자들에게 세금을 거두는 것이 아니다. 그는 고소득자들에게 높은 세금을 부과하고 있는 것이다. 실제로 세금에 대한 부담을 지는 것은 중산층이다.

그래서 오바마 대통령과 롬니 후보가 서로 중산층을 살려야 한다고 부르짖은 것이다. 현재 중산층은 서서히 빈곤으로 치닫고 있다. 2020년 즈음이 되면 중산층이었던 수백만 명의 베이비붐 세대가 퇴직해 빈곤층에 합류하게 될 것이며, 사회 보장 제도와 메디케어는 점점 더 파산의 구렁텅이로 빠져들 것이다.

그리고 당신의 자녀들이 그 비용을 대게 될 것이다.

사람들에게 물고기 잡는 법을 가르치는 것이 아니라 물고기를 던져 주면 이런 일이 발생한다.

Q: 나는 왜 우리가 부자가 아니라 고소득자에게 높은 세금을 부과하고 있다고 말하는 걸까?

A: 금융 교육을 조금만 받으면 금세 알게 될 것이다.

왜 A학생은 C학생 밑에서 일하게 되는가

금융 교육에 관한 간단한 교훈

소득의 종류에는 세 가지가 있다. 이는 전 세계 어느 나라든 공통이다.

1. 근로 소득
2. 투자 소득
3. 비활성 소득

각각의 소득은 서로 다른 세율을 적용받는다. 오바마 대통령이 2013년 증세를 발표했을 때, 그는 '근로 소득'과 '투자 소득'을 올리는 사람들의 과세율을 인상했다. 그는 진짜 부자들에게는 증세를 하지 않았다. 진짜 부자들은 '비활성' 소득을 올린다.

간단히 말해 각각의 소득 계층에 대응하는 소득 종류는 이렇다.

1. 근로 소득: 가난한 사람들
2. 투자 소득: 중산층
3. 비활성 소득: 부자들. 즉 B와 I 사분면에서 투자하는 사람들

학교에서는 무엇을 가르치는가

학교는 학생들에게 고소득 일자리를 얻으라고, 근로 소득을 위해 일하라고 가르친다. 근로 소득은 세 가지 소득 중에 세금이 가장 높다. 교사가 학생에게 "돈을 저축해라."라고 조언할 때, 그런 저축의 이자 소득 또한 근로 소득과 똑같은 세율을 적용받는다. 자산 관리사들이 "401(k)에 투자하십시오."라고 말할 때도, 퇴직 후에 그 돈을 찾게 되면 이것 역시 근로

소득과 똑같은 비율의 과세를 받는다.

2013년 1월이 되자 미국의 많은 근로자들은 오바마 대통령이 그들의 세금을 인상했음을 알았다. 그들은 부자가 아닌데도 말이다. 그해 1월, 위기 수준에 이른 사회 보장 기금 때문에 근로 소득자들이 납부하는 사회보장세가 인상된 것이다.

> Q: 왜 학교에서는 학생들에게 근로 소득을 위해 일하라고 가르치는가? 어째서 세 종류의 소득에 대해 가르치지 않는가? 왜 평생 번 돈을 지킬 방법을 가르치지 않는가?
>
> A: 많은 교사들이 소득에 세 종류가 있다는 사실을 모르기 때문이다. 또 대부분의 교사가 근로 소득을 위해 일한다.

서로 다른 언어를 쓰는 사람들

서로 다른 직업에 종사하는 사람들은 같은 것을 지칭할 때에도 다른 용어를 사용한다.

회계사	투자가
근로 소득	노동 소득
투자 소득	자본 소득
비활성 소득	현금흐름 소득

금융 교육이 혼란스러운 것은 바로 이런 이유 때문이다.

그래서 나는 혼란스럽고 복잡해 보이는 개념을 설명할 때면 가장 단순한 단어를 사용한다. 금융 교육은 매우 중요하기 때문에 부모가 특별히 시간과 관심을 투자해 가르쳐야 한다.

나는 투자가이지 회계사가 아니기 때문에 회계사와 이야기할 때가 아니면 대개 투자가의 용어를 사용한다.(하지만 책에서는 이해를 돕기 위해 보편적 용어를 사용한다.) 회계사들은 대부분 투자 전문가가 아니다. 변호사나 의사도 마찬가지다. 나는 변호사와 이야기할 때면 변호사들이 사용하는 언어를 쓰려고 노력한다. 내가 대부분의 변호사보다 돈을 많이 버는 이유 한 가지는 그들이 돈의 언어를 사용하지 않기 때문이다. 변호사는 돈에 대해 말할 때 이렇게 말한다. "저는 시간당 250달러를 받습니다." 하지만 그것은 근로 소득이다. 그들은 '돈'에 대해 이야기하는 것이 아니라 그들의 노동 비용에 대해 말하고 있는 것이다.

1. 가난한 사람들의 수입: 근로 소득

근로 소득은 가난한 사람들의 소득이다. 왜냐하면 돈을 벌면 벌수록 손에 남는 것은 적기 때문이다. 그것은 금융적으로 현명한 일이 아니다. 많은 사람들이 학교를 다닌 후에 더 열심히 오랫동안 일하면서 더 많은 근로 소득을 벌길 바라지만, 소득이 올라가면 내야 하는 세금도 늘어난다. 즉 더 많은 돈을 벌수록 남는 것은 적다.

대부분의 부모는 자녀에게 근로 소득을 위해 일하라고 가르치고 대부분의 사람들이 근로 소득을 위해 일한다. "학교를 졸업하고 일자리를 얻어서 열심히 일하고 돈을 모아 401(k)에 투자하라."는 충고를 따르는 것이다. 그것은 모두 근로 소득을 버는 방법이며, 근로 소득은 세 가지 소득 중에 가장 많은 세금을 내야 한다.

2. 중산층의 수입: 투자 소득

중산층 투자가들은 은퇴 자금을 지키기 위해 주식 시장에 의존한다. 수많은 공무원도 마찬가지다. 많은 공무원의 퇴직 연금 역시 주식 시장에 기대고 있기 때문이다.(흔히 연간 8퍼센트의 수익을 얻을 수 있다고들 한다.) 만약 주식 시장에서 수익이 나지 않는다면 은퇴자들의 연금이 줄어들게 될까, 아니면 정부가 그 부족액을 메우기 위해 다른 납세자들의 세금을 인상할까?

주식 중개인과 자산 관리사들은 사람들에게 투자 소득을 위해 일하라고 가르친다. 투자 소득은 '자본 이득'이라고도 부르는데, 이는 낮은 가격에 사서 높은 가격에 팔아 얻는 이득을 말한다.

주식 중개인과 자산 관리사는 투자 소득(자본 이득)을 위해 투자하라고 조언하며 이렇게 말한다. "주식 시장은 매년 평균 8퍼센트 상승합니다." "장기적으로 투자하십시오." "이 주식은 배당금이 아주 높습니다."

부동산 중개인은 사람들에게 투자 소득(자본 이득)을 위해 투자하라며 이렇게 말한다. "집값이 오를 겁니다."

투자 소득과 자본 이득에 관한 몇 가지 질문과 답변을 알아보자.

Q: 오바마 대통령은 부동산 투자가들의 세금을 인상했는가?

A: 어느 정도는 그렇다. 그러나 미국에서 부동산은 주식 투자로는 누릴 수 없는 세금 감면 혜택을 얻을 수 있다.

Q: 어떤 종류의 혜택인가?

A: 가령 10만 달러짜리 주택을 매입해 15만 달러에 되팔 경우, 부동산 투자가는 (그 돈을 다른 자산에 투자하는 방식의) '교환' 법칙을 활용하면 5만 달러

의 자본 이득에 대해 세금을 낼 필요가 없다. 한편 주식 투자자는 5만 달러의 자본 이득에 대해 반드시 세금을 납부해야 한다.

Q: 오바마 대통령은 투자 소득에 대한 세금을 얼마나 인상했는가?

A: 연간 20만 달러 이상 버는 고소득 봉급 생활자(또는 연소득 25만 달러 이상 부부)의 경우, 2013년부터 장기 자본 이득(투자 소득)에 대해 60퍼센트에 달하는 세금을 내야 한다.

간단히 계산해 보면 이렇다.

15퍼센트 내지 20퍼센트 + 오바마케어 3.8퍼센트 = 부동산 투자가의 세금

15퍼센트 내지 23.8퍼센트 + 투자 소득의 60퍼센트 = 주식 투자가의 세금

앞에서 말했듯이 나는 세금 전문가는 아니다. 그리고 세금과 관련된 숫자들은 아주 기본적인 단계에서도 헷갈릴 수 있다. 그러므로 회계사 능력도 뛰어나고 가르치는 데에도 능한 훌륭한 세금 전문가를 찾아가 세금이 당신 삶에 얼마나 큰 영향을 미칠 수 있는지 이야기를 나눠 보길 바란다.

세금에 관해 내가 강조하고 싶은 것은 두 가지다.

- 금융 교육을 받은 적이 없는 사람들은 대부분 국가가 부자 증세를 했다고 믿는다. 하지만 세금이 인상되면 '근로 소득'을 위해 일하는 모든 사람에게 영향을 끼친다. 『부자 아빠 가난한 아빠』 1권의 첫 번째 교훈이 "부자들은 돈을 위해 일하지 않는다."인 데에는 이유가 있다.
- 투자 소득을 얻기 위해 주식 시장에 투자하는 사람들도 세금이 인상되었다.

이는 내가 주식 시장에 투자하지 않는 여러 이유 가운데 하나이다. 저위험 고수익이며 세금도 낼 필요가 없는 대상에 투자할 수 있는데, 뭐 하러 세금을 낸단 말인가? 반대로 당신의 다른 투자 계획이 주식 투자 수익률보다 높지 않다면 차라리 주식에 투자하는 편이 낫다. 그리고 결국은 당신이 금융 교육을 받아 소극적 투자가(자산 관리사나 전문 투자 업체에 돈을 맡기는)에서 적극적 투자가로 거듭날 의지가 있느냐가 관건이다.

부자들은 어떻게 세금을 적게 내는가?

간단하다. 부자들은 비활성 소득을 위해 일하기 때문이다.

3. 부자의 수입: 비활성 소득

비활성 소득은 현금흐름이라고도 불린다. 진짜 부자들이 부자인 이유는 이런 종류의 소득을 올리기 때문이다. 오바마 대통령은 이런 종류의 소득들 대부분에는 세금을 인상하지 않았다.

그렇다면 어디서 현금흐름에 대해 배울 수 있을까? 부자들은 가정에서 자녀에게 현금흐름에 대해 가르친다. 부자 아빠는 방과 후에 모노폴리 게임을 하며 그분의 아들과 내게 현금흐름을 가르쳤다. 모노폴리 게임에서는 다른 사람의 땅에 머물게 되면 10달러를 내야 하는데, 그것이 바로 현금흐름이다.

Q: 부자들이 현금흐름을 위해 일한다는 것을 어떻게 아는가?

A: 그것은 상식이다. 예를 들어 스티브 잡스는 회사에서 1달러의 연봉을 받았

다. 그는 봉급이 필요하지 않았다. 그는 근로 소득을 위해 일하지 않았다. 엄밀히 말하자면 연봉 1달러는 근로 소득이고, 그런 식으로 따지면 그는 가난한 사람이다. 하지만 스티브 잡스는 실제로 억만장자였다. 그가 창립한 회사 애플의 지분이 그를 부자로 만들어 준 것이다. 그는 수익성 높은 회사를 세워 스스로 돈을 만듦으로써 대주주가 된 것이다. E와 S 사분면 사람들은 주식을 사지만, B와 I 사분면 사람들은 회사를 세워 그 주식을 판다. 스티브 잡스도 그런 식으로 부자가 되었다.

Q: 부자들은 어떻게 돈을 버는가?

A: B와 I 사분면에서 일하면서 돈을 번다. 이에 대해서는 책의 뒷부분에서 더 자세히 알게 될 것이다.

'캐시플로' 게임의 교훈

다음은 '캐시플로 101' 게임의 보드판이다.

캐시플로 게임은 부자가 어떻게 일하고 투자하는지 보여 주는 또 하나의 방법이다.

보드의 중앙에 있는 것은 '새앙쥐 레이스'이다. 아이들에게 좋은 직장을 얻어 주식에 투자하라고 가르치는 것은 아이의 삶을 새앙쥐 레이스 안에 가둬 놓는 것이다.

바깥쪽에 있는 트랙은 '빠른 길'로, 부자들이 일하고 투자하는 곳이다.

캐시플로 게임의 목적은 근로 소득(급여)을 투자 소득과 비활성 소득으로 바꾸는 것이다. 비활성 소득을 충분히 얻게 되면 '새앙쥐 레이스'를 떠나 '빠른 길'의 삶을 즐길 수 있다.

캐시플로는 플레이어들에게 세 가지 소득의 차이점을 가르치는 유일한 게임이다.

우리의 현실 세계에도 '새앙쥐 레이스'와 '빠른 길'이 존재한다. 학교와 대부분의 부모들은 아이들에게 '새앙쥐 레이스'를 하라고 가르친다. 봉급을 받아 생계를 유지하고, 인생이 마구잡이로 던져 주는 카드를 받기만 하는 것이다. 금융 교육은 아이들에게 선택의 여지를 준다. 당신은 자녀에게 어느 길에서 살라고 충고하겠는가? '새앙쥐 레이스'인가 아니면 '빠른 길'인가?

Q: 이런 것이 공평한가?
A: 물론 공평하지 않다. 하지만 이것은 교육에 관한 책이다. 교육은 공평한 것과는 아무 상관도 없다.

부모들은 대부분 자기 자녀가 좋은 교육을 받아 좋은 삶을 살기를 바란다. 교육은 아이에게 불공평한 이점을 제공한다. 그래서 그토록 많은 부모들이 거금을 들여 자식을 사립 학교에 보내고, 그곳에서 받은 교육이 세상에 나가 유리한 출발점에 서는 데에 도움이 되길 바라는 것이다.

학교에는 A학점을 받는 학생도 있고 F학점을 받는 학생도 있다. 그것은 공평한 걸까? 우리의 학교가 세 종류의 소득에 관해 가르치지 않는 것은 공평한가? '공평함'에 대해 이야기하고 싶다면, 국민의 47퍼센트는 세금을 한 푼도 내지 않는데 1퍼센트가 전체 세금의 37퍼센트를 내는 것은 공평한 일인가?

Q: 탈세를 하라는 이야기인가?
A: 아니다. 나는 결코 탈세를 하라고 부추기는 것이 아니다. 탈세에 대한 충동을 느끼는 것은 아마 대부분 E와 S 사분면 사람들일 것이다. 왜냐하면 그들은 세금 혜택을 거의 받을 수 없기 때문이다. B와 I 사분면에서는 많은 세금 혜택을 누릴 수 있다.

이 책은 교육에 관한 책이다. 교육은 삶을 살아가며 선택의 여지를 더 많이 누릴 수 있게 해 준다. 세상에 세 종류의 소득이 있다는 사실을 깨달으면 당신의 아이는 더욱 다양한 선택을 할 수 있다. 다양한 선택을 할 수 있으면 탈세를 할 필요도 없다. 부자들은 어떤 종류의 소득을 위해 일해야 하는지 알며, 소득의 출처를 통제함으로써 합법적으로 세금을 피한다.

Q: 세금을 내지 않는 47퍼센트의 사람들과 세금을 내지 않거나 조금밖에 내지 않는 부자들의 차이는 무엇인가?

A: 금융 교육의 유무이다.

세금을 내지 않는 47퍼센트의 사람들은 경제적 상황을 바꾸거나 개선할 여지가 거의 없다. 사람들은 대부분 현금흐름 사분면을 옮기는 데 필요한 교육이나 기술, 역량을 갖고 있지 않다. 아예 변화에 대한 욕구나 의지가 없는 사람도 있다. 매달 정부로부터 돈을 받을 수 있는데 뭐 하러 일을 하고 세금을 낸단 말인가?

중산층은 근로 소득을 위해 더 열심히, 더 오래 일하는 방법만을 알 뿐이다. 그래서 그토록 많은 사람이 학교로 돌아가거나 더 오래 학교를 다니거나 더 오랫동안 일한다. 때로는 부업을 뛰기도 한다. 그들은 열심히 일하며 봉급이 인상되길 바란다. 그러나 결국엔 더 많은 돈을 버는 근로 소득자가 되어 더 많은 세금을 내게 될 뿐이다. 그래서 더 많은 돈을 벌게 되어도 실제로 손에 남는 것은 적어진다.

중산층 사람들은 대부분 투자 소득을 위해 특히 주식 시장에 투자하지만, 대부분 그저 주식을 사고 보유하며 돈이 그대로 남아 있길 바랄 뿐이다.

반면 부자들은 금융 교육을 받아 비활성 소득을 올린다. 그들은 금융 교육을 받았기에 소득을 늘리고 정부가 원하는 일을 대신 해 줌으로써 세금을 줄인다. 이 책의 후반부를 보면 세법이 실제로는 세금을 징수하는 것이 아니라 합법적으로 세금을 줄이는 방법과 감면 혜택에 관한 것임을 알 수 있다.

이 책의 상당 부분은 정부가 원하는 일을 해 주는 방법에 대해 다루고 있다. 예를 들어 일자리를 제공하면 세금 우대를 받을 수 있다. 석유 시추 사업을 하면 실질적으로 세금을 감면받을 수 있으며, 빚을 이용해 투자할 때도 세금 혜택을 받을 수 있다. 가난해서 집을 살 형편이 안 되는 사람들에게 주택을 제공해도 세금을 감면받는다.

그러나 불행히도 학생들은 대부분 일자리를 제공하는 법을 배우는 것이 아니라 일자리를 찾는 법을 배운다. 사람들은 대부분 석유를 탐색하기보다 석유를 사용한다. 빚을 활용하는 방법을 배우지 않고 빚에서 벗어나려고 한다. 그리고 학생들은 대부분 다른 사람들을 위해 집을 제공하기보다 자기 자신의 집을 사고 싶어 한다.

이 모든 것은 결국 금융 교육으로 귀결된다.

권리 의식의 팽배

내가 가장 우려하는 점은 복지 혜택을 받을 자격이 있다는 권리 의식이 세상에 팽배해 있다는 것이다. 금융 교육을 받지 않은 사람들은 그런 혜택을 당연하게 여긴다. 그들을 비난하는 것이 아니다. 만약에 나 역시 돈이 없고 부자 아빠의 교육을 받지 못했다면 마찬가지였을 테니까 말이다.

나는 사업가이기 때문에 빈털터리가 되는 경험을 자주 했다. 내가 남들과 다른 점이 있다면, 내 경제적 문제를 스스로 해결한다면 더 똑똑하고 부자가 될 수 있음을 알고 있었다는 것이다. 나는 정부가 나를 책임져 줄 것이라고 기대하지 않았다.

우리의 교육 제도가 매슬로 피라미드의 두 번째 단계인 안전의 욕구를 충족시켜 주지 못한다면, 점점 더 확산되고 있는 이런 권리 의식이 이 위대한 나라를 가난한 나라로 추락시킬 것이다. 그런 일은 과거에도 일어

났었고 언젠가는 다시 일어날 것
이다.

불행히도 우리의 교육 제도가
금융 교육을 제공하기까지는 앞
으로 수십 년은 족히 기다려야
할 것이다. 그동안 당신이 당신
자녀에게 금융 교육을 가르치지

않는다면, 미래에 자녀의 수입은 다른 사람들을 먹여 살리는 데 쓰일 것
이다. 가난한 사람들뿐만 아니라 대통령과 판사, 퇴직 군인, 공무원, 교사,
경찰, 소방관, 그리고 퇴직자들을 위한 사회 보장 제도와 메디케어를 위
해서 말이다.

아이들을 위한 교훈

다행인 것은 세 종류의 소득과 세금을 이해하는 일이 그다지 어렵지
않다는 사실이다. 내가 그것들을 이해했다면, 당신도 얼마든지 가능하다.
이런 이야기를 처음 접했다고 해도 금세 적응할 수 있다. 전 세계 수백만
명이 벌써 그렇게 했기 때문이다. 당신은 시간제 사업을 시작했거나, 임
대용 부동산을 마련했거나, 네트워크 마케팅을 하는 사람을 알고 있는
가? 이런 종류의 소득을 올리는 것은 비활성 소득으로 가는 첫걸음이다.
가장 어려운 부분은 항상 첫 발을 내딛는 것이다.

다음 두 가지 내용을 종이에 적고 아이와 함께 이야기를 나눠 보라.

1. 세 가지 소득

- 근로 소득: 가난한 사람의 소득

- 투자 소득: 중산층의 소득

- 비활성 소득: 부자의 소득

2. 누가 가장 많은 세금을 내는가?

각 현금흐름 사분면의 세금 비율

결국은 세금 자체가 아니라 금융 교육의 중요성 때문에 이런 얘기를 하고 있음을 명심하라. 어떤 금융 교육을 받고 평생 어떤 선택과 결정을 내리느냐에 따라, '자녀가 평생 돈을 위해 일하며 살지' 아니면 '돈이 그들을 위해 일하게 만들지'가 결정된다는 점을 기억하라.

B와 I 사분면에서는 금융 교육과 경험이 필요하다. 그런 차이점에 대해 많은 이야기를 나눌수록 당신 아이는 언젠가 자신이 맞닥뜨릴 진짜 세상

을 열린 마음으로 대할 수 있을 것이다. 교육이란 평생 지속되는 과정임을 기억하라. 교육은 저녁 시간의 대화 한 차례로 끝나는 것이 아니다.

이 두 가지 사항은 대부분의 민주주의 국가들에 무리 없이 적용된다. 내가 강연을 할 때면 누군가 항상 손을 들고 이렇게 말한다. "여기서는 그렇게 할 수 없는데요." 그러면 나는 잠시 말을 멈췄다가 대꾸한다. "당신은 할 수 없을지 몰라도, 저는 할 수 있습니다." 어떤 나라에서 강연을 하든 늘 이런 상황을 만난다. 심지어 미국에서도 그렇다. 달리 해석해 보면 어쨌든 다들 부자가 되는 것에는 관심이 많다는 의미다. 그리고 부자가 되는 첫 번째 단계는 탄탄한 금융 교육을 받는 것이다.

문제는 대부분의 사람들이 E나 S 사분면에서 근로 소득을 통해 부자가 되려고 한다는 것이다. 그들은 대부분 투자 소득을 위해 주식에 투자한다. 가정에서부터 교육을 시작하지 않는다면, 어떤 이들은 평생 비활성 소득이나 현금흐름에 대해 들어보지도 못할 것이다.

Q: 아이가 부자들의 법칙과 부자 되는 법을 아는 것이 왜 그리도 중요한가?

A: 금융 위기가 발생한 데는 무수한 원인이 있다. 그중 간과되는 한 가지 원인은 전 세계적으로 복지에 대한 권리 의식이 확산되고 있다는 사실이다. 오늘날 가난한 사람들은 자신이 혜택을 받을 권리가 있다고 생각하고, 학식이 뛰어난 'A' 학생들과 관료인 'B' 학생들이 점점 더 많은 복지 프로그램을 만들고 지원하고 있다.

에딘버러 대학의 역사 교수 알렉산더 타일러는 이렇게 말했다.

민주주의는 유권자들이 자신들에게 후한 선물이 돌아오도록, (투표권 행사를 통해) 국고에서 그런 돈이 나오도록 만들 수 있다는 사실을 깨닫지 못하는 동안만 지속될 것이다.

'A' 학생들과 'B' 학생들, 그리고 가난한 사람들은 부자들에게 더 많은 세금을 물리고 싶어 한다. 그들은 세금을 인상하는 원인과 그것을 지출하는 장본인이 그들 자신이라는 사실을 모른다. 또한 그들은 그렇게 함으로써 미국의 민주주의를 파괴하고 있다. 그들은 부자들이 탐욕스럽다고 생각하면서, 진실로 탐욕스러운 것은 자신이며 남들의 피와 땀을 대가로 살아가고 있다는 생각조차 하지 못한다. 금융 교육을 받지 않았으니 어떻게 알겠는가? 그들이 볼 수 있는 것은 오직 동전의 한쪽 면뿐인데 말이다.

이번 장의 서두에서 나는 부자들(이를테면 프랑스 영화 배우인 제라르 드파르디유)이 높은 세금을 피해 다른 나라로 옮겨 가는 사례를 언급했다. 진정한 자본가들, 직원 400명 이상의 사업장을 운영하고 있지만 오바마케어를 감당할 능력이 없는 사람들은 회사

대학생 설문조사

CIRP(Cooperative Institutional Research Program)가 대학교 신입생들을 대상으로 한 설문 조사에 따르면 모든 대학 신입생 중 81퍼센트가 경제적으로 풍요로운 삶을 살고 싶다고 대답했다.

문제는 대부분의 사람들이 E나 S 사분면에서 근로 소득을 통해 부자가 되려고 한다는 것이다. 그들은 대부분 투자 소득을 위해 주식에 투자한다. 가정에서부터 교육을 시작하지 않는다면, 어떤 이들은 평생 비활성 소득이나 현금흐름에 대해 들어보지도 못할 것이다.

를 닫고, 의사들은 진료를 포기할 것이다. "부자들에게 빼앗은 것을 나 자신에게 준다."는 로빈 후드 식 논리는 판사와 변호사, 배심원들 사이에서 여전히 건재하리라.

미국은 2009년 이후로 새로운 예산안을 세우지 못했다. 부자와 가난한 사람들의 계급 전쟁 때문이다. 미국이 예산 수지를 맞추지 못하는 것은 복지 프로그램, 즉 가난한 자들과 노동 계급을 위한 제도를 운영하는데 수조 달러의 예산이 들어가기 때문이다. 교육받은 중산층은 복지권을 포기하느니 차라리 빈곤층이 되어 "부자들에게서 세금을 걷어라."고 외치는 게 더 쉬운 모양이다. 하지만 그 세금을 내는 것은 결국 중산층이 될 것이다.

당신 자녀는 학교를 졸업하고 고소득 일자리를 찾더라도 결국 '새앙쥐 레이스' 안에서 빙빙 도는 고소득 중산층이 될 것이며, 근로 소득을 위해 더욱더 열심히 일하고 점점 더 많은 세금을 내야 할 것이다. 투자를 할 때도 기껏해야 투자 소득을 위해 주식을 사는 데 그치리라.

그것이 당신이 원하는 바라면 금융 교육은 할 필요가 없다. 하지만 만약 당신의 아이가 중산층의 '새앙쥐 레이스'를 탈출하기 바란다면 부자가 되는 것이 한 가지 방법이다. 다른 한 가지 방법은 가난한 사람이 되는 것이다.

자유 국가에 산다는 것은 부자나 가난한 사람, 또는 중산층이 될 선택권이 있다는 뜻이다. 그런 선택은 가정에서부터 시작된다.

아이에게 평생 동안 공짜로 물고기를 받을 수 있다고 가르치거나(가난한 사람들) 물고기를 위해 열심히 일하라고 가르치는 것(중산층)보다 물고기 잡는 법을 가르치는 것(부자)이 낫다.

선택은 당신의 몫이다.

마지막으로 한마디

전 세계 곳곳의 중앙은행과 투자 은행들은 무수한 사람들로부터 수십억 달러를 빼앗았다. 욕심쟁이 부자들이 재산을 늘리기 위해 다른 사람을 착취한 것도 사실이다.

그럼에도 많은 국가들의 대차대조표를 보면 복지 프로그램들이 해당 국가와 세계 경제에 얼마나 큰 악영향을 끼치는지 알 수 있다. 미국에서만 해도 사회 보장 제도와 메디케어가 비예산 부채 가운데 100조 내지 230조 달러를 차지하고 있는 것으로 추정된다. 각 주와 지역 복지 프로그램을 포함하면 그 액수는 상상을 초월하리라.

학교 시스템이 매슬로의 두 번째 욕구를 충족시키는 데 실패하면 이런 일이 발생한다. 우리는 아이들에게 물고기 잡는 법을 가르치지 않고 물고기를 공짜로 받을 수 있다고 가르치고 있다. 이런 풍조를 하루 빨리 변화시켜야 한다.

제킬 섬의 괴물

전문 투자가나 사업가가 되고 싶어 하는 사람들에게 나는 G. 에드워드 그리핀이 쓴 『제킬 섬의 괴물 *The Creature from Jekyll Island*』을 추천한다.

『제킬 섬의 괴물』은 진지하면서도 추리 소설처럼 재미있게 읽을 수 있는 책이다. 왜냐하면 실제로 그런 책에 가깝기 때문이다. 이 책은 경제적 살인에 관한 것으로, 은행과 돈, 특히 미국 연방준비은행에 관해 다루고 있다.

그리핀은 미국에 공산주의가 확산되지 못한 것이 자유 시장과 자본주의에 대한 국민들의 믿음이 대단히 강력했기 때문이라고 생각한다. 따라서 공산주의와 자유자본주의 사이에는 중간 단계가 필요했고, 그것은 바로 사회주의였다.

오늘날 미국에는 사회 보장 제도와 메디케어, 오바마케어가 있다.

다시 말해 미국 국민들은 역사상 처음으로 정부에 삶을 유지하게 되었다는 뜻이다. 이것은 미국의 정신과 영혼을 약화시키는 일이다. 이제 미국인들은 처량하고 나약해져 의존적이 되었으며, 정부 지원과 복지 프로그램에 중독되고 있다. 그 결과 이 나라는 공산주의에 물들지도 모른다. 물론 꼭 그렇게 될 거라고 장담하는 것은 아니다. 그 판단은 독자들에게 맡긴다.

해병대에 입대해 자본주의를 수호하고 공산주의에 맞서 싸운 한 사람으로서, 그리고 조국으로 돌아와 미국의 영혼과 기상이 시들어가고 권리 의식이 팽배해지는 모습을 목격한 사람으로서, 에드 그리핀의 시각은 우리에게 경종을 울린다. 나 또한 그와 똑같은 우려를 하고 있다.

어쩌면 학교에서 금융 교육을 하지 않는 것도 그런 이유 때문인지 모른다. 에드워드 그리핀은 말한다.

정부에 대한 경제적 의존은 현대의 새로운 농노제의 기반이다.

에이브러햄 링컨은 이렇게 말했다.

근검절약을 지양해 번영을 이룰 수는 없다. 강한 자들을 약화시켜 약한 자들을 강하게 만들 수는 없다. 자본가를 끌어내려 노동자를 도울 수도 없다. 계급 간의 갈등을 부추긴다고 인류애가 강화되는 것은 아니다. 부자들을 무너뜨려 가난한 사람을 도울 수 있는 것도 아니다. 버는 것보다 더 많은 돈을 써서 곤경에서 벗어날 수는 없다. 자율성과 독립성을 박탈해 용기와 인격을 배양할 수는 없다. 사람들이 스스로 할 수 있고 해야 하는 일을 대신 해 줌으로써 그들을 도울 수 있는 것은 아니다.

부모의 행동 단계

권리 의식에 맞서 싸우라. 아이에게 돈을 주지 마라

오늘날 서구 경제가 위기에 봉착한 것은 너무나도 많은 사람이 권리 의식에 물들어 있기 때문이다. 이런 사고방식은 가정에서부터 시작된다. 때로 이것은 시간이나 애정을 돈과 교환하는 것에서부터 시작될 수도 있다. 가난한 집이든 부잣집이든 마찬가지다. 때때로 부모들은 자녀가 친구들과 잘 어울리게 하기 위해 비싼 옷과 최신 유행 운동화, 장난감, 심지어는 자동차를 사 주기도 한다.

당신 아이의 친구가 새 자전거를 선물로 받는다면 아이는 자신도 새 자전거를 받아야 한다고 여기게 될 공산이 크다. 권리 의식은 바로 그런 것에서부터 시작된다.

많은 스포츠 프로그램이 누구나 상을 받을 자격이 있다고 가르친다. 그러면 아이는 대체 무엇을 배우겠는가? 모두가 승자가 될 '권리'가 있다고 생각하지 않을까?

아이에게 돈을 받을 자격이나 성공할 권리가 있다고 가르치는 것이 아니라 돈이 단순히 교환의 매개체라는 사실을 인식시켜야 한다. '교환'은 내가 무언가를 준다면 상대방 역시 내게 무언가를 주어야 한다는 개념을 기반으로 한다. 그리고 나는 많은 것을 줄수록 더 많은 것을 받을 수 있다고 믿는다. 아무것도 주지 않고 받기만 한다면 아이는 마땅히 받아야 한다는 권리 의식을 키우게 된다.

아이에게 "주어라, 그러면 받을 것이다."라는 개념을 가르쳐라. 그것은 관대하고 후한 마음가짐을 가르치는 또 다른 방법이다.

나는 대단히 운이 좋았다. 내게는 두 분의 아버지가 있었고 두 분 모두 내게 공짜로 돈을 주지 않았기 때문이다. 내가 열여섯 살이 되었을 때 친아버지는 내 대학교 등록금을 대 주지 않을 것이라고 말했다. 내가 대학교 등록금을 마련할 방법을 생각해 내고 돈을 모으는 데에는 2년이나 걸렸다. 미 해군 사관학교와 해양 대학교에 가기 위해 우리 지역 국회의원으로부터 추천서를 받은 것도 그 때문이었다. 사관학교와 해병대에서 우리는 신과 조국을 위해 봉사하라는 가르침을 받았다.

부자 아빠는 내가 공짜로 일해야 한다고 주장했다. 그분은 내가 급여를 위해 시간을 투자하는 봉급 생활자의 사고방식을 갖는 것을 원치 않았다. 내 노동에 대한 대가로 부자 아빠는 세계 최고의 금융 교육을 제공해 주었고, 부자 아빠의 금융 교육 덕분에 나는 빈털터리로 시작해 부자가 될 수 있었다. 그것은 바로 사업가들이 하는 일이다.

나는 도널드 트럼프와 두 권의 책을 공동 집필했다. 그리고 그 덕분에 그의 세 자녀들과 알고 지냈는데, 그들은 똑똑하고 매력적이고 공손하며 권리 의식 따위는 전혀 갖고 있지 않았다. 그들은 원하는 것을 갖기 위해 열심히 일한다. 도널드 트럼프의 아들인 도널드 주니어와 에릭은 내게 이렇게 말했다. "우리가 일을 제대로 하지 못하면 아버지는 조금도 주저하지 않고 우릴 해고할 겁니다."

하루는 도널드 주니어와 에릭, 몇 명의 친구들과 함께 하와이의 카우아이 섬에 간 적이 있다. 도널드 주니어와 에릭은 여동생 이반카에게 열심히 문자 메시지를 보냈다. 나는 세 사람이 무슨 이야기를 하고 있냐고 물었다. 그러자 그들은 "요리법을 알려 주느라고요."라고 대답했다.

"요리법이라고?" 내가 물었다. "너희가 요리를 할 줄 안단 말이야? 난 그런 건 너희 집 가정부가 다 해 줄 줄 알았는데."

그들은 웃음을 터트렸다. 에릭이 말했다. "우리 부모님이야 시중들어 주는 사람들이 있죠. 하지만 우린 아닙니다. 우린 요리는 물론이고 청소하는 법도 다 배워야 했어요. 부모님은 두 분이 부자이지 우리는 부자가 아니라고 늘 말씀하셨거든요. 그래서 우린 어렸을 때부터 직접 알아서 돈을 벌어야 한다는 걸 알고 있었죠. 우리가 다른 사람들에 비해 누리는 게 많은 건 사실이지만 공짜로 얻은 건 거의 없어요."

2부

현실 세계의 답을 찾는 길,
'금융 지능'

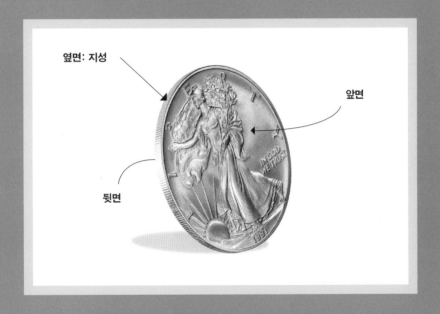

옆면: 지성

앞면

뒷면

"최고의 지성은 두 가지 상반된 생각을 동시에 품으면서도
정상적으로 사고할 수 있는 능력이다."

— F. 스콧 피츠제럴드

부자 아빠는 학교 시스템의 문제점 중 하나가 아이들이 '정답 또는 오답'의 세계에서 살아가도록 배우는 것이라고 말했다. 그것은 현실적이지도 않고 지적이지도 못하다. 현실 세계에 존재하는 질문이나 문제에는 늘 하나 이상의 대답이나 해결책이 있기 마련이다.

그러나 학교에는 오직 하나의 정답이 존재한다. 그리고 교사들은 그 옳은 답을 찾는 학생들에게 점수를 준다.

학교에서는 교사가 원하는 정답을 제시할 때만 똑똑하다는 평가를 받는다. 내가 내놓은 답이 교사의 답과 같다면 나는 'A' 학생이 된다.

"단 하나의 정답만이 존재한다."는 인식이 학문 교육의 기반을 이루고 있는 것이다.

현실 세계의 답

하지만 진짜 세상에는 옳은 답이 하나 이상 존재한다.

예를 들어 내가 가난한 아빠에게 1 더하기 1이 무엇이냐고 물으면 그분은 2라고 대답했다. 하지만 부자 아빠의 대답은 달랐다. 그분은 "11"이라고 대답했다.

그래서 한 분은 가난하고 다른 한 분은 부자인 것이다.

최고의 지성

2부의 핵심 교훈은 다음과 같은 피츠제럴드의 말로 요약할 수 있다.

"최고의 지성은 두 가지 상반된 생각을 동시에 품으면서도 정상적으로 사고할 수 있는 능력이다."

동전의 양쪽 면을 논하는 것은 별로 새로운 일이 아니다. 그러니 이러한 사고방식을 한 번 더 뒤틀어보자. 동전은 세 가지 면을 지닌다. 앞면, 뒷면, 그리고 옆면이다. 피츠제럴드의 말에 따르면, 최고의 지성을 지닌 사람은 동전의 옆면에 서서 동전의 양쪽 면을 모두 볼 수 있다.

학교를 졸업하는 많은 학생들이 옳은 답은 하나뿐이라고 믿는다. 전통적인 학교 교육은 학생들의 마음을 여는 것이 아니라 오히려 꽉 닫아 버린다. 아이들은 세상을 '옳고 그름'이 정해진 세상, 흑백 논리가 지배하는 세상, 똑똑하거나 멍청하거나 둘 중 하나밖에 없는 세상으로 본다. 그래서 그토록 많은 사람이 학교를 싫어하는 것이다. 심지어 많은 'A' 학생들도 그렇다. 동전의 옆면에 도달하지 못하는 학생은 동전의 양면이 아닌 한쪽 면만을 볼 수밖에 없다. 하나의 정답, 하나의 시각, 하나의 관점만을 알게 되는 것이다.

부자 vs. 가난한 사람

학교에서 가르치는 문학 작품들은 부자와 가난한 사람이 서로 적대하는 내용으로 가득하다. 찰스 디킨스의 『크리스마스 캐럴』은 성질 고약한 부자 노인에 관한 이야기이고, 『로빈 후드』는 부자들에게 돈을 빼앗아 가난한 사람들에게 나눠 주는 도적을 칭송하며 부자를 비방하고 가난한 사람을 추켜세운다.

하지만 동전의 다른 쪽을 보면서 사회주의자들을 나쁘게 지칭하고 자본가를 칭송하는 아인 랜드의 『아틀라스*Atlas Shrugged*』 같은 책을 추천하는 학교는 거의 없다.

성서에서는 돈을 무척 자주 언급하는데, 대체로 균형 잡힌 시각을 유지하고 있다. 동전의 양쪽 면을 골고루 비춰 주기 때문이다.

두 가지 측면

이 책의 1부에서는 금융 교육에 관해 이야기했다.

이제 2부에서는 동전의 옆면에서 돈을 바라보고 편협한 시각이 아닌 더 많은 것을 볼 수 있는 금융 지능에 관해 다룬다.

피츠제럴드는 "두 가지 상반된 생각을 동시에 품을 수 있는 능력"을 "최고의 지성"이라고 불렀다. 다시 말해 학교에서 가르치는 흑백 논리의 세상은 지성적이지 못하다. 아니, 그것은 사실 무지한 것이다. 왜냐하면 '옳은 것 vs. 그른 것'이라는 개념은 반대쪽 면을 탐색하는 것이 아니라 부정하기 때문이다.

내가 보기에 '옳은 것 vs. 그른 것'이라는 사고방식이야말로 이 세상의 모든 불화와 갈등, 논쟁, 이혼, 불행, 침략, 폭력과 전쟁을 만들어 내는 씨

앗이다.

직선과 파동

학교에서 이뤄지는 모든 교육은 다음 그림에서 보는 것처럼 선형적이다.

질문
Ask a question

하나의 정답으로 귀결
Be correct with
one right answer

이런 방식으로는 '옳은 답변' 말고는 아무것도 있을 수 없다. 학교에서
는 질문과 정답 사이에 이렇게 유일하고 1차적인 관계밖에 존재하지 않
는다.

문제는 실제 인생에서는 그 무엇도 선형적이지 않다는 것이다. 세상에
이렇게 간단한 것은 없다. 벅민스터 풀러는 이렇게 말했다. "물리학에는
직선이 없다." 물리적 우주는 전후좌우로 움직이며 시행착오를 거치는
파동으로 이루어져 있다.

이런 보편적 이론은 닐 암스트롱과 버즈 올드린을 태우고 달에 최초
로 착륙한 아폴로 11호의 사례에서도 찾아볼 수 있다. 우주선 캡슐이 우
주 공간에서 직선 궤도를 유지한 것은 전체 시간의 5퍼센트에 불과했다.
A지점에서 B지점으로 가는 데 유일한 '정답'은 없었다. 원하는 지점에 도
달하기 위해서는 여정의 95퍼센트 동안 늘 좌우로 움직이며 궤도를 수정
해야 했던 것이다.

자동차를 운전할 때를 생각해 보라. 당신이 학교에서 가르치는 모델을

왜 A학생은 C학생 밑에서 일하게 되는가

따른다면, 즉 A지점에서 B지점으로 무조건 직진하면 당신은 주변에 피해를 주는 위협적인 존재가 될 것이다. 우리 사회에서 용인하는 운전 방식은 운전대를 이용해 방향을 끊임없이 바로잡으며 앞으로 나아가는 것이다.

학교를 졸업하고 세상에 나가면 선형적인 것은 아무것도 없다는 사실을 깨닫는다. 인생을 살다 보면 올라갈 때도 있고 내려갈 때도 있으며, 수시로 방향을 바로잡고, 경험과 교육의 파동을 일으켜야 한다. 그것이 우리 인간이 배워 나가는 방식이다. 그것은 결코 선형적일 수 없다.

다음 그래프는 내 삶의 여정을 그린 것이다.

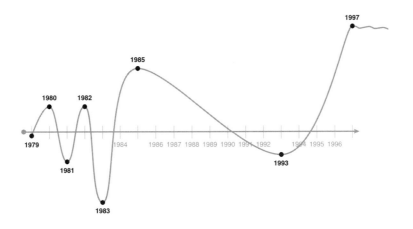

1979년에 나는 동업자 두 명과 함께 지갑 사업을 시작했다. 1980년에 나는 근사한 인생을 즐기고 있었다. 우리는 서류상으로 백만장자였으며 비싼 자동차와 멋진 여성들을 즐겼다. 짐작하다시피 그러다 우리는 사업에 소홀해졌고 1981년이 되자 사업이 바닥을 쳤다. 하지만 우리는 금세 불운을 떨치고 일어났다. 하와이에 있는 방송국들 및 유명 록밴드들(내가 좋아하는 핑크 플로이드도 그중 하나였다.)과 손잡은 결과 1982년에는 다시 자리를 되찾을 수 있었다. 그러나 지금 돌이켜 생각해보면 우리의 첫 번째 실패 때 있었던 문제들이 완전히 해결되지 않은 상태였다. 몇몇 동업자가 결혼 생활에 문제를 겪고 있었고 이는 결국 1983년 동업 관계의 해산으로 이어졌다.

다행히도 나는 1981년부터 기업가 정신에 대해 공부하고 있던 터였다. 무엇보다 1984년에 아내를 만나 캘리포니아로 이주했고 세미나 회사에서 기업가 정신에 대해 강연을 하기 시작했다. 사업은 나날이 번창했고 우리는 국제적으로 활동 영역을 넓혀 호주에 사무실을 다섯 개나 열었다. 그러던 어느 날 호주방송(ABC)의 기자가 찾아왔다. 방송국에서 우리의 세미나에 관심을 갖고 있으며 '우리가 하고 있는 훌륭한 일들'에 대해 보도를 하고 싶다는 얘기였다.

그것이 그들이 한 말이었다. 하지만 그것은 사실이 아니었다.

사실 그들의 목적은 우리를 '광신도 집단'으로 폭로하는 것이었다. 1993년 4월 데이비드 코레시와 그가 이끌던 교단의 신도들(그중 몇 명은 호주인이었다.)이 텍사스 주 와코 외곽에서 경찰 병력과 대치하다가 사망한 사건이 있었다. ABC는 호주에서 그러한 광신적인 활동을 하고 있는 미국인들을 보도하길 원했고, 우리를 그중 하나로 착각한 것이다. ABC의 부정적이고 악의적인 보도는 우리의 사업을 무너뜨렸다. (흥미로운 사실은, 우리 세미나에 참석했던 사람들이 자발적으로 방송국에 편지 보내기 운동을 시작했다는 것이다. ABC 간부들은 그 즉시 문제가 발생했다는 것을 알아차렸다. 엄청난 허위 보도를 내보낸 셈이었던 것이다. 그들은 우리가 소송을 할까 두려운 나머지 자진해서 정정 보도를 내보냈다.)

왜 A학생은 C학생 밑에서 일하게 되는가

우리는 ABC의 허위 보도에 대해 충분히 고소할 수 있는 상황이었지만 그 사건을 스스로를 재정비하고 한 발짝 더 전진하는 계기로 삼기로 했다.

아내와 나는 변화를 시작해야 할 때가 왔음을 깨달았다. 우리는 1994년에 '캐시플로 101' 보드게임을 만들기 시작하여 1996년에 출시했다. 1997년에는 내가 캐시플로 게임을 위해 썼던 '마케팅 책자'가 책으로 출간되었다. 그것이 바로 『부자 아빠 가난한 아빠』다. 그 뒤의 이야기는 다들 알고 있을 것이다. 우리는 몇 차례 고비에 부딪치긴 했지만 큰 성공을 누렸고, 금융 교육이라는 중요한 일을 한다는 보람과 자부심을 느꼈다.

내가 강조하고 싶은 것은 우리가 살고 있는 이 거대한 우주와 삶이라는 독특한 여정이 '결코' 직선으로 이뤄져 있지 않다는 사실이다. 그것은 파도처럼 물결치고 굽이친다.

자, 이제는 당신도 자신의 삶을 한번 그려 보라. 인생에서 가장 찬란했던 때를 돌이켜보고, 동전의 반대쪽에서는 가장 비참했던 시기에 어떤 교훈을 배웠는지 생각해 보라. 그리고 당신 자녀들에게 인생에서 맞닥뜨리는 질문에는 결코 하나의 정답만이 존재하는 것이 아님을 알려 주라. 우리에게는 다양한 시각과 관점을 지닌 수많은 선택이 존재한다.

상반된 시각

책의 2부는 현금흐름 사분면에서 볼 수 있는 상반된 시각에 대해 다룬다.

이를테면 다음과 같은 것들이다.

E 사분면과 S 사분면	**B 사분면과 I 사분면**
세금은 나쁘다	세금은 좋다
빚은 나쁘다	빚은 좋다
부자들은 욕심이 많다	부자들은 관대하다

공산주의 vs. 사회주의 vs. 파시즘 vs. 자본주의

2부에서는 또한 경제 철학이라는 지뢰밭을 가볍게 훑고 지나가며 공산주의와 사회주의, 파시즘과 자본주의에 대해 알아본다. 많은 사람들이 이러한 용어가 얼마나 감정적으로 사용될 수 있는지 잘 알고 있을 것이다.

2부에서는 이런 단어들에 내포된 감정의 함정을 해체하여 부모 혹은 학교가 아이들에게 무엇이(공산주의자, 사회주의자, 파시스트, 자본가) 되도록 가르쳐야 할지 생각해 보게 할 것이다.

지성이란 무엇인가?

지성은 수많은 정의와 의미를 지닐 수 있다. 이 섹션의 목적에 따르면, 지성은 학교가 가르치는 단순한 흑백 논리의 세상에서 벗어나 최대한 다양한 관점에서 돈의 세상을 볼 수 있는 능력이다.

에이브러햄 매슬로의 욕구 단계 이론에 따르면 다섯 번째 욕구이자 인간 실존과 관련해 가장 고도의 욕구는 바로 자아 실현이다. 자아 실현은 인간이 '세상을 편견 없는 눈으로 보고 사실을 가감 없이 받아들이는' 단계이다. 한 가지 이상의 정답이 존재한다는 생각도 그런 사실들 중 하나일 것이다.

자아 실현의 단계에 이르면 우리는 관대해진다. 남으로부터 받는 사람이 아니라 기꺼이 주는 사람이 될 수 있다. 앞에서도 말했듯이, 나는 많은 사람들이 탐욕스러운 이유가 학교에서 매슬로의 두 번째 단계인 '안전의 욕구'를 충족시켜 주지 못하기 때문이라고 믿는다. 항상 두려움에 떨며 안전하다는 느낌을 받지 못하는 사람은 주기보다 받는 사람이 된다.

여기서 배워야 할 교훈은 이것이다. "상반된 생각에 마음을 열면 지성이 상승한다. 상반된 생각에 마음을 닫으면 무지해진다." 지성적인 사람이 될 것인가, 무지한 사람이 될 것인가? 마음을 열고 다양한 관점을 받아들이는 능력은 의도적인 선택이다. 그런 선택을 내리는 사람만이 자신의 세상을 활짝 열 수 있고 자녀의 미래도 열어 줄 수 있다.

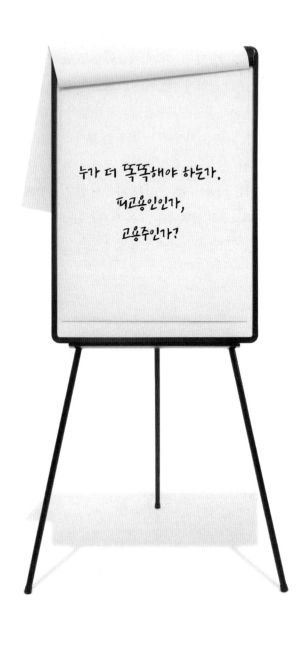

누가 더 똑똑해야 하는가,
피고용인인가,
고용주인가?

9장

지성에 대한 부자의 관점

돈보다 더 중요한 '금융 교육'

『부자 아빠 가난한 아빠』를 읽은 독자라면, 부자 아빠가 그분을 위해 일한 나한테 임금을 지불하지 않은 것에 대해 나의 가난한 아빠가 얼마나 언짢아했는지 기억할 것이다.

부자 아빠는 굉장히 관대하고 아량이 넓은 분이었으며 '공정한 교환'의 가치를 믿었다. 또 돈 자체보다 금융 교육이 훨씬 더 중요하다고 생각했다.

부자 아빠는 물론 그분 밑에서 일하는 피고용인들에게는 임금을 지불했다. 대개 꽤 두둑한 보수였다. 그리고 많은 이들이 삶의 대부분을 부자 아빠를 위해 일했다. 부자 아빠는 이렇게 말씀하시곤 했다.

"내 직원들은 금융 교육보다 돈을 더 중요하게 여긴단다. 그래서 피고용인에 머무는 거야."

부자 아빠는 '무료'라는 개념을 탐탁지 않게 여기셨으며, 무상 교육을 제공하는 것이 미국 공교육 시스템의 문제일지도 모른다고 생각했다.

부자 아빠는 나의 가난한 아빠를 비롯해 정부를 위해 일하는 교사들을 몹시 딱하게 여기며 이렇게 말했다. "아이들과 학부모들이 무상 교육을 '존중'하는 게 아니라 '당연한 것으로 기대'하는데 어떻게 교사들이 제대로 가르칠 수가 있겠니?" 또 그분은 무상 교육이라는 개념이 훌륭한 것이기는 하지만 오늘날 혜택에 대한 권리 의식이 만연하게 된 원인 중 하나라고 생각했다. 아이들이 어릴 때부터 "정부가 나를 돌봐 줄 거야."라고 믿는다는 것이다.

부자 아빠는 나한테 해 주신 금융 교육과 코칭이 돈보다 훨씬 더 중요하다고 믿었다. 그래서 나한테 임금을 주지 않은 것이다. 나는 그런 교육을 받는 대가로 그분을 위해 '무보수'로 일했다.

Q: 그렇다면 나는 돈 없이 어떻게 생활했는가?
A: 남는 시간에 돈을 위해 일하며 수입을 얻었다.

나의 이야기

부모님은 나에게 고등학교 때부터 일주일에 1달러씩 용돈을 주기 시작했다. 1960년대였던 당시에도 일주일에 1달러는 용돈으로 턱없이 부족한 액수였다.

부자 아빠는 내게 임금을 주지 않으셨다. 내가 돈을 위해 일하는 피고 용인의 마인드를 갖길 원하지 않으셨기 때문이다. 그분은 앞으로 이 세상이 나에게 그런 사고방식을 가르칠 것이라고 생각했다. 다시 말해 부자 아빠는 내가 돈에 대해 남들과 다른 관점을 갖도록 훈련시킨 것이며 그 가르침은 값으로 따질 수 없을 만큼 귀중했다. 부자 아빠는 그분의 아들과 나에게 해야 할 일을 지시하지 않았다. 대신 우리에게 선택권을 주었다.

부자 아빠는 "일자리를 찾아라."라고 말하지 않고 사업가처럼 생각하도록 이끌면서 "기회를 찾아라."라고 말씀하셨다.

나는 그 말씀을 마음에 새기고 돈을 벌기 위해 이런저런 일을 시도했다. 예를 들어 나는 토요일을 이렇게 보내곤 했다. 새벽 5시에 일어나 친구들이랑 바다에 나가 서핑을 했다. 자고로 서핑은 아침에 해야 제맛이니까. 그런 다음 부자 아빠의 사무실에 가서 몇 시간 동안 그분을 도우며 일했다. 그리고 나서는 돈을 벌기 위해서 오후에 골프장에 나가 캐디로 일했다. 나인 홀 골프장에서 골프 가방 하나를 들고 다니는 데 1달러를 받았다. 골프 가방을 두 개 들면 2달러를 벌 수 있었다. 그렇게 토요일 오후에 버는 돈은 부모님이 주시는 '일주일치' 용돈보다 더 많았다. 게다가 미식축구 시즌을 위해 체력을 키울 수 있다는 이점도 있었다.

그렇게 함으로써 나는 일자리를 찾는 게 아니라 항상 '기회'를 찾았다. 그런 방식을 통해 부자 아빠는 내가 E 사분면의 봉급 생활자가 아니라 S 사분면의 사업가의 관점에서 세상을 바라보도록 훈련시키고 있었다.

나는 어떤 집의 뜰에 쓰레기가 쌓여 있는 것을 보면, 현관에 노크를 하고 집주인을 만나 쓰레기를 치워 줄 테니 보수를 주지 않겠느냐고 제안하곤 했다. 그것은 훌륭한 비즈니스 교육이자 자신감을 키우는 방법이기도 했다.

그런 시간들을 거치며 나는 서서히 S 사분면의 사업가로서 훈련을 쌓았다. 그리고 돈도 제법 벌 수 있었다. 여전히 부자 아빠를 위해서는 무보수로 일했지만 말이다.

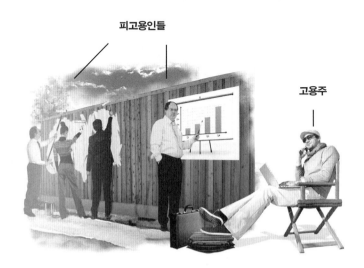

피고용인들

고용주

더 큰 기회

부자 아빠는 내가 S 사분면에서 충분히 잘해 내고 있다고 판단하자 이제 B 사분면으로 옮겨 가기 위한 교육을 시작했다. 그분은 먼저 내게 『톰 소여의 모험』을 읽게 했다. 이야기 속에서 톰은 울타리에 페인트칠하는 일을 맡게 된다. 그런데 톰은 자기가 직접 페인트칠을 하지 않고 대신 친구들이 그 일을 하게 시킨다.

부자 아빠는 내게 혼자 힘으로는 완수할 수 없는, 규모가 큰 일을 찾으라는 숙제를 내주었다. 이렇게 말씀하시면서 말이다. "S 사분면 사람들은 자기 힘으로 할 수 있는 일만 찾는다. 예를 들어 변호사는 자신이 맡은 변호 일을 거의 대부분 스스로 처리하지. 하지만 B 사분면의 사업가는 자신의 능력으로는 불가능한 일을 맡는다. 그래서 B 사분면 사업가들이 부자가 되는 거란다."

그 후 일주일 동안 나는 진짜 큰 기회를 찾으러 돌아다녔다. 그러다가 잡초가 매우 무성하게 우거진 넓은 들판을 가만히 응시하고 있는 할아버지를 만났다. 나는 할아버지에게 다가가 도움이 필요한지 물었다. 할아버지는 잡초를 깨끗이 뽑아야 한다면서, 예전에는 늘 직접 했는데 이젠 나이가 들어서 하기가 힘들다고 했다. 들판의 넓이는 8,000제곱미터쯤 되었다. 잡초의 줄기를 자르는 게 아니라 아예 뽑아 내야 했고, 할아버지는 내가 그 일을 해 주면 50달러를 주겠다고 했다. '50달러'라니, 귀가 번쩍 뜨일 수밖에 없었다. 나는 즉시 일을 맡겠다고 대답했다. 할아버지는 그 다음 주말까지 일을 끝내야 한다고 당부했다.

부자 아빠에게 전화를 걸어 이 소식을 알리자 그분은 숙제를 하나 더 추가했다. "톰 소여처럼 너도 다른 사람들을 고용해야 한다. 네 대신 일할 사람들을 찾아 일하겠다는 확답을 받고, 작업이 끝나면 할아버지에게 돈을 지불받은 뒤 일꾼들에게 보수를 주고 이윤을 남겨라."

나는 월요일에 학교에 가서 그 일에 참여하겠다는 친구 10명을 모았다. 그런데 방과 후에 일할 현장에 나타난 것은 6명뿐이었다. 화요일에 보니 잡초를 뽑은 분량은 기대에 턱없이 못 미쳤다. 내 '피고용인들'이 일을 제대로 하지 않은 것이다. 그 애들은 잡초를 뽑는 게 아니라 잡초 사이를 뛰어다니며 놀기 바빴다. 급기야 수요일에는 꼭 나오겠다고 약속해 놓고

선 들판에 한 명도 나타나지 않았다. 수요일 저녁에 부자 아빠에게 모든 상황을 얘기하자 그분은 이렇게 말했다. "그래도 할아버지와의 약속을 지키고 일을 끝내는 게 좋겠구나."

나는 목요일과 금요일에 걸쳐 혼자서 일을 끝냈다. 토요일이 되자 할아버지가 내게 50달러를 지불해 주었다. 월요일에 학교에 가니 내 '일꾼들'이 자기 몫을 달라고 요구했다. 나는 열다섯의 나이에 생애 최초의 노동 분쟁을 겪는 셈이었고, 거기서 진 쪽은 나였다. 나는 그 애들한테 돈을 지불했다. 날마다 학교에서 얼굴을 마주치며 괴롭힘을 당할(어쩌면 맞을) 생각을 하니 차라리 50달러를 포기하는 편이 나았다. 결국 그 일은 내게 값을 매길 수 없는 소중한 경험이었다.

내가 일은 전부 혼자 하고 돈은 한 푼도 손에 쥐지 못했다고 툴툴대자 부자 아빠는 그저 빙그레 웃으며 말씀하셨다. "B 사분면의 세계에 입성한 걸 환영한다."

부자 아빠의 임대료 수금 활동에 동행하면서, 부자 아빠가 고문들('A' 학생들)과 함께 사업 문제를 논의하는 회의를 옆에서 지켜보면서, 그리고 직접 다른 사람을 고용해 보는 경험도 하면서, 나는 사업 세계에 대한 관점을 서서히 키워 갔다. 두 번째 배움의 창 시기인 열다섯 살에 나는 사업가가 되려면 피고용인이 되려는 사람들보다 내가 훨씬 더 많은 걸 배워야 한다는 사실을 깨달았다. 나의 지성은 점점 더 높아졌고 마음도 더 열리고 있었다. 나는 동전의 양쪽 면 모두를 보기 시작했다.

먼 옛날에 사람들은 대학에 가는 대신 견습생으로 일하며 배우곤 했다. 대학에서와 달리 견습생 기간에는 실수와 시행착오를 경험하고 오랜 시간을 거치며 무언가에 능숙해지는 방법을 직접 부딪치며 배울 수 있다.

도널드 트럼프의 TV 프로그램 「견습생(The Apprentice)」이 그토록 인기가 높은 데에는 다 이유가 있다. 실전 학습과 훈련을 통해 자신의 관심 분야에서 진정한 전문가가 된다는 접근법이 모든 이들에게 공감을 던져 주는 것이다.

지금 되돌아보면 부자 아빠가 왜 나한테 임금을 한 번도 주지 않았는지 이해가 간다. 그분은 내게 돈 대신에 현실 세계의 교훈을 배울 수 있는 견습생의 기회를 준 것이다. 그리고 그 교훈은 값을 따질 수 없을 만큼 귀중한 것이었다.

부모의 행동 단계

자녀에게 다양한 관점에서 상황을 바라보는 법을 가르쳐라

동전을 교육 도구로 활용하라. 학교와 전통적인 교육 환경에서는 정답만을 중요시할 때가 많다는 점을 아이에게 설명해야 한다. 한 가지 질문이나 문제에 여러 답이 있을 수 있는 사례 몇 가지를 들려주어, 다양한 관점에서 상황을 바라보는 법을 가르쳐라.

동전의 앞면은 하나의 관점, 뒷면은 또 다른 관점이라고 말해 준 다음 동전의 '옆면'에 대해서도 이야기를 나눠 보라. 동전의 옆면에 올라서서 다양한 관점을 바라보고 인정하는 것이야말로 진정한 지성임을 일깨워 줘야 한다.

학교에서 가르치는 것과 달리, 현실 세계에서 부딪히는 도전과 문제들은 '옳음 vs 그름'의 접근법이나 흑백 논리로 풀 수 없을 때가 많다. 진정한 지성이란 동전의 옆면에서 양쪽 면 모두를 볼 줄 아는 능력이다.

10장

은행은
성적표를 요구하지 않는다

나는 학교 다닐 때 공부를 잘하지 못했다. 좋은 점수들이 화려하게 적힌 성적표를 받은 적이 한 번도 없다.

그래서 나는 은행에서 내 학교 성적표보다 자산의 현금흐름에 더 관심이 많다는 사실을 알았을 때, 정말이지 다행이다 싶었다. 나는 부자 아빠 덕분에 현금흐름의 개념을 이해했다. 그리고 현실 세계에서 우리를 말해주는 성적표는 재무제표라는 사실을 깨달았다. 은행은 당신의 재무제표를 보고 당신에 대해 많은 걸 파악하며, 현실 세계에서는 금융 지능이 학교에서 받은 A나 B 학점보다 더욱더 중요하다.

본론

학교에서는 좋은 성적을 받는 것이 중요하다고 가르친다. 이번 장에서는 좋은 성적이 학교에서는 중요할지 몰라도 어째서 학교를 떠난 후에는 별로 중요하지 않은지 설명할 것이다.

은행에서 당신의 학교 성적표를 요구하지 않는 이유는 당신의 학문적 지능에 관심이 없기 때문이다. 그들이 눈여겨보는 것은 바로 당신의 금융 지능이다.

재무제표는 당신이 학교를 졸업한 이후의 성적표에 해당한다. 즉 진짜 성인으로서의 성적표 말이다.

문제는 대부분의 학생들이 학교를 졸업하고도 과거에 묻혀 살아간다는 점이다. 학창 시절에 'A' 학생으로서 누렸던 영광을 성인이 되어서도 이어 가는 경우가 별로 없는데도 말이다. 많은 이들이 미래를 위한 성적표, 즉 재무제표의 중요성은 간과해 버린다. 그래서 많은 'A' 학생이 학교에서는 좋은 성적을 받았더라도 성인으로서의 재정적 성적표는 형편없는 것이다. 또한 그래서 학창 시절에 별 볼 일 없었던 많은 이들이 학교를 떠나 현실 세계에서는 뛰어난 금융 재능을 발휘하기도 하는 것이다.

당신에게는 어떤 성적표가 더 중요한가? 그 판단이 당신의 선택과 행동을 좌우한다.

재무제표란 무엇인가?

재무제표는 두 부분으로 구성된다. 즉 손익 계산서와 대차대조표다.

손익 계산서와 대차대조표는 밀접한 관계를 지닌다. 금융 지능에는 바로 둘의 관계를 제대로 이해하는 능력이 필요하다.

대부분의 학생들은 학교를 졸업하고 나서 주로 손익 계산서에만 집중한다. 그들은 일자리와 봉급을 찾아 나선다. 수입을 올려 이런저런 생활비를 지출해야 하기 때문이다. 다음 그림은 그들 삶의 사이클을

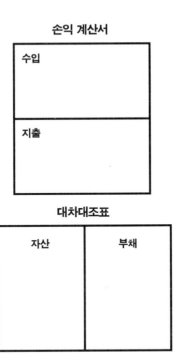

보여 준다.

미국의 많은 젊은이들이 우선적으로 지출하는 항목은 집세, 식비, 교통비, 오락비 등이다. 일부 부모들은 자식이 그런 용도로 쓸 돈이 부족하면 자식에게 돈을 대 준다. 이것은 자녀의 금융 지능을 키우는 데 거의 도움이 되지 않는다.

세 번째 배움의 창(24~36세) 시기에 접어들면 많은 이들이 결혼을 하고 가정을 꾸린다. 그리고 첫 아이가 태어나면 그만큼 지출도 늘어난다. 자녀를 키워 본 사람이라면 누구나 알겠지만 아이들은 자랄수록 돈이 더 많이 들어간다. 자식이 태어나면 부모도 그만큼 어깨가 무거워지는 법이

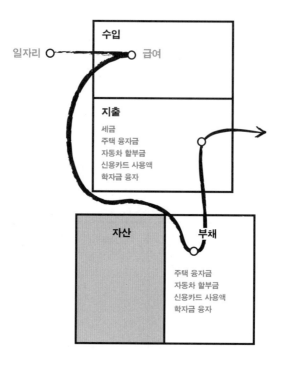

고 진정한 성인이 되어야 한다.

세 번째 배움의 창 시기에 사람들은 수입을 늘릴 방안을 궁리하기 시작한다. 일과 직장의 문제에 더욱 진지하게 접근한다. 어떤 이들은 학위를 더 따기 위해 학교로 돌아간다. 그리고 세 번째 배움의 창이 끝나는 36세쯤이 되면 대부분의 젊은 부부가 '새앙쥐 레이스'의 삶에 갇히고 만다. 매달 들어오는 봉급에 의존하면서 갈수록 늘어나는 지출을 감당하기 위해 허우적댄다.

1971년에서 2007년 사이에 많은 이들이 자기 집을 마치 현금 지급기처럼 사용하면서 새앙쥐 레이스에서 살아남았다. 그들은 신용카드를 마음껏 사용했다. 집의 가치가 계속 올라갔기 때문이다. 그리고 그들은 신용카드 빚을 갚기 위해 주택 담보 대출을 신청했다. 돈의 언어로 표현하자면, 단기 부채를 장기 부채로(또는 평생의 부채로) 바꾼 셈이다.

그러다 주택 시장이 붕괴했다. 주택 시장은 경제 흐름에 중요한 영향을 미치는 요인들 중 하나이기 때문에, 주택 시장이 무너지자 일자리도 사라지기 시작했다. 그리고 많은 성인들과 그 자녀의 인생이 힘들어지기 시작했다. 이것이 바로 부모와 교사가 아이들에게 "학교에 가서 좋은 성적을 받고 보수가 높은 안정적인 일자리를 얻어라."라고 말할 때 벌어지는 일이다. 이런 조언을 따르면 손익 계산서에만 초점을 맞추게 된다. 대부분의 사람들이 예산을 짜는 데에만, 즉 얼마나 벌고 얼마나 지출하는가 하는 문제에만 골몰하며 인생을 살아간다.

사람들은 대부분 금융 교육을 받지 못해서 대차대조표의 힘을 깨닫지 못한다. 그래서 대차대조표의 힘을 자신에게 불리한 방향으로 사용한다. 당신에게 유리하도록 대차대조표를 활용하기 위해서는 금융 교육이 반드시 필요하다.

또한 금융 교육을 받지 못한 많은 이들이 대차대조표를 오용하고 그 결과 더 가난해진다. 금융 지능이 높은 사람은 대차대조표의 힘을 이용해 더 부자가 되는 법을 안다.

나의 이야기

아홉 살 때 나는 커서 부자가 될 것이라고 생각했다. 부자 아빠와 함께 모노폴리 게임을 하면서, 훗날 언젠가 대차대조표의 힘을 이용해 부자가 될 것이라고 믿었다.

하지만 그 무렵 30대였던 나의 가난한 아빠는 손익 계산서에만 집중했다. 그분은 여러 대학을 다니며 석사 및 박사 학위 과정을 밟았다. 더 많은 돈을 벌기 위해서, 더 높은 급여를 받기 위해서였다.

내가 열네 살 때 가난한 아빠는 열심히 일해서 저축해 놓은 돈으로 생애 첫 집을 장만했다. 나는 아직 어렸지만 가난한 아빠가 "우리 집은 자산이고 우리의 가장 중요한 투자이다."라고 자랑스럽게 말할 때마다 그 말을 듣기가 좀 거북했다. 집이 자산이 아니라는 사실을 알고 있었기 때문이다. 또 집보다 더 훌륭한 투자 기회가 많다는 사실도 알고 있었다. 나는 소득을 발생시키는 초록색 집 네 채나 빨간색 호텔에 투자하는 게 훨씬 낫다는 것을 이미 알고 있었다.

자산과 부채

가난한 아빠는 나도 그분처럼 살기를 원하셨다. 즉 좋은 학교를 졸업하고 손익 계산서에 초점을 맞추는 것 말이다.

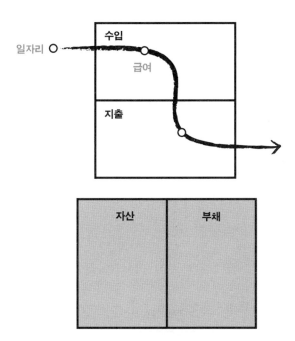

가난한 사람들

부자 아빠는 내게 대차대조표에 집중하라고 가르쳤다.

대차대조표

부자 아빠와 모노폴리 게임을 하면서 나는 작은 초록색 집들과 빨간색 호텔들의 힘을 배웠다. 자산과 부채의 차이를 이해하기 위해서, 자신이 살고 있는 집이 부채라는 사실과 초록색 집과 빨간색 호텔이 자산이라는 사실을 이해하기 위해서 대학을 다닐 필요는 없다.

『부자 아빠 가난한 아빠』를 읽은 독자라면 자산과 부채에 대한 부자 아빠의 간단명료한 정의를 알고 있을 것이다.

- '자산'은 당신이 일을 하지 않아도 당신 주머니에 돈을 넣어 준다.
- '부채'는 당신 주머니에서 돈을 빼 가며, 이 때문에 당신은 더 열심히 일해야 한다.

다음의 간단한 그림은 자산과 부채의 차이를 보여 준다.

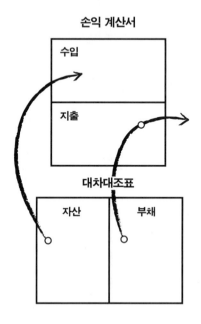

왜 A학생은 C학생 밑에서 일하게 되는가

이 그림을 보면 손익 계산서와 대차대조표의 관계를 알 수 있다. 이 관계는 매우 중요하며, 이것은 동전의 다른 쪽 면에 해당한다. 무엇이 자산이고 무엇이 부채인지 판단하려면 손익 계산서와 대차대조표 둘 모두가 필요하다.

만일 이 두 문서의 차이가 잘 이해되지 않는다면 그림을 보면서 다시 한 번 곰곰이 생각해 보거나 이해를 도와줄 만한 누군가에게 물어보고 대화를 나눠라. 앞에서 소개한 '학습 원뿔'에서 토론이 비교적 높은 단계에 속했던 것을 떠올려 보길 바란다.

손익 계산서와 대차대조표의 차이가 단번에 이해되지 않는다고 실망하지는 마라. 당신만 그런 것이 아니니까. 사실 많은 사람들이(심지어 회계사, 변호사, CEO들도) 두 문서의 관계가 중요하다는 것을 모르며, 어떤 경우에는 그 둘이 어떻게 관련되어 있는지도 모른다.

간단히 말하자면 이렇다. "먼저 손익 계산서 상에서 수입과 지출을 확인해야만 자산과 부채를 구분할 수 있다."

재무제표를 이해하는 데에는 결코 고도의 지능이 필요하지 않다. 즉 그것은 누구나 이해할 수 있는 문서다. 당신은 그저 이 질문만 던지면 된다. "이것이 내 주머니에서 돈을 빼 가는가?" 만일 그렇다면 그것은 부채다. 만일 당신 주머니에 돈을 넣어 준다면, 그것은 자산이다.

미래를 위한 경고

1997년에 처음 출간된 『부자 아빠 가난한 아빠』에서 나는 "집은 자산이 아니다."라고 말했다. 그 후로 부동산 중개인인 내 친구들은 내게 더 이상 크리스마스 카드를 보내지 않았다.

그로부터 10년 후인 2007년, 수많은 사람들이 집이 자산이 아니라는 사실을 뼈아픈 경험을 거치며 깨닫기 시작했다. 그들은 돈의 언어에서 중요한 또 다른 단어 즉 '압류'라는 말을 알게 되었다.

무조건 집을 사지 말라는 얘기가 아니다. 내가 하고 싶은 말은 "부채를 자산이라고 부르지 말라."는 것이다. 오늘날 경제가 위기에 빠진 이유는 사회 리더들이 계속해서 부채를 자산이라고 부르기 때문이다.

2008년 10월 3일, 조지 W. 부시 대통령은 TARP를 위한 7000억 달러의 구제 금융 투입을 승인했다. TARP란 부실 자산 구제 프로그램(Troubled Asset Relief Program)을 말한다. TARP는 이 사회의 리더들이 자산과 부채의 차이를 제대로 모른다는 것을 보여 주는 대표적인 예다. 만일 그들이 자산이라고 본 것이 정말로 자산이었다면 애초에 무너지지도 않았을 것이며 구제도 필요하지 않았을 것이다.

문제는 그 자산들이 실제로는 부채였다는 사실이다. 리더들이 높은 금융 지능을 갖고 있었다면 그 프로그램에 LRP(부채 구제 프로그램, Liability Relief Program) 또는 RPL(패자 구제 프로그램, Relief Program for Losers)이라는 이름을 붙였으리라.

'A' 학생들이라고 해서 반드시 대차대조표에 있는 자산과 부채의 차이를 아는 것은 아니다. 나의 가난한 아빠처럼 대부분의 사람들이 손익 계산서에 표시되는 봉급에만 집중한다. 게다가 자신이 살고 있는 집을 자산이라고 여긴다.

그러니 지금의 글로벌 금융 위기가 닥친 것은 당연한 결과다. 사회를 이끌어 가는 리더들(가장 똑똑하고 가장 높은 교육을 받은 이들이다.)이 부채를 자산이라고 부르는데, 대체 뭘 기대할 수 있단 말인가!

자산이란 무엇인가?

자산에 대한 부자 아빠의 정의는 부동산뿐만 아니라 다른 수많은 것에도 적용된다. 사업체, 주식, 채권, 금, 심지어 사람도 자산 또는 부채로 분류할 수 있다. 당신 주머니에서 돈을 빼 가는 모든 것은 부채이고, 당신 주머니에 돈을 넣어 주는 모든 것은 자산이다.

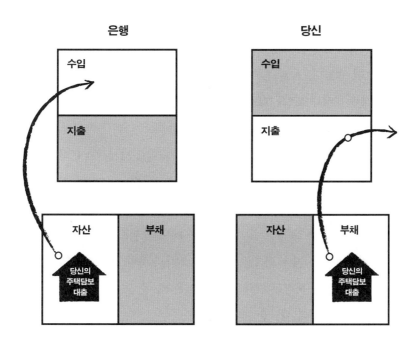

자산은 부채 없이는 존재할 수 없다. 모든 동전에 양면이 있다는 사실을 떠올려라. 예를 들어 당신의 매달 지출 항목들을 적어 보라. 당신이 지출하는 현금이 다른 누군가의 자산으로 흘러들어 간다는 것을 알 수 있을

것이다.

만일 당신이 주택 담보 대출을 받았다면 그 대출 상환금은 당신의 부채에 해당한다. 하지만 은행 입장에서는 당신의 대출금이 자산이다. 물론 당신이 대출금을 꾸준히 상환하는 한 말이다.

만일 당신이 대출금 상환을 중단하면, 은행에게 자산이었던 것이 부채가 되어 버린다. 이것이 핵심 포인트다. 부채로 변해 버린 자산들은 글로벌 금융 위기가 발생한 주요 요인이다.

은행에 구제 금융 자금이 필요해진 이유는 사람들이 대출금 상환을 멈췄기 때문이었다. 그 결과 은행의 자산이 부채로 변해 버린 것이다.

그래서 대차대조표의 힘을 제대로 이해하는 것이 재정적 안정과 번영을 위해 꼭 필요하다. 이 사회를 이끌어 가는 많은 리더들이 자산과 부채를 구별할 줄 모르므로, 당신만은 반드시 그 차이를 이해해야 한다.

대가를 치르고 얻은 깨달음

앞에서 두 번째 배움의 창(12~24세)에 대해 설명했다. 이 시기에 아이는 자기 행동이 가져올 결과를 제대로 인식하지 못한 채 위험을 감수하고 이런저런 행동을 하면서 배워 나간다. 젊은이들은 값비싼 대가를 치르며 자기 행동의 결과를 깨달을 때가 많다.

금융계와 정치계의 리더들도 지금 그런 값비싼 대가를 치르고 있는 것 같다. 그런데 문제는 그들의 금융 무지가 초래한 결과에 수반되는 비용을 납세자들이 고스란히 감당한다는 점이다.

돈의 세계의 언어로 표현할 때, 개인이 주택 담보 대출금을 갚지 못하면 '압류'의 상황에 이른다. 국가가 채무를 해결하지 못하게 되는 상태는

'디폴트(국가 부도)'라고 한다.

이는 표현은 다르지만 결국 같은 문제를 지칭하는 말이다.

감당할 능력도 안 되는 주택을 구입한 비우량 대출자들만 탓할 게 아니라, 갚지도 못할 돈을 빌린 비우량 리더들을 더욱 질타하는 것이 옳지 않을까.

그래서 내가 어릴 때부터 아이들에게 금융 교육을 해야 한다고 누누이 강조하는 것이다.

세 종류의 재정적 계층

가난한 사람들

수입
5000~3만 5000달러

지출
규모 적음

자산	부채
0	0

은행에서는 개인의 재무제표를 보면 그 사람이 세 종류의 재정적 계층 가운데 어디에 속하는지 금방 알 수 있다. 예를 들어 가난한 사람들의 재무제표는 앞과 같다.

근로 빈곤층은 일자리에서 얻는 급여가 낮으며 따라서 지출 규모도 적다. 이들은 일반적으로 자산도, 부채도 없다. 대부분이 집을 임대해서 살고 있으며 대중교통 수단을 이용한다. 이 계층은 겨우 먹고살기 빠듯한 생활 수준인 경우가 많다. 매달 들어오는 봉급에 의지해 살아가며, 때로는 정기적인 소득이 없는 사람도 있다. 이들은 돈이 급히 필요하면 전당포나 봉급자 소액 대출 서비스를 이용하곤 한다.

중산층

수입
5만~50만 달러
지출 세금, 주택 융자금, 자동차 할부금, 신용카드 사용액, 생활비

자산	부채
저축액	주택 융자금, 자동차 할부금, 학자금 대출, 신용카드 사용액, 401(k) 은퇴 연금

중산층은 앞의 계층보다 소득이 높지만 대개 지출과 부채도 더 많다. 최신형 자동차, 더 큰 집, 화려한 휴가 등을 위한 소비가 '지출'과 '부채' 부문에 영향을 미친다.

나는 401(k) 은퇴 연금이 왜 부채 항목에 들어가느냐는 질문을 종종 받는데, 답은 간단하다. 은퇴 연금은 실제로 당신 주머니에서 돈을 빼가는 비예산 부채(unfunded liability: 지출 자금이 확보되지 않은 부채 — 옮긴이)이기 때문이다. 당신이 은퇴를 해서 401(k) 연금이 당신 주머니에 돈을 넣어 주기 시작하면 그때는 401(k) 은퇴 연금이 자산이 된다. 물론 이때도 남은 생애 동안 필요한 생활비를 충분히 해결할 수 있는 현금흐름을 만들어

부자들

수입		
대개 일을 하지 않으며 자산에서 소득 발생		
지출		

자산	부채
사업체, 부동산, 종이 자산(paper asset, 유가증권), 상품	

주는 자산이어야 의미가 있을 것이다.

대부분의 은퇴 연금에는 다음 세 가지 문제가 있다.

1. 시장 변동과 인플레이션 때문에 당신이 훗날 실제로 손에 넣는 연금이 얼마
   가 될지 알 수 없다.
2. 당신이 몇 살까지 살지 정확히 알 수 없다.
3. 당신이 은퇴 후에 돈이 얼마나 필요할지 알 수 없다.

물론 부자들도 일을 하는 경우가 많으며 이런저런 지출을 하고 부채도 있다. 그럼에도 내가 일부러 '대개 일을 하지 않음'이라고 적어 놓고 지출 및 부채 칸을 비워 놓은 것은 부자와 가난한 이들, 중산층 사이의 차이를 강조하고 싶어서다.

내가 말하고 싶은 포인트는 부자들은 자산의 힘을 최대한 활용한다는 점이다. 반면 중산층은 대부분 자산이 거의 없고 부채가 많다. 가난한 사람들은 자산과 부채가 무엇인지도 잘 모른다.

다음 그림은 캐시플로 101 보드게임의 재무제표이다. 수입 칸의 밝게 강조된 부분에 주목하라. 그림의 화살표는 자산으로부터 수입이 발생함을 나타낸다.

이 재무제표를 이해하게 되면 어째서 은행이 당신의 학교 성적표를 요구하지 않는지 그 이유를 명확히 알 것이다. 또 어째서 은행에서 당신이 학창 시절 'A' 학생 또는 'B' 학생이었는지, 아니면 스티브 잡스나 빌 게이츠, 마크 저커버그처럼 대학 중퇴자였는지에 관심이 없는 이유도 알게 될 것이다.

목표: '비활성 소득'을 증가시켜 '총지출'을 능가하게 함으로써 '새앙쥐 레이스'에서 빠져나와 '빠른 길'로 들어선다.

손익계산서

수입

내용	현금흐름
급여:	
이자/배당금:	
부동산/사업:	

지출

세금:	
주택 융자:	
학자금 대출:	
자동차 할부금:	
신용카드 사용액:	
소액 지출:	
기타 지출:	
자녀 양육 관련 지출:	
융자금 지불:	

회계감사

(오른쪽에 앉은 사람)

비활성 소득: _____

(이자/배당금＋부동산/사업에서
생성된 현금흐름)

총소득: _____

자녀 수:	
(게임 초기에는 0명) _____	
자녀 1인당	
지출액: _____	

총지출: _____

월별 현금흐름: _____
(총 소득 − 총 지출)

대차대조표

자산

저축:		
주식/펀드/CD:	보유량:	주가:
부동산/사업:	선금:	비용:

부채

주택 융자	
학자금 대출	
자동차 융자	
신용카드	
소액 부채	
부동산/사업	담보 융자/부채
융자금	

은행에서 알고 싶어 하는 것은 이것이다.

- 이 사람은 대차대조표의 힘을 이용할 줄 아는가?

- 이 사람은 자산과 부채의 차이를 아는가?
- 이 사람은 얼마나 많은 자산을 소유하고 있는가?
- 자산이 이 사람의 주머니에 얼마나 많은 돈을 넣어 주고 있는가?

당신이 자녀에게 은행에서 알고 싶어 하는 것이 무엇인지 가르친다면, 당신 자녀는 재정적인 성공으로 향할 수 있는 훨씬 유리한 출발점에 서게 된다.

부모의 행동 단계

은행에서 학교 성적표를 요구하지 않는 이유에 대해 아이들과 대화를 나눠 보라

먼저 학교 성적표에 어떤 내용들이 담기는지에 대해 이야기를 나눈다. 그런 다음 돈이나 재정과 관련된 성과의 종류에 대해 이야기한다. 신용 등급 자료나 신용 평가 보고서의 목적은 학교 성적표와 유사하다. 다만 그것들은 개인이 재정적 삶을 얼마나 잘 관리하고 있는지를 보여 준다. 어떤 개인이 무언가를 구매하거나 투자를 하려고 하면, 돈을 빌려 주는 측(채권자, 은행, 모기지 회사, 자동차 대리점 등)에서는 그 사람의 신용 점수나 재무제표를 참고하여 신용도와 관련한 판단을 내린다.

은행에서는 사업 자금이나 부동산 투자를 위해 돈을 대출받으려는 사람에게 재무제표를 보여 달라고 요구한다.

요컨대 재무제표는 현실 세계의 성적표다. 그것은 당신의 재정적 능력과 금융 교육의 수준을 보여 주며, 그것이야말로 은행에서 중요하게 여기는 정보다.

당신에게 재무제표가 있다면 자녀와 함께 살펴보라. 그 내용의 일부를 아이가 이해할 정도가 된다면 말이다. 자녀에게 새로운 어휘를 가르치고 수입과 지출, 자산과 부채의 개념을 심어 주는 훌륭한 기회가 될 것이다.

캐시플로 게임은 게임이 진행되는 동안 플레이어가 재무제표를 채우고 업데이트하는 방식으로 구성돼 있다. 플레이어들은 게임을 하면서 재무제표가 무엇이며 그것을 어떻게 활용해야 하는지를, 그리고 은행의 눈으로 세상을 바라보는 법을 자연스럽게 배울 수 있다.

주어라,
그러면 받을 것이다.

11장

탐욕에 대한 부자의 관점

베풀 줄 아는
사람으로 키워라

많은 사람들이 부자는 탐욕스럽다고 생각한다. 그것은 한 관점일 뿐, 분명 이 동전에도 또 다른 면이 존재한다.

자본가는 "더 많은 사람들의 필요를 채워 줄수록 나는 더 바람직한 인간이 된다."라는 신념에 따라 움직이는 경우가 많다. 자본가는 여러 방식으로 사람들에게 이로움을 주는데, 예를 들어 그들은 자유 시장의 이런저런 도전 과제에 맞서면서 적은 비용으로 더 많은 것을 생산하려고 노력한다. 또 보다 나은 가격에 더 훌륭한 제품과 서비스를 제공하고자 한다. 내가 생각하기에 그것은 탐욕이 아니다. 그들은 큰 포부와 동기에 의해 움직이는 것이다.

커다란 성공을 거두어 많은 부를 쌓는 자본가들을 상상하면, 나는 그들이 만들어 낸 일자리와 우리 삶에 가져다준 혁신적 성과들이 제일 먼저 떠오른다. 그들은 다른 많은 이들의 삶이 풍요로워지는 데 기여한다. 따라서 나는 그들에게 '탐욕스럽다'는 꼬리표를 붙이는 것에 반대한다.

캘리포니아 주의 은퇴 공무원인 78세의 브루스 말켄호스트라는 남성이 자신이 받는 정부 연금의 삭감이 '노인 학대'와 다름없다고 주장하고 나섰다. 그는 자신의 퇴직 연금이 줄어든 것에 반박하며 CalPERS(캘리포니아 공무원 퇴직 연금 제도)를 상대로 싸움을 벌이는 중이다. 그의 연금은 월 4만 5073달러(연간 약 54만 달러)에서 월 9,644달러(연간 약 11만 5000달러)로 줄어들었다.

노인 학대?

또한 브루스 말켄호스트는 골프와 마사지 비용으로 쓴 연간 6만 달러가 부당하다고 말하는 것 역시 또 다른 노인 학대라고 주장한다. 그는 높은 퇴직 연금과 부가 혜택(정기적인 마사지와 무료 골프)이 정당하다면서 이렇게 말했다. "내가 공무원 생활을 한 시대는 최대한 오랫동안 정말로 열심히 일하던 시절이었다."

내가 보기에는 이것이야말로 탐욕이다.

이런 공무원은 비단 말켄호스트 한 명뿐이 아니다. 그가 "최대한 오랫동안 정말로 열심히 일하면서" 공직 생활을 한 곳은 주민이 고작 100명밖에 안 되는, 로스앤젤레스 근처의 버논이라는 조그만 산업 도시다. 100명(가장 최근 인구 조사에 따르면 정확히 112명이다.)에게 그런 '헌신적인' 공직자는 과분한 것 아닌가? 버논의 다른 공무원 6명도 현재 조사를 받고 있다.

결국 브루스 말켄호스트는 벌금 1만 달러를 내야 했고 골프장 사용료 6만 달러를 다시 토해 내라는 법원 명령을 받았다. 역시 공직자들은 자신의 권리와 관련된 사안에서는 한통속인 듯하다.

세계 어느 곳에나 자본가는 탐욕스럽다는 인식이 보편적으로 형성돼 있는 듯하다. '자본가 돼지'라는 말도 있지 않은가. 그러나 부자나 자본가라고 해서 반드시 탐욕스러운 것은 아니다. 탐욕을 "베푸는 마음보다 가지려는 욕심이 더 큰 것"이라고 정의할 수 있다는 점을 생각해 보라.

뮤추얼 펀드 회사가 고객 수익의 80퍼센트를 가져간다면 그것이 바로 탐욕이다. 정치가가 자신에게 이익을 가져다줄 특정한 이익 집단들을 위해 행동한다면 그것이야말로 탐욕이다. 자신이 일한 것보다 더 많은 보수를 받기를 기대하는 근로자도 탐욕스러운 것이다. 직원들을 속이고 이윤을 편취하는 고용주도 탐욕스럽기는 마찬가지다. 그리고 탐욕스러운 부자들만큼이나 탐욕스러운 가난한 이들도 많다. 계층이나 분야를 막론하고 탐욕은 어디서나 목격되는 것 같다.

미국의 새로운 내전

1860년대에 미국에서는 남북전쟁이 발발했다. 이는 노예 제도의 경제적, 도덕적 이슈를 둘러싸고 미합중국의 북부와 남부가 벌인 내전이었다.

오늘날 미국에서는 새로운 내전이 벌어지고 있다. 이번에는 공무원들과 일반 국민들 사이에 벌어지는 전쟁이다.

2012년 위스콘신 주에서 신임 주지사를 자리에서 끌어내리기 위한 소환 선거가 실시되었다. 주정부의 재정 적자를 이유로 공무원들의 급여와 연금 혜택을 축소한 스콧 워커 주지사에 대해 공무원들이 분노를 폭발시킨 것이다. 워커 주지사의 정책은 전국적인 논란을 불러일으켰고 많은 시민과 언론들이 편을 나눠 싸우기 시작했다.

주지사 소환은 실패했지만, 위스콘신에서 벌어진 이 사건은 공무원들이 누리는 후한 급여와 각종 복지 혜택에 세간의 관심이 쏠리는 계기가 되었다. 공무원은 이제 더 이상 낮은 보수를 받고 국민을 위해 봉사하는 이들이 아니다. 납세자인 국민들이 공무원들의 소득이 많은 민간 부문 근로자들보다 더 높다는 사실을 깨닫자, 내전은 다른 주들에까지 확산되었다.

캘리포니아(논란의 여지는 있으나 미국에서 사회주의 성향이 강한 주로 꼽히곤 한다.)에서는 공무원들을 위한 총 연금 비용이 1999년에서 2009년 사이에 2,000퍼센트나 상승했다. 캘리포니아 주는 2011년 한 해에만 공무원 연봉 및 각종 혜택에 320억 달러를 지출했으며, 이는 지난 10년간 65퍼센트 상승한 액수다. 한편 고등 교육을 위한 지출은 5퍼센트 감소했다.

파산 보호 신청을 한 캘리포니아 주 샌버너디노에서는 도시 전체 인구 21만 명 가운데 3분의 1이 빈곤선 이하의 극빈 생활을 하고 있다. 샌버너디노는 캘리포니아 주에 있는 비슷한 규모의 도시들 가운데 가장 가난한 도시다. 하지만 이 도시의 고위 경찰관은 50대에 퇴직하면서 근무 마지막 날에 23만 달러를 일시불로 지급받을 뿐만 아니라 연간 12만 8000달러의 연금 혜택까지 누린다.

경찰관이나 여타 공무원들이 그처럼 후한 연금 혜택을 받으며 퇴직하면 시 정부에서는 대체 인력을 고용하기 위한 예산에 타격을 받을 수밖에 없다. 그 때문인지는 몰라도 전국적으로 경찰 인력의 규모는 점차 줄어들고 있다. 그들이 하는 일은 공공 서비스인가 아니면 자기 호주머니를 채우는 서비스인가?

샌버너디노의 경찰 노조는 시의회 선거에 돈을 지원했고, 시의회는 노조 가입 경찰들의 급여와 연금에 돈을 쏟아 부었다. 그리고 샌버너디노

시가 파산을 선언하기 석 달 전, 시의회는 퇴직 공무원들에게 추가로 200만 달러를 지급했다. 이런 상황을 묘사하기에 탐욕이라는 단어 하나로는 부족해 보인다.

캘리포니아의 내전은 샌디에이고, 새너제이 같은 다른 도시들로도 확산되어, 이 도시들의 주민들은 공무원의 연금과 각종 혜택을 축소하는 투표에 찬성표를 던졌다. 주민들은 국민을 위해 봉사해야 할 이들이 오히려 국민의 등골을 휘게 만드는 현실에 분노했다. 그들의 분노에 불을 댕긴 발표가 있었다. 2014년이 되면 퇴직 공무원의 연금 및 의료 보험 비용이 새너제이 치안 공무원 인건비의 75퍼센트, 치안 이외 공무원 인건비의 45퍼센트에 이를 것이라고 예상된 것이다. 이처럼 공무원에게 돌아가는 높은 혜택의 비용을 감당하기 위해, 시 정부는 도서관들의 문을 닫고 공원 서비스를 축소하고 이런저런 부서의 인력을 감축해야 했다. 아울러 남아 있는 공무원들에게는 급여 삭감을 통보해야 했다.

25년 전에 미국에서 열 번째 규모의 도시인 새너제이의 공무원 숫자는 약 5,000명이었다. 하지만 실리콘밸리의 중심부에 있는 이 도시가 현재 감당할 수 있는 공무원은 1,600명에 불과하다. 그동안 공무원들은 시민이 아니라 자신을 위해서 봉사해 온 것은 아닐까. 공무원 인력은 더 줄어들고 시민들에 대한 서비스도 줄어든 것 같다.

이것은 단지 캘리포니아만의, 또는 미국만의 문제는 아니다. 여러 모로 보건대 캘리포니아 공무원들의 문제는 그리스나 프랑스가 직면하고 있는 문제와 동일하다. 즉 공무원들에게 지불하는 돈은 늘어나는 반면 공공 서비스의 질은 낮아지고 있는 것이다.

오하이오 주정부의 연금 부채는 현재 주의 총 GDP의 35퍼센트에 이른다. 오하이오 주의 공무원들(그중 다수는 일반 주민 대부분보다 소득이 높다.)이 후한 생계비를 받으면서 안정된 은퇴 생활을 누리는 동안, 주민들에 대한 주정부의 서비스는 더욱 줄어들 것이다. 이것을 과연 공공 서비스라 불러야 하는가, 아니면 탐욕의 사례라고 불러야 하는가?

아이들의 미래가 위험하다

전반적으로 미국 공공 부문의 강력한 노조들은 정기적인 급여 인상을 요구한다. 정치가들도 노조에 굴복하곤 하는데, 왜냐하면 선거 때 노조의 지지가 필요하기 때문이다. 대부분의 주지사와 시장은 균형 예산을 고려해야 하기 때문에 공무원 급여 인상을 마음대로 추진하는 데에 제약을 받는다. 그래서 그 대신 그들은 후한 연금 혜택을 제공한다. 연금이 주정부의 예산에 실제적 영향을 미치는 것은 그들이 임기가 끝나고 편안한 은퇴 생활을 즐기기 시작하고 한참 지나서이기 때문이다. 다시 말해 입법자들과 관료들, 노조들이 우리 아이들의 미래에서 돈을 훔치고 있다.

그래서 나는 미국에 새로운 내전이 벌어지고 있다고 말하는 것이다. 위스콘신과 새너제이, 샌디에이고에서 나온 투표 결과들은 탐욕스러운 자본가 돼지가 아니라 탐욕스러운 '정부' 돼지들을 상대로 한 미국인들의 전쟁이 시작됐음을 알리는 신호탄이다.

어리석은 정부 관료들

이 내전의 중심에는 잘못된 정부 연금 프로그램이 존재한다. 이론상으로 은퇴 연금 프로그램의 재원은 공무원들과 시정부 및 주정부들이 각자 매달 넣는 납입금으로 조성된다. 이때 납입금 액수는 투자 계획에 수반된 모종의 가정들에 의해 결정된다. 수익률에 대한 가정이 낙관적일수록 공무원들과 정부가 내는 납입금도 적어진다.

문제는 주정부들이 말도 안 되는 가정을 해 왔다는 점이다. 즉 그들은 주식 시장이 21세기에는 20세기보다 40퍼센트 더 빠른 속도로 성장할 것이라고 가정했다. 20세기에 주식 시장은 175배 성장했다. 그들의 가정대로라면 21세기에는 주식시장이 1,750배 성장해야 할 것이다. 정부 관료들이 어쩌면 그렇게 순진하고 어리석단 말인가? 주식 시장이 정말로 그런 속도로 성장할 것이라고 믿다니? 1,750배 성장이 어쩌면 가능할 수도 있겠지만, 그런 예측에 자신의 미래를 거는 사람이라면 21세기에는 돼지가 하늘을 날아다닐 것이라는 것도 믿어야 한다.

경고의 말

금융 위기로 인해 2008년에 리먼브러더스를 비롯한 거대 은행들이 무너지기 한참 전에 워런 버핏은 이미 파생 상품에 대해 경고한 바 있다. 그는 파생 상품을 "금융계의 대량 학살 무기"라고 불렀다. 파생 상품은 오렌지에서 나오는 주스와 같은 것이다. 즉 오렌지 주스는 오렌지의 파생 상품이다. 주택 담보 대출이 부동산의 파생 상품인 것처럼 말이다. 파생 상품에 대한 좀 더 전문적인 정의는 이렇다. 파생 상품은 하나 또는 그 이상의 기초 자산에서 파생되었거나 거기에 의존해 가격이 달라지는 증권이며, 파생 상품의 가치는 기초 자산의 가치 변동에 따라 결정된다.

"오마하의 현인"이라 불리는 버핏은 현재 세상을 향해 새로운 경고를 보내고 있다. 공공 부문 은퇴자들에게 들어가는 비용을 "미국의 재정 건전성을 위협하는 최대 요인이자 시한폭탄"이라 일컫은 것이다.

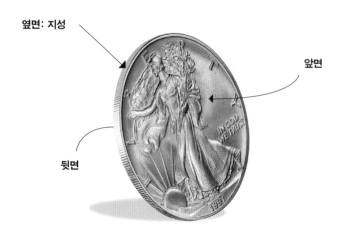

옆면: 지성

앞면

뒷면

동전의 다른 면

나와 잘 알고 지내는 애리조나 주 피닉스의 시의회 의원 샐 데키키오는 정부의 탐욕과 부패에 맞서 수년간 싸워 오고 있다. 그는 이 과정에서 적지 않은 대가를 치러야 했다. 그와 가족들이 수차례나 위협에 시달린 것이다. 그런데도 그는 물러서지 않고 있다. 나는 그에게 피닉스에서 벌인 싸움에 관한 이야기를 들려 달라고 요청했다. 다음에 그 내용을 소개한다.

피닉스의 시의회 의원인 나는 정부의 제1원칙이 국민에게 봉사하는 것이 아니라 관료 자신들에게 봉사하고 자신들의 이익을 보호하는 것이라는 사실을 알게 되었다. 이것은 미국의 모든 도시와 카운티, 주에 해당하는 말이다.

당신은 일부 정부 공무원들이 은퇴할 때 50만 달러 이상을 받는다는 사실을 아는가? 50대에 은퇴하면서 높은 연금과 평생 누릴 의료 보험 혜택까지 받는다는 사실을?

당신은 이 사실을 듣고 화가 날 것이고 정부를 전과 다른 시각으로 바라보게 될 것이다. 하지만 진짜 현실이 그렇다. 그리고 정도의 차이는 있겠지만 이 나라의 모든 도시에서 그런 일이 벌어지고 있다.

만일 당신이 정부가 당신과 가족들을 보호해 줄 것이라 믿고 있다면, 그것은 오판이다. 정부 관료들은 당신이 낸 세금으로 그들 자신을 보호한다. 그러면서 그들이 당신을 보호해 주고 있다고 믿게 만든다.

정부 공무원 중에 가장 소중한 직업이라 할 만한 소방관을 예로 들어보자. 소방관은 높은 나무에 위태롭게 앉아 있는 고양이도 구해 주고, 불타는 건물에서 사람들이 뛰쳐나올 때 오히려 건물 속으로 뛰어 들어가는 사람이다. 또 대부분의 소방관은 건장하고 탄탄한 체격을 갖고 있다. 그 누가 소방관을 존경하지 않겠는가? 그렇다면 그런 이미지가 실제 현실과도 어울리는지 살펴보자.

피닉스를 비롯한 대부분의 미국 도시들의 경우, 일반적으로 소방관은 25년을 근무하고 나서 연금으로 약 50만 달러를 보장받을 수 있다. 게다가 의료 보험과 여타의 혜택들까지 포함된다.

다음에 몇 가지 통계를 소개하겠다.

- 소방관은 완전 퇴직을 하면서 34만 달러를 받는다. 마지막 5년 동안에는 공식적으로는 '은퇴'를 한 상태에서 일을 계속 하면서 봉급을 받는다. 계속 일을 하며 봉급을 받는 한편 5년 동안 연금도 수령하는데, 이 연금은 납세자 부담으로 8퍼센트 수익이 발생하는 계좌에 예치된다.
- 세전 총 급여의 5퍼센트에 해당하는 금액이 해당 소방관의 납입금과 상관

없이 과세 유예의 401(a) 계좌로 들어간다. 25년 근무자의 경우 이 금액은 단순히 합산만 해도 약 9만 4000달러에 달한다. 이것은 소방관의 연금과는 별도로 주어지는 혜택이다.

• 병가 급여를 모아놓았다가 정산하면 3만 3880달러를 받을 수 있다. 이것은 일종의 편법이다. 소방 공무원들은 해마다 병가 급여를 누적할 수 있으며 이 금액은 결코 소멸되지 않는다. 축적된 병가 급여는 말하자면 은퇴 시점에 현금화하는 카지노 칩과 같다.

그들은 병가 급여를 현금화해 연금 계좌에 예치시키는 방법으로 연금 혜택을 늘릴 수도 있다. 그리고 또다시 놀랄 준비를 하시라. 소방관의 연금은 마지막 몇 년간의 연봉을 토대로 정해지며, 위에서 언급한 병가 급여 정산을 비롯한 이런저런 방식을 동원해 연금 수령액을 늘릴 수 있다. 그렇게 정해진 연금을 평생 받게 된다.(사망한 이후에는 연금의 80퍼센트가 생존 배우자에게 돌아간다.) 또한 노조 규약에서는 가장 상급의 공무원들(가장 연봉이 높다.)이 초과 근무를 우선적으로 맡을 수 있도록 보장하고 있으며, 이 역시 연금 수령액을 늘리는 또 다른 방편이 된다.

• 거기다 퇴직 후 의료 보험 혜택으로 7만 6000달러까지 지원받는다. 소방관들은 이 모든 것을 누린다. 그렇다면 신입 소방관의 경우는 어떨까? 다음은 그들이 근무 첫해에 받는 혜택들이다.
  - 연간 휴일 40.5일(공휴일, 휴가, 병가 등)
  - 연간 교육비 지원 혜택 8,000달러
  - 퇴직 후 의료 보험을 위한 매주 150달러의 적립

왜 A학생은 C학생 밑에서 일하게 되는가

- 급여의 20퍼센트에 해당하는 금액을 시정부가 연금으로 지원. 공무원 본 인은 5퍼센트 납입.
- 퇴직 후 캐딜락 의료 보험(보장 금액이 많고 범위가 넓은 포괄적 의료보험 — 옮긴이)을 위한 매달 150달러의 적립

그렇다면 미국 경제의 대침체기에 공무원들의 생활은 어땠을까? 수백만 명의 미국인이 직장과 집을 잃어버린 시기에 피닉스 공무원들은 연봉이 평균 4.5퍼 센트 인상되었다.(이른바 '단계적 인상') 그럼에도 그들은 연봉 삭감을 감수하 겠노라고 대외적으로 발표했다. 자신들도 다른 수많은 미국인처럼 기꺼이 희 생을 감수하는 것처럼 보이려고 말이다. 사실 당시 대부분 공무원들의 '연봉 삭감'은 연봉 인상폭이 줄어든 것이었지 기본급이 줄어든 게 아니었다. 인력 감축 문제는 어떨까? 피닉스 시의 공무원 1만 7000명 가운데 겨우 15명만이 해고되었다. 반면 수많은 중소기업들은 훨씬 더 커다란 타격을 받았다.

경제 대침체기를 지나는 동안 공무원 1인당 평균 급여는 8만 347달러(2005~ 06년)에서 10만 980달러(2011~12년)로 2만 달러 이상 올라갔다. 약 26퍼센트 상승한 셈이다. 그 시기에 일반 국민들의 삶은 어떠했던가?

수많은 국민들이 겨우 먹고살 만큼 벌며 집을 지키기 위해 고군분투하면서 근 근이 살아가는 동안, 공무원들의 연금과 안락한 노후를 보장해 주는 데에 엄청 난 세금이 들어갔다. 그리고 많은 공무원들은 이른바 '연금 갈아타기'를 한다. 이는 50대에 은퇴한 뒤 또 다른 정부 기관에 취업하는 것을 말하는데, 종종 은 퇴한 직장에서 했던 것과 비슷한 일을 하는 곳으로 옮긴다. 그리고 거기서 또 연금과 각종 복지 혜택을 받는 것이다.

지금까지는 납세자들의 돈으로 공무원이 누리는 혜택의 가장 굵직한 부분만

언급했을 뿐이다. 무료 버스 이용이나 경전철 승차권 같은, 보다 작은 이런저런 혜택도 많다. 그리고 공무원을 해고하는 일이 좀처럼 없다는 점도 언급해야한다. 피닉스 시는 심지어 사형선고를 받은 공무원에게도 급여를 지급한 적이있다.

만일 정부 공무원이 민간 부문 근로자와 동등한 수준의 보수를 받는다면(그리고 민간 부문처럼 공무원도 일자리를 얻기 위해 경쟁한다면) 국민들과 정부의 관계는 사뭇 달라질 것이다. 그러면 국민들은 호주머니가 더 넉넉해지거나 더 질높은 공공 서비스를 받을 것이며, 어쩌면 둘 다 누리게 될지도 모른다. 그리고공무원들은 자신의 노조 대표를 위해서가 아니라 질 높은 공공 서비스를 위해일할 것이다.

— 2012년, 시의회 의원 샐 데키키오

내가 정부 공무원들을 무조건 비판하려는 것은 아님을 밝혀 두고 싶다. 교사와 경찰, 소방관을 비롯한 공무원들은 우리 사회를 위해 꼭 필요한역할을 수행하고 있으며 때로는 위험한 상황도 불사한다. 또한 나는 그들의 직업 정신 덕분에 나와 가족들, 사업체, 재산, 지역사회가 1년 365일안전함을 보장받는다는 사실도 잘 알고 거기에 감사한다. 이 책의 목적은금융 교육의 미흡함과 밀접하게 연관된 이슈들에 문제를 제기하고 재고를 촉구하는 것이다. 금융 교육의 부재는 혜택 받을 권리가 있다는 특권의식의 양산에 기여하며, 그런 특권 의식은 공공이나 민간 분야를 막론하고 우리 모두에게 결코 이롭지 않기 때문이다.

교사였던 나의 가난한 아빠는 뼛속까지 공무원이었고 평생 교육에 헌신한 분이었다. 그분은 2년간 학교를 쉬고 급여 삭감을 감수하면서 평화봉사단 활동도 하셨다. 아버지는 케네디 대통령이 평화봉사단을 창설한 직후 이 기관에 등록했다. 부모님이 평화봉사단 활동을 하는 동안 우리 가족은 만족감과 뿌듯함을 느끼며 보냈지만 한편으론 적지 않은 희생을 감내해야 했다.

그런데 세월이 흐를수록 아버지는 뭔가 억울한 기분을 느끼셨다. 공직에 몸담은 자신과 달리 사업에 뛰어든 친구들을 보며 분노를 표출하셨다. 자신은 교직이라는 훌륭한 일을 하며 직업적으로 성공했는데도 재정적으로 쪼들리는 데 반해 친구들은 직업적으로나 재정적으로 모두 성공을 거뒀다는 사실 때문이었다. 아버지는 부자가 된 친구들을 보며 '친구'가 아니라 '배부른 자본가'라고 불렀다.

아버지는 처음엔 교사 노조에 활발하게 참여하지 않았지만, 배부른 자본가 친구들에 대한 분노가 커지면서 노조 활동에 적극적으로 참여하기 시작했다. 그리고 나중에는 하와이주 교원 협회(HSTA)의 리더가 되었다. 아버지는 하와이에서 가장 막강한 노조 가운데 하나인 HSTA를 이끌면서 배부른 자본가 친구들에 대한 분노를 가감 없이 표출했다.

만일 부자 아빠에게 돈에 대한 교육을 받지 못했다면 어쩌면 나도 가난한 아빠와 같은 시각을 지닌 성인으로 자랐을지 모른다. 그랬다면 부자들은 탐욕스럽다는 사고방식을 갖게 되었을지도 모른다.

왜 은행에서는 당신의 재무제표를 원하는가

나는 열두 살 때 재무제표가 무엇인지 이해했다. 그랬기에 어떤 사람이 탐욕스럽고 어떤 사람이 그렇지 않은지도 구분할 수 있었다. 그리고 인정하기엔 다소 마음이 아팠지만, 탐욕스러운 사람이 나의 부자 아빠가 아니라 가난한 아빠라는 사실을 깨달았다.

가난한 아빠의 재무제표와 부자 아빠의 재무제표를 비교해 본 것은 내게 잊히지 않는 경험이었다. 다음은 두 분의 대차대조표를 비교한 내용이다.

	가난한 아빠	부자 아빠
일자리 창출	0	매우 많음
거주지 제공	0	매우 많음

가난한 아빠는 높은 소득을 올리는 공무원이었다. 그분은 40대가 될 때까지 자기 소유의 집이 없었고, 우리 가족은 주택에 세를 들어 살았다. 가난한 아빠는 부하 직원들을 고용하기는 했지만 일자리를 만들어 낸 적은 없다. 그분 밑에서 일하는 근로자들이 받는 급여와 혜택에 들어가는 돈은 납세자들이 낸 세금에서 나왔다. 그분이 실수로 무능한 직원을 고용한다 해도 거기에 수반되는 비용은 납세자들이 부담했다. 아버지 자신이 부담하지 않았다. 그리고 아버지는 대개 고용만 할 줄 알았지 해고할 줄은 몰랐다. 이것은 많은 정부 기관이 비효율적으로 돌아가는 이유 가운데 하나다.

반면 부자 아빠는 수많은 일자리를 만들어 냈고 매달 엄청난 금액을 직원 급여로 지출했다. 또 부동산에 투자함으로써 결과적으로 수백 명의 저소득 세입자들에게 거주지를 제공했다.

가난한 아빠는 부자 아빠의 행동을 관대한 것이라고 보지 않았다. 가난한 아빠의 관점에서 볼 때 부자 아빠는 근로자를 착취하고 가난한 아빠 같은 사람들, 자기 집을 장만할 경제적 여유가 없는 사람들을 이용하는 탐욕스러운 사람이었다.

나의 두 아버지는 같은 동전에서 서로 반대쪽에 있었다. 두 분 다 각자 자신은 옳고 상대방은 틀렸다고 믿었다.

두 분의 대립은 미국에서 벌어지고 있는 새로운 내전과 크게 다르지 않다. 즉 정부 공무원들과 납세자들 사이의 전쟁, 그리고 부자들과 나머지 사람들의 전쟁 말이다. 한 개인이 어느 편에 속하는지는 그가 '탐욕'과 '관대함'에 대해 어떤 시각을 갖고 있느냐가 좌우한다.

나는 두 아버지를 둔 덕분에 동전의 옆면에 올라서서 양쪽 면을 다 볼 수 있었다.

감정을 넘어서

또한 나는 두 아버지를 둔 덕분에 감정에 휩쓸리지 않고 사실에 집중할 수 있었다. 자본가들과 그 이외 사람들 사이의 갈등이 부각되는 지점은 자산 부문이다. 자본가는 자산을 개인적으로 가장 중요한 항목으로 여긴다. 사회주의자는 그렇지 않다. 그들은 자본가의 자산을 공공 재산으로 바라보는 경향이 있다.

백 마디 말보다 다음 그림을 보는 게 나을 것이다.

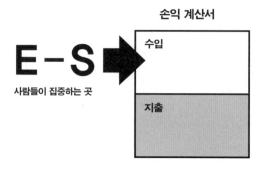

손익 계산서

E-S

사람들이 집중하는 곳

수입
지출

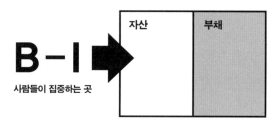

대차대조표

B-I

사람들이 집중하는 곳

자산	부채

가장 중요한 개념

학교에서 금융 교육을 하지 않은 것은 부자들과 나머지 사람들 사이의 전쟁이 일어나게 한 원인이다. 나는 만일 사람들이 어렸을 때부터 자산과 부채의 차이를 배운다면 부자와 가난한 사람들 사이의 격차가 좀 더 좁아질 것이라고 생각한다. 또는 적어도 빈곤층과 중산층이 왜 부자들이 더 부유해지는지 그 이유를 깨닫고, 부자들이 알고 있는 것들을 자신의 생활에서도 실천하기로 결심할 것이다.

정부가 외치는 '부자 증세'나 '부자에게 빼앗아 빈자에게 나눠 주어라'라는 로빈 후드 식 사고방식에 찬성하는 이들이 많다. 그들은 부자가 탐욕스럽다고 믿는다. 하지만 내 눈에는 동전의 다른 면이 보인다. 나는 자신의 시간과 자원을 기꺼이 나눠 주는 관대하고 후한 부자들을 많이 알고 있다.

지금의 경제 위기가 조만간 해결되지 않는다면, 부자를 증오하는 이런 오래된 정서가 경제, 사회, 정치 분야의 많은 영역을 장악할 것이다. 그 겉모습은 "부자에게 빼앗아 빈자에게 나눠 준다."는 정의 실현일지 모르지만, 사실 우리가 주목해야 할 핵심 문제는 부분적으로는 학교의 금융 교육 부재가 초래한 금융 무지이다.

네 종류 경제적 그룹

우리 사회에는 네 종류의 경제적 그룹이 존재한다.

1. 빈곤층
2. 중산층
3. 부자(연소득 100만 달러)
4. 최상급 부자(월소득 100만 달러 이상)

부자와 최상급 부자의 예를 몇 가지 소개하면 이렇다.

- 의사는 부자가 될 수 있다.

  제약회사 소유주는 최상급 부자가 될 수 있다.

- 프로 스포츠 선수는 부자가 될 수 있다.

  스포츠 팀을 소유하고 선수에게 급여를 주는 사람은 최상급 부자가 될 수

있다.

• 호화 저택에 사는 변호사는 부자일 수 있다.

아파트 건물에 투자하는 사람은 최상급 부자가 될 가능성이 높다.

어릴 때부터 이 차이점을 알아야 한다. 그러면 동전의 양면을 모두 볼 줄 알게 되며, 삶의 더 많은 선택안들 중에서 고를 기회가 생긴다.

백만장자란 무엇인가

많은 이들이 백만장자가 되기를 꿈꾼다. 문제는 어떤 유형의 백만장자가 될 것인가이다. 다음에 몇 가지 유형을 소개하겠다.

순자산 백만장자

백만장자 가운데 가장 많은 사람이 속하는 유형이다. 중산층의 많은 이들이 여기에 속한다. 가령 1975년에 10만 달러를 주고 집을 산 베이비붐 세대를 들 수 있다. 이후 치솟은 인플레이션 덕분에 10만 달러짜리 집의 가치가 현재는 250만 달러일 수 있다. 그리고 해당 주택이 저당 잡히지 않은 상태를 가정해 볼 수 있다. 또 50만 달러 가치의 주식을 보유한 사람도 이 유형에 속한다. 그런데 문제는 이 유형에 속하는 많은 부자들이 여전히 생활비와 이런저런 지출 항목을 걱정한다는 점이다. 순자산에서 나오는 현금흐름이 거의 없을 수도 있기 때문이다.

부자 아빠의 재정 관리는 전통적인 회계 방식을 따르지 않는다. 부자 아빠는 '현금흐름'을 토대로 재정을 관리한다. '내 주머니에 돈을 넣어 주는 것'은 자산이고, '내 주머니에서 돈을 빼 가는 것'은 부채다. 그렇다면 250만 달러짜리 집은 자산이 아니다. 각종 유지 보수, 보험, 공과금, 세금 등의 지출로 소유주의 주머니에서 돈을 빼 가기 때문이다. 만일 소유주가 집을 처분한다면 그때는 집이 자산이 된다. 소유주의 주머니에 돈을 넣어 주기 때문이다. 이때 발생하는 소득은 현금흐름이 아니라 자본 이득에 해 당한다. 50만 달러어치 주식은 이익 배당금이라는 현금흐름을 발생시킬 수도, 발생시키지 않을 수도 있다.

수많은 미국인들이 이 '순자산 백만장자'에 속한다. 즉 그들은 서류상 으로만 백만장자다. 실제로 그들 지갑으로 흘러 들어오는 현금은 거의 없 다는 얘기다.

고소득 백만장자

E와 S 사분면에서 매우 높은 소득을 올리는 이들이다. 예를 들면 기업 CEO, 높 은 연봉을 받는 피고용인, 변호사, 프로 스포츠 선수, 의사, 영화 배우, 복권 당 첨자 등이 여기에 속한다.

이들은 '수입'은 높지만 많은 경우 일자리나 직업을 잃을까 봐 또는 일을 중단 하면 수입이 끊길까 봐 걱정한다.

현금흐름 백만장자

자산으로부터 수입을 얻는 유형이다. 이들이야말로 진정한 부자다. 이들에겐 일자리가 필요하지 않다. 스티브 잡스는 봉급이 필요 없었으므로 1달러의 연봉 을 받은 것이다.

흔히 '상위 1퍼센트'라고 불리는 미국의 진짜 부자들 가운데 대다수는 바로 이 현금흐름 백만장자이다.

당신은 자녀에게 무엇을 가르치고 있는가?

아이들은 자신이 보고 듣는 것을 그대로 따라하면서 배워 나간다. 다양한 관점을(여러 주제들에서 동전의 양면을) 접할 수 있게 이끌어 주면 아이들은 새로운 아이디어와 사고방식에 열린 자세를 갖게 된다. 많은 부모가 "학교를 졸업하고 (E 사분면의) 고소득 일자리를 얻어라."라고 가르친다. B 사분면에 머물면서 가급적 많은 사람을 위한 고소득 일자리를 창출하는 사람이 되라고 가르치는 부모는 거의 없다. 당신은 자녀가 어떤 길을 가길 원하는가?

대다수 사람들은 부동산에 투자하여 다른 이들을 위한 집을 제공하기보다는 꿈에 그리던 자기 집을 장만하는 데에만 집중한다. 또 현금흐름을 위해 자산에 투자하지는 않고 장기적인 연금 프로그램에 투자한다. 자산은 훗날 자녀에게 물려주거나 자선단체에 남길 수도 있다. 당신도, 당신 자녀도 탐욕과 관련하여 동전의 다른 면을 볼 줄 아는 사람이 돼야 한다.

결론

부자들과 빈곤층, 중산층의 진정한 차이는 '어디에 초점을 맞추느냐'에 있다. 부자들은 대차대조표 상의 자산을 획득하는 데 초점을 둔다. 반면 빈곤층과 중산층은 얼마나 버느냐, 즉 수입에 초점을 둔다. 그리고 돈을 열심히 저축한다. 정부 관료들이 그 저축액의 구매력을 떨어트리는데도 말이다. 빈곤층과 중산층에 속하는 많은 사람들은 자신의 재정 관리의 문제점을 이해하려고(그리고 적극적으로 해결하려고) 하지 않고 부자들이 탐

욕스럽다고 비난하며 분노를 표
출한다.

부모가 자녀에게 "자산을 획득
하는 법을 익혀라."가 아니라 "학
교를 졸업하고 일자리를 얻어라."
라고 가르치기 때문에 자본가들
과 나머지 사람들의 격차가 발생
하는 것이다.

가난한 사람들은 진정한 자산
이 거의 없다. 중산층 대부분도
마찬가지다. 진정한 자산이란 매
달 호주머니에 돈을 넣어 주는
투자 대상을 뜻한다. 하지만 사
람들 대부분은 그저 일자리나 직
업을 갖고 있을 뿐이다.

- 대부분의 사람들은 단 하나의
  일자리를 갖고 있다.
- 대부분의 사람들은 단 하나의
  집을 소유하고 있다.
- 대부분의 사람들은 단 하나의
  은퇴 계획을 갖고 있다.

부자 아빠의 교훈

부자 아빠는 마이크와 내게 '현금흐
름 백만장자'가 되어 베풀 줄 아는 관
대한 부자가 되라고 가르쳤다. 마이
크는 아버지의 자산을 물려받았기 때
문에 그 길을 가기가 조금 더 쉬웠다.
반면 나는 아무것도 없는 상태에서
시작해야 했다.

현재 킴과 나는 1,000개 이상의 일자
리를 창출하며 임대용 거주지 및 사무
실을 4,000개 이상 보유하고 있고 여
러 저서와 게임, 유정을 소유하고 있
다. 이들 자산이 엄청난 현금흐름을
만들어 낸다. 우리 부부가 일을 중단
해도 돈은 계속해서 들어온다. 만일 우
리가 이 세상을 떠나도, 그 자산들은
그것을 넘겨받은 자선단체들을 위해
현금흐름을 계속 만들어 낼 것이다.

우리는 수세대 동안 이어질 수 있는
지속 가능한 현금흐름을 만들어 내려
면 관대하고 후한 사람이 되어야 한
다고 믿는다. 하지만 어떤 사람들 눈
에는 우리가 그저 탐욕스러운 자본가
돼지로 보인다.

자본주의의 진정한 모토는 "더 많은 사람들의 필요를 채워 줄수록 나는 더 바람직한 인간이 된다."이다. 그래서 B와 I 사분면의 사람들이 베푸는 관대함을 지녀야 하는 것이다. 당신도 더 많은 사람에게 이로움을 주고 싶다면 관대한 사람이 되어야 한다.

다음의 성서 구절을 음미해 보길 바란다.

주라 그리하면 너희에게 줄 것이니 곧 후히 되어 누르고 흔들어 넘치도록 하여 너희에게 안겨 주리라 너희의 헤아리는 그 헤아림으로 너희도 헤아림을 도로 받을 것이니라.

—「누가복음」 6장 38절

안타깝게도 많은 이들이 돈은 더 많이 받고 일은 적게 하며 일찍 은퇴하기를 바란다. 그것을 어찌 베풀 줄 아는 관대함이라고 볼 수 있겠는가?

결국 누가 가장 관대한 사람이라 할 수 있는가?

자녀에게 또 다른 관점을 가르칠 때 부디 관대함의 힘에 대해 함께 이야기를 나눠 보길 바란다. 그들이 어떤 사분면을 선택하든 상관없이 말이다. 그리고 탐욕이 아니라 베풀고 나누는 마음가짐이 가져다주는 결과에 대해서도 이야기를 나눠 보라.

관대함이 무엇인지와 베풀 줄 아는 사람이 되는 법에 대해 이야기를 나누라

자녀에게 베푸는 방법을 생각하게 하라. 일상생활에서 관대함을 실천하는 작지만 의미 깊은 다양한 방법이 있다는 것을 일깨워 줘야 한다. 친구들과 장난감을 함께 갖고 노는 것도, 부모님이 바쁠 때 옆에서 얌전히 기다리는 것도, 나이 어린 동생을 자상하게 도와주는 것도, 노숙자 쉼터에서 자원 봉사를 하는 것도, 십일조 헌금을 하는 것도 모두 베푸는 마음에서 나오는 행동이다.

헨리 포드, 월트 디즈니, 토머스 에디슨 같은 훌륭한 사업가들이 베푸는 관대함을 지닌 사람들이었다는 점을 아이에게 일깨워 주는 것도 중요하다. 그들은 조국을 위해, 그리고 이 세상을 위해 수많은 일자리를 만들었고 커다란 부를 창출해 냈다. 그런 일깨움을 주면 아이들이 부자나 자본가가 탐욕스러운 사람이며 '자본주의'라는 단어가 혐오스러운 말이라고 믿는 대신에 관대하고 베풀 줄 아는 사람으로 성장하도록 이끌 수 있다.

빚이 당신을
부자로 만들 수 있다.

12장

빚에 대한 부자의 관점

나쁜 빚과
좋은 빚

흔히 젊은 세대는 금융과 관련해 "저축을 해라.", "빚에서 벗어나라."는 교육을 받는다. 많은 이들은 그런 조언을 실천하는 게 똑똑한 일이라고 믿는다. 이번 장에서는 어째서 이런 조언이 시대에 뒤진 사고방식인지, 왜 그것이 당신 자녀가 재정적 자유를 얻는 길을 방해하는 걸림돌이 되는지 설명할 것이다.

본론

2012년, 피닉스에 있는 우리 집 근처에 있는 5성급 호텔이 싱가포르 국부 펀드를 통해 싱가포르 정부에 매각되었다. 그 돈은 어디서 나온 것일까? 아시아에서 제조된 TV와 컴퓨터, 아이폰, 여타의 제품들(시간이 흐를수록 가치가 떨어지는 제품들)을 구매한 미국인들의 호주머니에서 나온 것이다. 그리고 미국인들이 사용한 달러는 다시 미국으로 흘러들어와 미국인의 자산(시간이 흐를수록 가치가 상승하는 자산)을 구매하는 데 이용된다.

현재 그 5성급 호텔에서 일하는 직원들은 싱가포르에서 고용한 사람들이다. 그 호텔은 국제 은행들에서 제공하는 자금도 지원받는다.

부도 잃고 일자리도 잃다

이것은 세계화의 단면이다. '저축을 해야 한다'는 이유로 늘 싼 제품을 찾는 미국인들은 자신들이 번 돈을 저비용 제품을 생산하는 나라들로 내보내고 있는 셈이다. 그 결과 미국인들은 일자리도, 나라의 부도 잃게 되었다. 이것은 글로벌 경제에서 얻은 값비싼 교훈이다.

또한 세계화가 진행되면서 미국 정부는 이미 막강한 정치적, 경제적 영향력을 국제연합, WTO(세계무역기구), IMF(국제통화기금), 세계은행 같은 세계 기구들에게 넘겨주었다. 특히 미국 경제는 상당 부분 세계 경제의 한 부분으로 통합되어 가고 있다. 세계화로 인해 이제 우리의 리더는 더 이상 우리의 리더가 아니며 그들이 우리를 보호해 줄 수도 없다.

역사에서 배우는 교훈

리처드 닉슨 대통령은 오늘날의 경제 위기가 촉발되는 데에 두 가지 점에서 기여했다고 볼 수 있다.

1. 1971년에 닉슨 대통령은 금본위제를 폐지했다. 이로써 '금본위제'는 '빚 본위제'로 전환되었으며 세계 경제는 40년 넘게 호황을 누렸다. 인플레이션이 증가했고 채무자는 웃게 되었으며 저축자는 울상을 짓게 되었다.

곧이어 주택 가격이 상승하기 시작했다. 부자가 되리라고 생각지도 못했던 많은 주택 소유자들이 어느새 자신이 부자가 되었다는 사실을 깨달았다. 집의 가치가 오른 덕분이었다. 하지만 사실은 집의 가치가 올라간 것이 아니라 달러의 가치가 떨어진 것이었다.

2. 1972년 닉슨 대통령이 중국과의 교역을 위한 문을 개방하자 저가 중국 제품들이 미국 시장에 쏟아져 들어오기 시작했다. 미국의 생산 및 제조 분야의 분위기가 급변했고 미국인들은 생산자보다는 소비자가 되었다. 아울러 미국인들이 구매하는 저가 중국 제품의 양이 늘어남에 따라 미국의 더 많은 일자리가 중국으로 빠져나갔다. 미국 공장들이 문을 닫았고, 일부 기업들은 중국이나 과테말라, 동유럽 같은 저임금 국가들로 생산 거점을 옮겼다.

미국인들은 임금이 정체되었어도 집값이 계속해서 '상승'하는 한 자신이 부유하다는 '기분'에 젖어 있었다. 더 많은 소득을 버는 대신에 신용카드를 쓰며 마음껏 쇼핑을 즐기기 시작했다. 그리고 자신의 집을 마치 현금 지급기처럼 여기며 집을 담보로 재융자를 받아 신용카드 빚을 메웠다.

이 모든 동화는 2007년에 막을 내렸다. 주택 가격이 폭락했고 곧 집은 담보 대출액보다도 가치가 적은 물건이 되었다. 소비가 급격히 위축되자 일자리도 줄어들었다. 그리고 많은 이들이 집을 잃었다.

우드로 윌슨 대통령은 1913년 미국 연방준비은행의 설립을 위한 법안에 서명했다. 윌슨 대통령은 자신의 의지로 서명한 것일까, 아니면 연방준비은행의 설립을 요구할 정도로 막강한 '조직적인 어떤 세력'에 굴복한 것일까?

메이어 암셀 로스차일드가 했던 말이 다시금 떠오르는 대목이다.

"내게 한 나라의 통화 발행권을 달라. 그러면 누가 법률을 만들든 개의치 않겠다."

나는 이런 물음을 거듭 던질 수밖에 없다. 그 때문에 학교에서 금융 교육을 하지 않는 것일까? 그 때문에 학교에서 아이들에게 열심히 일하고 돈을 저축해서 빚에서 벗어나라고, 그리고 정부가 지원하는 은퇴 프로그램에 투자하라고 가르치는 것일까?

빚은 좋은 것이다

대개 사람들은 빚이 나쁘다고만 생각한다. 그리고 실제로 금융 교육을 받지 못한 사람들에게 '대부분 빚은 나쁜 것이 되어 그들을 괴롭힌다. 그래서 그들은 "빚에서 벗어나십시오. 신용카드를 잘라 버리고 열심히 저축하십시오!"라고 조언하는 금융 전문가들의 말에 귀를 기울인다.

기본적인 금융 교육만 받아도 금융 지능을 키울 수 있으며 동전의 옆면에 올라서 동전의 다른 면을 볼 수 있다. 다른 면에서는 빚이 좋은 것이고 당신을 부자로 만들어 준다. 그리고 빚을 이용해 세금을 적게 내며 부를 쌓을 수 있다.

빚을 금으로 변화시키기

수세기 동안 연금술사들은 납을 금으로 변화시키려고 노력했다.

천 년도 넘은 오래전 옛날 로마에서는 금화와 은화를 주조할 때 납을 섞기 시작했다. 이런 속임수가 로마 제국의 멸망을 앞당겼을지도 모른다.

1971년에 금본위제를 폐지한 닉슨 대통령은 현대판 연금술사가 되어 사실상 빚을 금으로 변화시켰다.

왜 A학생은 C학생 밑에서 일하게 되는가

오늘날 일류 경영 대학원을 졸업한 많은 똑똑한 인재들은 골드만삭스나 시티그룹 같은 투자은행에서 일하면서 빚을 금으로 변화시키고 있다. 대부분 현실 세계의 금융 교육을 받은 적이 없는 이들 'A' 학생은 계속해서 빚을 자산인 것처럼 포장하고 있다.(심지어 2007년 금융 붕괴 이후에도) 그들은 근사한 종이와 리본으로 빚을 포장하는데, 이때 부채담보부증권(CDO), 모기지담보부증권(CMO) 같은 파생 상품의 이름을 사용한다.(일반인은 이해하기도 힘든 용어다.) 그러고 나서 그렇게 포장한 빚을 전문 투자자, 연금 펀드, 보험 회사, 정부를 대상으로 판매한다.

이런 파생 상품을 구입하는 이른바 '전문 투자자'들 가운데 다수는 I 사분면이 아니라 E 사분면에 있는 'A' 학생 유형의 피고용인이다. 이들 대부분은 금전적인 리스크를 감당할 필요가 없거나, 투자가 실패로 돌아가도 개인적으로 금전적 책임을 지지 않는다. 이들은 엄청난 금액의 손실을 내더라도 여전히 봉급과 보너스와 은퇴 후 혜택을 받는다.

워런 버핏은 이런 파생 상품을 '금융계의 대량 학살 무기'라고 불렀다. 현재 이 대량 학살 무기의 규모는 1200조 달러 이상이며 이 시한폭탄은 언젠가 폭발하여 세상을 무너트릴 것이다.

버핏의 경고에도 불구하고 그가 최대 주주로 있는 신용 평가 회사 무디스는 서브프라임 빚을 AAA 등급으로, 즉 최상급 투자 적격 '빚'으로 평가하며 수수료를 챙겼다. 내 생각에 서브프라임 빚을 AAA 등급으로 평가하는 것은 마치 속담에서처럼 돼지의 귀로 비단 지갑을 만들어 똑똑한 사람들한테 팔려는 것과 다름없는 행위다. ("돼지 귀로 비단 지갑을 만들 수는 없다.(You can't make a silk purse out of a sow's ear.)"는 속담은 "시작이 나쁘면 결과가 좋을 수 없다."는 의미이다. ─ 옮긴이)

일류 경영 대학원을 나온 'A' 학생들은 악성 빚을 사는 일과 파는 일 모두에 참여한다. 그것이 황금과 같은 가치를 지닌다고 믿으면서 말이다. 나는 다시금 묻고 싶다. 이것은 전 세계적으로 퍼진 어리석음을 보여 주는 놀라운 이야기인가, 아니면 합법적인 부패를 보여 주는 이야기인가?

이런 상황은 동전의 '양면'을 보는 것이 얼마나 중요한지 우리에게 환기시켜 준다.

좋은 소식은, 세상이 빚 본위제로 돌아가는 동안 빚을 활용할 줄 아는 사람은 더 부자가 될 것이라는 점이다. 반면 그 방법을 모르는 사람은 더 가난해질 것이다.

바로 그래서 1973년에 부자 아빠가 내게 부동산 투자 강좌를 들으라고 권유한 것이다. 내가 왜 부동산에 투자해야 하느냐고 묻자 그분은 "부자가 되고 싶다면 빚을 이용하는 법을 배워야 하기 때문이지."라고 말씀하셨다.

다들 알겠지만 빚을 다루는 것은 수류탄을 만지는 것과 유사하다. 빚이든 수류탄이든 매우 신중하게 관리해야 한다. 2007년 이후 수많은 사람들이 절실히 깨달았듯이 빚은 당신을 깊은 재정적인 나락으로 떨어트릴 수도 있다. 빚을 '활용하는' 법을 배울 생각이 없는 사람이라면 그저 빚에서 벗어나라는 흔한 조언을 따를 수밖에 없으리라.

저축은 바보짓이다

이런 말을 하면 많은 이들이 고개를 갸우뚱거리겠지만, 저축은 바보짓이며 빚을 얻는 것이 똑똑한 짓이다. 정부가 수조 달러의 가짜 돈을 찍어내는 마당에 저축이 무슨 의미가 있단 말인가?

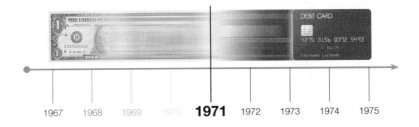

1967   1968   1969   1970   **1971**   1972   1973   1974   1975

잊지 마라. 1971년 이후로 미국 달러와 빚은 동의어가 되었다. '만약에' 정부가 돈을 찍어 내는 것을 중단하고 이자율을 올리기 시작한다면 '어쩌면' 돈을 저축하는 게 현명할지도 모른다.

빚을 이용해 가난해지기

오늘날 빚은 돈이다. 사람들은 오랫동안 빚을 돈처럼 이용해 왔다. 그토록 많은 이들이 재정적 곤궁에 빠진 이유는 빚을 돈처럼 이용하면서 자산이 아니라 부채를 획득했기 때문이다. 예컨대 많은 이들이 재정적 곤란에 빠진 이유는 학자금 대출을 받아 등록금을 내고, 주택 담보 대출을 받아 집을 사고, 대출금으로 차를 장만하고, 신용카드를 절제 없이 쓰며 쇼핑을 했기 때문이다. 이런 사람들은 빚을 돈처럼 사용하여 결국은 더 가난해진다.

"나는 투자에 사용할 돈이 없어."라고 말하는 사람은 빚을 이용해 더 많은 돈을 만들어 내는 방법을 모르는 것이다.

빚은 은행을 부자로 만들어 준다

은행의 재무제표에서는 당신의 저축액이 은행의 부채로 나타나고 당신이 받은 담보 대출은 은행의 자산으로 나타난다.

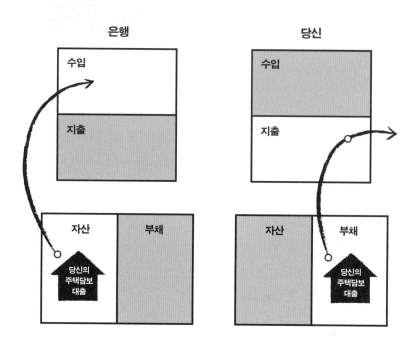

기억하라. 자산과 부채를 구별하는 방법은 바로 이 질문을 던지는 것이다. "현금이 어느 방향으로 흐르고 있는가?"

은행은 당신의 저축액에 대해 이자를 지불하므로 당신의 저축액은 은행 입장에서 부채에 해당한다. 그 이자 때문에 은행의 호주머니에서 돈이 빠져나가기 때문이다. 한편 당신의 주택 담보 대출이나 여타의 대출 빚은 은행에게 자산이다. 그것들이 은행의 호주머니에 돈을 넣어 주기 때문이다.

은행들은 자기 은행의 신용카드를 사용하게 유도하는 프로그램을 갖고 있다. 내가 비행기를 타러 공항에 가면 항공사 직원들은 늘 내게 자기

네와 연계된 신용카드의 회원으로 등록하라고 권유한다. 보너스 포인트를 받거나 마일리지를 쌓을 수 있다면서 말이다. 나는 저축을 했다고 보너스 마일리지를 주는 은행을 본 적이 없다. 은행이 당신에게 저축을 받고 당좌예금 계좌를 개설해 주는 유일한 이유는 당신을 대출 고객으로 확보하기 위해서다.

부자 아빠의 교훈

"당신의 빚은 은행을 부자로 만들어 주고 당신의 저축액은 은행을 더 가난해지게 만든다."
사실 은행은 사람들의 예금을 그다지 많이 필요로 하지 않는다. 부분지급준비금 제도를 통해 돈을 만들어 낼 수 있기 때문이다.
모노폴리 게임의 규칙을 기억하라. "은행은 절대 파산하지 않는다. 은행은 돈이 떨어지면 필요한 만큼 얼마든지 돈을 만들어 낼 수 있다."

빚을 이용해 자산 획득하기

달러에 세금이 붙고 빚에는 세금이 붙지 않는다면 어느 쪽을 활용하는 것이 더 현명한 일일까?

2007년에 각국 은행들은 수조 달러를 찍어 내기 시작했다. 모노폴리 게임의 규칙에 따라 전자 기록상으로 수조 달러를(즉 이론적으로 존재하는 수조 달러를) 만들어 낸 것이다. 닉슨 대통령이 달러를 빚으로 만들어 버린 1971년 이후로 계속 부풀어져 온 빚의 거품이 터지는 것을 막기 위해서였다. 은행들이 돈을 찍어 내면 세금이 올라가고 인플레이션으로 인해 식료품과 에너지 가격이 상승한다. 그리고 예금액이 줄어들고 달러의 구매력이 감소한다.

인플레이션이 심해지고 달러 가치가 하락하는데 돈을 저축하는 게 의미가 있을까? 달러의 구매력이 감소하는데 좋은 학교의 학위를 따서 더 많은 돈을 벌려고 더 열심히 일하는 게 현명한 일일까? 인플레이션이 심해진다면 빚을 이용해 자산을 획득하는 법을 배우는 게 더 현명하지 않을까? 인플레이션 때도 가치가 상승할 확률이 높으며 현금흐름을 창출하는 자산 말이다.

내가 보기엔 빚에서 벗어나려고 애쓰는 것보다 빚을 활용할 방법을 배우는 편이 더 낫다.

나의 이야기

나는 대개 순전히 빚만을 이용해 부동산 자산(즉 내 주머니에 돈을 넣어 주는 자산)을 획득한다. 이것은 이론상으로는 간단하게 들리지만 실제로 그 과정은 쉽지만은 않을 수도 있다. 나도 부동산 투자가로서 실적을 쌓고 은행 측에 내가 부동산 및 자산 관리 방식을 제대로 알고 있음을 입증하는 데에 상당한 기간이 걸렸다. 그렇기 때문에 사람들에게 부동산 투자 강좌를 들으라고 권유하는 것이다. 빚을 활용해 현금흐름을 늘리고 부자가 될 수 있는데 무엇 하러 돈을 위해 일을 한단 말인가?

킴과 나는 소가족용 임대 부동산으로 조그맣게 시작했다. 우리는 수차례 실수를 통해 배우고 연구하면서 더욱 똑똑해졌고 그렇게 터득한 것을 다음번 투자에서 활용했다. 웬만큼 자신감이 생기자(그리고 현금흐름을 만들어 내는 부동산을 몇 개 확보하자) 게임의 수준을 한 단계 높여 소규모 아파트 단지로 눈을 돌렸다.

현재 나의 개인적인 빚은 수억 달러지만 그것은 나를 가난에 빠트리는 것이 아니라 더 부자로 만들어 주는 빚이다. 즉 그 빚은 매달 내 호주머니에 더 많은 돈을(현금흐름을 통한 비활성 소득을) 넣어 준다.

혹자는 이렇게 말할지 모른다. "빚이 수억 달러라고요? 지금까지는 운이 좋으셨나 보군요. 하지만 언젠가는 몽땅 잃고 파산할 겁니다."

내가 모든 걸 잃을 수도 있을까? 물론 그럴 가능성은 없지 않다. 그래서 내가 금융 공부를 게을리하지 않는 것이다. 앞에서도 말했듯 각각의 사분면은 교실과도 같다. 대다수 사람들은 I 사분면의 전문 투자자가 되는 법을 배우는 대신, 무조건 그들의 투자금을 자산 관리사 같은 낯선 사람들에게 맡기라고 학교와 언론을 통해 배워 왔다. 그들은 그런 낯선 사람들이 수익을 내서 자신에게 되돌려주길 바란다. 이런 교육과 조언은 거의 조건반사와도 같은 효과를 낳는다. 부자 아빠는 돈이 나를 위해 일하게 만드는 사업가가 되도록 나를 훈련시켰다. 나는 내 돈을 낯선 이들에게 맡기지 않는다. 그것은 위험하고 어리석은 짓이다.

동전의 다른 면

나는 빚을 이용하기 때문에 일자리를 가질 필요가 없다. 또 돈을 저축할 필요도, 401(k) 프로그램에 의지할 필요도, 사회 보장 제도나 메디케어에 의존할 필요도 없다. 현재 내가 이런 삶을 누리게 된 것은 금융 지능을 높이기 위해 많은 시간과 노력을 투자하고 배운 것을 실천한 덕분이다. 물론 모든 투자가 엄청난 수익을 안겨 주었던 것은 아니다. 이 여정에는 높고 낮은 부침이 있기 마련이다. 그리고 실패와 실수는 언제나 내게 값진 교훈을 가져다주었다. 누구나 그런 과정을 거쳐야 한다.

나는 부모들에게 적어도 한 달에 한 번씩 가족들이 모이는 금융 교육의 밤을 마련하라고 조언한다. 함께 보드게임을 하고 현실 세계에서 일어

나는 이런저런 경제적 사건에 대
해 대화를 나누면, 부모 자식 관
계도 더욱 돈독해질 뿐만 아니라
부모와 자녀 모두 세상의 불확실
성에 더욱 잘 대비할 수 있다. 부
모의 중요한 역할 하나는 자녀가
미래의 기회들을 붙잡을 수 있도
록 적절히 준비시키는 것이다.

> **부자 아빠의 교훈**
>
> "이제 모든 돈은 빚이기 때문에 금융
> 교육을 할 때는 반드시 빚에 대해,
> 좋은 빚과 나쁜 빚에 대해 가르쳐야
> 한다."

'학습 원뿔'에서 시뮬레이션은 실제로 행하기 다음으로 가장 효과적인
방법이다. 캐시플로 게임을 자꾸 하다 보면, 실제 세상에 나가 진짜 빚과
진짜 투자를 이용하기에 앞서 빚을 이용하는 방법을 미리 익힐 수 있다.
"연습이 완벽을 만든다."라는 말도 있지 않은가. 게임을 교육 도구로 활
용하면, 자녀의 두뇌 안에 금융 지능을 위한 신경 회로가 생길 것이며 자
녀가 재정적 미래를 위한 밑그림을 그리게 도와줄 수 있다.

교육이 필요한 리더들

나는 오늘날 글로벌 경제 위기가 다름 아닌 리더십의 위기이자 교육의
위기라고 생각한다. 머리는 대단히 똑똑하지만 현실 세계의 금융 교육은
받지 못한 개인들이 너무나도 많기에 하는 얘기다. 우리 사회를 이끌어
가는 리더들 대부분은 'A' 학생이었다가 'B' 학생인 관료가 된 이들이다.
그들 가운데 스티브 잡스, 토머스 에디슨, 헨리 포드 같은 진정한 자본가
인 'C' 학생은 거의 없다.

이 사회의 리더들은 더 많은 빚으로 엄청난 빚의 문제를 해결하려고

한다. 더 많은 구제 금융을 원하고 더 많은 양적 완화만을 추구한다. 가짜 돈을 계속해서 찍어 내는 것이다. 그들은 세금 인상과 소비 증가가 해결책이라고 믿는다. 내가 보기에 이것은 금융 자살이나 마찬가지다.

많은 이들이 빚이 문제라고 믿지만 사실 진짜 문제는 빚이 아니다. 진짜 문제는 금융 교육의 부재다. 우리의 리더들이 금융 교육을 제대로 받았다면 빚을 이용해 국민을, 그리고 이 나라를 더 부자로 만드는 법을 알았을 것이다.

우리는 현재 세계 역사상 가장 심각한 금융 위기를 경험하고 있다. 이것은 1929년의 대공황보다 훨씬 더 심각한 위기다. 나는 이 위기가 원활하게 해결되지 못할까 봐 걱정스럽다.

만일 역사가 반복된다면, 어쩌면 우리는 재정적 몰락을 향해 가고 있는 것인지도 모른다. 인류 역사를 들여다보면 속임수를 사용한(금화에 납을 섞든, 재정 문제 해결을 위해 화폐 발행에 의존했던) 정부는 어김없이 경제를 살리기는커녕 비참하게 무너트렸다.

따라서 금융 교육을 통해 금융 지능을 높이는 것이 반드시 필요하다. 동전의 또 다른 면을 볼 줄 아는 사람은 돈에 관해 현명한 선택을 내릴 수 있다. 그런 사람은 남들이 먹고살고 살아남기 위해 발버둥치는 동안 재정적 번영을 누릴 수 있다.

음모와 예언

내가 돈과 투자에 관해 쓴 책 중에 『부자 아빠의 미래 설계』와 『부자들의 음모』가 있다. 후자는 통화 제도가 우리의 부를 도둑질해 가는 현실을 다뤘고, 2002년 출간된 전자는 향후 10년 내에 역사상 최대의 금융시장 붕괴가 발생할 것이라는 나의 예측을 담고 있다.

Q: 나는 우리 사회의 금융 제도 자체에 반대하는 것인가?

A: 그렇지 않다. 나는 금융 제도를 내게 유리하게 이용하고자 하는 것뿐이다. 이 사회의 거대 금융 시스템에는 장점도 많고 단점도 많다. 나는 그것을 유리한 쪽으로 이용하기로 했다.

Q: 나는 빚을 얻으라고 권고하고 있는 것인가?

A: 그렇기도 하고, 그렇지 않기도 하다. 사람들은 대부분 이미 빚에 빠져 있다. 당신이 돈을 사용할 때마다 그것은 곧 빚을 사용하는 것이다. 정부가 돈을 찍어 내고 돈을 이용해 위기에 빠진 은행과 은퇴 프로그램을 구제할 때마다, 우리는 점점 더 깊은 빚의 구렁으로 들어가는 셈이기 때문이다. 이 문제에 대한 해법은 나쁜 빚과 좋은 빚을 제대로 이해하는 것이다. 또한 금융 지능을 높여 빚을 이용해 부자가 되는 법을 터득해야 한다.

1971년 이후로 미국 달러는 구매력의 90퍼센트를 상실했다. 나머지 10퍼센트를 잃어버리는 데에도 그리 오랜 시간이 걸리지 않을 것이다.

당신은 이 책을 집어 들었으므로 금융 교육의 첫 단계에 이미 진입한 셈이다. 당신은 돈에 대해, 그리고 빚의 힘과 세금의 힘에 대해 배우는 중이다. 반면 많은 사람들은 금융 지식에 대해 무지한 채로 빚을 이용한다. 그래서 자신도 모르는 사이 자기 자신과 가족과 나라를 빚과 세금의 노예로 만들어 버린다.

공화당과 민주당을 막론하고 우리의 정치 리더들이 현재의 사회가 직면한 문제들을 잘 해결할 수 있을지, 나는 솔직히 의심스럽다. 지금의 문제는 너무 거대하여 어느 한 정당이나 한 국가가 완벽히 해결하기는 힘들다. 게다가 현 상황에 만족하는 사람들도 꽤 있는 듯하다. 그리고 학교에서 금융 교육을 거의 하지 않는 현실에 대해서도 문제 의식이 없어 보인다. 의도적인 것이든 우연한 결과이든, 금융 교육의 부재는 수많은 이들을 벼랑 끝으로 내모는 원인이다. 그들은 두려움과 걱정에 함몰되어 살아가고 있다.

안타깝지만 우리의 리더들은 우리를 이 글로벌 위기에서 보호해 줄 수 없다. 그러나 부모는 무능한 리더들의 생각을 따르지 않도록 자녀를 보호할 수 있다. 좋든 싫든 빚은 새로운 돈이다. 우리는 빚을 이용해 더 가난해질 수도 있고 더 부자가 될 수도 있다. 선택은 당신의 몫이다.

부모의 행동 단계

빚에는 두 종류, 즉 좋은 빚과 나쁜 빚이 있다는 사실을 자녀에게 가르쳐라

나쁜 빚은 당신을 가난하게 만들지만 좋은 빚은 당신을 부자로 만들 수 있다. 신용카드 빚, 담보 대출 빚, 학자금 대출, 자동차 대출 등등 여러 유형의 빚에 대해 이야기를 나눠 보라.

자녀가 웬만큼 이해할 나이라면 이자와 이자율에 대해서, 그리고 이자가 빚에 미치는 영향에 대해 토론해 보는 것도 좋다. 좋은 빚에 대해서는 세금을 내지 않을 수도 있다는 점, 좋은 빚을 이용해 부자가 될 수 있다는 점도 알려 주어라. 즉 좋은 빚을 많이 활용할수록 더 많은 돈을 벌고 세금은 적게 낼 수 있다.

그 밖에 신용카드 명세서에 적힌 이자, 주택 담보 대출의 이자율, 이자율을 다룬 뉴스 기사도 훌륭한 대화 주제가 된다.

당신의 자녀가 빚의 힘을 제대로 이해하고 세상에 나가면, 엄청난 나쁜 빚의 구렁에 빠질 확률이 줄어든다. 그들은 오히려 좋은 빚을 활용해 커다란 부를 쌓을 수 있을지도 모른다.

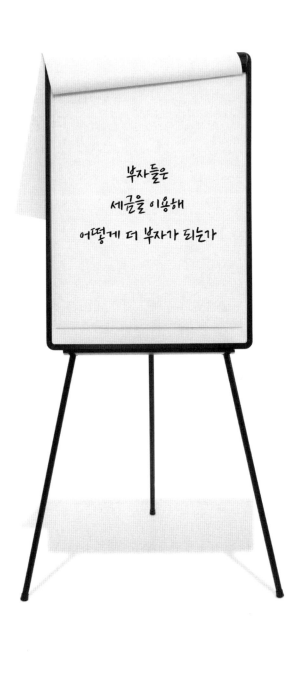

세금에 대한 부자의 관점

부자는 세금을 이용해
더 부자가 된다

유권자들이 '부자 증세'를 요구해도 결국 내는 세금이 늘어나는 쪽은
부자가 아니라 빈곤층과 중산층이다. 흔히 세금은 부담스러운 짐과 같은
것으로, 죽음처럼 절대 피할 수 없는 무언가로 여겨진다. 하지만 동전의
다른 면을 보아야 한다. 사실 세법에는 세금 혜택과 관련한 매우 많은 항
목이 들어 있다. 특정한 경제적 니즈를 취급하는 많은 민간 부문의 사람
들은 정부로부터 세금 혜택을 받는다.

본론

미국의 종교 지도자이자 강연가였던 윌리엄 J. H. 보엣커(William J. H.
Boetcker, 1873~1962)는 개인의 자유와 책임을 강조한 『열 가지 불가능한
일*The Ten Cannots*』이라는 소책자를 저술한 것으로 유명하다. 그 열 가지는
다음과 같다.(굵은 글씨는 내가 강조한 것이다.)

- 검약하지 않고 풍요로워질 수는 없다.

- 강자를 약하게 만들어 약자를 강하게 만들 수는 없다.

- 큰 사람을 무너뜨려 작은 사람을 도울 수는 없다.

- 임금 주는 사람을 끌어내려 임금 받는 사람을 끌어올릴 수는 없다.

- **부자를 망하게 만들어 가난한 자를 도울 수는 없다.**

- 빌린 돈으로 안정을 이룩할 수는 없다.

- 집단 분노를 자극하여 인류의 형제애를 증진할 수는 없다.

- 수입 이상으로 낭비하면서 곤경에서 벗어날 수는 없다.

- 다른 이들의 주도권과 독립성을 빼앗으면서 인격과 용기를 쌓을 수는 없다.

- **다른 사람들이 스스로 할 수 있고 해야 하는 일을 대신 해 주면 그들을 영원히 도울 수 없다.**

세금은 자본가에게 유리하다

경제학의 기본 이론 관점에서 볼 때 개인이 시장에 기여할 수 있는 것은 다음 세 가지다.

1. 노동력
2. 토지
3. 자본

대부분의 학생들은(심지어 'A' 학생도) 학교에서 자신의 노동력을 파는 방법을 배운다. 그들은 학교를 졸업하고 일자리를 얻는다. 학교에서 부동산을 판매(또는 개발)하거나 자본을 파는 방법을 배우는 학생은 거의 없다.

부자 아빠 식 표현으로 하자면, 자신의 노동력을 파는 사람들은 현금 흐름 사분면의 왼쪽 편에 있다. 부동산과 자본을 파는 사람들은 현금흐름 사분면의 오른쪽 편에 위치한다.

책의 앞부분에서도 설명했던 각 사분면의 세금 비율을 아래 다시 소개하겠다.

각각의 사분면에서 납부하는 세율

누진 소득세는 E와 S 사분면에 적용되며 S 사분면 사람들이 세율이 가장 높다. E와 S 사분면에서는 더 많이 벌수록 더 많은 세금을 내야 한다.

B와 I 사분면에서는 얘기가 달라진다. I 사분면 사람들이 가장 세금을 적게 낸다. 현금흐름 사분면의 오른쪽에서는 더 많이 벌수록 세금을 더 적게 낸다.

이런 차이가 생기는 이유는 E와 S 사분면 사람들은 노동력을 팔기 때문이다. B와 I 사분면 사람들은 부동산과 자본을 팔고 사람들, 즉 노동력을 '고용'한다. 『부자 아빠 가난한 아빠』 1권에 나오는 첫 번째 교훈인 "부자들은 돈을 위해 일하지 않는다."를 떠올려 보라.

부모가 "학교를 졸업하고 좋은 성적을 얻어야 좋은 일자리를 얻을 수 있다."라고 말하는 것은 곧 자녀에게 노동력을 팔라고, 돈을 위해 열심히 일하라고 조언하는 것이다.

고등학교 시절 내 시험 성적이 형편없게 나올 때마다 선생님은 말했다. "성적이 나쁘면 훌륭한 곳에 취직할 수 없어." 그러면 나는 이렇게 대꾸했다. "괜찮아요. 저는 취직할 생각이 없거든요." 경제학 용어로 표현하자면, 나는 내 노동력을 팔 계획이 없었던 것이다.

부자들은 열심히 일하지 않는다는 얘기가 아니다. 그들은 평범한 이들과는 다른 무언가를 위해 열심히 일한다. 다시 말해 자산을 획득하기 위해 일한다. 그들 호주머니에 더 많은 돈을 넣어 주고 번 것을 더 잘 유지하게 해 주는(더 유리한 세율 덕분에) 자산 말이다.

정부는 도움이 필요하다

정부는 많은 도움이 필요하기 때문에 경기부양책의 일환으로서 B와 I

사분면 사람들에게 세금 혜택을 준다. 이것이 합법적으로 존재하는 조세법의 허점이자 구멍이다.

다음 그림은 나의 대차대조표를 간략하게 표현한 것이다.

나의 이야기

나는 1973년부터 부동산과 자본을 판매하는 자산을 만들거나 획득하기 위해 노력했다. 나는 내 노동력을 팔 일자리를 찾지 않았다.

미국 세법의 5,000쪽 이상은 '허점'과 관련된 내용이다. 사실 그것들은 '허점'이 아니지만 말이다. 그것들은 의도적으로 마련된 세금 혜택 조항이자 부양책 항목이다. 내가 활용하는 세법상의 구멍을 간략히 소개한다.

내가 세금을 활용하는 법

- **사업체**: 세법에서는 내가 일자리를 창출하기 때문에 세금 혜택을 준다. 더 많은 일자리를 만들어 낼수록 더 많은 돈을 벌고 세금은 더 적게 낸다. 정부 입장에서는 일하는 노동자가 많아질수록 세금을 더 많이 거둬들일 수 있다.

- **부동산:** 세법은 거주지를 제공하는 자에게 유리하다. 내가 더 많은 주택을 제공할수록 나는 더 많은 돈을 벌고 세금은 더 적게 낸다.

- **빚:** 부동산에 수반되는 장점 하나는 빚을 이용할 수 있다는 점이다. 빚은 자본이다. 그리고 오늘날 달러는 빚이다. 만일 내가 돈 빌리기를 중단하면 경제는 둔화된다. 그래서 정부는 내가 빚을 얻기를 바란다. 따라서 금융 위기 동안에 빚에 적용되는 이자율이 계속 내려간 것이다. 나는 많은 빚을 질수록 더 많은 돈을 벌고 세금은 더 적게 낸다.

- **주식:** 많은 사람이 주식을 좋은 투자라고 여기지만 나는 주식에 투자하지 않는다. 주식으로 부자가 된 사람도 일부 있지만, 많은 이들이 주식 때문에 더 가난해졌다. 당신이 주식에 투자하면, 그것은 곧 사업가 즉 진정한 자본가가 아니라 피고용인들과 경영 자본가들에게 돈을 맡기는 것이다. 내가 주식에 투자하지 않는 가장 큰 이유는 세금 혜택이 별로 없을 뿐만 아니라 내가 감당할 리스크가 너무 크기 때문이다.

- **상품:** 나는 석유 회사의 주식이 아니라 석유 생산에 투자한다. 이를 통해 더 많은 돈을 벌수록 세금은 더 적게 낸다. 정부에서 투자자들이 계속 석유를 생산하길 원하는 것은 다음 두 가지 이유 때문이다.

  1. 석유 가격을 낮게 유지하기 위해
  2. 외국 석유에 대한 의존도를 줄이기 위해

캐시플로 보드게임을 보면 두 종류의 길이 있다. 하나는 '새앙쥐 레이스'이다. 새앙쥐 레이스에 속한 사람들은 주식과 채권, 뮤추얼 펀드에 투자한다.

또 다른 길은 '빠른 길'이다. 현실 세계에도 실제로 '빠른 길'이 존재한다. 부자들은 바로 이 빠른 길에 투자한다. 빠른 길에서 투자자들은 합자 회사, 사모 투자 프로젝트 같은 보다 수준 높은 투자 수단을 택한다. 이것은 내가 돈을 투자하는 방식이기도 하다. 이것의 장점은 내가 해당 사업가를, 즉 회사를 설립하고 직접 운영하는 진정한 자본가를 잘 안다는 사실이다. 내가 '파트너'로서 투자하면 그 사업가는 나의 의견이나 결정을 존중할 것이다.

만일 내가 주식에 투자한다면 해당 기업의 CEO를 개인적으로 알 확률은 거의 없다. CEO는 대개 피고용인이자 경영 자본가이지 사업가나 진정한 자본가가 아니다.

간단히 말해 주식 보유자들은 회사의 '지분'에 투자한다. 대부분의 공개 기업은 수백만 주의 주식을 발행한다. 파트너는 해당 회사의 '퍼센티지', 즉 지분에 투자한다. 많은 경우에 파트너는 세금 우대 조치를 받는다. 하지만 주식 보유자는 그렇지 못하다.

세금 혜택의 종류는 많다

세법에는 다양한 세금 혜택 항목이 존재한다. 나는 내가 활용하는 것들만 소개했을 뿐이다. 여기서 주목할 점은 세법에는 현금흐름 사분면의 오른쪽에 있는 자본가들을 위한 이런저런 혜택과 부양책이 담겨 있다는 사실이다. 일자리와 주택을 제공하고 자본(빚)을 활용하고 사회에 꼭 필요한 상품(식품, 석유 등)을 생산하는 자본가들 말이다. 내가 활용하는 것 말고도 다양한 종류의 세금 우대가 존재한다.

다만 세금 혜택을 고려하여 투자하기 전에 '반드시' 세무사에게 전문적인 조언을 받아야 한다.

세금 우대 조치들에 관해 더 자세히 배우고 싶다면, 나의 세금 조언가인 톰 휠라이트가 쓴 『세금 없는 부Tax-Free Wealth』를 참고하길 바란다.

누가 가장 높은 세금을 내는가?

세법은 현금흐름 사분면의 왼쪽에 있는 사람들에게 더 높은 세금을 부과한다. 가장 높은 세금을 내는 것은 다음 사람들이다.

- 일자리를 가진 사람
- 주택을 한 채만 소유한 사람
- 돈을 저축하는 사람
- 401(k) 은퇴 계획에 참여하는 사람

이들은 대개 모든 것에 대해 일반 소득세를 낸다. 더 많이 벌수록 더 많이 세금을 낸다.

Q: 어째서 401(k) 은퇴 계획에 가입한 사람들이 더 많은 세금을 낸다는 것인가? 고용주가 매칭해 주는 납입금은 세금 공제 혜택을 받지 않는가?

A: 이것은 관점에 따라 다소 달라지는 문제다. 먼저 고용주가 당신에게 주기로 되어 있는 돈은 어쨌거나 당신의 돈이다. 고용주는 그 돈을 기부하는 것이 아니다. 그럼에도 당신은 추가적인 돈을 받는 것처럼 느끼게 된다. 둘째, 재

무 설계사가 "당신이 은퇴하면 세금이 적어질 겁니다."라고 말하는 이유는 대다수 사람들이 은퇴 전에 벌었던 것보다 더 적은 돈을 가지고 은퇴 생활을 하는 것으로 계획하기 때문이다. 만일 당신이 은퇴 시점에 소득이 더 높아져 있다면, 401(k)로 인한 소득에는 더 많은 세금이 붙는다. 401(k)로 인한 소득은 근로 소득에 해당하기 때문이다.

책의 앞부분에서 나는 금융 지식이 높은 사람은 '근로 소득'을 '투자 소득'과 '비활성 소득'으로 전환하려고 노력한다는 것을 설명했다.

나의 친구이자 '부자 아빠 조언가'인 앤디 태너는 『혼돈의 401(k)[401(k)aos]』라는 대단히 흥미롭고 도발적인 책을 썼다. 401(k) 은퇴 계획에 참여하고 있는 사람이라면 한 번쯤 읽어 봐도 좋을 것이다.

학교의 금융 교육

금융 교육과 관련해 학교에서 가르치는 내용은 이것이다. "학교를 졸업하고 일자리를 얻어서 열심히 일하라. 저축을 하고 집을 장만하고 빚에서 벗어나라. 그리고 401(k)에 투자하라." 세금의 관점에서 볼 때 이것은 비우량 금융 교육에 해당한다.

이런 교육을 받으면 당신 자녀는 평생 세금의 노예로 살아가게 된다. 그들은 자본가가 되는 대신에 자기 시간을 내놓은 대가로 돈을 받으며 자본가를 위해 일할 것이다.

자녀를 위한 세금 교육

흔히들 "부자에게 빼앗아 가난한 이들에게 나눠 주는 것"이 옳다고 믿는다. 이것은 과세 제도에 깔린 기본 개념이자 로빈 후드 식 경제 이론, 즉 사회주의의 기본 개념이다.

닉슨 대통령이 금본위제를 폐지했을 때 다음 두 가지 상황의 발생은 예정된 것과 다름없었다.

1. 세금 인상
2. 인플레이션 증가

정부는 돈을 만들어 내기 위해 국채, 재무부 증권, 지방채, 차용증서라고 부를 만한 여타의 수단들을 발행한다. 모든 채권은 결국 빚이므로 원금 상환과 더불어 일정 비율의 이자가 발생한다.

간단한 예로 설명해 보자. 만일 정부가 100만 달러 국채를 발행하고 이자율이 연 10퍼센트라면, 누군가는 연이자 10만 달러를 지불해야 한다. 대개 그 누군가는 바로 우리 납세자들이다.

미국의 국가 부채는 현재 16조 달러를 넘었으며 계속 증가하고 있다. 노벨 경제학상 수상자가 아니더라도, 그처럼 부채가 많다는 것은 곧 엄청난 이자가 발생하고 엄청난 세수가 필요하다는 의미임을 쉽게 이해할 수 있다. 현재 국민들이 내는 점점 더 많은 세금은 결국 은행들과 중국 등의 나라들, 즉 미국에 돈을 빌려 준 채권자들에게로 흘러가고 있다.

정부가 돈을 찍어 내면 인플레이션이 일어난다. 새로 생겨난 돈이 기존의 재정 풀을 희석시키기 때문이다. 그 결과 달러의 구매력이 하락한다. 다음 도표를 보면 그동안 연방준비은행이 얼마나 많은 돈을 찍어 냈는지 알 수 있다.

국제 금 가격 (2000년 ~ 현재까지)

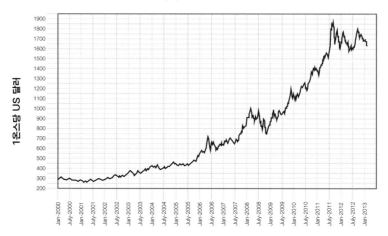

또 다음의 석유 가격 변화를 보라. 연방준비은행이 돈을 찍어 내면 이런 일이 발생한다.

원유의 평균 현물 가격

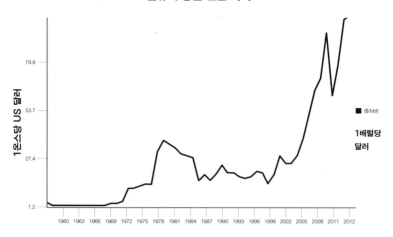

오바마의 두 번째 임기

오바마 대통령은 분명 '부자 증세'를 추진하려는 의지를 갖고 있으며 이 의지는 특히 두 번째 임기 들어서 더욱 확고해지고 있다. 문제는 그가 부자에게 세금을 부과하려고 애쓸수록 빈곤층과 중산층이 내는 세금만 늘어난다는 점이다.

Q: 왜 그런 것인가?

A: 대부분의 세법에서 '고소득' 피고용인들을 표적으로 삼기 때문이다. 내가 앞에서 개인이 시장에서 파는 세 가지(노동력, 토지, 자본)를 설명한 것을 떠올리길 바란다.

인플레이션이 증가하면 소득도 올라간다. 그리고 저임금 노동자들의 수입이 올라가면 그들은 높아진 수입 때문에 납세 등급이 올라가고 결국 더 많은 세금을 내게 된다.

대통령이 몇 차례 승리의 개가를 울릴지라도 자본주의의 기본 원칙은 변함없이 작동할 것이다. 만일 어떤 사람이 똑똑한 사업가가 되어 그의 역할에 마땅히 부합하는 활동을 한다면, 정부는 그 사람을 파트너로 여길 것이고 정부가 할 수 없는 일들을 해 주는 그 사람에게 세금 혜택을 줄 것이다. 만일 어떤 사람이 세금을 피하기 위한 행동만 한다면, 정부는 그 사람을 쫓아가 어떻게든 세금을 받아 낼 것이다.

마지막 당부

요컨대 정부는 다음과 같은 이들에게 세금 우대 조치를 제공한다.

고용주: 정부는 일자리 창출이 늘어나길 원하기 때문이다.

채무자: 이제 달러는 빚이기 때문이다.

부동산 투자자: 정부는 주택이 늘어나길 원하기 때문이다.

상품 생산자: 우리에겐 음식과 석유가 꼭 필요하기 때문이다.

> **부자 아빠의 교훈**
>
> 세금은 사람들의 가장 큰 지출 항목이다.
> 진정한 금융 교육을 위해서는 세금에 관해 가르쳐야 한다. 누가 세금을 내는지, 어째서 일부 사람들은 세금 혜택을 누리는지 가르쳐야 한다.

만일 민간 부문 국민들이 정부가 원하는 일을 대신 해 주지 않는다면, 경제에 대한 모든 통제권이 정부에 있는 체제인 공산주의가 자리 잡을 수밖에 없을 것이다.

따라서 정부가 최대 주주가 된 이후 거번먼트 모터스라는 별칭이 생긴 제너럴 모터스가 경제적인 전기 자동차를 생산할 수 없으며, 오바마의 적극 지원을 받은 솔린드라(Solyndra)가 태양열 패널을 생산할 수 없었던 것이다.

이런 질문을 던져 보길 바란다. 왜 정부는 세상에서 가장 위험한 조직들을 보유하고 있는가? 왜 미국 우정공사가 파산 위기에 처했는가? 왜 메디케어가 비효율적인 고비용의 시스템이 되었는가? 왜 우리의 정부는 파산 위기에 직면했는가? 그리고 무엇보다 중요한 질문은 이것이다. 왜 학교에서는 아이들에게 돈과 관련한 책임감 있고 똑똑한 선택을 내리는 데 필요한 교육을 실시하지 않는 것인가?

이것도 생각해 보라. 만일 정부가 항공사들을 인수해 주인이 된다면 당신은 그래도 비행기를 탈 것인가? 그것이 바로 정부가 세금 혜택을 제공하는 이유 가운데 하나다.

부모의 행동 단계

두 가지 관점에서 세금을 바라보도록 가르쳐라

어떤 이들은 세금 때문에 가난해지지만 어떤 이들은 세금 때문에 부자가 된다. 그것은 관점의 문제다. 흔히 세금은 가혹한 형벌 같은 것으로 여겨지며 가계에 가장 큰 부담을 주는 지출 항목이다. 하지만 부자들은 세금을 일종의 인센티브 수단으로 바라본다. 즉 정부가 필요로 하는 일을 대신 해 주는 개인과 사업체들이 정부로부터 받는 혜택으로 말이다. 그런 혜택을 받을 자격이 있는 활동으로는 일자리 창출, 저렴한 주택 공급, 에너지 관련 사업 등이 있다.

자녀가 당신이 매년 세금 신고서를 제출한다는 사실을 이해할 만큼 자랐다면 세금과 관련해 배울 또 다른 기회를 마련할 수 있다. 세금 신고서를 자녀와 함께 검토해 보면서 소득과 지출이 어떻게 기록되는지 보여 주어라. 또 세금 공제액이 표시된 항목도 설명해 주어라. 급여 명세서나 급여에서 공제된 항목들도 설명해 주어라. 사회 보장 제도에서 어떻게 자금을 확보하는지, 소득에 어떤 식으로 세금이 붙는지 아이들이 이해하는 데 도움이 될 것이다. 또 정부가 사람들의 총급여에서 세금을 떼어 가는 방식, 총급여와 실제로 집에 가져가는 급여의 차이를 이해하게 될 것이다.

세금이라는 동전의 '세 가지' 면을 자녀에게 가르치고 자녀가 그 차이를 이해할 수 있게 이끌어 주길 바란다.

13장 _ 부자는 세금을 이용해 더 부자가 된다   **345**

한 가지 관점:
"막대기와 돌은 내 뼈를
부러뜨릴 수 있지만 말은 결코
나를 해치지 않는다."

또 다른 관점:
"말은 막대기와 돌보다 더
커다란 해를 입힐 수 있다."

14장

돈의 언어를
이해하라

말이 인생을 좌우한다

현실 세계에서도 실제로 말이 육신이 된다. 그리고 각각의 경제적 계층
은 각각의 특성을 반영하고 정의하는 말들을 사용한다. 즉 부자는 부자의
언어를 사용하고, 중산층은 중산층의 언어를, 빈곤층은 빈곤층의 언어를
사용한다.

흔히들 "생각이 그 사람의 인생을 좌우한다."고 한다. 나는 우리의 입
에서 나오는 말과 어휘도 인생을 좌우한다고 믿는다.

가난한 사람들은 이렇게 말한다.

"나는 그것을 가질 여유가 없어."

부자들은 이렇게 말한다.

"어떻게 하면 그것을 가질 수 있을까?"

삶을 변화시키고 싶다면 당신이 하는 말을 변화시켜야 한다.

돈의 언어

부자 아빠는 "돈은 말하고 엉터리 금융 조언은 걷는다.('돈은 말한다'는 '돈이 결정적 역할을 한다'는 의미다 — 옮긴이)"라고 말씀하시곤 했다. 그분은 돈에는 그 나름의 언어가 있다고 가르쳤다. 그것은 학교에서 가르치지 않는 언어다. 부자 아빠는 말했다. "부자가 되고 싶다면 돈의 언어를 배워야 한다."

또 이렇게 말씀하셨다. "돈과 관련해서 너무 많은 엉터리 조언이 난무하고 있단다." 수많은 이들이 재정적 곤란에 빠진 이유는 엉터리 조언에 귀를 기울였기 때문이다. 학교에서는 아이들에게 돈의 언어는 가르치지 않고 교사들의 언어에만 초점을 맞춘다. 동사, 미적분, 명사, 역사, 화학, 물리학 등의 어휘로 이루어진 언어 말이다.

물론 그런 말들도 중요하지만, 그것들은 학생을 돈이 존재하는 현실 세계에 대비시키지 못한다.

알베르트 아인슈타인은 이렇게 말했다.

어리석음과 천재성이 다른 점은 천재성에는 한계가 있다는 사실이다.

오늘날의 금융 위기는 한계가 없는 어리석음이 가져온 결과다.

말은 해를 입힐 수 있다

어른들은 어린아이한테 이런 말을 해 주곤 한다. "막대기와 돌은 내 뼈를 부러뜨릴 수 있지만 말은 결코 나를 해치지 않는다."

하지만 그것은 진실과는 거리가 멀다. 말은 그 무엇보다도 아이의 내면과 미래에 큰 영향을 미칠 수 있다. 말은 상상 이상의 놀라운 힘을 가지고 있다.

- 말은 해를 입힐 수 있다.
- 말은 치유를 해 줄 수 있다.
- 말은 사람들을 부자로 만들 수 있다.
- 말은 사람들을 가난하게 만들 수 있다.
- 말은 용기를 줄 수 있다.
- 말은 용기를 꺾을 수 있다.
- 말은 거짓을 담을 수 있다.
- 말은 진실을 담을 수 있다.
- 말은 아픔을 줄 수 있다.

말의 힘

대개 재정적 문제는 말에서 시작된다. 많은 이들이 자신의 이익을 진심으로 생각해 준다고 믿는 사람들에게서 듣는 엉터리 금융 조언 때문에 재정적 곤경에 빠진다. 하지만 대개 그런 믿음은 착각에 불과하다.

세일즈맨은 판매를 성사시키기 위해 엉터리 조언을 남발하곤 한다. 뮤추얼 펀드에 투자한 돈이 큰 수익을 내길 기대하는 고객 앞에서 세일즈맨은 이렇게 말한다. "뮤추얼 펀드는 연평균 8퍼센트의 수익을 냅니다." 그들은 호황기였던 1970년에서 2000년 사이에 발생한 수익에 대해서는 당신에게 말해 주지 않을지도 모른다. 그들은 자신의 세일즈 피치를 뒷받침해 주는 정보와 어휘만 사용하고 그 밖의 정보는 언급하지 않는 경향이 있다. 그리고 고객이 그 사실을 눈치 챌 만큼 경제 지식이 많지 않기를 은근히 바란다.

많은 국가의 연금 펀드가 심각한 재정난에 빠진 이유는 주식 시장이 평균 8퍼센트 성장할 것이라는 예상을 토대로 향후 상황을 추정하기 때문이다. 바로 그래서 엉터리 금융 조언이 나오는 것이다. 많은 정부 공무원들이 돈의 언어를 이해하지 못한 탓에 타격을 입을 것이다.

엉터리 금융 조언의 또 다른 예는 다음과 같다.

당신의 집은 자산입니다.

분산 투자는 위험을 줄이는 좋은 방법입니다.

주식, 채권, 뮤추얼 펀드 등 다변화된 포트폴리오에 장기적으로 투자하십시오.

많은 이들이 이런 말을 적절한 금융 교육이라고 착각한다. 하지만 실은 그렇지 않다. 대개 이런 말은 판매 성사를 위한 설득용이다. 부동산 중개인이 당신에게 "당신의 집은 자산이며 당신의 가장 중요한 투자입니다."라고 말할 때 필경 그는 속으로 이렇게 생각한다. "이 집을 사십시오. 제가 수수료 수익을 올릴 수 있으니까요."

"장기적으로 투자하십시오."라고 조언하는 금융 설계사는 사실 "제게 매달 수표를 보내 주십시오. 저는 수수료를 벌어야 합니다. 당신이 은퇴할 즈음엔 저는 지금 이 자리를 떠난 지 오래되었을 겁니다."라고 말하는 것과 다를 바가 없을지도 모른다.

금융 설계사가 포트폴리오를 "다각화"하라고 조언하는 것은 사실 "가치를 떨어트려라."라는 말과 매한가지다. 그 말에 담긴 속뜻은 이것이다. "다양한 상품을 사십시오. 어떤 상품이 수익을 내고 어떤 상품이 실패할지 저도 잘 모르니까요.(하지만 그래도 저는 변함없이 수수료를 챙깁니다.)"

게다가 사람들이 자신이 포트폴리오를 다각화했다고 생각할 때도 사실은 그렇지 않은 경우가 많다. 그들은 동일한 자산 범주 안에서 다각화하는 경향이 있다. 일테면 고성장 뮤추얼 펀드와 신흥 시장 뮤추얼 펀드와 채권 뮤추얼 펀드에 투자하는 것이다. 이것들은 전부 동일한 자산 범주에 속한다. 엄밀히 말하면 이것은 다각화가 아니다. 세 가지 모두 뮤추얼 펀드라는 동일한 투자 수단에 속하기 때문이다.

은행에서 당신에게 "돈을 저축하세요."라고 말하는 것은 "그래야 당신이 신용카드를 만들고 주택 자금 대출을 받는 고객이 될 수 있으니까요."라는 얘기와 똑같다. 잊지 마라. 은행은 고객의 저축액으로 돈을 버는 게 아니라 대출을 해 줌으로써 돈을 번다는 사실을.

금융 조언 vs. 금융 교육

'금융 조언'(즉 세일즈 피치나 엉터리 조언)과 '금융 교육'을 혼동하는 순간부터 재정적 문제들이 발생한다. 많은 이들이 '조언'과 교육이 똑같은 걸 의미한다고 생각하지만 실은 그렇지 않다.

- 조언을 구하는 사람은 이렇게 말한다. "어떻게 해야 할지 알려 주십시오."
- 교육을 원하는 사람은 이렇게 말한다. "내가 진짜 해야 할 일을 터득하기 위해 무엇을 공부해야 할지 알려 주십시오."

'교육'과 '조언'의 차이가 사소하게 느껴질지 모르지만, 그 작은 차이가 한 사람의 인생에 엄청난 영향을 미칠 수도 있다. 당신의 돈을 투자회사의 세일즈맨들에게 맡기는 것만 알고 있다면 당신은 '금융 지능이 높은 사람'이 아니라 그저 '고객'일 뿐이다.

버니 매도프의 폰지 사기가 세상에 드러났을 때 많은 이들이 엄청난 금전적 손실을 입었다. 금전적 손실보다 훨씬 더 안타까운 사실은 그런 일을 겪고도 금융 지능이 거의 개선되지 않았다는 점이다.

부자 아빠는 마이크와 내게 돈과 관련해 정직한 실수를 해 봐야 한다고 강조하셨다. "실수를 하면 값진 걸 배우게 된단다. 만일 너의 금융 설계사가 실수를 하면 너는 돈을 맡겼던 그 순간 이후로 전혀 똑똑해지지 않았다는 의미다."

내 돈으로 무엇을 해야 할까요?

나는 사람들에게 이런 식의 질문을 자주 받는다. "제게 1만 달러가 있습니다. 이걸로 뭘 해야 할까요?"

내 대답은 이렇다. "저라면 일단 입을 다물 겁니다. 당신에게 투자할 돈이 있는데 어떻게 활용해야 할지 모른다는 사실을 사람들한테 알리지 마십시오. 만일 금융 설계사를 찾아가 조언을 구하면 십중팔구 그들은 '그 돈을 제게 맡기십시오.'라고 말할 것입니다."

피고용인들의 은퇴 프로그램

피고용인들의 은퇴 프로그램에 의존하는 것은 훨씬 더 어리석다. 회사에 입사하면 인사 담당자가 서류 양식을 건네며 이렇게 말한다. "당신의 은퇴 연금 납입금을 위한 뮤추얼 펀드를 선택하십시오."

신입 직원에게 어쩌면 차라리 이렇게 조언하는 게 더 나을지도 모른다. "라스베이거스에 가서 마음껏 도박을 하십시오. 어쩌면 딸지도 모르니까요. 적어도 그곳에선 게임에서 이기면 당신이 돈을 100퍼센트 다 가져갈 수 있습니다."

앞에서 뱅가드의 설립자인 존 보글을 소개한 바 있다. 보글은 뮤추얼 펀드에 투자할 때 투자자는 100퍼센트의 돈을 붓고 100퍼센트의 위험 부담을 지지만 수익이 발생하더라도 그 수익의 고작 20퍼센트만 가져간다고 경고한다. 뮤추얼 펀드 회사는 수수료와 계약서에 깨알같이 적힌 이런 저런 비용 부과를 통해 투자자들의 수익의 80퍼센트를 챙긴다.

게다가 투자자는 돈을 잃더라도 자본 이득세를 내야 할 수도 있다. 손에 쥐어 보지도 못한 이득에 대해서 말이다. 어떻게 이런 일이 일어날까? 가령 어떤 펀드가 10년 전에 사 놓은, XYZ라는 회사의 주식 200만 주를 갖고 있다고 치자. 그런데 이 주식 가격이 주당 10달러에서 50달러로 올랐다. 그리고 당신은 그 뮤추얼 펀드에 투자한다. 이틀 뒤 주식 시장이 폭락하자 펀드 회사는 생존 자금을 확보하기 위해 XYZ 사의 주식을 팔기로 결정한다. 그러면 새로운 주주인 당신은 만져 보지도 못한 주당 40달러 이득에 대한 자본 이득세를 내야 한다.

주식 시장은 정부의 허가를 받은 폰지 사기라고 불러도 무방하다. 먼저 들어온 사람들이 수익을 챙기고 나중에 들어온 사람들이 세금을 부담하기 때문이다. 그래서 금융 설계사들이 "장기적으로 투자하고 포트폴리오를 다각화하십시오."라고 말하는 것이다. 이것은 엉터리 금융 조언이다.

사실 자본 이득을 위해서 낮은 가격에 사서 높은 가격에 파는 방식을 통해 투자하는 것은 일종의 폰지 사기에 참여하는 것과 같다. 많은 이들이 투자란 위험한 것이라고 생각하는 이유는 대개 사람들이 자본 이득을 위해 투자하기 때문이다. 부동산 시장이 몰락한 후 큰 낭패를 본 '플리퍼(flipper: 주택을 구입해 단기간에 개조한 후 이를 되팔아 이윤을 챙기는 사람 — 옮긴이)'들도 자본 이득을 위해 투자하려는 것이었다. 오늘날 수많은 이들이 금과 은의 가격이 계속 오르기를 바라며 금과 은을 사고 있다. 이 역시 자본 이득을 위한 투자이다.

더 멍청한 바보 이론

투자 세계에는 '더 멍청한 바보 이론(the greater fool theory)'이라는 것이 있다. 어떤 사람이 자본 이득을 위해 투자할 때 그 사람은 자기보다 '더 멍청한 바보'가 나타나길 기대한다는 것이다. 즉 그 사람이 구입한 주식이나 부동산, 또는 은화의 가격보다 더 높은 가격에 사 줄 바보 말이다. 다시 말하지만, 그래서 많은 이들이 투자를 위험하다고 말하는 것이다. 자본 이득을 위해 투자할 때(대다수 투자자들은 이 유형이다.), 그 사람은 자신보다 더 멍청한 바보가 나타나기를 기대하는 것이다.

바로 그래서 말이 중요하다. 잠시 후에 나는 '자본 이득'을 위한 투자(즉 더 멍청한 바보가 나타날 기대하는 것)와 '현금흐름'을 위한 투자의 차이를 설명할 것이다.

황금알을 낳는 거위

나는 나이가 어린 사람에게 자본 이득과 현금흐름의 차이를 설명할 때 이솝 우화에 나오는 「황금알을 낳는 거위」 이야기를 들려주곤 한다. 자본 이득을 위해 투자하는 사람은 거위를 팔아 버리는 사람이다. 반면 현금흐름을 위해 투자하는 사람은 거위를 잘 먹이고 돌봐서 황금알을 파는 사람이다.

아이러니컬한 것은 황금알을 팔면 훨씬 적은 세금을 내며 때로는 아예 내지 않기도 한다는 점이다. 거위를 구워서 먹어 버리면 더 높은 세금을 내게 된다.

금융 전문가들은 대부분 진정한 투자가가 아니라 세일즈맨이기 때문에 거위를 판다.

그리고 성인들은 대부분 '자본 이득'과 '현금흐름'이라는 말의 차이점을 잘 모르기 때문에, 투자란 거위를 사고파는 일이라고 믿는다. 그들은 황금알을 위해 투자하는 법을 모른다. 황금알을 판매하는 투자자는 세금을 더 적게 내거나 때로는 세금을 전혀 내지 않을 가능성이 높다. 그들은 판매할 수 있는 상품(황금알)을 계속해서 가져다주는 생산 수단(거위)을 보유한다.

그래서 자녀를 교육할 때는 말, 즉 돈의 언어를 가르치는 것이 중요하다.

확실한 재정 계획

놀랍게도 사람들은 대부분 재정 문제와 관련해 누군가로부터 조언과 지시를 받고 싶어 한다. 나는 그것이 학교에서 금융 교육을 받지 못했기 때문이라고 생각한다. 그리고 대형 은행들과 금융 서비스 업계에서는 그런 상황을 반긴다. 고객의 금융 지능이 낮으면 '그들의' 확실한 재정 계획에 도움이 되기 때문이다.

많은 이들이 주식이나 부동산, 보험을 취급하는 중개인, 금융 설계사 같은 사람에게서 금융 조언을 얻으려고 애쓴다. 이들은 금융 '교육'이 아니라 금융 '조언'을 제공하여 소득을 올린다.

부자 아빠는 자주 이렇게 말씀하셨다.

그들이 '브로커(broker)'라고 불리는 이유는 그들이 너보다 '더 무일푼이기(broker)' 때문이다.

워런 버핏은 이렇게 말했다.

롤스로이스를 타는 사람이 지하철을 타고 다니는 사람에게 조언을 구하는 곳은 월스트리트밖에 없다.

마사지 치료사 자격증을 얻으려면 최대 2년까지 시간이 걸린다. 금융 조언가가 되기 위해서는 약 2개월이 걸린다.

부모는 자녀의 금융 교육을 가급적 일찍 시작하는 것이 좋다. 아이들에게 금융 조언과 금융 교육의 차이점을, '가진 돈으로 무엇을 할지 그저 조언을 듣는 것'과 '자신의 돈을 어떻게 활용할지 스스로 깨닫고 익히는 것'의 차이점을 일깨워 줘야 한다.

금융 세계의 언어

독일에서 일을 하려면 독일어를 배워야 한다. 의사가 되고 싶으면 의학의 언어를 배워야 하고, 풋볼을 하고 싶다면 풋볼의 언어를 익혀야 한다. 나는 상선 사관이 되기 위한 교육을 받을 당시에 항해를 위한 언어를 배워야 했다. 그리고 비행 학교에 들어갔을 때는 무엇보다 먼저 항공술의 언어를 익혔다.

'돈의 언어'를 배우다

부자 아빠는 마이크와 내가 아홉 살 때부터 돈의 언어를 가르치셨다. 그리고 훗날 나는 킴에게 돈의 언어를 가르쳐 주었다. 덕분에 킴과 나는 비교적 일찍 은퇴할 수 있었다. 이후 우리는 금융 교육의 중요성을 설파하는 필생의 사업에 종사하고 있다.

우리 부부는 부모들이 돈의 언어를 배워 자녀에게 가르칠 수 있도록 돕기 위해 캐시플로 게임을 만들었다.

다행히도 당신이 익혀야 할 돈의 세계의 어휘는 일곱 가지뿐이다. 이 일곱 가지 어휘만 확실히 익히면 금융 어휘력이 한층 높아지고 생각하는 방식도 달라질 것이다. 그리고 세상을 바라보는 관점도 변화할 것이다. 아이들은 캐시플로 게임을 하면서 거위와 황금알의 차이, '자본 이득'과 '현금흐름'의 차이를 배울 수 있다. 두 용어의 차이만 이해해도 앞으로 그들이 훨씬 유리한 재정적 미래로 나아갈 확률이 높아진다. 일곱 가지 어휘 모두를 마스터한다면 그들의 미래의 삶은 어떤 방향으로 나아갈까? 어쩌면 일자리가 굳이 필요하지 않을지도 모른다. 급여를 받기 위해서가 아니라 그저 경험을 위해 일자리를 얻을지도 모른다. 피고용인이 아니라

고용주가 될지도 모른다. 어쩌면 경영 자본가가 아니라 진정한 자본가로 성장할지도 모른다.

당신의 현실 세계 성적표

직업		**플레이어**	

목표: '비활성 소득'을 증가시켜 '총지출'을 능가하게 함으로써 '새앙쥐 레이스'에서 빠져나와 '빠른 길'로 들어선다.

손익계산서

수입		**회계감사**
내용	현금흐름	(오른쪽에 앉은 사람)
급여:		
이자/배당금:		**비활성 소득:** _____
부동산/사업:		(이자/배당금+부동산/사업에서
		생성된 현금흐름)
		총소득: _____

지출		
세금:		자녀 수:
주택 융자:		(게임 초기에는 0명) _____
학자금 대출:		
자동차 할부금:		자녀 1인당
신용카드 사용액:		지출액: _____
소액 지출:		
기타 지출:		
자녀 양육 관련 지출:		**총지출:** _____
융자금 지불:		

월별 현금흐름: (총 소득 - 총 지출) _____

대차대조표

자산			**부채**	
저축:			주택 융자	
주식/펀드/CD:	보유량:	주가:	학자금 대출:	
			자동차 융자	
			신용카드	
			소액 부채	
부동산/사업:	선금:	비용:	부동산/사업:	담보 융자/부채
			융자금	

왜 A학생은 C학생 밑에서 일하게 되는가

앞의 그림은 캐시플로 게임의 재무제표이다. 이 게임에서는 실제로 재무제표를 이용한다. 재무제표는 현실 세계의 성적표에 해당한다. 즉 은행에서 보여 달라고 요구하는 성적표다. 당신과 자녀들은 이 게임을 반복적으로 해 보면서 돈의 세계의 일곱 가지 기본 어휘를 익힐 수 있다. 그것은 금융 어휘력을 위한 토대가 될 것이다.

금융 어휘력을 위한 토대를 쌓는 출발점이 되는 말들은 재무제표의 핵심 요소인 '수입', '지출', '자산', '부채'이다.

이들 기본 용어를 제대로 모르는 사람은 재정적으로 불리한 삶을 살게 된다. 예컨대 오늘날 수많은 이들이 경제적 곤궁에 빠진 것은 "집은 자산이다."라는 말을 믿었기 때문이다. 대다수 사람들에게 집은 부채이다. 또 "일자리를 얻어라."라는 조언을 따르면서 세 가지 유형의 소득(근로 소득, 투자 소득, 비활성 소득)에 대해 알지 못한 많은 이들도 곤궁에 빠졌다. 피고용인으로서 얻는 수입은 근로 소득에 해당하며 가장 높은 세금이 붙는다.

영어에는 100만 개가 넘는 단어가 있다. 그중에 사람들이 평균적으로 자유롭게 구사하는 단어는 1~2만 개라고 한다. 이는 곧 돈의 언어 및 어휘력과 관련해 지능을 높일 수 있는 여지가 얼마든지 많이 남아 있다는 뜻이다.

일곱 가지 돈의 어휘

다행히도 돈의 언어 가운데 가장 중요한 일곱 가지 어휘는 당신에게 낯설지 않을지도 모른다. 모두 캐시플로 게임에 등장하기 때문이다. 그 일곱 가지는 다음과 같다.

1. **수입:** 앞에서도 설명했듯 수입, 즉 소득에는 세 종류가 있다. 즉 근로 소득, 투자 소득, 비활성 소득이다. 이것은 금융 어휘력이 기본 어휘를 배움으로써 향상된다는 사실을 보여 주는 예이다.

2. **지출:** 지출(또는 부채)은 당신 주머니에서 돈을 빼 간다. 많은 이들에게 가장 큰 지출 항목은 세금이다. 그 밖의 항목으로는 주거, 식품, 의류, 의료 서비스, 교육, 오락에 들어가는 비용이 있다.

3. **자산:** 자산은 당신의 주머니에 돈을 넣어 준다. 자산에는 기본적으로 다음의 네 종류가 있다.

사업체

세상의 많은 부자들은 B 사분면에서 사업체를 구축한 이들이다. 스티브 잡스, 빌 게이츠, 래리 엘리슨, 리처드 브랜슨, 래리 페이지 등이 그 예다. B 사분면의 사업체를 만드는 것은 대단히 힘든 일인 동시에 높은 수준의 금융 교육을 필요로 한다. 하지만 사업체가 성공하면 돌아오는 보상은 엄청나다.

B 사분면의 사업을 구축하려는 사람은 다양한 언어를 익혀야 한다. 예를 들어 법, 회계, 공학, 마케팅, 세일즈, IT, 리더십 등의 분야의 언어를 알아야 할 수도 있다. 하지만 이들 언어 모두를 유창하게 구사할 필요는 없다. 해당 분야에서 중요한 어휘들, 즉 사업의 성공을 도와줄 언어를 이해하고 쓸 줄만 알면 된다.

대개 학교에서는 아이들을 전문가가 되도록 가르친다. 한두 가지 분야에 대해 많은 지식을 쌓도록 말이다. 하지만 사업가는 전문가가 아니라 다방면에 박식한 통합가가 되어야 한다. 다양한 전문 분야의 언어를 조금씩 할 줄 알아야 한다는 얘기다.

'A' 학생이 훌륭한 사업가가 되지 못하는 이유 하나는 또 다른 전문가들하고만 어울리기 때문이다. 즉 교사는 교사들하고만, 의사는 의사들하고만 교류한다. 나의 가난한 아빠는 일하는 시간의 90퍼센트를 교사들과 함께 보냈다. 반면 부자 아빠는 시간의 90퍼센트를 'A' 학생들(금융 업자, 회계사, 변호사, 건축가, 건설 업자, MBA 소지자 등)과 일하며 보냈다.

많은 'A' 학생들은 대학 졸업 후 전문 직업인이 되기 위한 대학원에 진학한다. 의과 대학원, 로스쿨, 치과 대학원 등등. 대학원을 졸업한 다음에는 다른 의사들이나 변호사들과 어울린다. 그들은 전문성이 높아지고 더 고립되며 다른 분야의 사람들과 소통하는 능력은 더 떨어진다.

B 사분면의 사업체를 소유하면 커다란 부를 얻을 기회, 글로벌 수준의 활동, 세금 혜택 등의 이점을 누린다. 그리고 가장 커다란 이점은 많은 다른 분야의 언어를 할 줄 알게 된다는 것이다.

부동산

부동산은 사업체 다음으로 가장 다루기 어려운 자산이다. 부동산을 다루려면 빚을 이용할 줄 알아야 하며, 빚에는 그 나름의 언어가 있다. 부동산을 위해서는 부동산 관리 능력과 대인관계 기술이 필요하다.

부동산의 최대 장점은 빚과 세금이다. 단점은 부동산 관리 기술이다. 다시 말해 대출을 받는 것은 비교적 쉬운 부분에 속하고, 부동산을 이윤이 나게 효과적으로 관리하는 것은 어려운 부분에 속한다. 부동산 관리에도 그 나름의 언어가 존재하며, 많은 부동산 투자 초보자들이 부동산 관리를 제대로 하지 못해 곤경에 빠진다.

전문 부동산 투자가가 되는 것의 가장 큰 매력은 자본 이득과 현금흐름 둘 다를 위해 투자할 수 있다는 사실이다. 그리고 세금을 적게 낼 수 있다. (이에 대해서는 나중에 더 자세히 설명하겠다.)

종이 자산

이것은 일반인들이 많이 소유하는 자산이기도 하다. 종이 자산의 장점은 초보자도 쉽게 투자할 수 있다는 것이다. 주식, 뮤추얼 펀드, 채권, ETF(상장지수펀드) 등의 종이 자산은 '규모에 구애받지 않기' 때문이다. 즉 초심자가 10만 달러로도, 또는 100달러만 가지고도 투자를 시작할 수 있다.

종이 자산 투자가들이 누리는 세금 혜택은 제한적인 편이다. 예를 들어 REIT(부동산 투자 신탁) 같은 종이 자산을 통해 부동산에 투자한 사람은 진정한 부동산 투자가가 누리는 세금 혜택을 얻지 못한다. ETF 같은 종이 자산을 통해 상품에 투자하는 경우도 마찬가지다.

리치대드컴퍼니를 잘 아는 독자라면 우리가 투자 상품을 팔지 않는다는 사실을 알고 있을 것이다. 시장에는 금융 프로그램을 제공하는 많은 조직이 있지만, 그 프로그램들에서는 그들의 금융 서비스를 이용해 금융 상품을 사도록 당신을 교육하는 경우가 많다. 다시 말해 대개 그런 금융 프로그램은 겉만 그럴싸할 뿐 세일즈 피치나 엉터리 금융 조언이다. 또는 "관심 발동기(lead generator)"라고도 불린다.

금융 상품을 팔거나 세일즈 피치를 하는 것이 잘못이라는 말은 아니다. 이곳은 자본주의 국가이며 나는 자본주의를 지지하는 사람이다. 진정한 자본주의 환경에서 기억해야 할 말은 "사는 자가 조심하라."이다. 그렇다

왜 A학생은 C학생 밑에서 일하게 되는가

면 금융 '교육'이 금융 '조언'보다 더 중요한 이유가 이해되지 않는가. 제대로 된 금융 교육은 현실 세계를 더 예리하게 인식하게 도와준다.

상품

상품은 생활에 꼭 필요한 것들이다. 여기에는 석유, 석탄, 금, 은, 그리고 옥수수, 콩, 돼지고기 등의 식품이 포함된다. 각각의 상품에는 그 나름의 언어가 존재한다.

석유나 식품 같은 상품을 생산하는 사람에게는 높은 세금 혜택이 따른다.

정부가 계속 돈을 찍어 내는 한, 나는 가짜 돈 대신에 금과 은을 모아 두겠다.

당신에게 가장 적절한 자산 범주는?

간단히 말해 당신이 사업가가 되고 싶다면 처음 두 자산(사업체와 부동산)에 투자하는 것이 좋다. 이들 두 자산 범주에서 전문가가 되면 훌륭한 현실 세계 경험을 쌓을 수 있다. 이 범주의 자산을 쌓기 위해서는 양질의 금융 교육과 더불어 끈기와 회복력, 헌신이 필요하다.

사업가의 꿈을 꾸지 않는 사람이라면 종이 자산과 상품에 투자하는 편이 더 나을 것이다.

종이 자산과 상품(금화, 은화 등)은 사업가 능력이 부족한 사람들에게 추천하고 싶다. 금융 용어를 빌리자면 종이 자산과 금, 은은 매우 '유동적'이다. 즉 매입과 매도가 세계 곳곳에서 전자 시스템을 통해 24시간 거의 실시간으로 이루어질 수 있다는 얘기다.

또 종이 자산이나 금, 은에 투자하는 데에는 뛰어난 대인관계 기술이 필요 없다. 많은 'A' 학생이 종이 자산과 금, 은 같은 상품에 대한 투자에서 뛰어난 능력을 발휘하곤 하는데, 두 자산 범주에서 필요한 투자 기술이 학교에서 요구되는 기술과 비슷하기 때문이다. 다시 말해 컴퓨터 앞에 앉아서 거래를 진행하면 될 뿐 사람들과 교류할 필요가 없다. 이는 사업가가 리더십과 대인관계 기술을 반드시 길러야 하는 것과 매우 대조적이다.

4. **부채:** 주택 담보 대출, 학자금 대출, 신용카드 빚, 자동차 할부금 등의 부채는 당신의 주머니에서 정기적으로 돈을 빼 간다. 사람들은 대부분 돈을 잃게 만드는 부채를 획득한다.

캐시플로 게임의 목적은 당신에게 '돈을 벌어다주는' 부채를 획득하는 법을 가르치는 것이다.

예를 들어 나는 임대용 부동산을 구입하면 임차인들이 내는 임대료로 세금, 유지 보수 비용, 대출금 등의 부채를 해결한다. 투자자인 나에게 이윤이 발생하는 것은 내가 유능한 사업가일 때만 가능한 얘기다.

5. **빚:** 빚은 부채가 될 수 있다. 또 빚은 자산이 될 수도 있다. 만일 내가 누군가에게 5퍼센트 이자로 10달러를 빌려 준다면 그 빚은 나에게는 자산이고 빌린 사람에게는 부채가 된다.

캐시플로 101과 캐시플로 202 게임은 빚을 이용하는 법, 여타 유형의 금융 레버리지(옵션, 콜, 풋, 스트래들 등)를 활용하는 법을 가르쳐 준다. 빚이나 옵션을 이용해 부자가 되는 법을 알면 불공평한 큰 이점을 누릴 수 있다.

6. **현금흐름:** 부자 아빠는 '현금'과 '흐름'이라는 단어가 금융 용어 중에 가장 중요하다고 강조했다. 재무제표에서 현금이 흘러가는 방향을 제대로 볼 줄 알아야만 자산과 부채를, 수입과 지출을 제대로 이해할 수 있다.

『부자 아빠 가난한 아빠』가 큰 호응을 얻을 수 있었던 것은 독자들이 현금흐름을 '눈으로 확인할 수 있는' 간단한 그림을 제공했기 때문이다. 예를 들어 다음은 가난한 사람의 현금흐름 패턴이다.

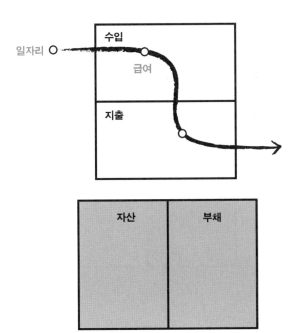

다음은 중산층의 현금흐름 패턴이다.

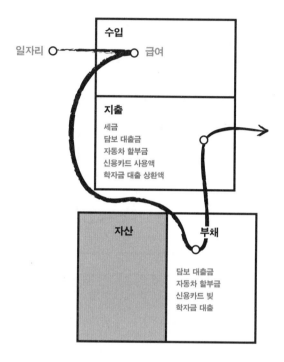

왜 A학생은 C학생 밑에서 일하게 되는가

다음은 부자의 현금흐름 패턴이다.

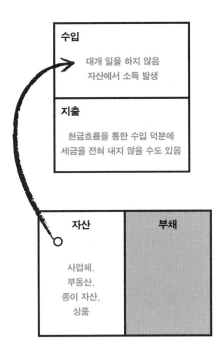

7. **자본 이득:** 자본 이득은 자산의 가치가 올라갈 때 발생한다. 예컨대 당신이
   주당 10달러에 주식을 매입했는데 그것을 매도할 시점에 주당 15달러에 거
   래된다면, 5달러의 자본 이득이 발생하며 여기에는 자본 이득세가 부과된다.

그 거래 내용은 다음과 같다.

$15.00	1주당 매도가
- $10.00	1주당 매입가

$5.00	자본 이득
- $0.75	자본 이득세 (평균 15퍼센트)
- $0.18	오바마케어 세금 3.5퍼센트

$4.07   실제 순 현금흐름

주식 100주를 거래한다고 가정하면 발생하는 자본 이득은 500달러이며, 여기에 적용되는 세금은 100달러 가까이 된다.(92.5달러) 수익의 거의 5분의 1을 세금으로 내는 셈이다.

$1,500	매도가
- $1,000	매입가

$500	자본 이득
- $75	자본 이득세 (평균 15퍼센트)
- $17.50	오바마케어 세금 3.5퍼센트

$407.50   실제 순 현금흐름

자본 이득을 위해 투자하는 것은 거위를 사고파는 것과 같다.

현금흐름을 위해 투자하는 것은 황금알을 낳는 거위에 투자하고 황금알을 파는 것이다.

돈의 언어

돈의 언어를 이해하면 금융 지능도 올라간다.

'빚'은 좋은 단어가 될 수도, 나쁜 단어가 될 수도 있다. 만일 누군가가 당신에게 빚을 지고 있다면, 그것은 좋은 것이다. 당신이 다른 누군가에게 빚을 지고 있는데 그 돈을 갚지 못한다면, 그것은 나쁜 것이다. 이렇게 양쪽 관점을 모두 이해해야 금융 지능도 높일 수 있다.

F. 스콧 피츠제럴드의 말을 기억하길 바란다.

최고의 지성은 두 가지 상반된 생각을 동시에 품으면서도 정상적으로 사고할 수 있는 능력이다.

1조 달러라는 돈

2000년에 미국의 국가 부채는 5조 5000억 달러였다. 2013년 이 액수는 16조 5000억 달러로 불어난 상태다. 이제 앞으로 20조 달러까지 불어나진 않을까?

당신은 16조는커녕 1조 달러가 얼마나 큰 금액인지도 감이 잘 오지 않을 것이다. 이렇게 상상해 보라. 만일 당신이 2000년 전부터 지금까지 날마다 100만 달러를 썼다고 해도 당신이 쓴 금액은 아직 1조 달러가 안 될 것이다. 또 다른 방식으로 예를 들어보겠다. 만일 1초에 1달러씩 쓴다고 가정하면 1조 달러를 모두 쓰는 데 3만 1000년이 넘게 걸린다.

미국 정부는 16조 달러가 넘는 부채를 축적했으며 이 금액은 이제 20조 달러를 향해 가고 있다. 그리고 당신의 자녀 세대가 이 부채의 짐을 고스란히 넘겨받을 것이다. 이런 작금의 상황은 워싱턴에 있는 우리 사회 리더들이 지닌 '지성'의 수준을 말해 주는 것은 아닐까.

당신 자녀의 미래

돈의 세계의 일곱 가지 어휘와 학교에서 가르치는 일곱 가지 조언을 비교해 보면 다음과 같다.

학교 교육의 언어	금융 교육의 언어
좋은 학교를 졸업하라	수입
일자리를 얻어라	지출
열심히 일하라	자산
돈을 저축하라	부채
빚에서 벗어나라	빚
집을 장만하라	현금흐름
은퇴 프로그램에 투자하라	자본 이득

우리 자녀들이 마주하고 있는 네 가지 거대한 고릴라를 떠올려 보라. 앞으로 어떤 아이가 재정적으로 성공하는 인생을 살 확률이 높을까? 학교에서 배운 언어만 아는 아이일까, 아니면 돈의 언어도 아는 아이일까?

왜 A학생은 C학생 밑에서 일하게 되는가

아인슈타인의 메시지

알베르트 아인슈타인은 이렇게 말했다. "교육이란 학교에서 배웠던 것을 다 잊어버린 후에 남는 그 무엇이다." 많은 이들이 학교에서 배운 지식을 금세 잊어버리고 만다는 것을 이런 식으로 표현한 것이다.

나는 3년 동안 미적분을 배웠다. 하지만 현실 세계에서 미적분을 사용해 본 적이 한 번도 없

으며, 앞으로도 미적분을 이용해 내가 처한 문제들을 해결할 일은 없을 것 같다.

많은 학생들이 학교를 졸업하면서 이런 계획을 품는다. "보수도 높고 복리 후생 혜택도 좋은 일자리를 얻어서 저축을 열심히 하고 수입보다 적게 지출하며 살아야지. 그리고 집을 장만하고, 빚에서 벗어나고, 은퇴 연금 프로그램에 투자할 거야." 그리고 그들은 실제로 그런 삶을 살아가는 동안 거대한 고릴라를 마주치게 된다.

당신 자녀가 돈의 세계의 일곱 가지 언어를 제대로 이해한다면 금융 지능을 높일 수 있는 단단한 토대가 마련되는 셈이다. 명심하라. 말은 금융 지능을 위한 기초 토대가 된다는 것을.

말이 육신이 되다

아이들은 캐시플로 게임을 하면서 신체와 정신과 감정을 모두 사용한다. 그들은 무언가를 사거나 팔 때마다 정신적으로, 신체적으로, 감정적으로 돈의 일곱 가지 기본 어휘를 실제적인 무언가로 변화시킨다.

그것은 자전거를 타는 것과 비슷하다. 자전거 타는 법은 한번 배우고 나면 평생 잊어버리지 않는다. 돈의 세계의 기본이 되는 핵심 언어를 이해하는 것도 마찬가지다.

어휘, 정의, 관계

캐시플로 게임에서 플레이어들은 특정 어휘들의 정의를 넘어선 그 이상을 배울 수 있다. 어휘들의 '관계'를 배울 수 있다는 얘기다. 예를 들어 자산을 사면 그 자산이 수입을 증가시킨다는 사실을 알게 된다. 부채를 사면 수입이 줄어든다는 것을 알게 된다. 어휘들의 관계를 이해하는 것은 단순히 해당 어휘의 정의를 익히는 것보다 훨씬 더 중요하다.

오늘날 미국, 일본, 영국, 프랑스의 재무제표는 대단히 부실하며 재정적 암 덩어리로 가득하다. 이 치명적 위험으로부터 당신과 가족을 지키는 최선의 길은 당신 '개인의' 재무제표를 건강하게 만드는 것이다.

부모의 행동 단계

말의 힘에 대해, 우리가 쓰는 말이 왜 중요한지에 대해 자녀와 대화해 보라

나의 부자 아빠는 그분의 아들과 내게 "나는 그것을 할 여유가 없어." 라는 말을 하지 못하게 하셨다. 그분은 말했다. "가난한 사람들은 '나는 부자들처럼 그것을 가질 수가 없어.'라고 말한다." 우리 집에서 나는 "그 것을 할 여유가 없어."라는 말을 자주 들었다.

말은 사람을 키워 끌어올릴 수도, 아니면 무너뜨릴 수도 있는 힘을 지 녔다. 말은 영감과 힘을 불어넣어 줄 수도 있지만, 사람의 능력을 빼앗고 용기를 꺾을 수도 있다. 말의 놀라운 힘을 우리는 공짜로 활용할 수 있다. 우리는 자신이 사용하는 말을 얼마든지 선택할 수가 있다.

어릴 때부터 돈과 관련해 자녀가 사용하는 어휘들을 늘려 주어라. 그 리고 그런 배움의 과정은 평생 지속될 수 있다. 새로운 어휘(자산, 부채, 현 금흐름, 자본 이득 등)를 배울 수 있는 게임을 하면서 그 말들의 의미와 관계 를 이해하도록 노력하라. 아이가 평상시 대화에서 그 어휘들을 사용하도 록 유도해 주어라.

금융 어휘 사전을 늘 가까이 두고 날마다 '오늘의 어휘'를 정해 보는 것도 좋다. 해당 어휘를 사전에서 찾아 정의를 공부하고 하루에 적어도 세 번은 대화 중에 그 용어를 사용하는 것이다.

이런 습관을 들이면 돈의 언어가 당신 가족의 일상용어로 자연스럽게 자리 잡을 수 있다.

Q: 신은 누구를 더 사랑하는가?

A: 부자들? 중산층?
아니면 가난한 사람들?

15장

마음속 믿음이
돈과 삶에 미치는 영향

마호메트가 한 이 말은 깊이 음미해 보아야 한다.

사람의 진정한 재산은 세상에서 그가 행하는 선행이다.

나는 신께서 우리가 그분에게 받은 재능을 어떻게 사용하는지, 그 재능을 선하고 옳은 일을 하는 데에 사용하는지 유심히 보신다고 믿는다. 그렇다면 신은 누구를 더 사랑하실까? 자신의 재능을(또는 능력이나 시간, 자원을) 세상과 나누는 이들을 더 사랑하실 가능성이 높다.

본론

성서에는 돈과 부, 빚, 금융업자, 관대함, 탐욕에 대한 이야기가 많이 나온다. 사실 성서에는 다른 어떤 주제보다도 돈에 관한 구절이 많다고 한다.

개인이 어떤 성서 구절에 공감하느냐는, 그 사람이 동전의 어느 면에 서 있느냐, 그가 자신과 세상을 어떻게 바라보느냐와 큰 관계가 있다.

- 가난한 사람은 돈의 사악함을 말하는 구절에 귀를 기울이는 경향이 있다.
- 중산층은 가진 것에 만족하고 감사하라는 구절을 따르는 경향이 있다.
- 부자는 하나님이 부자에게 상을 주고 빈자에게 벌을 내린다는 구절에 공감 하는 경향이 있다.

가난한 사람들을 위한 성서 구절

예수께서 이르시되 네가 온전하고자 할진대 가서 네 소유를 팔아 가난한 자들 에게 주라 그리하면 하늘에서 보화가 네게 있으리라 그리고 와서 나를 따르라 하시니 그 청년이 재물이 많으므로 이 말씀을 듣고 근심하며 가니라
예수께서 제자들에게 이르시되 내가 진실로 너희에게 이르노니 부자는 천국에 들어가기가 어려우니라 다시 너희에게 말하노니 낙타가 바늘귀로 들어가는 것 이 부자가 하나님의 나라에 들어가는 것보다 쉬우니라 하시니.

— 「마태복음」 19장 21~24절

들으라 부한 자들아 너희에게 임할 고생으로 말미암아 울고 통곡하라 너희 재 물은 썩었고 너희 옷은 좀먹었으며 너희 금과 은은 녹이 슬었으니 이 녹이 너희 에게 증거가 되며 불 같이 너희 살을 먹으리라 너희가 말세에 재물을 쌓았도다 보라 너희 밭에서 추수한 품꾼에게 주지 아니한 삯이 소리 지르며 그 추수한 자의 우는 소리가 만군의 주의 귀에 들렸느니라

너희가 땅에서 사치하고 방종하여 살육의 날에 너희 마음을 살찌게 하였도다 너희는 의인을 정죄하고 죽였으나 그는 너희에게 대항하지 아니하였느니라.

—「야고보서」 5장 1~6절

중산층을 위한 성서 구절

만일 그들이 순종하여 섬기면 형통한 날을 보내며 즐거운 해를 지낼 것이요.

—「욥기」 36장 11절

여호와를 경외하는 것은 사람으로 생명에 이르게 하는 것이라 경외하는 자는 족하게 지내고 재앙을 당하지 아니하느니라.

—「잠언」 19장 23절

부자들을 위한 성서 구절

바보의 손에 놓인 돈이 무슨 쓸모가 있겠느뇨. 미련한 자는 지혜를 얻고자 하는 열망이 없을진대.

—「잠언」 17장 16절

달란트 이야기

('달란트'는 대단히 큰 금액이었다. 오늘날 돈으로 치면 10만 달러나 그 이상일 것이다.)
또 어떤 사람이 타국에 갈 때 그 종들을 불러 자기 소유를 맡김과 같으니, 각각

그 재능대로 한 사람에게는 금 다섯 달란트를, 한 사람에게는 두 달란트를, 한 사람에게는 한 달란트를 주고 떠났더니

다섯 달란트 받은 자는 바로 가서 그것으로 장사하여 또 다섯 달란트를 남기고

두 달란트 받은 자도 그같이 하여 또 두 달란트를 남겼으되

한 달란트 받은 자는 가서 땅을 파고 그 주인의 돈을 감추어 두었더니

오랜 후에 그 종들의 주인이 돌아와 그들과 결산할새

다섯 달란트 받았던 자는 다섯 달란트를 더 가지고 와서 이르되, 주인이여 내게 다섯 달란트를 주셨는데 보소서 내가 또 다섯 달란트를 남겼나이다

그 주인이 이르되, 잘하였도다 착하고 충성된 종아 네가 적은 일에 충성하였으매 내가 많은 것을 네게 맡기리니 네 주인의 즐거움에 참여할지어다 하고

두 달란트 받았던 자도 와서 이르되, 주인이여 내게 두 달란트를 주셨는데 보소서 내가 또 두 달란트를 남겼나이다

그 주인이 이르되, 잘하였도다 착하고 충성된 종아 네가 적은 일에 충성하였으매 내가 많은 것을 네게 맡기리니 네 주인의 즐거움에 참여할지어다 하고

한 달란트 받았던 자는 와서 이르되, 주인이여 당신은 굳은 사람이라 심지 않은 데서 거두고 헤치지 않은 데서 모으는 줄을 내가 알았으므로 두려워하여 나가서 당신의 달란트를 땅에 감추어 두었었나이다 보소서 당신의 것을 가지셨나이다

그 주인이 대답하여 이르되, 악하고 게으른 종아 나는 심지 않은 데서 거두고 헤치지 않은 데서 모으는 줄로 네가 알았느냐 그러면 네가 마땅히 내 돈을 취리하는 자들에게나 맡겼다가 내가 돌아와서 내 원금과 이자를 받게 하였을 것이니라 하고 그에게서 그 한 달란트를 빼앗아 열 달란트 가진 자에게 주라

무릇 있는 자는 받아 풍족하게 되고 없는 자는 그 있는 것까지 빼앗기리라

이 무익한 종을 바깥 어두운 데로 내쫓으라 거기서 슬피 울며 이를 갈리라 하니라.

—「마태복음」 25장 14~30절

질문

어떤 성서 구절이 당신의 마음에 더 공명하는가? 부자들을 위한 구절 인가, 가난한 사람을 위한 구절인가, 아니면 중산층을 위한 구절인가?

나의 이야기

나는 신앙심이 대단히 깊은 사람이 못 되긴 하지만 영적 교육을 통해 많은 것을 배워 왔다. 영적 교육은 내가 개인적으로 힘들 때, 또는 전쟁터 나 사업 전선에서 힘든 시기를 겪을 때 길잡이를 제공해 주었다.

이번 장에서 내가 말하는 '신'은 특정 종교의 신을 뜻하지 않는다. 내 가 말하는 신이란 인간이 아닌 어떤 커다란 영적인 존재다. 나는 영적 인 절대자를 믿는다. 내가 사용하는 GOD은 "모든 것을 관장하는 감독관 (General Overall Director)"이란 뜻이다.

나는 스티브 잡스가 했던 이 말에 공감한다. "천국으로 들어가는 문은 여러 개다."

또 마크 트웨인이 했던 이 말도 좋아한다. "나는 천국과 지옥에 대해 뭐라고 확언하고 싶지 않다. 두 곳 모두에 내 친구들이 있기 때문이다."

나는 특히 조엘 오스틴 목사가 한 다음 말을 좋아한다. "누가 천국에 가고 누가 지옥에 갈지는 하나님께 맡겨 둘 문제다."

나는 개개인의 종교적 자유가 중요하며 신을 믿지 않는 것 또한 개인의 자유에 속한다고 생각한다. 또 자신의 종교를 내게 강요하려 드는 사람들을 싫어하며, 나 또한 내 믿음을 당신에게 강요할 생각이 추호도 없다는 걸 밝혀 두고 싶다.

나의 종교적 교육의 시작

나의 종교적 교육은 열 살 때부터 시작되었다. 그 무렵 우리 동네 교회에 새로운 목사님이 오셨다. 텍사스에서 온 젊고 잘생긴 미혼 목사님이었다. 그분은 청바지에 카우보이 부츠를 즐겨 신었고 언제라도 노래를 부를 준비가 된 듯 항상 어깨에 기타를 메고 다녔다. 그분은 천국과 지옥에 대해 설교하기보다는 삶에 관한 교훈들을 전달하려 애썼다.

그 목사님은 아이들한테 인기가 많았다. 마치 동화 속의 '피리 부는 사나이'처럼, 아이들이 늘 그분 뒤를 따라다녔다. 아이들과 젊은이들이 부모님 손에 억지로 이끌려서가 아니라 자발적으로 교회에 나오기 시작했다.

하지만 교회의 나이 든 부인들은 목사님을 못마땅하게 여겼고, 결국 목사님은 1년 반도 못 되어 교회를 떠나셨다. 그 목사님이 계셨던 기간 동안 나는 살면서 처음으로 교회 가는 날이 손꼽아 기다려졌다. 나는 신에 대해, 돈과 종교와 영적 삶에 대해 많은 것을 배웠다.

또 다른 목사님

얼마 후 젊은 목사님의 후임으로 '이카보드 목사님'이 오셨다. 아이들은 1820년에 발표된 워싱턴 어빙의 소설 『슬리피 할로우의 전설*The Legend* *of Sleepy Hollow*』에 나오는 이카보드 크레인의 이름을 따서 목사님을 그렇게 불렀다.

'이카보드 목사님'은 호리호리한 체격에 날카로운 코가 인상적이었다. 아이들은 늘 하나님의 노여움을 강조하며 설교하는 그 목사님을 싫어했다. 목사님은 마른 체격이었는데도 무척 많이 먹었으며 슬리피 할로우 이야기에 나오는 이카보드를 연상시켰다.

그 목사님 가족이 우리 동네로 이사 온 이후로, 교회에서는 동네 사람들이 각자 음식을 조금씩 가져와 나눠 먹는 식사 자리를 거의 매주 마련했다. 친구들과 나는 목사님이 인색한 짠돌이라서 그런 자리를 마련한다고 생각했다. 신도들의 베푸는 마음씨를 이용해 여섯 명이나 되는 자녀들을 배불리 먹이고 목사님 자신의 남다른 식탐을 채우기 위해서 말이다.

그 목사님은 설교에서 항상 돈과 탐욕, 부자들에 대해, 가난한 이들의 선함에 대해, 교회에 헌금을 더 많이 내야 한다는 것에 대해 강조했다. 그러면서 아래의 성서 구절을 자주 인용했다.

낙타가 바늘귀로 들어가는 것이 부자가 하나님의 나라에 들어가는 것보다 쉬우니라.

돈을 사랑함이 일만 악의 뿌리가 되나니.

영적 교육 vs. 종교적 교육

두 분 목사님을 보면서 친구들과 나는 영적 교육과 종교적 교육의 차이를 깨달을 수 있었다.

기타를 메고 다니던 젊은 목사님은 성서의 교훈을 인생의 길잡이가 되는 등불로 삼으려고 했다. 그분은 우리의 영적인 자아에 말을 거는 목사님이었다.

반면 이카보드 목사님은 두려움이라는 감정에 호소한 종교적 교육을 했다. 그분은 교조적이고 독단적이었다. 옳음과 그름, 선과 악의 대비를 강조했다. 그분에게 삶은 '흑 아니면 백'이었고 회색에 해당하는 부분은 없었다. 또 이카보드 목사님은 다른 종교를 포용할 줄 몰랐다. 그분은 젊은 목사님보다 화술과 설교 능력이 훨씬 더 뛰어났다. 그분이 온 후 교회 신도 수가 늘어났지만, 신도들을 구성하는 이들은 예전과 달라지기 시작했다.

같은 종교, 다른 메시지

- 젊은 목사님은 하나님의 사랑에 대해 말했다.
  이카보드 목사님은 하나님을 두려워하라고 말했다.
- 젊은 목사님은 돈에 대해 말할 때 베푸는 관대함을 강조했다.
  이카보드 목사님은 돈이 탐욕의 결과물이라고 말했다.
- 젊은 목사님은 우리 안에 계시는 하나님에 대해 말했다.
  이카보드 목사님은 우리 바깥에 존재하는 하나님에 대해 말했다.

종교라는 동전의 양쪽 면을 보면서 나는 많은 것을 깨달았다. 나는 6개월 후 이카보드 목사님의 교회에 나가지 않기 시작했다. 그분의 가르침이 마음에 들지 않았기에 다른 새로운 영적 교사를 찾아 나섰다.

영적 교육

젊은 목사님은 종교적 교육이 아니라 영적 교육에 초점을 맞췄다. 그분은 단순히 성서와 예수님에 대해 가르치는 것을 넘어서 우리 각자의 내면에 있는 영적 힘을 일깨워 주려 애쓰셨다.

그분은 이렇게 말했다. "우리에게는 이 세상에서 자기만의 천국이나 지옥을 만들어 낼 능력이 있다." 정말 그런지 나도 확실히 알지는 못하지만, 그래도 그런 가르침은 내게 매우 큰 도움이 되었다. 또 그분은 말했다. "하나님은 이미 우리에게 그 능력을 주셨단다. 우리 내면에 있는 그 힘을 끄집어내 이용하는 것은 우리 각자에게 달려 있어."

우리 내면에 존재하는 하나님이라는 가르침에 일부 교회 신도들은 불편함을 느꼈다. 그 때문에 목사님이 얼마 안 있어 교회를 떠나게 된 것이다. 왜 그들은 그런 가르침을 못마땅해 했을까? 나로서는 잘 이해가 안 갔다.

베트남에 있는 동안 나는 내면의 영적인 힘이 발휘되는 현장을 여러 차례 목격했다. 젊은 목사님이 강조했던 그 힘 말이다. 한 동료는 이렇게 말했다. "내가 지금 살아 있는 건 전우들이 목숨을 바쳐 끝까지 싸웠기 때문이야."

전장에서 우리는 무장 헬리콥터에서 무기들을 제거하고 의료 수송 헬리콥터가 되어 지원을 나갈 때가 많았다. 우리는 사람들을 죽이기 위한 작전에서보다 사람들을 구하기 위한 작전에서 훨씬 더 위험하고 용기가 필요한 상황을 많이 겪었다. 우리를 이끌던 기장은 말했다. "우리 자신을 지키려고 애쓸 때보다 타인을 지키려고 애쓸 때 더 값진 일을 하는 것이다."

사업 세계

나는 사업 세계에서도 젊은 목사님의 가르침을 늘 기억하려고 노력한다. 그분의 가르침이 없었더라면, 나는 현금흐름 사분면의 E-S 쪽에서 B-I 쪽으로 옮겨 오는 여정을 성공적으로 하지 못했을 수도 있다. 세상에는 돈을 위해서라면 무엇이든 하는 사악하고 탐욕적이며 절박한 사람들이 많다. 세상에는 현대판 유다(은화 30전에 예수를 배반한 제자이다.)가 수없이 많다. 당신도 살면서 유다 같은 인물을 한두 번쯤은 만나 봤으리라.

현대판 유다

『부자 아빠 가난한 아빠』가 세계적인 베스트셀러가 되자 내 인생은 이전과 완전히 달라졌다. 명예와 돈이 굴러들어오기 시작하면서 소송도 늘어나기 시작했다. 친구와 사업 파트너들이 현대판 유다가 되어 나를 괴롭히기 시작한 것이다. 그래서 내가 『부자 아빠 가난한 아빠』의 네 번째 교훈에서 "기업의 역사와 힘"에 대해 설명한 내용이 중요한 것이다. 당신이 이미 부자이거나 앞으로 부자가 되고 싶다면 그 내용을 꼭 읽어 봐야 한다. 그것은 부자들이 '법적 실체(legal entity)'라는 자산 보호 수단을 이용해 세상의 유다들로부터 자신을 지키는 방법에 관한 내용이다.

나의 가난한 아빠는 늘 이렇게 말했다. "내 집과 자동차는 내 명

부자 아빠의 교훈

부자 아빠는 자주 말씀하셨다. "신께서는 네가 부자인지 가난한지 상관하지 않으신다. 그분은 네가 어떤 모습이든 상관없이 사랑하신다. 하지만 네가 만일 진정한 부자가 되고 싶다면 교회와 목사님을 신중하게 선택해야 한다."

왜 A학생은 C학생 밑에서 일하게 되는가

의로 되어 있다." 반면 부자 아빠는 이렇게 말했다. "나는 내 명의로 아무 것도 소유하고 싶지 않다." 그분은 친구나 동업자, 유다들이 거는 소송으로부터 자신을 보호해 주는 법적 실체들을 통해 재산을 유지했다.

내가 이런 이야기를 하는 것은, 부자가 되었다고 해서 모든 문제가 사라지는 것은 아니라는 점을 일깨우기 위해서다. 부자가 되면 새로운 문제들이 여기저기서 튀어나오기 시작한다. 법률적 문제와 소송을 헤쳐 나가면서 당신 자신과 사업체, 자산을 지키는 것은 현대판 지옥만큼 힘든 과정이다.

"지옥을 지나갈 때는 멈추지 않고 계속 가는 것이 최선이다."라는 말을 떠올리길 바란다.

지옥에 빠진 수많은 사람들

2007년 금융 붕괴 이후 수많은 이들이 재정적 지옥에 들어섰다. 그리고 그중 많은 이들이 계속 걸어가는 대신 지옥 안에 갇혀 버렸다. 그들은 자신이 재정적 나락에 빠진 것에 대해 부자들을 탓하고 있다. 많은 젊은 이들도 재정적 지옥에 빠져 있다. 학자금 대출과 저소득 일자리가 그들의 어깨를 짓누른다. 만일 그들이 개인적인 변화를 이루지 못한다면 평생 그 지옥에서 헤어 나오지 못할 것이다. 교육을 많이 받은 고학력자들이라 할지라도 말이다. 알베르트 아인슈타인은 이렇게 말했다.

상상력이 지식보다 더 중요하다. 지식은 지금 우리가 아는 것들로 제한되지만, 상상력은 온 세상을 포함하며 앞으로 우리가 알고 이해하게 될 모든 것을 아우르기 때문이다.

지옥에서 얻은 교훈

지금 뒤돌아보면, 이 세상의 지옥을 통과하기 위해 네 종류의 교육이 필요했다는 생각이 든다. 그것들은 다음과 같다.

1. 학문 교육
2. 전문 교육
3. 금융 교육
4. 영적 교육

부모의 행동 단계

당신 가정에서 종교와 믿음이 하는 역할에 대해, 마음속 믿음이 돈에 관한 사고 방식에 어떤 영향을 미치는지에 대해 이야기를 나눠 보라

우리는 종교적 믿음 체계 안에서 많은 값진 교훈을 발견할 수 있다. 신이나 특정 종교를 믿는지 여부와 상관없이, 그런 교훈들은 돈에 관해 그리고 삶에서 돈이 하는 역할에 관해 또 다른 관점을 제공해 줄 수 있다.

신이나 돈과 관련지어 베푸는 관대함에 대해 자녀와 이야기를 나눠 보라. 자신이 버는 돈을 소비 활동에 지출할지, 투자할지, 헌금으로 낼지, 즉 어떻게 쓸 것인가 하는 선택에 관해서도 이야기해 보라. 인생과 사업, 또는 종교적 믿음과 관련한 정직함과 진실함에 대해 이야기해 보라. 그리고 영적인 부에 대해, 되돌려주는 것의 중요성에 대해서도 대화해 보라.

자녀를 재정적으로
유리한 출발점에 세우는 법

다음 다섯 가지의 진짜 목적을 생각해 보라.

    1. 은행

    2. 증권 거래소

    3. 보험 회사

    4. 정부의 조세국

    5. 연금 펀드

3부

intro

제대로 된 금융 교육은 많은 이로움을 가져다준다. 그리고 부모인 당신이 가정에서 금융 교육을 하면 당신 자녀는 다음 세 가지 불공평한 이점을 누릴 수 있다.

1. 더 많은 돈을 번다.
2. 더 많은 돈을 유지한다.
3. 더 많은 돈을 보호한다.

합법적 약탈

1850년대에 프랑스의 정치경제학자 프레데릭 바스티아는 이렇게 말했다.

사람들은 국가를 희생시켜 삶을 영위하고 싶어 한다. 그들은 국가가 국민들을

389

희생시키며 존립한다는 사실을 망각한다.

또 바스티아는 사회의 특권층이 '합법적 약탈'을 위해 정부를 이용한다고 말했다. 오늘날 부자들의 합법적 약탈은 불필요한 무기 개발, 어디로도 연결되지 않는 불필요한 다리의 건설 및 각종 사회 간접 자본 프로젝트를 통해 이뤄지고 있다. 부자들은 이 나라의 법률에 영향을 미칠 수 있는 힘을 갖고 있다. 그래서 그토록 많은 로비스트들이 자신들의 이익을 위해 대통령과 국회의원들에게 '특별 거래'를 제안하는 것이다.

대규모 기업들, 즉 은행, 제약 회사, 농업 복합 기업, 정유 회사들은 국민에게 도움을 준다는 미명하에 법률 제정에 영향을 미칠 수 있는 힘을 갖고 있다. 미국의 401(k)와 로스 IRA(Roth IRA) 은퇴 프로그램은 '합법적 약탈'의 대표적인 예다. 바로 그런 프로그램들이 있어서 학교에서 금융 교육을 하지 않는 것은 아닐까?

학교에서 하는 유일한 금융 교육은 "돈을 저축하고, 주식과 채권과 뮤추얼 펀드로 가득한 401(k)에 투자하라."고 가르치는 것뿐이다. 이런 조언을 따르면 부유한 은행들과 개인들의 주머니로 돈이 흘러 들어간다. 다시 말하지만 그런 조언에 따라 삶을 사는 것이 무조건 나쁘다는 얘기는 아니다. 나는 양쪽 면을 모두 볼 수 있는 동전의 옆면에 올라서서 전체 그림을 볼 뿐이다. 그런 거대 은행들로 돈이 흘러 들어가면, 동업자들과 나는 그 돈을 빌려서 우리의 프로젝트(아파트 단지, 유정 등)에 투자한다.

바스티아는 부자들의 합법적 약탈이 사회 하위 계층을 자극해 반란을 일으키게 만든다고 말했다. 하위 계층이 부자들에 대한 보복으로 '사회주의 방식의' 합법적 약탈을 수행한다는 것이다. 그 예로는 사회 보장 제도, 푸드 스탬프, 복지 프로그램, 메디케어 및 오바마케어를 들 수 있다.
한편 대기업들의 합법적 약탈은 노조의 활성화를 야기했다. 오늘날 가장
규모가 큰 노조는 공장 노동자들의 노조가 아니라 정부 공무원들의 노조
다. 또 NEA(전미교육협회)를 비롯한 교사 노조들 역시 미국에서 가장 규모
가 큰 노조에 속한다. NEA는 아이들의 교육 향상에 주력하는 것이 아니
라 워싱턴에서 활동하는 로비스트들을 지원할 자금을 확보하는 데에 주
력한다.

바스티아는 자본가들과 사회주의자들 모두 합법적 약탈을 중지해야
한다고 말했다. 대부분의 학자들과 마찬가지로 그는 이상적인 사회를 꿈
꾸며 살았다. 그는 어떤 집단을 위한 합법적 약탈이든 그것이 왜곡되면
애초에 보호하고자 했던 집단에게 해로운 결과로 돌아올 것이라고 정확
하게 예측했다.

다시 말해 자본가들이 합법적 약탈을 통해 자신의 배를 불리면 결국
그들은 패배하고 만다. 바로 그래서 리먼브러더스와 대형 은행들, 그리고
패니 매(Fannie Mae)와 프레디 맥(Freddie Mac) 같은 많은 GSE(정부 후원 기
업)들이 나락으로 떨어져 정부의 손에 넘어간 것이다. 당신도 잘 알겠지
만 이런 사태가 발생한 것은 '경영 자본가'인 중역들이 엄청난 연봉과 보
너스를 챙긴 후의 일이었다.

그리고 사회 보장 제도, 메디케어, 정부 연금 프로그램 등을 통한 사회
주의자들의 합법적 약탈은 이들 프로그램이 직면한 재정난의 주요 원인
이다.

이러한 합법적 약탈을 하는 거대한 주체들 사이에서 괴로움을 겪는 것
은 바로 정부의 보호도 받지 못하고 든든한 재정도 갖지 못한 일반 국민

들이다.

월마트나 홈디포 같은 대기업이 동네에 들어서면 많은 소규모 가족 기업이 문을 닫는다. 일류 대학원에서 교육받은 경영 자본가들이 그런 대기업을 운영한다. 이들 대기업은 지역에서 오랫동안 번성해 온 소규모 자영업체들을 밀어냈다. 가족 기업의 훈훈한 풍경 대신에 차가운 기업 경영의 현실이 우리 눈앞에 펼쳐지고 있다. "우리 모두 한 배를 타고 있다."는 정서 대신에 '각자 자기 잇속만 챙기는' 정서가 자리 잡았다. 이런 대기업들은 고소득 일자리를 늘리는 대신 일을 해도 빈곤을 벗어나지 못하는 새로운 노동자 계층을 만들어 낸다. 임금은 올라가기는커녕 내려가고 있다. 그리고 임금이 줄어들수록 더 많은 사람이 정부 지원에 의존하게 된다.

"코끼리들이 싸우면 조그만 동물들은 깔려 짓밟힌다."라는 말이 있다.

금융 교육을 제대로 받지 않으면 당신도 깔려 짓밟힐 가능성이 높다. 아무리 오랫동안 열심히 일한다 해도 말이다.

철도 vs. 석유

1870년대 불황기에 펜실베이니아 철도 회사의 소유주인 톰 스콧이 펜실베이니아에 송유관을 건설하기 시작했다. 그러자 송유관 사업을 독점하고 있던 존 D. 록펠러는 크게 분노했다. 록펠러는 그에 대한 앙갚음으로 피츠버그에 있는 자신의 정유 공장 한 곳의 문을 닫아 버렸다. 그 결과 스콧은 재정적으로 큰 타격을 입게 되었다.

스콧과 록펠러 둘 다 손실을 보았지만 양측 회사에서 일하던 노동자들 역시 피해를 입었다. 그들은 일자리를 잃었던 것이다.

스콧은 노동자들을 해고하고 남아 있는 노동자들의 임금도 삭감했다.

이에 화가 난 노동자들은 그가 소유한 철도 회사에 불을 질렀고 이후 스콧의 철도 제국은 무너지기 시작했다. 1870년대의 불황은 점점 더 심해졌고 재정적 곤란에 시달리는 노동자와 가정은 더욱 늘어났다.

오늘날 자유 무역 협정으로 인해 약 250만 개의 미국 일자리가 노동법이나 최소 임금 기준, 의료 보험 혜택, 근로자 재해 보상법이 마련되어 있다고 보장할 수는 없는 다른 나라들로 빠져나갔다.

이런 상황에서 미소를 짓는 승자는 월마트, 제너럴일렉트릭, 마이크로소프트, 애플 같은 대기업들이다.

결국 울상을 짓는 패자는 월마트나 아마존에서 물건을 사야 하고 제너럴일렉트릭과 마이크로소프트에서 저가 제품을 구입할 수밖에 없는 미국 근로자들이다.

그렇기 때문에 당신의 자녀에게 금융 교육을 하는 것이 오늘날 더 중요한 것이다.

그렇기 때문에 많은 미국 부모들이 자녀가 좋은 성적으로 학교를 졸업해서 안정적인 일자리를 얻기를, 또는 변호사나 의사가 되기를 바라는 것이다.

설령 그들이 E 사분면의 고소득 일자리를 얻거나 S 사분면의 고소득 전문직 종사자가 된다 해도, 금융 교육을 제대로 받지 못한 상태라면 평생에 걸쳐 버는 돈의 상당 부분을 합법적 약탈을 통해 빼앗길 확률이 높다.

세계 경제 상황이 악화될수록 합법적 약탈은 더 늘어날 것이다. 우리 사회에는 자신이 더 많은 돈을 차지할 권리가 있다고 주장하며 타인을 고소하는 이들 때문에 늘 소송이 끊이질 않는다. 또 마약 관련 범죄와 폭력, 납치, 빈집털이 강도 사건이 수시로 뉴스에서 들려온다. 그들은 범죄자가 되고 싶어서가 아니라, 살기 위해서 그것밖에 택할 길이 없기 때문에 범죄를 저지르는 경우가 많다. 그리고 화이트칼라 범죄도 늘어나고 있다. 나는 길거리 범죄자보다 화이트칼라 범죄자 때문에 잃은 돈이 훨씬 더 많다.

2012년 미국 대선은 '합법적 약탈'을 노리는 이들의 풍경을 보여 주는 하나의 장이었다. 한쪽에서는 부자들이 사회 복지 프로그램에 대한 지출을 줄일 것과 국방 예산을 축소하지 말 것을 요구했다. 또 다른 한쪽에서는 가난한 이들이 정부가 실업 수당과 메디케어, 사회 보장 제도에 더 많은 돈을 지출할 것을 요구했다.

양쪽 진영 모두가 합법적 약탈을 일삼고 있다고 지적했던 바스티아의 말을 다시 상기해 보라.

사람들은 국가를 희생시켜 삶을 영위하고 싶어 한다. 그들은 국가가 국민들을 희생시키며 존립한다는 사실을 망각한다.

다시 말해 미국은 더 이상 자본주의 국가가 아니다. 오늘날 미국은 국민들이 자신의 개인적 욕구와 필요를 정부가 채워 주고 돌봐 주길 기대하는 사회주의 국가에 더 가까워졌다.

전 영국 총리 마거릿 대처는 이렇게 말했다.

……사회주의 정부는 전통적으로 재정 혼란을 초래해 왔다. 사회주의자들은 언제나 타인들의 돈을 바닥 낸다. 참으로 그들다운 방식이다.

3부에서는 자녀에게 재정적인 불공평한 이점을 누리게 하는 것의 중요성을, 그리고 어떻게 하면 그것이 가능한지를 설명할 것이다. 코끼리들이 싸움을 벌일 때 당신을 가장 확실하게 지켜 줄 보호막은 바로 금융교육이다.

백만장자가

되고 싶은 사람은?

16장

금융 교육이 가져다주는
10가지 불공평한 이점

이번 장에서는 책의 1부와 2부 내용을 요약하면서 금융 교육이 가져다
주는 10가지 불공평한 이점을 살펴보겠다. 그 이점들이 당신 자녀의 삶에
어떤 영향을 미칠 수 있는지도 설명한다. 아울러 이 내용을 숙지하면 다
음에 이어지는 17장의 내용을 이해하는 데에도 큰 도움이 될 것이다.

본론

내가 말하는 불공평한 이점은 금융 교육을 통해 얻는 경쟁 우위를 의
미한다. 이것들을 제대로 이해하면 부모인 당신과 자녀 모두 재정적으로
유리한 방향으로 나아갈 수 있다. 당신이 가정에서 항상 교훈과 본보기를
제공하면, 당신 자녀는 평생에 영향을 미칠 보상을 누리면서 부유한 삶으
로 가는 길에 올라설 것이다.

불공평한 이점 1

소득의 종류와 삶을 변화시키는 능력을 얻을 수 있다

앞에서 설명했듯 소득에는 세 종류가 있다.

- 근로 소득
- 투자 소득
- 비활성 소득

대다수 사람들은 학교를 졸업하고 근로 소득을 벌기 위해 일한다. 이것은 세 종류 중에 가장 세율이 높은 소득이다.

예금 계좌나 CD, 또는 401(k) 등을 이용해 돈을 저축하는 사람은 근로 소득을 위해 일하는 것이다. 근로 소득을 투자 소득이나 비활성 소득으로 전환하려면 금융 지능이 필요하다.

계층별로 일반적인 소득 패턴을 간략히 정리하면 이렇다.

- **가난한 사람들은 근로 소득을 위해 일한다.**
- **중산층은 주로 투자 소득을 위해 일한다.**

  여기에는 자본 이득, 즉 주택, 주식, 은퇴 계좌의 가치 상승으로 인한 이익이 포함된다.

- **부자는 비활성 소득을 위해 일한다.**

  다시 말해 일을 하든 안 하든 현금이 흘러 들어온다.

나는 어렸을 때 「비벌리 힐빌리즈(The Beverly Hillbillies)」라는 TV 프로그램을 즐겨 보았다. 이 시트콤의 주인공인 가난한 남자는 토끼 사냥을 나갔다가 유전을 발견한다. 이 '검은 황금' 덕분에 그는 하루아침에 부자가되어 비벌리힐스로 이사를 하고 부자들의 호화로운 생활에 적응해 나가기 시작한다.

비활성 소득을 올리는 것은 뒤뜰에서 유전을 발견하는 것과 비슷하다. 석유(또는 자산)가 계속 흘러나오는 한 당신에게 돈도 계속 흘러 들어온다. 더 많은 유정을 뚫으면 더 많은 석유가, 또는 더 많은 돈이 당신 주머니로 들어온다.

나는 투자 소득과 비활성 소득을 설명할 때 황금알을 낳는 거위 이야기를 즐겨 사용한다. 거위를 먹어 버리는 사람은 곧 투자 소득(자본 이득)을 올리는 사람이다. 반면 거위를 잘 돌봐서 키우면 계속해서 황금알을 손에 넣을 수 있다. 즉 현금흐름을 통해 비활성 소득을 올릴 수 있다는 얘기다.

Q: 소득의 종류를 변화시키는 법을 아는 것이 왜 중요한가?
A: 1971년 이후로 달러가 더 이상 금의 지지를 받지 않기 때문이다. 오늘날 세계 각국의 중앙은행들은 수조 달러를 만들어 내고 있다. 이는 곧 돈의 가치가 점점 떨어짐을 의미한다.

소득의 종류를 변화시키면 돈의 가치가 떨어져도 재정적 안정을 유지할 수 있다.

젊을 때 소득 종류를 바꾸는 법을 터득하면 빈곤층이나 중산층을 벗어나 부자로 향할 가능성이 높아진다. 돈을 위해 일하는 대신, 머릿속에서 유전을 발견하게 될지도 모른다. 스티브 잡스, 월트 디즈니, 토머스 에디슨이 바로 그랬다.

'education(교육)'이라는 말은 'educe'라는 단어에서 나왔다. 'educe'는 집어넣는 것이 아니라 '끌어내다'라는 뜻이다. 안타깝게도 우리의 학교 시스템에서는 아이들의 금융 재능을 끌어내지 못하고 있다. 아이들 머릿속에 더 많은 것을 '집어넣으려고만' 한다. 그리고 대개 그렇게 '집어넣은 것들'로 인해 아이들은 평생 피고용인으로 살아간다.

불공평한 이점 2
베풀 줄 아는 관대함을 지닌다

세상에 탐욕이 만연하는 주요 이유는 매슬로 피라미드의 두 번째 단계인 안전의 욕구에서 찾을 수 있다.

확실한 금융 교육을 받은 아이는 매슬로 피라미드의 다섯 번째 단계인 '자아실현'에 이를 가능성이 높아진다. 이 단계에 이르면 빼앗기보다는 주는 사람, 더 관대한 사람이 된다.

두 번째 단계인 안전의 욕구를 충족시키지 못하고 재정적인 불

부자 아빠의 교훈

오늘날 각국 정부는 계속 돈을 찍어내서 돈의 구매력을 떨어트리고 있다. 정부는 자국 생산 제품을 낮은 가격에 팔 수 있기를 원한다. 임금이 올라가고 자국 화폐 가치가 강세를 유지하면, 제품이 국제 시장에서 더 비싸지고 따라서 수출이 저하된다.

임금이 낮아지면 제품 수출을 늘릴 수 있고 나아가 더 많은 고용을 창출할 수 있다. 더 가난해지지만 고용은 되는 것이다.

따라서 당신 자녀는 소득 종류를 변화시키는 법을, 특히 근로 소득을 투자 소득이나 비활성 소득으로 바꾸는 법을 알아야 한다.

안을 느끼는 사람은 궁핍과 절박함에 빠지고, 그러면 탐욕스러운 사람이 되기 십상이다.

로큰롤의 제왕

내가 어렸을 때 엘비스 프레슬리에 대한 일화가 종종 회자되었다. 한번은 어떤 여성이 엘비스가 가진 다이아몬드 반지를 몹시 동경했는데, 엘비스가 미소를 지으며 흔쾌히 반지를 손가락에서 빼 그녀에게 건넸다고 한다.

엘비스는 자기가 누리는 부와 행복을 남들과 나누는 게 마땅하다고 믿었으며 많은 이들과 자선 단체에 기꺼이 베풀었다. 그는 자선을 베풀 때 연령대, 인종, 종교를 가리지 않았다. 그저 상대방에게 그의 자선이 필요하다는 점에만 주목했다. 그의 베푸는 습관을 주제로 「200대의 캐딜락 (200 Cadillacs)」이라는 다큐멘터리 영화가 제작되기도 했다.

엘비스는 매슬로 피라미드의 가장 꼭대기에 도달한 사람이다. 그는 자신이 가진 것과 가수로서의 재능을 세상과 나누었고, 더 많이 베풀수록 더 많은 것을 돌려받았다.

나의 모르몬교도 친구들은 이런 교훈을 말해 주었다. "신은 받을 필요가 없지만 인간은 바칠 필요가 있다." 그래서 모르몬 교도의 신앙이 그렇게 두터운 건지도 모른다. 모르몬교에서는 십일조 헌금을 말로만 권고하는 것이 아니라 실제로 거둔다. 그것은 신도의 의무 사항이다.

십일조 헌금을 뜻하는 'tithe'는 숫자 10을 뜻하는 단어에서 유래했으며, 이는 수입의 10퍼센트를 교회에 내는 것을 의미한다.

많은 이들이 "경제적 여유가 생기면 십일조 헌금을 할 거야."라고 말한다. 그들에게 경제적 여유가 생기지 않는 이유는 십일조 헌금을 하지 않기 때문이다.

불공평한 이점 3
세금을 더 적게 낼 수 있다

당신이 더 베푸는 관대한 사람이 될수록 세금은 조금 내게 된다. 지나친 단순화처럼 들릴지 모르지만 원칙상으로 따지면 실제로 그렇다.

1부와 2부에서 설명했듯, 세법은 세금과 관련해 정부가 마련해 놓은 지침이다. 정부가 원하는 일을 당신이 해 주면, 정부는 당신에게 세금 혜택을 제공한다.

많은 이들이 집을 한 채만 소유한다. 정부는 주택을 제공하는 사람에게 세금 혜택을 준다. 마찬가지 맥락에서 정부는 일자리를 창출하는 사람에게 세금 혜택을 준다. 대다수 사람들은 학교를 졸업하고 일자리를 찾는다.

사람들은 대개 빚에서 벗어나기 위해 열심히 일한다. 정부는 빚을 이용하는 사람에게 세금 혜택을 준다. 왜냐하면 이제 달러는 빚이기 때문이다. 사람들이 빚을 이용하지 않으면 경제가 둔화된다. 사람들은 대부분 식품, 석유 같은 상품을 소비한다. 정부는 식품과 석유를 '생산하는' 사람에게 세금 혜택을 준다.

누가 가장 높은 세금을 내는가?
앞에서 소개했던 다음 그림이 기억나는가? 이것은 각 사분면의 소득세율을 나타낸다.

각각의 사분면에서 납부하는 세율

사업가
big business
20%

봉급 생활자
employee
40%

0%
투자가
investor

60%
자영업자 또는 전문직 종사자
self-employed

당신 자녀가 제대로 된 금융 교육을 받으면 세금과 관련해 불공평한 이점을 누릴 수 있다. 그들이 자신의 자원과 부를 이용해 주택, 일자리, 특정한 제품이나 서비스를 제공함으로써 경제를 지탱하고 정부를 돕는다면 말이다.

불공평한 이점 4
빚을 이용해 부자가 될 수 있다

1971년 이후로 달러는 빚이 되었고 납세자들에게 써 주는 차용증이 되었다.

부모인 당신은 학교에서 학생들에게 돈이나 빚에 대해 가르치지 않는 다는 사실을 잘 알 것이다. 젊은이들은 대부분 학자금 대출이나 신용카드 때문에 커다란 빚을 떠안은 채로 학교를 졸업한다. 결혼한 후에는 주택 담보 대출, 자동차 할부금, 소비자 부채 때문에 더 깊은 빚의 수렁으로 빠 진다.

금융 교육을 통해 자녀에게 좋은 빚과 나쁜 빚이 있다는 사실을 가르 쳐야 한다. 좋은 빚은 그들을 더 부자로 만들고, 나쁜 빚은 그들을 더 가 난하게 만든다.

자녀들에게 빚을 이용해 더 부자가 되는 법을 일깨워 줘야 한다. 그러 면 "나는 그것을 가질 여유가 없어." "나는 돈이 없어."라는 말을 하며 살 지 않게 될 것이다.

당신 자녀는 빚을 이용해 부동산 같은 자산을 획득하는 법을 배우는 과정에서, 사회의 필요를 충족시켜 주는 종류의 투자를 선택하는 법도 익 히게 된다. 가령 저렴한 주택을 공급하는 일이 거기에 해당한다. 그런 영 역에 투자하면 비활성 소득을 올리면서 세금은 더 적게 낼 수 있다.

불공평한 이점 5

소득 수준을 높일 수 있다

금융계의 어설픈 전문가들은 대개 '수입 한도 내에서 생활하라.'고 조 언한다. 이는 금융 교육을 제대로 받은 사람에게는 전혀 맞지 않는 조언 이다. 게다가 사실을 말해 보면, 정말로 수입 한도 내에서만 살고 싶은 사 람이 있을까? 세상에는 누리고 즐길 멋진 것들이 너무나 많은데 말이다.

내가 보기엔 수입 한도 내에서 생활하는 것은 정신도 피폐하게 만드는 것 같다.

아이가 성인이 되어 집을 떠나면 생활을 위한 이런저런 지출의 부담을 실감하게 된다. 부모의 품을 떠나 이제 집세, 식품비, 의복비, 교통비, 오락비 등의 지출에 압도당한다. 급여로도 살기가 녹록치 않다. 여행을 가거나 쇼핑을 하거나 긴급한 상황이 발생하면 신용카드에 의지한다. 신용카드 빚의 높은 이자율까지 감당하자면 추가 지출이 발생하는 셈이다.

결혼하여 가정을 꾸리면 이제 두 사람이 수입을 올릴 수도 있고, 혼자 살 때 드는 비용만으로 두 사람이 생활할 수 있다. 하지만 그것도 첫 아이가 태어나기 전까지의 얘기다. 아이가 태어나면 이제 방 하나짜리 아파트는 너무 좁게 느껴져 집 장만을 진지하게 고려하기 시작한다.

금융 교육을 받은 적이 없는 사람이라면 "집은 우리의 자산이고 가장 큰 투자처야."라고 믿는다. 은행과 부동산 업자들이 퍼트린 그런 금융 기만을 굳게 믿고, 젊은 부부는 과감하게 첫 집을(때때로 자신들이 감당할 능력을 넘어서는 집을) 구매한다.

집을 장만하면 그만큼 지출도 늘어난다. 가구, 이런저런 가전 제품, 자동차가 필요해진다. 지붕에 빗물이 새거나 자동차가 고장 나는 등 예상치 못한 상황이 발생하면 신용카드로 해결한다.

부부는 "수입 한도 내에서 생활해야 해."라고 되뇌며 빚에서 벗어나려고 열심히 일한다. 소비자 부채에서 벗어나는 것은 물론 좋은 일이다. 문제는, 빚을 이용해 현금흐름을 창출하는 자산을 획득하면 소득 수준을 높일 수 있다는 사실을 아는 사람이 거의 없다는 것이다. 제대로 된 금융 교육을 받지 못한 탓이다.

금융 교육을 받지 못한 아이들은 대개 성인이 되어 그들 부모와 마찬가지로 '새앙쥐 레이스'에 들어간다. 내가 수많은 부모들과 얘기를 나눠 본 결과, 그들은 자기 자식만은 똑같은 삶을 살지 않기를 바라고 있었다.

새앙쥐 레이스

"새앙쥐 레이스의 문제는 새앙쥐가 이긴다는 사실이다."라는 말이 있다.

많은 금융 설계사들이 자녀의 교육비를 위해 학자금 저축 구좌에 가입하라고 권유한다. 미국에서는 529 플랜이 대표적이다. 물론 여기에 담긴 의도는 훌륭하지만, 문제는 529 플랜이 주로 뮤추얼 펀드(자금을 관리하는 가장 고비용의 비효율적 방식) 형태로 운영되는 프로그램이라는 점이다. 이것은 바스티아가 말한 합법적 약탈의 또 다른 예이며, 대기업들이 자신의 배를 불려 줄 규칙을 만드는 또 다른 예이기도 하다.

새앙쥐를 이기는 방법

당신은 새앙쥐의 말을 따르기보다는 새앙쥐를 이기는 법을 알아야 한다. 그 방법은 바로 '수입 한도 내에서 생활'하는 대신 '수입을 늘리는' 것이다.

자녀에게 수입을 늘리는 방법을 가르치면 당신 자녀는 불공평한 이점을 누릴 수 있다.

나는 어떻게 수입을 늘렸는가

나는 자동차를 매우 좋아한다. 차고만 더 늘린다면 자동차를 더 장만할 것이다. 문제는 자동차가 부채라는 사실이다. 나는 더 많은 차를 사기 위해 이런 방법을 활용한다. 먼저 자산을 구입한 후, 그 자산에서 나오는 현금흐름이 내 부채를 지불하게 만든다. 그럼으로써 수입을 늘리는 것이다.

전작에서도 소개한 적이 있는 예화를 들려주겠다.

수년 전 근사한 포르셰 컨버터블 한 대가 내 눈에 들어왔다. 가격은 5만 달러. 나에게는 5만 달러가 있었다. 그런데 문제는, 만일 내가 그 포르셰를 사면 부채를 구입하는 것이고 5만 달러를 잃게 된다는 점이었다. 킴에게 이 문제를 상의하자 그녀는 포르셰를 사지 말라고 하지는 않았다. 대신 이렇게 말했다. "포르셰를 사 줄 자산을 사세요."

나는 자동차 딜러에게 선금으로 5,000달러를 건네면서 90일만 기다려 달라고 했다. 90일 후에 계약하겠다는 얘기였다.

그리고 한동안 알아본 끝에 텍사스 주에 보관 시설 사업체가 매물로 나온 것을 발견하고, 5만 달러 현금과 은행 대출금을 합쳐 그것을 사들였다. 보관 시설 임대업에서 나오는 수익은 포르셰에 매달 들어가는 할부금을 내고도 남는 수준이었다.

현재 나는 그 포르셰를 소유하고 있으며 할부금 납입도 끝난 상태다. 할부금 납입이 끝나고 나서는, 보관 시설 임대업에서 나오는 현금흐름으로 필요한 다른 물건들을 구입했다. 몇 년 전 우리 부부는 그 보관 시설 사업체를 처분하고 거기서 나온 돈(세금 유예를 받음)을 한 아파트 단지에 투자했다. 포르셰는 우리를 더 쪼들리게 만들기는커녕 더 부자로 만들어 주었다. 나중에 벤틀리를 장만할 때도 똑같은 방식을 활용했다.

이것이 바로 '수입을 늘리고 자산으로 하여금 부채를 사게 만드는' 방법이다. 킴과 나는 이 방식을 철저하게 신뢰한다.

또 다른 예는 우리의 해변 별장이다. 우리는 하와이에 해변 별장을 장만하기 전에, 먼저 몇

년간 여러 채의 아파트를 매입했다. 그리고 그 아파트들(자산)에서 나오는 현금흐름으로 부채인 해변 별장을 살 수 있었다. 우리에게 부채를 사 줄 자산을 만듦으로써 우리는 더 부자가 된다.

수입 한도 내에서 생활하는 것으로 행복해 할 사람은 많지 않다. 우리는 누구나 삶의 풍요로움을 누려야 마땅하지 않겠는가. 당신 자녀에게 수입 한도 내에서 생활하라고 가르치는 대신, 풍요롭고 멋진 삶을 적극적으로 추구하라고, 부자가 되라고 가르쳐야 한다. 삶의 풍요로움을 꿈꾸면 더 큰 목표와 동기가 생겨나기 마련이다.

자녀가 일찌감치 이런 방법에 눈을 뜨면 새앙쥐를 이길 수 있다. 자산으로 하여금 부채를 사게 만드는 법을 배우는 데 필요한 것은 바로 금융 교육이며 이는 당신에게 강력한 불공평한 이점을 안겨 준다.

요컨대 당신이 부채를 갚아 줄 자산을 산다면 부채도 당신을 더 부자로 만들어 줄 수 있는 것이다.

불공평한 이점 6

감성 지능을 높일 수 있다

현금흐름을 창출하는 부동산을 먼저 구입함으로써 포르셰를 장만했을 때, 나는 현실 세계에서 모노폴리 게임을 한 셈이다. 우리 부부는 작은 초록색 집들에서 시작하여 나중에는 보관 시설 사업체 같은 더 큰 부동산을 구입하기 시작했다.

대부분의 사람들이 이런 프로세스를 밟지 못하는 이유는 감성 지능이 부족하기 때문이다.

앞에서 하워드 가드너의 다중 지능을 소개한 바 있다. 그것들을 다시 적어 보겠다.

1. 언어 지능
2. 논리 수학 지능
3. 신체 운동 지능
4. 공간 지능
5. 음악 지능

어째서 돈은 당신을 부자로 만들지 못할까?

수백만 달러를 버는 스포츠 스타가 파산한다고 하면 얼핏 믿기지 않는다. 그러나 《스포츠 일러스트레이티드(Sports Illustrated)》에 따르면, 프로 미식축구 선수들 가운데 78퍼센트가 은퇴하고 2년 후에 파산하거나 심각한 재정적 스트레스에 시달린다. 왜 이런 일이 발생할까?

단시간에 부자가 되었다가 순식간에 입에 풀칠하기 바쁜 생활로 전락하는 데에는 여러 원인이 있다. 낭비벽, 위험한 투자, 자녀 양육비 등등 때문에 부유한 스포츠 스타도 가난으로 전락할 수 있다.

그리고 미식축구 선수들만 그런 것이 아니다. 프로 농구 선수들의 약 60퍼센트가 은퇴 후 5년 이내에 파산한다.

6. 대인관계 지능

7. 자기 이해 지능

자기 이해 지능에 해당하는 감성 지능은 '성공 지능'이라고도 불린다.

감성 지능이 높은 사람은 '만족을 미룰 줄' 안다. 그토록 많은 이들이 재정적 곤경에서 허우적대는 이유 하나는 만족을 미룰 줄 모르기 때문이다. 그들은 당장에 달려 나가 신용카드를 긁어 포르셰나 프리우스를 산다. 그러면 나쁜 빚만 쌓인다.

자녀에게 먼저 자산을 산 다음 그 자산을 이용해 부채를 사는 법을 가르쳐라. 그러면 자녀의 성공 지능이 높아진다.

불공평한 이점 7

부에 이르는 다양한 길을 이해할 수 있다

백만장자가 되는 데에는 다양한 길이 있다. 몇 가지만 소개하면 이렇다.

- 오로지 돈만 보고 배우자와 결혼한다. 하지만 그런 사람이 어떤 삶을 살게 되는지 우리는 모두 잘 알고 있다.
- 복권에 당첨된다. 복권은 패자들을 위한 것이다. 왜냐하면 수많은 패자가 없다면 당첨되는 사람도 없기 때문이다.
- 「백만장자가 되고 싶은 사람은?(Who Wants to Be a Millionaire?)」 같은 퀴즈 쇼에서 우승한다. 이런 프로그램을 만든 사람은 'A' 학생임이 틀림없다. 정답을 맞히면 부자가 될 수 있다는 발상은 'A' 학생의 머리에서만 나올 것이

기 때문이다. 정답을 맞혀서 부자가 되는 사람은 세상에 거의 없다. 사람들은 대개 수없이 많은 실수를 하고 거기서 교훈을 배움으로써 부자가 된다.

• 프로 스포츠 선수가 된다. 문제는 많은 프로 선수들이 은퇴하고 5년 이내에 파산한다는 사실이다. 그렇게 엄청난 돈을 잃고 나면, 늙어 가면서 그 돈을 다시 손에 넣기는 쉽지 않다.

• 금융 지능을 높여서 백만장자가 된다.

백만장자의 다양한 유형

스스로 백만장자라고 생각하는 사람들이 많다. 나는 그런 사람을 보면 묻고 싶다. "당신은 어떤 유형의 백만장자입니까?" 몇 가지 유형을 소개하면 다음과 같다.

• 순자산 백만장자

2007년 서브프라임 모기지 사태가 터지기 전에는 많은 순자산 백만장자가 존재했다. 예를 들어 어떤 개인이 소유한 주택의 가치가 300만 달러이고 그 사람에게 170만 달러의 빚이 있다면, 그의 순자산은 130만 달러다. 즉 그는 순자산 백만장자에 해당한다.

주택 시장이 무너지자 그 집의 가치는 절반인 150만 달러로 떨어졌다. 그리고 이 사람은 더 이상 백만장자가 아니다. 집이 주택 담보 대출의 가치보다도 못한 물건이 되었기 때문이다.

많은 주식 투자자도 이 유형에 속한다. 그들은 수백만 달러어치 주식을 갖고 있지만 거기서 나오는 현금흐름은 거의 없다. 그들은 오로지 서류상으로만 백만장자이다.

• 고소득 백만장자

많은 CEO, 의사, 변호사, 프로 스포츠 선수, 영화배우, 연예인들이 여기 속한다. 이들은 연소득이 100만 달러 이상이다. 이 유형의 백만장자가 겪는 문제는 세금이다. 이들 대부분이 매우 높은 세금을 낸다.

• 상속형 백만장자

이들은 '행운 유전자'를 타고난 셈이다. 부자 집안에 태어났기 때문이다. 이 그룹의 문제는 돈을 지키는 데에만 집중하는 것이다. 많은 경우 이런 집안의 재산은 3대쯤 가면 별로 남아 있지 않다. 부를 일군 조부모가 자손에게 재산은 물려주지만 그 재산을 보존하고 더 크게 불리는 데 필요한 지식은 물려주지 못하기 때문이다.

• 현금흐름 백만장자

이들은 일을 하지 않고 투자를 통해 높은 수입을 올린다. 이들의 장점 가운데 하나는 빚과 세금을 자신에게 유리하게 활용할 수 있다는 점이다. 다른 유형의 백만장자들은 빚과 세금의 측면에서 이점을 누리지 못한다.

나는 부자가 되려면 현금흐름 백만장자가 되어야 한다고 생각했다. 나는 학문적으로 탁월하지도 못했고 노래나 연기, 운동에 출중한 재능이 있는 것도 아니었다. 아홉 살 무렵부터 나는 성공을 향한 나만의 길을 찾아야 한다고 생각했다. 그래서 모노폴리 게임을 좋아한 것이다. 나는 할 수 있으리라고 믿었다. 작은 초록색 집들로 시작해서 자산 부문의 항목과 자신감을 동시에 늘려온 나는 이제 현실 세계에서 모노폴리 게임을 하고 있다.

자녀와 함께 백만장자의 여러 유형에 대해, 그리고 어떤 유형이 자신에게 가장 잘 맞을지 이야기를 나누어라. 당신 자녀는 백만장자가 되는 것에 대해 얘기를 나누면서 자신의 꿈을 달성할 방법을 공부하며 노력하려는 동기를 품을 것이다. 그들이 꿈을 갖는 것은 중요하다. 부자 아빠도 말했듯 "사람의 진정한 재능은 꿈을 통해 발현되기" 때문이다.

당신은 안정적인 일자리가 아니라 자신만의 꿈을 추구하도록 격려하고 이끎으로써 자녀에게 불공평한 이점을 줄 수 있다. "영감을 불어넣다, 격려하다"라는 뜻의 'inspire'가 'spirit(정신, 영혼)'라는 단어와 연관돼 있음을 기억하라. 자녀의 영혼을 북돋워 주면 그들의 내면에 숨어 있던 재능을 끌어 낼 수 있다.

불공평한 이점 8
자산을 보호할 수 있다

빈곤층과 중산층의 많은 이들은 자랑스럽게 말한다. "내 집은 내 명의로 되어 있어." "내 자동차는 내 명의로 되어 있어." 그들은 '소유에서 오는 자부심'을 느낀다.

반면 부자들은 자기 이름으로 뭔가를 소유하고 싶어 하지 않는다. 그들은 S 법인, LLC(유한책임회사), C 법인 등의 형태로 된 법적 실체를 이용해 자산을 보호한다.

부자들은 이런 법적 실체를 이용해 다음 두 종류의 약탈자로부터 자신을 보호한다.

1. **정부**(세금)

2. **사람들**(소송)

만일 당신이나 당신 자녀가 부자가 되려는 의지를 갖고 있다면 법적 실체를 마련해 두어야 한다. 큰 부를 소유하기 전에 미리 말이다. 많은 부를 소유한 부자가 되었는데 법적 실체를 마련해 놓지 않으면, 자칫 모든 걸 잃을 수도 있다.

약탈자들로부터 자신을 지키기

당신의 자산을 위협할 수 있는 약탈자는 두 종류다.

하나는 정부다. 당신을 보호해 줄 법적 실체가 없으면, 당신은 많은 세금을 내야 할 것이다. 또 다른 하나는 사람들이다. 즉 인간 하이에나들, 다리가 둘 달린 약탈자들이다.

앞에서도 말했듯이 명예와 부를 얻기 시작하면서 나에게 세상의 스포트라이트가 쏟아지기 시작했다. 우리 부부는 원치 않는 주목을 받기 시작했고 사람들이 조준하는 부자 목표물이 되었다. 2000년 이후로 우리는 여러 번 소송을 당했다.

반드시 명심하라. 당신 자녀가 부자의 길을 걷길 원한다면, 그들이 부자가 되기 전에 먼저 자산을 보호하는 방법을 가르쳐라. "사고를 당한 후에 상해 보험에 들어봐야 아무 소용이 없다."는 말을 기억하길 바란다.

불공평한 이점 9

일찍 은퇴할 수 있다

워런 버핏은 앞으로 다가올 은퇴 위기가 서브프라임 모기지 위기보다 훨씬 더 심각할 것이라고 경고했다.

전 세계의 베이비붐 세대가 은퇴 시점에 이르면 거짓말과 무능과 기만이 초래한 최악의 상황에 부딪힐지도 모르며, 이는 그들의 황금빛 노후를 암흑의 심연으로 바꿔 놓을 것이다. 각국 중앙은행은 은퇴 프로그램을 긴급 구제하러 나서야 할지도 모른다.

은퇴 연령에 이른 수많은 사람들은, 앞으로 살아갈 시간은 많이 남았는데 돈이 충분하지 않다는 문제에 부딪히게 된다. 그들은 자기가 가진 은퇴 자금이 얼마인지는 알지만 앞으로 얼마나 오래 살게 될지는 모른다. 인플레이션이 심해지면 많은 이들이 예상보다 빠른 시점에 돈이 바닥날 것이다.

당신의 자녀가 '일찍 은퇴하도록' 돕기 위한 최선의 방책은 비교적 어릴 때부터 금융 교육을 시작하는 것이다. 어릴 때부터 평생 학습의 가치와 교훈을 심어 주면, 당신 자녀는 이른 은퇴라는 불공평한 이점을 누릴 수 있다. 금융 교육은 미래에 대비하기 위해서 반드시 필요하다. 인생을 살아가면서 자유와 선택권을 얻을 수 있는 미래 말이다. 당신의 자녀가 돈과 투자에 관해 탄탄한 기초 교육을 받는다면, 많은 베이비붐 세대와 달리 평생 동안 힘들게 일할 필요가 없어질지도 모른다.

킴과 나는 1994년에 은퇴했다. 당시 킴은 37세, 나는 47세였다. 우리가 빨리 은퇴한 이유 중 하나는 투자에 뛰어들기 위해서였다. 설령 투자가 실패하고 일이 틀어진다 할지라도, 그 실패에서 회복하여 다시 시작할 수 있을 만큼 비교적 젊은 나이였다. 하지만 다행히 우리의 투자 전략은 훌륭한 성공을 거두었으며 특히 2007년 서브프라임 모기지 사태 이후에 더욱 빛을 발했다.

지금 시야에 들어오는 은퇴 시나리오는 별로 아름답지가 않다. 미국 50개 주 가운데 49개 주의 정부 연금 계획이 재정난을 겪고 있다. 게다가 사회 보장 제도와 메디케어도 심각한 재정난에 빠져 있다.

2020년경이면 은퇴 위기가 전 세계적인 추세가 될 것이다. 베이비붐 세대의 노후는 예상했던 것과 달리 황금빛이 아닐 것이다. 얼마 안 가서 가족의 서너 세대가 한 지붕 아래에서 살아야 할지도 모른다.

불공평한 이점 10

보상의 법칙을 활용할 수 있다

보상의 법칙이란 '경험이 많이 쌓일수록 보상이 높아지는 것'을 말한다. 다시 말해 더 똑똑하고 유능한 사람이 될수록 수입도 높아진다. 예컨대 스포츠 세계에서 신인 선수는 비교적 낮은 연봉부터 시작한다. 하지만 경험이 쌓이고 실력이 계속 향상되면 연봉도 올라간다. 반면 발전이 없는 선수는 팀에서 쫓겨나기 십상이다.

지금의 경제 위기가 장기화될 가능성이 있는 이유 하나는, 수많은 젊은 실업자들이 귀중한 직업적 경험을 쌓지 못하고 있기 때문이다. 이런 상황은 길 잃은 세대를 낳고 있다. 많은 이들이 세 번째 배움의 창 시기인 24 ~36세 사이에 일자리를 구하지 못하고 있다.

왜 A학생은 C학생 밑에서 일하게 되는가

자녀에게 적극적으로 멘토를 찾으라고, 기꺼이 무보수로 일하고 대신 값진 경험을 쌓으라고 가르쳐라. 그것이 당신 자녀가 불공평한 이점을 누리게 만드는 길이다. 또 그것은 내가 했던 방식이기도 하다. 나는 학교에서보다 부자 아빠를 위해 무보수로 일하면서 훨씬 더 많은 것을 배웠다. 내가 오늘날 재정적 자유를 얻은 것은 무보수로 일하며 얻은 값진 것들 덕분이다.

사실 성공의 자리에 오른 사람들 중에 의외로 많은 이들이 젊은 세대에게 가르침과 조언을 기꺼이 제공하려고 한다. 그들은 더 많이 주고 베풀수록 더 많이 받게 된다는 사실을 안다. 성공하지 못한 사람들은 대부분 그 진리를 모르거나, 믿으려 하지 않는다. 요즈음은 젊은이들이 참여할 수 있는 훌륭한 멘토십 프로그램이 많이 마련돼 있다.

내가 부자 아빠에게 배운 것은 B와 I 사분면을 위한 지식과 기술이었다. 가장 기본적인 것 몇 개는 다음과 같다.

- 자본을 마련하는 방법
- 사람들을 이끌고 관리하는 방법
- 사업을 설계하는 방법
- 빚을 이용해 더 많은 돈을 버는 방법

나의 이야기

1974년에 나는 호놀룰루에 있는 제록스에 입사해 세일즈를 배우기 시작했다. 성인이 된 후에 얻은 제대로 된 첫 번째 일자리였다. 그리고 2년간 수줍은 성격과 거절에 대한 두려움을 극복하기 위해 피나게 노력했다. 마음 한편에 언젠가 해고될지도 모른다는 불안감도 품은 채로 말이다. 4년 후, 나는 제록스에서 항상 톱 5 세일즈맨에 꼽히는 유능한 직원이 되었다. 나는 돈을 많이 벌고 있었지만, E 사분면에서 B 사분면으로 옮겨 가야 할 때라는 판단이 들었다. 그래서 마음속에 구상 중이던 사업을 시작했다. 나일론-벨크로 지갑 사업이었다. 이 사업으로 초반에는 많은 돈을 벌었지만 나중에 결국 실패하고 말았다. 실패의 충격과 금전적 손실이 엄청났지만, B와 I 사분면의 경험을 쌓았다는 사실로 위로를 삼았다. 내가 제록스를 뒤로 하고 B 사분면으로 방향 전환을 한 것은 스물여덟 살 때였다. 그것은 결과의 불확실성을 감수하고 과감하게 뛰어드는 일종의 '믿음의 도약'이었으며, 이후로도 나는 여러 번 믿음의 도약을 행했다. 사업가들은 대부분 믿음의 도약을 하는 이들이다.

배우기 위해 일하다

나는 제록스에서 일하며 세일즈를 배웠다. 당시 신참내기 자본가이기도 했던 나는 주요 임무가 자본을 마련하는 법을 터득하는 것임을 알았다. 지금도 나는 주로 그런 일을 한다. 어떤 사업가에게 물어봐도 마찬가지일 것이다. 그들은 고객과 투자자를 통해, 피고용인들의 노동력을 통해 자본을 마련하는 사람들이다.

도널드 트럼프와 나는 값진 기술과 경험을 얻기 위한 길로서 네트워크 마케팅 사업을 추천한다. 판매하는 기술과 거절을 극복하는 법을 익히고 리더십 기술을 계발하면 B와 I 사분면에서 성공을 거둘 가능성이 대단히 높아지기 때문이다. 보상의 법칙은 네트워크 마케팅 업계에도 적용된다.

왜 A학생은 C학생 밑에서 일하게 되는가

하지만 안타깝게도 대부분의 사람들이 너무 빨리 포기해 버려서 경험으로부터 값진 무언가를 얻을 기회를 놓친다.

보상의 법칙은 요즘도 여전히 우리에게 유효하다. 나의 경우, B와 I 사분면의 교실에서 수년간 분투한 시간들이 커다란 보상을 가져다주었다. 내가 누린 불공평한 이점은, 부자 아빠가 오랫동안 내게 그 과정을 위한 준비를 시켰다는 사실이다. 당신도 자녀를 위해 그런 준비를 시켜야 한다.

두 가지 직업

요즘은 그 어느 때보다도 적어도 두 가지 직업을 갖는 것이 중요하다. 하나는 자기 자신을 위한 직업, 다른 하나는 자산을 얻기 위한 직업이다. 나는 가르치는 직업을 갖고 있다. 다만 당신이 아는 대부분의 교사들이 있는 E 사분면이 아니라 B 사분면의 교사이다. 한편 나의 I 사분면 직업은 자산과 관련된 것으로서, 사업체 부동산, 지적 재산, 석유, 금, 은을 확보하고 관리하는 일에 해당한다.

리더십, 다른 사람의 재능을 이용할 줄 아는 기술

사업가에게 리더십 기술은 매우 중요하다. 나는 사관학교와 해병대에서, 스포츠 팀에서, 그리고 사업을 하면서 리더십에 대해 많은 것을 배웠다.

당신의 자녀도 다양한 방식을 통해 리더십을 키울 수 있다. 그룹 활동에 참여하는 것도 리더십을 키우는 좋은 방법이다. 훌륭한 리더가 되기 위해서는 먼저 훌륭하게 따를 줄 아는 법을 배워야 한다. 많은 사람들, 특히 S 사분면 사람들은 좋은 리더가 되고 싶어 하지만 실상은 제대로 따르지 못하는 사람일 뿐이다.

많은 'A' 학생들은 훌륭한 리더십 능력이 부족하다. 그래서 대개 S 사분면의 의사나 변호사가 되는 것이다.

다른 사람의 돈

빚, 즉 OPM(다른 사람의 돈, Other People's Money)을 이용해 자산을 사는 방법을 터득하면 엄청난 수익을 손에 넣을 수 있다. 이에 대해서는 4부에서 자세히 다룰 것이다. 정부에서는 OPM을 이용할 줄 아는 사람에게 커다란 세금 혜택을 준다. 이것은 금융 교육을 받은 사람이 누릴 수 있는 불공평한 이점이다.

세상의 많은 이들이 OPM을 이용하고 있다. 대규모 사업체와 건물들은 전부 이런 OPM으로 지어진다. 간단히 말해 자본가들은 OPM을 이용해 부자가 된다.

그 현금 흐름의 모양새는 아래와 같다.

E와 S 사분면 사람들이 저축 은행이나 투자 은행 또는 보험 회사에 돈을 집어넣으면 금융 기관이 그 돈을 움직이기 시작한다. E와 S 사분면 사

람들은 돈을 은행에 '맡기라'는 조언을 따르는 반면, B와 I 사분면 사람들은 항상 그 돈을 움직인다. 맡겨진 돈(E와 S 사분면 사람들을 위해 일하지 않는 돈)이 B와 I 사분면 사람들에게는 빌려 쓸 수 있는 돈(빚)이기 때문이다.

E와 S 사분면 사람들이 곧 OP, 즉 '다른 사람들'에 해당한다. 이들은 노동력을 제공하며, 저축 계좌와 은퇴 계획을 통해 돈을 제공한다. 당신이 자녀에게 "학교를 졸업하고 일자리를 얻고 저축을 하고 은퇴 계획에 투자해라." 하고 조언한다면, 그것은 B와 I 사분면 사람들이 활용할 OP가 되라는 말과 같다.

우리 사회의 교육 제도의 목표는 OP를 만들어 내는 것이다. 당신의 자녀가 OP가 되길 원하지 않는다면 가정에서 제대로 된 금융 교육을 해야 한다.

결론

사분면은 교실이다

각 사분면이 서로 다른 기술을 가르치는 교실임을 잊지 마라. 자녀가 미래에 대비할 수 있도록 일찍부터 현금흐름 사분면에 대해 가르쳐라.

사분면은 직업보다 더 중요하다

사분면이 직업보다 더 중요하다는 점도 잊지 마라. 나는 학교 공부를 잘하지 못했기 때문에 교사가 된다는 걸 꿈에도 생각하지 못했지만, 현재 나는 교사이다. 하지만 E와 S 사분면이 아니라 B와 I 사분면의 교사이다. E와 S 사분면 교사들과 내가 다른 점은, 원하는 만큼 많은 돈을 벌고 세금을 (합법적으로) 적게 내며 봉급이나 연금 계획이 필요하지 않다는 것이다.

자녀에게 10가지 불공평한 이점을 누릴 수 있게 하면, 그들은 살면서 다른 많은 이점도 더불어 얻게 된다.

금융 교육이 가져다주는 재정적 이점

- 더 많은 돈을 번다.
- 더 많은 돈을 유지한다.
- 더 많은 돈을 보호한다.

금융 교육이 가져다주는 영적 이점

- 더 커다란 마음의 평안을 얻는다.
- 더 베풀 줄 아는 관대함을 갖게 된다.
- 자기 인생에 대한 통제권을 쥘 수 있다.

다음에 나올 4부에서는 자본가들을 위한 고급 과정으로 들어가겠다.

부모의 행동 단계

돈에 대해 배우면 어떤 불공평한 이점을 누릴 수 있는지 자녀에게 설명하라

교육이란 평등이나 공정함을 가르치는 것이 아니다. 부모들이 자녀의 교육을 그토록 중요하게 여기는 이유 하나는, 좋은 교육을 받으면 인생에서 유리한 위치에 설 수 있다고 생각하기 때문이다. 금융 교육은 자녀 교육의 중요한 한 부분이 되어야 한다. 자녀에게 돈에 대해 가르치면 그들은 특별하고 불공평한 이점을 누릴 수 있다. 대부분의 다른 아이들이 배우지 못하는 것, 학교에서 가르치지 않는 것을 배우기 때문이다.

소득의 종류를 설명하고 그것들의 차이를 아는 게 왜 중요한지 말해 주어라. 이해력이 어느 정도 성숙한 나이에 이른 자녀라면, 근로 소득과 세금의 관계를 이해하고 큰 그림을 볼 수 있게 이끌어라.

금융 교육을 제공하는 학교는 거의 없으므로 그 역할을 부모인 당신이 해야 한다. 정기적으로 금융 교육을 위한 저녁 시간을 마련하여, 자녀의 이런저런 질문에 답해 주고 각자 겪은 도전이나 실패에서 얻은 교훈에 대해 이야기를 나눠라.

이처럼 적극적으로 배우는 환경을 조성하면 당신 자녀는 커다란 불공평한 이점을 누리게 된다. 제대로 된 금융 교육을 받고 자란 사람은 자신의 꿈을 추구할 진정한 자유도 누릴 수 있다. 일자리나 봉급이 필요 없는 삶을 영위할 가능성으로 향하는 문을 부모인 당신이 열어 줘야 한다.

4부

C학생과 자본가를 위한
고급 과정

당신 스스로 돈을 만들어 내고 있는가?

많은 사업가들의 꿈은 사업체를 일궈 '주식 시장에 상장'하는 것이다. 그러면 주식을 통해 대중에게 기업의 지분을 판매할 수 있다. 스티브 잡스와 마크 저커버그도 애플과 페이스북을 공개해서 그렇게 했다. 그들은 기업을 공개하면서 자사의 주식 수백만 주를 발행했다. 그리고 갑부가 되었다.

사업가가 회사의 주식을 대중에게 팔기 시작하는 것은 학교로 치면 대학원을 '졸업'하는 것과 같다. 이제 그는 합법적으로 자신의 돈을 만들어 낼 수 있는 셈이다. 이는 또한 돈을 남에게 빌릴 필요가 없을 수도 있다는 것을 의미한다. 회사 주식을 발행하여 사람들에게 판매함으로써 더 많은 돈을 만들어 낼 수가 있다. 이것은 자본주의의 박사 학위를 따는 것과 같다.

2004년 3월 9일은 내 인생에서 가장 행복한 날 중 하나였다. 동업자 몇 명과 시작한 회사가 그날 토론토 증권거래소에 상장된 것이다. 우리

회사는 50억 달러어치의 금광석이 매장된 중국을 근거지로 하는 광업 회사였다.

내 꿈은 실현되었지만 나의 배움은 거기서 끝난 게 아니었다. 우리가 엄청난 양의 금광석을 발견했다는 사실을 중국 정부가 알게 되면서 게임이 시작되었다. 협상이 진행되는 동안 중국 정부의 고위 관리들은 우리가 중국에서 사업을 계속 하고 싶다면 몇몇 소수의 사람들을 '기쁘게' 해 줘야 한다고 말했다. 이렇다 할 성과 없이 협상이 5년간 지지부진하게 진행된 끝에 우리는 선택에 직면했다. 뭔가 불법적인 방식을 택하거나 아니면 사업체를 처분하거나, 둘 중 하나를 택해야 했다. 우리는 후자를 택했다. 주식들을 처분하고 1997년부터 일궈 왔던 사업을 접었다.

중국 정부나 관리들을 탓할 생각은 없다. 세계 어디를 가나 관료들의 부정부패는 있기 마련이기 때문이다. 돈의 주인이 바뀌는 곳에서는 어디나 부정부패가 존재한다.

중국에서의 경험은 부자 아빠의 말씀을 떠올리게 만든다. "관료들은 돈을 쓰는 법만 알지 돈을 만드는 법은 모른다. 만일 그들이 돈을 만드는 법을 안다면 자본가가 되었겠지." 또 부자 아빠는 이렇게 말했다. "자본주의 국가에서는 자본가들이 부자가 된다. 사회주의와 공산주의 국가에서는 관료들이 부자가 된다."

미국에서는 많은 관료들이 부자가 되고 있다. 이것은 결코 바람직한 징후가 아니다. 이것은 부정부패가 증가하고 있다는 신호이며, 내 생각에 그 원인은 교육 시스템이 실패한 데에 있다.

이 책의 서두에서 나는 프랭크 런츠 박사의 『미국인들이 진정으로 원하는 것』에 나온 다음 말을 인용했다.

그렇다면 한 세대의 미국인들을 사업가로 성공하도록 준비시키는 방법은 무엇인가? MBA 과정을 밟게 하면 되는가? 아니다. 대부분의 경영 대학원은 자신의 회사를 시작하도록 가르치지 않는다. 그저 대기업의 일원이 되어 성공하는 방법만 가르칠 뿐이다.

또 런츠 박사는 이런 설문 조사 결과도 밝혔다.

- 응답자 81퍼센트가 고등학교와 대학교에서 학생들에게 기업가 자질을 함양토록 지도해야 한다고 답했다.
- 응답자 70퍼센트가 미국 경제의 성공과 안정이 기업가 정신에 달려 있다고 답했다.

나는 런츠 박사의 견해에 전적으로 동감한다. 교사들은 대부분 피고용인이다. 그런데 어떻게 학생들에게 기업가 정신을 가르칠 수 있겠는가? 설령 경영 대학원의 교수가 재계 출신이라 해도 그는 경영 자본가일 가능성이 높다. 주식 발행을 통한 기업 공개는 고사하고 혼자 힘으로 사업체를 시작해 본 경험도 없는 관료 말이다.

학교가 고급 학위를 가진 관료들을 대량 생산하는 현실이 우려스럽기 짝이 없다. 이런 상황이 지속된다면 부정부패가 증가하는 것뿐만 아니라 이 나라를 떠나기로 선택하는 사업가들이 점점 늘어날지도 모른다.

바로 그래서 젊은이들의 금융 교육이 중요하다. 우리에게는 사업가가 필요하기 때문이다. 우리에게는 사업체를 만들고, 일자리를 창출하고, 스스로 돈을 만들 줄 아는 사람들이 필요하다.

스스로 돈을 만들어 내는 방법

회사를 일궈 주식을 파는 것은 돈을 만들어 내는 여러 방법 중 하나다.

또 다른 방법으로는 주식 시장의 '기술적 트레이딩(technical trading)'이 있다. 이는 쇼트, 콜, 풋 옵션과 칼라, 스트래들 같은 매매 전략을 이용하는 것이다. 이들 전략 중 일부는 캐시플로 202 게임을 통해 배울 수 있다. 어떤 새로운 투자 계획이나 전략을 택할 때든, 나는 실전에 뛰어들기 전에 항상 학습과 연습을(수없이 많은 연습을) 거쳐야 한다고 말한다.

돈을 만들어 내기 위해서 꼭 주식 시장에 들어갈 필요는 없다. 나는 책을 펴낼 때마다 돈을 만들어 낸다. 내 책을 다른 나라 언어로 번역해 출간할 출판사들에 판권을 팔면 훨씬 더 많은 돈이 생겨난다. 그리고 그 돈은 인세라는 형태로 여러 나라들로부터 정기적으로 내 주머니로 들어온다.

아이들의 머릿속에 돈을 만들어 내는 개념을 심어 줄 수 있는 방법은 많다. 간단한 예를 다섯 가지만 소개하겠다.

1. 레모네이드 가판대를 차린 후 레모네이드와 돈을 교환하면, 돈을 만들어 내는 것이다. '판매용 레모네이드'가 일종의 돈이다.

2. 아이들 여럿이 함께 연극을 공연하면 이때 티켓 판매도 돈을 만들어 내는 행위다.

3. 아마추어 록밴드가 CD를 제작하여 파는 것도 돈을 만들어 내는 행위다. 순회공연을 다니며 티켓을 파는 것도 마찬가지다.

4. 스마트폰이나 태블릿을 위한 앱을 개발해 그것으로 수익을 올리면(다운로드 횟수에 비례해 수익도 늘어난다.), 이 역시 돈을 만들어 내는 행위다.

5. 걸 스카우트 기금 모금용 쿠키를 판매하면, 돈을 만들어 내는 것뿐 아니라 베풀 줄 아는 자본가의 마음가짐에 대해서도 배울 수 있다.

돈을 만들어 내는 것에 대해 가정에서 가르치고 장려해야 한다는 게 내 생각이다. 이것을 가르치는 데에는 정부 관료들이 필요하지 않다. 게 다가 학자형 관료(피고용인)가 기업가 정신을 가르치는 것은 내가 아이들 에게 뇌 전문의가 되는 법을 가르치려 드는 것과 매한가지다. 두 경우 모 두 뇌 손상을 초래할지도 모른다.

부모가 자녀에게 스스로 돈을 만드는 법을 가르치는 방법은 아주 간단 한 것에서부터 꽤 복잡한 것에 이르기까지 다양하다는 사실을 기억하라. 사람을 제한하는 것은 오로지 그의 상상력뿐이다.

나는 이 책을 보완하기 위해 『자녀의 금융 재능을 일깨우라』라는 학습 가이드를 만들었다. 이 학습 가이드는 당신이 자녀에게 돈에 대해 가르 치고, 돈을 만들어 내는 자본가가 되는 법을 가르치는 데에 효과적인 도 움을 줄 것이다. 돈을 만드는 법을 아는 사람은 일자리가 필요하지 않다. 만일 일을 한다면 스스로 일을 하고 싶기 때문일 것이다. 그것은 부모가 자녀에게 줄 수 있는 최고의 선물이다.

레모네이드 가판대를 시작하거나 맥도날드에서 일을 하라고 독려하 는 것은 자녀를 유리한 출발점에 세우는 좋은 방법이다. 맥도날드는 훗 날 언젠가 스스로 돈을 만들어 낼 사업가가 되는 법을 익히기 위한 훌륭 한 장소다.

훌륭한 비즈니스 스쿨

사람들은 흔히 맥도날드에서 '햄버거 패티를 뒤집는 일'을 하찮게 여긴다. 특히 E 사분면 사람들은 이를 조롱거리로 생각한다.

맥도날드는 S 사분면이나 B 사분면에서 수입을 올리고 싶은 사람들을 위한 매우 훌륭한 비즈니스 스쿨이다.

젊은이들이 현실 세계의 비즈니스 경험을 쌓을 방법을 조언해 달라고 하면, 나는 맥도날드에서 아르바이트를 하면서 그곳의 시스템을 배우라고 권유한다. 맥도날드는 세계 최고라고 꼽아도 손색이 없을 만큼 훌륭한 사업 시스템을 갖추고 있기 때문이다.

나는 젊은이들에게 계산대 직원, 요리사, 청소 관리인, 매장 관리 매니저 등 가급적 다양한 직책에서 일해 보라고 말한다. 작은 소매업 공간에서 다방면에 걸친 '직접적인' 비즈니스 경험을 쌓을 수 있으며, 이는 훗날 자기 사업을 운영하는 데 필요한 기본 감각을 훈련시키기 때문이다.

맥도날드에서 일해 보면 사업에 필요한 다양한 구성 요소의 80퍼센트에 해당하는 경험을 접할 수 있다. 전통적인 평범한 회사에서 일하면, 오로지 한 부서(예컨대 회계, 고객 관리 등)에서만 경험을 쌓고 그 밖의 다른 부서들은 경험하지 못할 가능성이 높다.

만일 E 사분면의 관점에서 맥도날드를 보면 낮은 급여만이 눈에 들어올 것이다. 하지만 S나 B 사분면의 시각에서 맥도날드의 일을 바라보면, 그곳에서 쌓은 경험이 값을 따질 수 없을 만큼 귀중하다는 사실을 알게된다.

나는 맥도날드의 음식이 아니라 그곳의 사업 시스템을 추천하는 것이다. 부자 아빠는 이렇게 말씀하셨다. "맥도날드보다 더 훌륭한 햄버거를 만들 수 있는 사람은 많다. 하지만 맥도날드보다 더 훌륭한 사업 시스템을 만들 수 있는 사람은 많지 않다."

"직업이 중요한 게 아니다. 중요한 건 어느 사분면에 있느냐이다."라고 했던 부자 아빠의 교훈을 명심하라. 현재 나는 B와 I 사분면에서 활동하는 교사이다. 따라서 다른 대부분의 교사들보다 돈을 더 많이 번다. 나는 B와 I 사분면에서 가르치면서 돈을 만들어 낸다.

이 책의 4부는 금융 교육을 통해 '중앙은행이 되는 법'에 초점을 맞춘다. 이로써 스스로 돈을 만들어 내고, 세금을 적게 내고, 좋은 일을 더 많이 하고, 당신과 가족을 보호하는 방법 말이다. 이것을 알지 못하는 사람은 재정적 혼란 속에서 증가하는 인플레이션과 높은 세금, 경제적 곤궁에 짓눌릴 수밖에 없을 것이다.

왜 부자들은
돈을 위해 일하지 않는가

17장

중앙은행이 돼라

2007년 금융 시장 붕괴 이전에는 연방준비은행(미국의 중앙은행)을 의식하고 사는 사람이 별로 없지 않았을까 싶다. 2007년 이전에 연방준비은행은 별로 눈에 띄지 않는 기관으로서 미국과 세계 경제에 조용하게 힘을 행사했다. 이제는 많은 이들이 연방준비은행이라는 이름에 '익숙하기는' 하지만, 여전히 이 기관의 역할과 그 작동 방식은 잘 알지 못한다.

연방준비은행의 명시적 목적은 "최대한의 고용 창출과 안정된 물가, 적정한 장기 금리가 달성되도록 효과적으로 기여하는 것"이다.

연방준비은행은 이 임무를 잘 수행하지 못하고 있는 것 같다. 미국이 엄청난 재정 적자를 겪는 이유 하나는 연방준비은행이 제 역할을 못하기 때문이다. 이 기관은 근본적인 문제는 해결하지 않고 계속 더 많은 돈만 찍어 내고 있다.

　요즘은 심지어 노숙자들도 연방준비은행을 알고 있으며, 노숙자들이 대거 참석한 야외 집회에서 "중앙은행을 없애라."라고 적힌 피켓이 심심찮게 목격되었다. 2011년 9월 17일 뉴욕 월스트리트 근처의 주코티 공원에서 시작된 월스트리트 점령 시위 때도 많은 시민이 연방준비은행을 폐지하라고 외쳤다. 오늘날 많은 이들은 연방준비은행이 연방정부에 소속된 기관이 아니고 은행도 아니며 준비금도 없다는 것을 알고 있다. 이 기관은 심지어 미국의 소유도 아니며 여러 국제 금융 재벌과 은행들이 소유하고 있다. 벤 버냉키가 부인한 것과 달리 연방준비은행은 달러를 발행할 힘을 갖고 있다.

　연방준비은행은 경제가 무너지는 것을 막기 위해서 돈을 만들어 미국 재무부 발행 채권이나 여타의 자산을 산다. 이후 그 돈은 대형 은행들과 경제 전반으로 흘러 들어간다. 그리고 연방준비은행은 채권에 대한 이자를 받는데 이 이자는 결국 납세자들의 돈으로 마련된다. 연방준비은행으로 들어간 이자는 어디에 쓰일까? 그것이야말로 우리가 제일 궁금한 문제다.

　텍사스 의원 출신이자 대선 경선 후보였던 론 폴은 2009년에 『중앙은행을 없애라』라는 책을 출간했다. 그는 오래전부터 연방준비은행을 강하게 비판해 왔다. 폴은 연방준비은행이 준(準) 범죄 조직이자 세계의 대형 민간 은행들로 형성된 카르텔이라고 본다. 나는 론 폴의 의견에 공감하며 연방준비은행 같은 중앙은행들이 없으면 세상이 더 나은 곳이 되리라고 생각하지만, 그것을 폐지하자고 외치며 시간을 보내고 싶지는 않다. 그보다는 내 금융 지능을 높여 동전의 양쪽을 모두 시야에 담을 수 있는 동전 옆면에 서서 연방준비은행을 바라보고 싶다. 동전의 양쪽 면을 모두 보면, 많은 이들이 잘못이라고 여기는 일도 있는 반면 연방준비은행이 좋은 일도 많이 했다는 것을 알 수 있다.

나는 양쪽 입장을 모두 이해하지만, 노숙자들까지 연방준비은행에 반대하고 나서는 것을 보면 사람들 사이에 모종의 인식이 강하게 형성돼 있음을 알 수 있다.

내가 고등학생이던 1960년대에 린든 존슨 대통령은 '위대한 사회' 정책을 시행했고, 이는 나중에 메디케어와 메디케이드, 노인 복지법의 제정으로 이어졌다. '위대한 사회'는 빈곤층 구제를 위한 프로그램이었다. 이런 프로그램들은 공화당 대통령인 리처드 닉슨과 제럴드 포드 행정부 하에서 더욱 확대되었으며 조지 W. 부시 대통령 재임 시 가장 크게 강화되었다. 재선을 염두에 두고 있던 부시 대통령은 처방약 보험 프로그램인 메디케어 파트 D(Medicare Part D)를 시행했다. 이것은 기존의 메디케어에 처방약 보험금 보조를 추가한 것으로서 메디케어 어드밴티지 플랜(Medicare Advantage Plan)이라고도 불렸다. 메디케어는 지금까지 존재한 미국의 사회 복지 프로그램 가운데 가장 비용이 많이 드는 프로그램일 것이다. 제약 회사들과 나이 든 유권자들은 부시의 결정을 반겼고, 부시는 재선에 성공했다.

나의 이야기

이제 우리에게는 오바마케어가 있다. 이것은 아마도 모든 대통령 정책

가운데 최악의 정책으로 드러날 것이다. 오바마케어가 단순히 의료 보험에 관한 정책이 아니라는 데에 많은 이들이 동의할 것이다. 그것은 돈과 권력이 걸려 있는 문제다. 이 프로그램에는 의료 보험과는 전혀 관련이 없는, 국민의 사생활에 훨씬 더 강력하게 개입하도록 정부에 더 많은 힘을 넘겨 주는 것과 관련된 법규들이 들어 있다. 최근 들어 언론에서 사회주의나 공산주의라는 단어가 부쩍 자주 들리는 것도 그리 놀랄 일이 아니다.

중산층 구하기

2012년 대통령 선거 기간에 오바마 대통령과 미트 롬니 둘 다 "중산층을 살리자."라고 외쳤다. 나는 이렇게 묻고 싶다. "빈곤층을 살리는 문제는 어떻게 된 것인가?"

연방준비은행은 빈곤층과 중산층의 삶이 개선되는 데에 기여했는가, 아니면 더 비참해지는 데에 기여했는가? 한 가지만은 확실해 보인다. 연방준비은행은 부자들의 삶을 훨씬 더 풍요롭게 만들어 주었다.

안타깝게도 연방준비은행과 맞설 용기를 가진 정치인은 거의 없는 것 같다. 우리의 정치 리더들은 연방준비은행에 맞서는 대신에 '양적 완화'에 찬성하는 목소리를 높인다. 양적 완화는 '돈을 찍어 낸다'는 의미다.

재정 절벽 넘기

2012년 연말, 미국 정부에서는 공화당과 민주당의 날선 대립이 심화되었다. 언론에는 연일 '재정 절벽 넘기'에 대한 기사가 등장했다. 한쪽 진영에서는 지출 삭감을 주장했고, 다른 쪽 진영에서는 부자 증세를 외쳤다. 내가 보기에 그들이 합의점을 찾지 못하는 이유는 결국 그들도 자신들이 미국의 문제를 해결할 수 없다는 사실을 알기 때문인 것 같다. 정치인들은 자신에게 능력이 부족하다는 걸 안다. 그들은 뭘 해야 하는지는 알지 몰라도, 실행에 옮길 용기와 배짱은 부족하다.

결국 입법자들은 이번에도 문제 해결을 '뒤로 미루고' 미국의 재정 상처 부위에 붕대만 감아 놓았다. 그리고 그 문제는 다음 세대의 입법자들과 국민들에게로 넘겨졌다. 프랭클린 델러노 루스벨트 대통령이 한 일도 그것이다. 루스벨트 대통령은 대공황 시기에 사회 보장법과 여러 사회주의 프로그램을 만들었다. 그가 시행한 해결책들은 린든 존슨 대통령의 메디케어와 더불어 오늘날 우리에게 골칫덩이가 되어 버렸다. 좋든 싫든 우리는 이미 아주 오래전부터 '재정 절벽'을 넘기 시작한 셈이다.

대공황 시기에 일자리와 집을 잃은 사람들이 모여 살던 천막촌을 당시 대통령인 허버트 후버의 이름을 따서 '후버빌(Hooverville)'이라고 불렀다. 우리는 역사를 간과해서는 안 된다. 지금의 문제를 해결하기 위해 양적 완화만 더 늘린다면 앞으로 더욱 많은 이들이 집을 잃을 것이다.

나는 "중앙은행을 없애자."는 론 폴의 견해에 동의하긴 하지만, "중앙은행이 돼라."고 하신 부자 아빠의 조언을 따르는 편을 택하고 싶다. 부자 아빠는 말씀하시곤 했다. "가난한 사람들을 돕는 가장 좋은 길은 네 자신이 가난해지지 않는 것이다." "네가 가난한 사람을 도우려고 애쓸수록 가난한 사람들은 더 많아진다." 그분은 돈을 계속 찍어 내는 정부를 믿지 않고, 대신 사람들에게 고기 잡는 법을 가르치는 것의 중요성을 믿었다. 즉 스스로 돈을 만들어 내는 것 말이다.

다음 장에서는 중앙은행을 없애는 대신 '당신 자신이 중앙은행이 되는 법'을 설명할 것이다.

부모의 행동 단계

자녀에게 스스로 돈을 만들어 내는 법을 가르쳐라

주머니가 넉넉지 않은 상태에서 부자 아빠를 위해 무보수로 일할 때, 나는 머리를 써서 스스로 돈을 만들어 낼 방법을 궁리해야 했다.

"궁핍이 창의성을 낳는다."라는 말이 있다. 전작에서도 소개했듯이, 나는 어렸을 때 다 쓴 치약 튜브들을 녹여서 납으로 된 동전을 만드는 방법으로 '돈을 만들기' 시작했다. 사관학교 시절에는 배에 달려 있던 낡은 돛을 모아 화려한 나일론 지갑을 만들어서 돈을 벌었다. 가죽 지갑은 비바람에 노출되면 쉽게 손상되었기 때문에 나일론 지갑은 선원들 사이에서 인기가 높았다.

내가 말하려는 요점은 이것이다. 돈이 넉넉지 않은 상황은 나로 하여금 돈을 만들어 내는 창의적인 이런저런 방법을 떠올리게 이끌었다. 나는 현재도 책을 쓰고, 게임을 개발하고, 리치대드컴퍼니를 통해 교육 사업을 하고, 임대용 부동산과 석유에 투자함으로써 돈을 만들어 낸다. 당신이 제대로 이끌어 주기만 한다면 당신 자녀도 얼마든지 그렇게 할 수 있다.

18장

나 자신의 화폐를
직접 찍어 내는 법

지금부터 소개하는 내용은 내가 나 자신의 화폐를 찍어 내는 데(정확히 말하면 만들어 내는 데) 이용하는 과정이다. 나는 이 과정을 가능한 한 단순하게 설명하기 위해 최선을 다했다. 어쨌든 제대로 설명하지 못했을까 봐 걱정이다. 실제로 그렇게 단순한 과정이 아니기 때문이다.

따라서 차분하게 읽으며 나의 설명을 따라와 주길 바란다. 설령 잘 이해가 안 가더라도 걱정은 하지 마라. 대부분의 사람들이 그러하니까. 더욱 깊이 있게 이해하고 싶으면 친구나 뜻을 같이 하는 누군가를 찾아 함께 읽고 토의 시간을 가져보기 바란다.

나는 뭔가 새로운 것을 배우고 싶을 때면 친구들을 모아 일종의 스터디 그룹을 만든다. 그렇게 모임을 만들어 관련된 여러 주제를 연구하고 토론한다는 얘기다. "혼자 하는 것보다는 두 사람이 힘을 모으는 것이 더 낫다."는 속담도 있지 않은가. 하물며 자신의 화폐를 만들어 내는 법을 배우는 일인데, 아무래도 혼자보다는 여럿의 머리를 합치는 것이 낫지 않겠는가.

협력은 뭔가를 가장 잘 배울 수 있는 수단이다. 그래서 내가 영리하고 경험 많은 조언가 팀을 항상 곁에 두는 것이다.

불행히도 학교에서는 이런 협력을 "부정행위"라고 부른다.

본론

내가 나 자신의 화폐를 찍어 내는 과정, 다시 말해서 '중앙은행이 되는 과정'을 설명할 때면 매번 누군가는 일어나서 이렇게 말한다. "개인이 그럴 순 없습니다." 그러면 나는 항상 이렇게 대답한다. "당신은 그럴 수 없을지 몰라도, 나는 그럴 수 있습니다. 사실 나는 매일 그렇게 하고 있습니다." 보다 정확하게 말하자면 나는 계속 일을 하든 안 하든 매달 혹은 매년 내 주머니로 돈을 넣어 주는 매개체를 만들어 놓은 것이다. 투자와 지적 재산, 자산 등의 매개체 말이다. 그게 바로 '중앙은행이 되는 것' 또는 내 돈을 직접 찍어 내는 것이 아니고 무엇이겠는가.

말할 필요도 없이 '모두가' 그렇게 '중앙은행'이 될 수 있는 것은 아니다. 하지만 누구나 자신의 재정 상태를 향상하기 위해 취할 수 있는 모종의 단계는 분명히 있다.

여기 몇 가지를 소개한다.

1. 사업가가 되어 자신의 사업체를 소유하라.

2. 고문, 변호사, 회계사, 다른 사업가들로 구성된 팀을 구축하라.

3. 빚을 이용하는 방법을 터득하라.

4. 세법을 이해하라.

5. 높은 감성 지능을 계발하라.

6. 인격 함양과 실천의 측면에서 높은 법적, 윤리적, 도덕적 기준을 세우라.

7. 부동산 투자가가 돼라.

8. 상품 투자가가 돼라.

9. 금융 교육에 시간을 할애하고 배운 것을 실천에 옮겨라.

10. 효과적인 커뮤니케이션 및 대인 관계 기술을 쌓아라.

나의 이야기

내가 어떻게 중앙은행이 됐는지, 그 과정을 소개하겠다.

1973년 베트남에 돌아왔을 때 내가 과연 부자 아빠의 세계에 들어갈 수 있을지 잘 몰랐다. 적어도 위에 열거한 10가지 요건, 즉 부자 아빠의 세계에서 중요한 것에 대한 그의 지침에 대해 기본적인 것은 이해하고 있었다. 안정된 직업과 꾸준한 월급 봉투가 그의 지침에 속하지 않는다는 것은 잘 알았다. 그리고 그 이유도 이해했다. 당시 25세였던 나는 그 과정이 쉽지는 않을 것임을 알고 있었다.

학교는 좋아하지 않았지만 자본가가 되는 법은 정말 배우고 싶었다. 그게 나의 장점이었다. 배우고 싶어 한다는 점 말이다. 알다시피 배우고자 하는 '열망'이 곧 배움의 열쇠다.

사업가의 길을 가기 위해 필요한 것이 무엇인지 배우면서 나는 내가 인생의 새로운 장을 열기 시작했음을 깨달았다. 비행 학교에서 깨달은 것과 같은 맥락이었다. 내게 비행 학교는 애벌레에서 나비로 변모하는 것과 같은 변혁의 과정이었다. 그리고 베트남에서 돌아왔을 때 나는 내가 곧 (비행 학교에서 경험한 것과 많이 닮은) 새로운 변혁의 과정에 들어갈 것임을 알았다. 사업가의 과정을 배우면서 그 변혁이 개시되었음을 깨달은 것이다. 안정된 직장과 꾸준한 월급 봉투가 없을 것이고 내가 넘어지거나 실패해도 누구 하나 붙잡아 주지 않을 터였다. 비행 학교 시절과 마찬가지로 사업가가 되는 과정에서 '추락하거나 불타거나 죽을 수도' 있었다.

다음은 본격적으로 중앙은행이 되는 방법론을 배우기 전에 머릿속에 새겨야 할 몇 가지 중요한 요점이다.

요점 1: 세 종류의 소득

앞에서 세 가지 유형의 소득에 대해 언급한 바 있다. 기억을 되새겨 보자.

1. 근로 소득
2. 투자 소득
3. 비활성 소득

소득의 세 가지 유형은 매우 중요한 사항이다. 이것이 오바마 대통령은 약 300만 달러의 수입에 20.5퍼센트의 세금을 냈고 미트 롬니 전 주지사는 2100만 달러의 수입에 14퍼센트의 세금을 낸 이유의 기반이다. 앞서 언급했듯이 오바마 대통령은 근로 소득을 위해 일을 하고 롬니 전 주지사는 투자 소득에 초점을 맞춘다.

사람들 대부분이 근로 소득에 대해서만 잘 안다. '중앙은행이 되는'

과정을 성공시키려면 세 유형의 소득 모두에 대한 실용적 지식을 갖춰야 한다.

요점 2: 네 가지 유형의 화폐

중앙은행이 되는 과정을 이해하려면 먼저 돈의 역사와 서로 다른 네 가지 유형의 화폐에 대해 이해하는 것이 중요하다.

1. 상품 화폐(Commodity money: '실물화폐'라고도 한다.)
2. 지급 준비 화폐(Reserve money: 현대적 경제 용어로는 '본원통화'라고 한다.)
3. 부분 지급 준비 화폐(Fractional Reserve money)
4. 명목 화폐(Fiat money: '불환화폐'나 '표지화폐'라고도 하며 주로 은행권 지폐와 동전을 가리킨다.)

우리가 겪는 금융 위기는 명목 화폐, 즉 금이나 은이 뒷받침하는 돈이 아니라 정부의 약속이 보증하는 돈에 의해 비롯된다. (약속 지키기에 관한 정부의 과거 실적을 들여다보고 싶은가? 안 보는 게 나을 것이다.) 미국의 연방준비은행과 세계 각국의 중앙은행에서 이 명목 화폐를 찍어 낸다. 스스로 중앙은행이 되는 과정은 순서를 뒤바꿔 거꾸로 역사를 거슬러 올라갈 것을 요구한다. 다시 말해서 그 과정은 먼저 자신의 명목 화폐를 만들어 내는 능력에서 시작되고, 그 명목 화폐를 이용해 사업체나 부동산, 유전 등과 같은 실질 자산을 획득하는 단계로 이어지며, 이들 자산에서 나오는 현금흐름을 활용해 더욱 많은 실질 자산(즉 금이나 은 같은 상품 화폐와 부동산)을 확보하는 단계로 발전한다는 얘기다. 이것이 바로 자본가들이 밟는 과정이다.

돈의 역사에서 배우는 교훈

1. 상품 화폐

수천 년 전, 사람들이 처음으로 사용하기 시작한 돈은 금이나 은, 소금, 조개, 가축 등과 같은 실물, 즉 상품이었다. 사실 'capital(자본)'이라는 단어는 'cattle(소 또는 가축)'에서 나온 것이다.

현대의 은행가들이 쓰는 'in kind(현물로 또는 동일한 것으로)'라는 용어에서 'kind'는 독일어 'kinder(아이)'의 파생어이다. '유치원'을 뜻하는 'kindergarten(아이들의 정원)' 역시 이 독일어에서 나온 말이다. 옛날 유럽에서는 소 주인이 모종의 대출에 대한 담보물로 자신의 소를 은행가에게 맡기면 은행가는 그 소의 'kinder', 즉 송아지를 이자로 받는 게 허용되었다. 금융 용어로 'in kind'는 '같은 것으로 갚는다.'는 의미이다. 과거에는 송아지로 이자를 지불하는 것을 의미했고 오늘날에는 돈으로 이자를 지불하는 것을 의미한다.

상품이 화폐로 이용되던 그 시절을 우리는 '물물교환의 시대'라고 부른다.

2. 지급 준비 화폐

인류 역사에 두 번째로 등장한 돈이 지급 준비 화폐였다. 상인이 외지에서 재화를 구매하기 위해 사막을 건넌다고 치자. 금이나 소를 직접 가져가는 것보다는 보관해 달라고 믿고 맡길 수 있는 누군가, 즉 은행가에게 맡겨 두는 것이 훨씬 더 안전하고 편리한 방법이 된다.

그렇게 실물을 수탁한 사람은 금이나 소가 자신의 보호 하에 있다고 명시한 증서, 즉 일종의 차용 증서를 발행했다. 상인은 그것을 가지고 사막을 건너가 물품을 구매한 후 그것으로 대금을 치렀다. 그렇게 지급 준비 화폐가 통용되기 시작한 것이다.

3. 부분 지급 준비 화폐

그리고 얼마 지나지 않아 귀중품을 수탁하던 은행가는 상인들이 반드시 금이나 귀중품을 필요로 하거나 원하지는 않는다는 사실을 깨달았다.

은행가의 고객들 대부분은 은행에서 발행한 종이로 된 증서, 즉 차용 증서를 더 원했다. 증서는 훨씬 더 가볍고 접을 수도 있는데다가 어디든 가져가기 편했고 금주머니를 들고 다니는 것보다 훨씬 적은 리스크를 부과했다.

은행가의 머릿속에 어떤 아이디어가 섬광처럼 떠올랐다. 그는 이제 '부분 지급 준비 증서'를 빌려 주기 시작했다. 이는 만약 은행가의 금고에 1,000달러에 상당하는 금(고객이 맡겨 둔 금)이 있다면 1만 달러 정도를 부분 지급 준비 증서로 다른 대출자에게 빌려 주고 (동일한 것으로 받는) 이자를 부과할 수 있다는 의미였다. 이 부분 지급 준비 화폐의 도입을 계기로 은행은 돈을 찍어 내기 시작했다.

은행이 돈을 찍는 것과 더불어 돈의 공급이 늘어났고, 그에 따라 경기가 활성화되기 시작했다. 이 사례에서 '부분 지급 준비'에 적용된 승수는 10이었다. 이는 곧 은행에 예치된 금의 가치의 열 배에 달하는 돈이 시중에 유통된다는 의미였다.

모두가 만족했다. 물론 모든 예금자가 한꺼번에 돈을 돌려 달라고 요구하지 않는 한, 모두가 만족할 만한 상황이었다. 오늘날 모든 예금자가 동

왜 A학생은 C학생 밑에서 일하게 되는가

시에 돈을 돌려받길 원하는 경우 '예금 인출 사태'가 발생했다고 말한다.

2008년 리먼브라더스 사태가 발발한 직후 조지 부시 대통령은 TARP, 즉 부실 자산 구제 프로그램에 서명했다. 패닉에 빠진 대중들의 대규모 인출 사태를 막기 위한 최선의 조치였다.

이것이 바로 글로벌 경제가 수조 달러 규모의 빚에 허덕이게 된 경위이다. 세계 각국의 정부들이 수조에 달하는 달러와 엔, 유로, 페소 등을 찍어 댔다. 은행 시스템에서 세계적인 인출 사태가 벌어지는 것을 막기 위해서 말이다. 은행가들이 가지고 있지도 않은 돈을 빌려 주고 있었던 것으로 드러났다.

4. 명목 화폐

1971년 리처드 닉슨 대통령이 달러와 금을 교환해 주는 금 태환을 정지시키며 금본위제를 폐지한 이후 달러는 명목 화폐가 되었다. 오늘날 세계 경제를 돌리는 연료 역할을 하는 돈이 바로 이 명목 화폐이다. 명목 화폐는 정부가 돈이라고 선언한 돈이다.

간단히 말하면 정부는 인쇄기를 돌려 종잇장을 화폐로 만든다. 요즘에는 그냥 전자 펄스로 돈을 생성하기도 한다. 이제는 종이조차 필요치 않다는 얘기다.

정부에서 명목 화폐를 찍어 내면 두 가지 일이 벌어진다.

- 세금이 오른다.
- 인플레이션이 상승한다.

돈을 찍어 내는 것은 본질적으로 가난한 사람들과 중산층에 이중과세를 부과하는 행위이다. 그래서 부자와 나머지 모두 사이의 격차가 더욱 벌어진다. 그래서 내가 『부자 아빠 가난한 아빠』의 1장에서 "부자들은 돈을 위해 일하지 않는다."라고 선언한 것이다. 도대체 무슨 이유로 명목 화폐를 위해 일하려 하겠느냐는 말이다.

연방준비은행에서 명목 화폐를 발행하면 미국 경제에 도움이 된다. 당분간은 말이다. 명목 화폐는 일시적으로 미국인들의 임금을 낮추고 미국인들이 생산하는 제품의 가격을 떨어뜨려 수출 경쟁력을 높여 준다. 하지만 정부가 명목 화폐를 평가절하하지 않으면 제품은 갈수록 비싸지고 실업률은 높아지며 사회적 불안이 가중된다. 명목 화폐의 발행은 또한 정부에서 가치가 떨어진 돈으로 빚을 갚는 수단이 되기도 한다. 아울러 돈의 '가치'는 떨어져도 보다 높은 과세 등급으로 소득이 흘러들어감에 따라 정부에서 더 많은 세금을 거둬들일 수 있도록 돕기도 한다.

1973년 내가 미 해병대에서 제대했을 당시에는 연소득 2만 5000달러면 중산층으로 대접받았다. 오늘날 그것은 빈민층 수준의 소득이다.

만약 우리가 계속 이렇게 명목 화폐를 찍어 댄다면 머지않아 25만 달러도 빈민층 수준의 소득이 될 것이고 빵 한 덩이의 가격이 50달러 정도에 달할 것이다. 이는 인류 역사에서 수차례 일어났던 일이다. 사람들은 더 많은 돈을 벌고 더 높은 과세 등급에 올라 더 많은 세금을 내겠지만…… 사는 형편은 계속 나빠질 것이다.

이제 '중앙은행이 되는 것'이 얼마나 중요한지 감이 오는가? 당신 역시 당신 자신의 명목 화폐를 가능한 한 많이 찍어 내고 세금은 법 테두리 안에서 가능한 한 적게 내며 더욱더 많은 자산을 확보하고 싶지 않은가? 그

왜 A학생은 C학생 밑에서 일하게 되는가

렇게 자산을 획득해 놓으면 그 자산이 더 많은 명목 화폐를 만들어 줄 것이고, 궁극적으로는 상품 화폐, 즉 금이나 은으로 되돌아갈 것이다.

이것이 부자들이 이용하는 프로세스이다. 이 프로세스에 부자들은 갈수록 더욱 부자가 되고, 가난한 사람들과 중산층은 계속 분투하는 가운데 갈수록 더 가난해지는 이유가 담겨 있다. 부자들은 명목 화폐를 위해 일하지 않는데, 가난한 사람들과 중산층은 그렇게 한다.

나도 중앙은행이 될 수 있을까?

해병대 제대 후 나는 낮에는 제록스에서 일하며 영업을 배웠고, 밤 시간과 주말을 이용해서는 나 자신의 사업을 했다. 나는 중앙은행이 되는 요건의 첫 단계를 달성하기 위해, 즉 사업가가 되기 위해 최대한의 노력을 기울였다. 만약 내가 B 사분면의 사업가가 된다면 E나 S 사분면에 속하는 것보다 훨씬 더 많은 돈을 벌 수 있다는 것을 나는 알았다.

나의 삶은 일련의 성공과 실패로 점철되었다. 내가 벌인 첫 번째 큰 사업은 나일론과 벨크로로 서퍼용 지갑을 제작해 판매하는 것이었는데, 얼마 지나지 않아 실패로 돌아가면서 거의 100만 달러에 달하는 빚을 남겨 주었다. 나는 로큰롤 산업에 뛰어들어 그 빚을 갚아 나갔다. 듀란듀란, 핑크 플로이드, 폴리스 등과 같은 밴드의 각종 라이선스 제품을 생산하는 사업이었다. 로큰롤 사업에서 빠르게 성공한 후 벌인 다른 사업에서는 또다시 실패를 맛봤다. 실패를 할 때마다 내가 더 영리하고 현명해진다는 사실을 잘 알았지만 실패의 고통은 참으로 극심했다.

이것이 바로 감성 지능과 정신 교육이 학습의 과정에 필수적인 이유이다. 그만두고 싶었던 경우도 많았고 속이고 거짓말하고 훔치고 싶을 때도 여러 번 있었지만 나는 늘 궤도를 벗어나지 않았다. 각각의 문제에 하루하루 당당히 맞서며 내가 더 똑똑해지고 더 많은 경험을 얻고 법적, 윤리적, 도덕적 품성을 계발할 또 하나의 기회로 생각했다.

그리고 마침내 나는 부자 아빠의 세계에 자리 잡는 데 성공했다. 나의 아내인 킴과 여러 훌륭한 친구들이 없었다면 성공하지 못했을지도 모른다. 어쨌든 오늘날 나는 나 자신의 중앙은행을 보유하고 있다.

다음은 내가 중앙은행으로서 행하는 일이다.

1. 나 자신의 명목 화폐를 찍어 낸다

1996년 킴과 나는 리치대드컴퍼니를 출범시켰다. 당시 우리는 투자자들로부터 25만 달러를 지원받았다. 회사가 제 궤도에 올라 성장세를 타자마자 우리는 (동일한 것으로) 이자를 더해 투자자들에게 지원금을 갚았다.

오늘날 그 회사는 세계 55개국의 사무소에서 일자리를 제공하며 도합 수백만 달러에 달하는 매출을 올리고 있다. 자체의 명목 화폐를 찍어 낸다는 의미다. 여기서 들어오는 돈은 모두 무한 수익이다. 우리가 애초에 투자한 돈, 즉 투자자들의 지원금과 우리 자신의 종잣돈은 모두 되갚거나 회수한 상태이기 때문이다. 무한 수익은 중앙은행에서 찍어 내는 돈과 같은 것이다. 매년 우리는 새로운 제품을 고안하고, 그러면 다시 더 많은 돈이 들어온다. 리치대드컴퍼니가 문을 닫는다 해도 한동안은 우리의 국제 저작권과 게임 라이선스에서 계속 현금흐름이 발생할 것이다.

2. 부분 지급 준비 화폐를 이용해 부동산에 투자한다

부동산은 정말로 훌륭한 투자 대상이다. 은행에서 부동산을 사랑하기 때문이다. 기업 대출보다 부동산 담보 대출이 훨씬 더 쉽다. 내가 부동산에 투자하는 돈은 부분 지급 준비 화폐이다. 내가 아파트나 상가 같은 부동산에 투자하는 1달러당 은행에서 4달러 정도를 빌려 준다. 결국 1:4의 비율이다.

나는 부분 지급 준비 화폐를 '다섯 배 뻥튀기'라 부른다. 나의 개인적 화폐 공급을 500퍼센트로 확대해 주기에 하는 말이다. 어떤 이들은 그것을 레버리지(leverage)라 칭하고, 어떤 이들은 OPM(other people's money, 투자용 차입금)으로, 또 어떤 이들은 빚이라 부른다. 누구는 기회로 여기는데 누구는 부담으로 생각한다는 의미다.

우리의 목표는 우리의 달러, 즉 우리의 명목 화폐를 회수하는 것이다.

이는 곧 1:4의 자기 자본 대 부채의 비율을 0:5로 만든다는 의미다. 0:5의 비율이 되면 내 돈은 부동산에 하나도 안 집어넣고 100퍼센트 은행 돈으로 자금을 대는 셈이 된다. 우리는 대개 자기 자본에 해당하는 돈도 빌려서 채워 놓는다. 그렇게 (몽땅 빚으로 투자를 함으로써) 부분 지급 준비 화폐에서 순수한 명목 화폐로 갈아타는 것이다. 그러면 그 부동산은 100퍼센트 은행 돈으로 우리의 돈을 찍어 내게 된다. 그렇게 투자 대상에 우리 돈이 한 푼도 안 들어간 상태를 만들어 놓으면 우리는 다시 무한 수익을 달성한 셈이 되고, 결국 100퍼센트 명목 화폐를 찍어 내는 셈이 되는 것이다.

> ## "개인이 그럴 순 없습니다."
>
> 나 자신의 화폐를 찍어 내는 과정을 설명할 때면 어김없이 이렇게 말하는 누군가를 만난다. "개인이 그럴 순 없습니다." 또는 "우리나라에서는 개인이 그럴 수 없습니다."
>
> 그러면 나는 세계 모든 나라에서 그게 가능하다고 장담한다. 내 대답은 늘 이렇다. "당신은 그럴 수 없을지 몰라도, 이 나라의 누군가는 그렇게 하고 있습니다. 그것이 바로 자유 세계의 거의 모든 국가에서 법이 작용하는 방식입니다. 다음번에 대형 빌딩이나 호텔을 보거든, 혹은 부동산 개발 프로젝트를 접하거든 이 사실을 잊지 마십시오. 저 큰 빌딩을 소유한 사람들이 바로 그 일을 하고 있다는 사실 말입니다." 그들은 어떻게 그런 일을 하고 있는 것일까?

보상의 법칙

1973년 3일간의 부동산 투자 세미나에 참석한 후 나는 내 인생 최초의 부동산을 1만 8500달러의 가격에 구매했다. 당시 나는 계약금으로

10퍼센트, 1850달러를 걸었다. 신용카드를 긁어서 말이다. 그리고 90퍼센트는 담보 대출을 받았으니 그것이 내 생애 최초의 100퍼센트 자금 조달 투자였던 셈이다.

2005년 무렵 킴과 나, 그리고 우리의 파트너인 켄 맥켈로이와 로스 맥캘리스터는 처음으로 수백만 달러를 모았다. 역시 100퍼센트 자금 조달 투자를 실행하기 위해서였다. 킴과 나는 우리 부부의 착수금으로 100만 달러를 내놓았다. 우리는 그렇게 확보한 임대 주택 단지를 개선하고 거기에 새로운 아파트도 몇 채 추가로 지었다. 임대료가 올라갔고, 거기서 발생하는 추가 소득을 근거로 은행에서는 우리의 아파트 부지에 추가 대출을 해 주었다. (소규모 부동산 투자에서는 은행이 투자자의 재력에 따라 돈을 빌려 준다. 하지만 다소 큰 규모의 부동산 투자에서는 은행이 투자자보다는 부동산 자체의 가치나 장래성을 따져 보고 돈을 빌려준다.) 해당 부동산에 추가 대출이 나오자마자 킴과 나는 우리의 착수금 100만 달러를 돌려받았다. 빚에 해당하는 돈이었으므로 당연히 세금 면제였다. (만약 그것이 근로 소득이었다면 우리는 대략 50만 달러 정도를 국세 및 지

> ## 돈은 어떤 식으로 사분면을 넘나드는가
>
> 나는 B 사분면에서 돈을 벌면 즉시 I 사분면의 투자 금액을 늘린다. B 사분면 소득에 대한 세금을 최소화하기 위해서다.
>
> 만약 내가 B 사분면의 소득을 소비에 이용한다면 나는 지금만큼의 부자가 될 수 없고 세금도 더 많이 낼 것이다.
>
> 예를 들어 내가 B 사분면에서 10만 달러를 번다면 나는 그 돈을 부동산 프로젝트나 유전 및 가스 프로젝트에 투자한다. 그럼으로써 더 많은 자산을 획득하는 동시에 더 많은 현금흐름을 확보하고, 거듭 강조하건대 세금은 줄인다.

방세로 내야 했을 것이다.)

우리는 지금도 그 부동산을 보유하고 있다. 100퍼센트 은행 자금으로 투자한 부동산이며 매달 우리에게 현금 소득을 안겨 준다. 이 소득에는 상대적으로 낮은 비활성 소득 세율이 적용된다. 은행이 투자 자금 100퍼센트를 제공한 우리의 파트너이지만 가치 상승이나 분할 상환금, 가치 하락에 기인한 세금 혜택은 100퍼센트 우리 차지이다. 은행은 우리에게 초기 착수금 100만 달러를 돌려주었고, 우리는 그 돈을 또 다른 아파트 프로젝트에 투자했으며, 다시 위와 같은 과정을 되풀이해 밟았다. 이것이 내가 은행을 사랑하는 이유이다. 은행은 최고의 파트너이다. 물론 당신이 그들에게 훌륭한 파트너로 처신하는 동안에만 말이다. 세무 당국 역시 좋은 파트너가 될 수 있다. 정부에서 권장하는 바를 실행에 옮겨 주기만 하면 말이다. 사람들을 고용하고, 대출을 이용하고, 주택을 공급하는 일은 진정 정부가 원하는 바이다.

1973년에 있었던 나의 첫 투자와 요즘 킴과 내가 참여하는 투자의 핵심 원칙은 동일하다. 다만 오고가는 금액의 규모에서만 큰 차이가 날 뿐이다. 이는 보상의 법칙이 작용한 좋은 사례에 속한다. "경험의 학습이 쌓여 감에 따라 보상도 커져 간다."는 법칙 말이다.

자신의 돈이 투자 대상에 묶여 있는 한 거기서 나오는 현금흐름은 부분 지급 준비 화폐에 속한다. 그 돈 전체를 회수하는 순간, 그러니까 100퍼센트 빚을 이용해 자금을 대는 방식으로 회수하는 순간 우리가 얻는 현금흐름은 순수한 명목 화폐가 된다. 우리가 중앙은행이 되는 셈이다.

은행은 최고의 파트너이다

투자 파트너에 대해 말하자면 은행이 최고다. 은행은 투자 자금 전부 혹은 대부분을 내놓으면서 내가 모든 혜택을 차지하게 해 준다. 분할 상환이나 가치 상승, 가치 하락에 따르는 세금 혜택도 포함해서 말이다. 대부분의 파트너는 이익과 세금 혜택을 나누자고 하지만 은행은 그러지 않는다. (혹시 이 부분의 설명이 잘 이해되지 않는다면 세무 전문가에게 물어보기 바란다. 아주 중요한 개념이니까.)

3. 현금흐름을 상품 화폐로 전환한다

이른바 전문가라는 사람들 상당수가 금을 과거의 야만적 유물로 치부한다. 어쩌면 맞는 말인지도 모른다. 진정 수천 년을 견디고 살아남은 유물이니까.

많은 사람들이 명목 화폐를 상품 화폐로 바꾸기 위해 금이나 은을

화폐 유통 속도

대부분의 사람들, 특히 E 사분면과 S 사분면에 속한 사람들은 돈을 은행이나 보험사, 연금 등에 넣어 둔다. B 사분면과 I 사분면에 속한 사람들은 그 돈을 빌려서 움직이게 만든다. 자산을 매입하고 그 자산에서 초기 자금을 빼내 다른 자산에 투자하는 식으로 말이다.

그들이 그러는 이유는 소득은 늘리면서 세금은 줄이기 위해서다. 그들이 소득은 늘리면서 세금은 줄일 수 있는 까닭은 일자리를 창출하고 주택과 음식, 연료를 공급하고 대출을 받아 더 많은 돈을 만드는 등 정부에서 권장하는 일을 하기 때문이다.

간단히 말하면 E 사분면과 S 사분면 사람들은 돈을 묻어 두지만 B 사분면과 I 사분면 사람들은 돈을 움직이게 만든다. 이렇게 돈이 움직이면서 재화나 서비스의 거래, 자산의 거래에 이용되는 빈도를 경제 용어로 '화폐 유통 속도'라 한다.(일정 단위의 돈이 일정 기간 동안 거래에 이용된 회수를 말한다.)

구입한다. 문제는 그렇게 하느라 현금흐름을 생성하는 자산을 구매하지 않는다는 데 있다. 그들의 명목 화폐가 곧장 과거의 야만적 유물로 변해 땅에 묻히는 꼴이다. 이것은 사회나 경제에 별다른 도움이 되질 않는다. 그냥 금고에 틀어박혀 아무것도 안 하고 있으니까 말이다.

중앙은행으로서 나는 나 자신의 명목 화폐를 찍어 내고 사업체나 부동산, 유전 등과 같은 자산을 획득한다. 그러한 자산은 사회에 기여하는 한편 현금흐름을 창출한다. 그리고 여분의 돈이 생기면 우리는 금이나 은을 구입한다. 우리는 결코 그 명목뿐인 가짜 돈을 저축하지 않는다.

미국 달러는 더 이상 실가(實價) 화폐가 아닌데다가 가치가 하락하는 통화이다. 그런 달러를 저축한다? 나는 도저히 납득할 수 없는 일이다. 만약 달러가 필요한 일이 생기면 금이나 은을 현금화하면 된다. 알다시피 금이나 은은 빠르고 쉽게 현금화할 수 있는 상품이다.

중앙은행이 됨으로써 나는 돈의 역사를 거꾸로 거슬러 올라갔다. 명목 화폐에서 출발해 상품 화폐로 되돌아간 것이다.

두 분의 아버지

나는 운이 좋게도 아버지를 두 분이나 두었다. 두 분은 모두 나의 최고의 선생님이었다. 학교에서 배운 것보다 두 분에게서 배운 게 더 많다. 가난한 아빠에게서는 학습의 중요성과 가치를 배웠고, 부자 아빠에게서는 관용의 힘을 배웠다.

'C' 학생 세계에서의 내 교육은 아홉 살 때 모노폴리 게임을 하며 시작되었다. 그 세계는 'A' 학생이나 'B' 학생은 좀처럼 들여다보지 못하는 곳이다.

나이가 들어가며 내가 명명백백하게 깨달은 사실이 하나 있다. "크게 보면 삶은 성적이 아니라 무엇을 배우려고 선택하느냐에 좌우된다."

부모의 행동 단계

자녀와 함께 돈의 현실 세계를 탐험하고 체험하라

부모로서 자녀에게 행동을 취하도록, 실전을 통해 배우도록 가르치는 것은 매우 중요한 일이다.

돈에 관해 가르칠 때에는 현실 세계로 데려가는 것이 최고의 실전 교육 방법이다. 돈은 우리가 내리는 거의 모든 결정의 일부를 차지한다. 저녁으로 무엇을 먹을 것인지, 자동차 기름은 어디서 넣을 것인지, 치과 치료비는 어떻게 낼 것인지 등등 돈을 빼놓고 내릴 수 있는 결정이 거의 없다.

자녀에게 현실 세계의 돈을 체험시키는 몇 가지 방법을 소개하겠다.

- 식료품 쇼핑에 데려간다. 그리고 가계 예산이나 한 달 식비 등에 대한 대화에 참여시킨다.
- 부동산 중개 사무소에 데려간다. 투자할 만한 부동산을 함께 살펴보고 투자 기회를 평가하는 방법에 관해 논의한다.
- 금화와 은화 등을 판매하는 동전 가게에 데려간다. 그리고 어떻게 가격이 결정되고 왜 금과 은이 훌륭한 투자 대상이 될 수 있는지 설명한다.
- 자산 관리사나 증권 중개인을 만날 때 대동한다. 옆에 앉아 대화를 듣게 한다.

- 가족의 실제적인 상황이나 문제를 교육의 기회로 활용한다.

우리 가난한 아빠의 집에서는 돈 문제가 논의된 적도, 재정적 실수가 인정된 적도 없다. 나의 가난한 아빠에게는 돈과 관련해 문제나 실수가 있다고 인정하는 것은 본인이 멍청이거나 실패자라고 인정하는 것과 같았다. 다시 말해서 그는 학교에서 고수하는 문화를 그대로 가정에 도입했던 것이다. 하지만 부자 아빠의 집에서는 돈과 관련된 문제나 실수가 학습의 기회로 통했다.

나의 가난한 아빠는 정답을 아는 것으로 충분하다고 믿었다. 그에게는 콜럼버스가 아메리카 대륙을 발견한 게 1492년이라는 것을 아는 것이 중요했다. 나의 부자 아빠는 아는 것은 실행에 옮길 수 있다고, 즉 지식은 곧 행동이라고 믿었다. 부자 아빠라면 콜럼버스의 항해 날짜를 암기하기보다는 차라리 콜럼버스처럼 되는 법을 배우려 했을 것이다.

학습의 원뿔이 우리에게 상기시켜 주듯이 '실제로 해 보거나 시뮬레이션 해 보는 것'이 훨씬 더 재밌을 뿐 아니라 훨씬 더 기억도 잘 된다. 둘 다 행동 중심의 경험적 학습 방법이기 때문이다.

당신의 가정에서 실제적인 돈 문제나 실수가 발생하면 자녀들과 함께 의논하는 시간을 갖고 이 책이나 여타 자료에서 새로운 정보를 찾아보길 바란다. 그러면 문제를 다른 측면에서 바라볼 수 있을 것이다. 여러 다양한 측면에서 지혜를 구하고 다각적인 관점에서 문제에 접근하는 태도는 자녀들에게 삶의 모든 측면에서 지능을 높이도록 가르치는 데 도움이 된다.

금융 교육,
가장 중요한 교사인 부모가 앞장서라

가정은 아이들이 배움을 얻는 가장 중요한 교실이다. 앞으로의 인생을 지탱할 기초 토대는 바로 가정에서 마련된다. 하지만 안타깝게도 많은 아이들이 건강하지 않은 가정이나 그들의 발전을 지원해 주지 못하는 가정에서 자라난다. 폭력과 약물, 거짓말, 증오, 편견, 중독으로 물든 환경에서 자라는 아이들이 너무나 많다. 심지어 부유층 아이들도 말이다. 그리고 가난한 집의 아이들은 빈곤에 찌든 훨씬 더 비참하고 힘든 환경에서 살고 있다.

나는 세상의 부모들을 위해 이 책을 썼다. 부모는 아이에게 가장 중요한 교사이기 때문이다. 학력이 높지 않은 부모라도 얼마든지 자녀의 배움을 격려하고 이끌어 줄 수 있다. 어린 시절에 폭력을 경험했거나 따뜻한 보살핌을 충분히 받지 못한 부모라 할지라도 자식을 따뜻하게 보듬을 수 있고 안전하며 사랑받고 있다는 느낌을 전해 줄 수 있다. 우리는 누구나 사랑을 베풀어야 하며 사랑을 베푸는 데에는 돈이 들지 않는다. 사랑은 부잣집이든 가난한 집이든 어느 가정에서나 꽃필 수 있다.

이 책은 지금까지 내가 쓴 것 중에 가장 중요한 책이다. 자식을 진정으로 사랑하고 자식의 교육과 미래를 걱정하는 부모라면 반드시 읽어야 할 책이기 때문이다. 나는 책에 나오는 내용들을 가급적 쉽게 설명하려고 노력했다.

동전의 세 가지 면을 이해하는 것, 세상을 다양한 관점에서 바라보고 나와 다른 관점을 열린 자세로 바라보는 것은 아주 중요하다. 자녀의 지능을 높이는 길은 정답과 틀린 답만 존재하는 세상을 뛰어넘어 더 큰 그림을 보는 법을 가르치는 것이다.

나는 탐욕이 아니라 베푸는 관대함이 중요하다는 점을 강조했다. 또한 미국의 세법이 탐욕스러운 사람이 아니라 관대하게 베푸는 사람에게 보상을 제공한다는 사실을 설명했다. 아울러 교육은 학교 시험 성적에서 끝나는 것이 아니라 평생에 걸치는 과정이며, 실수와 실패를 거치며 그것을 통해 배우는 것이 진짜 배움이라는 사실을 거듭 강조하고 싶다.

변화에 발맞춰 나가는 것

오늘날 세계가 봉착한 금융 위기가 일어난 원인은 여러 가지다. 학교의 금융 교육 부재는 그 여러 원인 중 하나에 불과하다. 지금의 경제 혼란이 일어나게 된 또 다른 중요한 원인은 '변화의 가속화'이다. 다시 말해 학교가 학생들의 기대에 부응하지 못하는 이유 한 가지는 지금의 교육 제도가 시대의 변화 속도를 따라가지 못하기 때문이다. 현재의 교육 제도는 농업 시대에 만들어졌고 산업화 시대에 미미하게 개선되었으며, 급속하게 변화하는 정보화 시대를 살고 있는 우리 아이들을 제대로 가르치기에는 역

부족이다.

변화가 가속화되는 세상에서는 지금 새롭고 참신한 무언가가 2년도 채 안 되어 시대에 뒤떨어진 구식의 것이 되어 버릴 수도 있다. 다행인 것은 아이들은 대개 빠른 변화를 잘 따라갈 줄 아는 적응력을 가졌다는 사실이다. 그런데 학교와 교사들은 대부분 그렇지가 못하다는 게 문제다. 많은 학생들이 주의력 결핍증(ADD)을 겪고 있는 현실이 그리 놀랍지만은 않다. 대개의 경우 ADD는 따분함의 또 다른 이름에 불과한지도 모른다.

교육 현장의 이런 현실을 감안할 때 부모의 교사 역할은 그 어느 때보다 중요하다. 따라서 우리는 이런 질문을 던져야 한다. 자녀가 흥미를 잃지 않고 배움에 참여하게 이끌려면 부모는 어떻게 해야 하는가?

한 가지 방법은 게임이다. 아이들은 몇 시간이고 앉아서 게임에 몰두하곤 한다. 컴퓨터, 게임 콘솔, 태블릿, 스마트폰을 이용해서 말이다. 나는 사업과 투자에 관한 중요한 교훈들을 모노폴리 게임을 하면서 배웠다. 리치대드컴퍼니를 비롯한 많은 회사들이 요즘 아이들의 흥미를 유발할 수 있는 다양한 교육 도구와 제품을 개발하고 있다. 나는 아이들이 기꺼이 '배우고 싶어 한다'고 믿는다. 그들은 날마다 주변 세상에서 새롭고 흥미로운 것을 발견하면서 다양한 아이디어와 혁신과 사람들에 푹 빠지곤 한다. 교사와 부모의 역할은 바로 아이들이 재미있게 학습할 수 있도록, 직접 참여하고 경험하며 배울 수 있도록 이끄는 것이다. 그래야만 학습을 통해 배운 것을 현실 세계에서 의미 있고 유용하게 활용할 수 있다.

명심하길 바란다. 당신의 자녀는 학교보다 가정에서 더 많은 것을 배울 수 있다. 부모인 당신은 가정을 세상에서 가장 훌륭한 교실로 만들 수 있다. 삶이 주는 온갖 선물과 기회들 앞에 자녀가 마음을 활짝 열어젖히게 해 줘야 한다. 자녀가 자신만의 특별한 재능을 발견하게 도와주고 그들의 꿈을 응원해 주는 것은, 당신이 자녀에게 줄 수 있는 무엇보다 값진 선물이다.

아이폰과 아이패드가 교사나 전통적인 학교를 밀어내고 그 자리를 차지하게 될까? 그렇지는 않을 것이다. 하지만 시대에 발맞춰 가며 앞을 내다보는 부모라면 모바일 기기를 활용해, 또 아이들의 학습 속도에 맞춰 제작된 콘텐츠를 활용해 자녀의 학습을 보완하고 그 속도를 높일 수 있다. 대학 등록금이 하늘 높은 줄 모르고 올라가고 학자금 대출도 늘어가는 요즘 시대에, 다양한 전자 기기를 활용한 학습은 전통적인 교육 모델을 대신할 저렴한 대안을 제공해 준다.

정보화 시대

오늘날의 정보화 시대를 감안하건대, 교육 시스템을 이끄는 수장은 벌거벗은 임금님과도 같다. 한편 현대의 사업가들이 이룬 여러 혁신 덕분에 많은 이들이 질 높은 교육을 낮은 비용에 접할 수 있게 되었다. 과거에 헨리 포드가 많은 대중에게 저렴한 자동차를 보급할 수 있게 만든 것처럼, 오늘날의 진정한 자본가들은 교육과 관련해 바로 그런 일을 해내고 있다.

스티브 잡스와 빌 게이츠 같은 사업가들은 세상의 모든 가정을(부잣집이든 가난한 집이든, 선진국이든 제3세계든) 최고의 대학에 버금가는 공간으로 만드는 데 일조했다. 이제는 마우스 클릭 몇 번이면 엄청난 정보와 지식에 빛의 속도로 접근할 수 있기에 하는 얘기다. 기술은 세상을 이전과 전혀 다른 곳으로 변모시켰다. 기술의 눈부신 발전은 인류 역사상 가장 커다랗고 중대한 변화라고 해도 과언이 아니리라. 지금과 같이 한계와 경계가 사라진 세상은 과거 그 어느 때도 존재한 적이 없다. 그리고 당신의 자녀는 바로 그 세상 앞에 서 있다.

오프라 윈프리는 텔레비전 토크쇼에서 자신의 재능을 발견했다. 토머스 에디슨은 연구실에서, 타이거 우즈는 골프 코스에서 재능을 발견했다. 그리고 비틀스는 나이트클럽에서 재능을 발견했다. 그들은 학교에서 자신의 재능을 깨달은 것이 아니다.

600년 전에 화약과 대포가 왕들이 사는 궁궐의 성벽을 무너트렸듯이, 앞으로 모바일 기기가 우리가 아는 전통적인 교육계의 신성한 벽을 무너트릴 가능성도 전혀 없다고는 할 수 없다. 우리의 자녀 세대는 정부나 학교에서 시키는 것을 배우는 대신, 스스로 배우고 싶은 것을 선택하게 될 것이다. 스티브 잡스가 리드 대학을 중퇴한 후 자신이 원하는 수업을 들으면서 진짜 원하는 것을 배웠던 것을 생각해 보라. 당신 자녀도 마음속에서 진정 원하는 길을, 열정을 쏟을 수 있는 꿈을 추구해야 마땅하지 않겠는가. 그리고 탄탄한 금융 교육을 받은 아이라면 훗날 성인이 되어 사업을 통해 '돈을 만들어 내는' 사업가, 돈이 자신을 위해 일하게 만드는 투자가로 성장할지도 모른다. 높은 실업률과 낮은 임금의 세상에서 피고용인이 되어 평생 돈을 위해 열심히 일하기보다는 말이다.

낡은 것이 새로운 것으로, 구시대가 새로운 시대로 대체되어 가면서 더 커다란 글로벌 혼란이 찾아올지도 모른다. 교육 시스템은 변화에 굼뜨다. 교사 노조들도 변화를 반기지 않는다. 그들은 현상 유지를 선호하는데, 이는 그들에겐 좋을지 몰라도 아이들과 납세자들을 위해서는 결코 바람직하지 않다.

세상은 1971년 이후로 바뀌었다. 닉슨 대통령이 금본위제를 폐지하면서 돈의 규칙이 바뀌었다. 안타깝게도 우리의 교육 시스템은 그 변화에 적응하지 못했다. 많은 학교에서 아이들에게 돈을 저축하라고 가르친다. 돈이 이제 더 이상 돈이 아닌데도 말이다. 학교에서 학생들에게 빚에서 벗어나라고 조언하는 동안, 부자들은 빚을 이용해 더 부자가 된다. 학교에서는 "너의 집은 자산이다."라고 가르친다. 부동산 시장의 붕괴로 인해 수백만 가정의 재정적 토대가 무너졌는데도 말이다. 또한 학교에서는 세금을 기회와 혜택이 존재하는 영역이 아니라 개인의 '가장 커다란 지출 항목'이라고 믿게 가르친다. 나는 우리의 미래를 결정하는 열쇠가 부모들의 손에, 기술의 혜택을 누리는 가정이라는 교실에, 아이들의 재능에 달려 있다고 믿는다. 다시 말해 세상의 미래는 우리의 가정과 가슴속, 아이들의 마음속에 들어 있다. 지금 우리는 역사상 가장 중대한 변화가 판가름 날 벼랑 끝에 서 있다.

우리는 앞으로 혼란을 마주하게 될까? 그렇다. 폭력 사태를 목격하게 될까? 아마 그럴 것이다. 많은 이들이 두려움을 느낄까? 물론이다. 미래와 과감하게 맞서고 눈앞의 다양한 기회를 기꺼이 붙잡는 새로운 사업가들이 나타날까? 반드시 그럴 것이다.

Q: 부모는 무엇을 해야 하는가?

A: 자녀와 집에 함께 있는 시간을 지혜롭게 보내야 한다. 배움의 창의 세 단계, 다중지능, 학습 원뿔, 게임의 힘, 매슬로의 욕구 피라미드를 마음속에 새기라. 학습과 배운 것의 실천을 장려하는 집안 분위기를 만들기 위해 아주 작고 사소한 것이라도 일단 시작해 보라. 그 작은 첫 걸음이 당신과 자녀를, 재정적 미래를 진정 주도적으로 일궈 나가는 삶으로 이끌어 줄 것이다.

부모가 집안에 배움의 분위기를 조성하는 것은 대단히 중요하다. 얼마든지 실수해도 되고, 새로운 것을 시도하고, 끊임없이 질문을 던지고, 모든 대답을 알 수는 없지만 함께 공부하고 깨우치면 된다는 분위기를 조성해야 한다. 변화와 수정을 기꺼이 받아들이는 분위기를 만들어라. 이는 변화가 가속화되는 오늘날의 세상에서 꼭 필요하다.

무엇보다 중요한 것은 부모 스스로가 열린 사고방식을 가진 사람, 동전의 옆면에 올라서는 사람이 됨으로써 자녀에게 모범을 보이는 것이다. 어떤 아이디어나 이슈에 대해 생각하거나 말할 때에든 '양쪽 면 모두를' 볼 줄 알아야 한다. 그것이 진정한 지성이다. 당신의 재정적 미래에 영향을 미치고 자녀의 삶을 이끌어 줄 수 있는 지성 말이다.

너무나도 많은 사람이 학교를 졸업하고 사회에 나오면 세상을 '옳음 아니면 틀림'의 시각에서, 흑백 논리의 관점에서 바라본다. 그들은 삶이라는 시험에 옳은 정답이 하나뿐이라고 믿는다. 하지만 현실은 그렇지 않다. 인생은 여러 가지 선택안이 담긴 시험지이며, 모든 선택이 나름대로 다 정답이 될 수도 있다.

내가 이 책을 쓴 이유는 부모의 시각을 넓혀 주기 위해서다. 동전의 여러 면을 볼 줄 아는 시각 말이다. 어떤 문제나 이슈에서든 다른 쪽 면을 볼 줄 알면 그 사람의 지성은 높아진다. '옳음 아니면 틀림'이라는 흑백논리의 세계에 사는 사람들은 학력은 높을지 몰라도 지성은 떨어진다.

예컨대 '부자 증세'를 외치는 사람들은 동전의 다른 면은 보지 못한다. 그들은 정부가 세금을 인상할 때 '부자 증세'를 외쳤던 바로 그 사람들에게 부과하는 세금을 늘린다는 사실을 알지 못한다. 정부는 부자들에 대한 세금을 인상하지 않는다.

"부자는 탐욕스럽다."고 말하는 사람들은 자신의 탐욕은 인식하지 못하는 경우가 많으며 부자들이 관대할 수 있다는 사실을 알지 못할 때가 많다. 그리고 부모는 자녀에게 "학교를 졸업하고 일자리를 얻어라."라고 말하는 대신 "사람들에게 일자리를 제공하는 방법을 배우라."고 조언하는 편이 더 현명하다.

현재의 교육 제도에서 내가 큰 문제라고 느끼는 것은, 학교에서 아이들에게 돈이 그들을 위해 일하게 만드는 법을 가르치지 않고 돈을 위해 일하라고 가르친다는 점이다.

학교에서는 아이들에게 돈을 은행에, 뮤추얼 펀드 회사에, 부동산 중개인에게, 연금 펀드에 맡기라고 조언한다. 지금의 경제 위기 발생에 일조한 바로 그 사람들에게 말이다. 나는 금융 서비스 업계가 훌륭하다 나쁘다 하는 가치 판단을 하려는 것이 아니다. 지금의 위기가 초래된 핵심 원인이 바로 금융 교육의 부재라는 점을 강조하고 싶을 따름이다.

아이들은 누구나 돈에 대해 자연스러운 관심과 호기심을 갖고 있다. 어째서 그 자연스러운 호기심을 이용해 자녀 내면에 잠재된 재능을 이끌어내지 않는단 말인가?

일반교육위원회

1902년 존 D. 록펠러는 일반교육위원회(General Education Board)를 설립했다. 그는 미국 교육 체계를 장악하려는 생각으로 이 위원회를 만든 것 같다. 나는 어쩌면 그래서 우리의 학교들에서 금융 교육을 하지 않는게 아닐까 싶다. 또 흔히 악덕 자본가라고 불리는 이들, 즉 존 D. 록펠러,

JP 모건, 코르넬리우스 밴더빌트, 워싱턴 듀크, 릴랜드 스탠퍼드 같은 자본가들이 교육 사업에 나선 것도 빈곤층과 중산층의 똑똑한 아이들을 관리하기 위해서가 아니었을까 싶다. 그들은 아이들을 가르친 다음 피고용인인 경영 자본가로 채용하여 그들의 회사를 운영하게 했다. 필경 이들 악덕 자본가는 학생들이 돈에 대해 너무 많이 알게 되는 것을 원치 않았던 것 같다. 학생들이 '사업가 세대가 되는 것'과 '악덕 자본가에게 필요한 일꾼과 관리자가 되는 것'을 대결 구도로 바라보면 안 되니까 말이다.

영혼을 팔다

"당신이 돈을 원한다면 영혼의 일부를 언제라도 팔 수 있어야 한다."
　　　　　　　　 - 작자 미상

정치가들은 선거에서 표를 얻으려고 사회 보장 제도, 메디케어, 오바마케어 등과 같은 권리 의식을 심어 주는 프로그램을 제시하면서 가난한 이들을 먹이로 삼는다.

비만으로 숨이 찬 국민들에게 기름, 설탕, 소금을 파는 식품 업계의 경영자를 비롯한 기업 중역들은 자신의 높은 연봉과 보너스, 연금을 지키는 데에만 관심이 있다.

은행들은 금융 지식이 없는 사람들에게 신용카드, 뮤추얼 펀드, 학자금 대출을 권유하여 수수료와 이자를 거둬들인다.

왜 'A' 학생과 'B' 학생은 'C' 학생 밑에서 일하게 되는가

간단히 말해 'A' 학생은 학자형으로서 변호사, 의사, 회계사, 교사, 엔지니어, 저널리스트 같은 전문가들이다. 'B' 학생은 대개 관료가 된다. 'A' 학생과 'B' 학생은 동전의 한쪽 면만 공부한다.

반면 자본가형인 'C' 학생은 동전의 '세 가지 면 모두'를 알아야 한다.

바로 그 때문에 'A' 학생과 'B' 학생이 'C' 학생 밑에서 일하게 되는 것이다.

"나는 받을 권리가 있다"

오늘날 혜택에 대한 권리 의식이 팽배해진 것은 제대로 된 금융 교육이 이뤄지지 않았기 때문이다. 공무원에서부터 노조 노동자, 군인, 기업 근로자, 가난한 이들에 이르기까지 점점 더 많은 사람들이 '권리 의식'이라는 마차에 올라타고 있다. 그들은 세상이 자신의 삶을 책임져 주어야 한다고 믿는다. 그리고 달러의 구매력이 계속해서 하락하면, 한때 스스로를 책임질 줄 알던 많은 중산층도 빈곤층으로 전락할지 모른다.

교육계의 임금님은 벌거벗었다

현재 우리는 교육의 위기와 권리 의식이 초래한 위기에 직면해 있다. 그것은 경제 위기보다 더욱 중요한 문제다.

사회 보장 제도와 메디케어, 기업 및 정부 연금 등으로 인한 비예산 부채가 엄청난 수준임을 감안하건대, 분명 우리는 시대에 뒤떨어지고 제 기능을 못하는 교육 제도가 초래한 위기에 직면해 있다. 아마도 미국과 각국 정부는 물고기 잡는 법은 가르치지 않고 사람들에게 물고기를 주기 위해서 엄청난 돈을(신용에 의해 지탱되는 돈을) 찍어 낼 것이다. 그리고 교육계의 임금님이 벌거벗었다는 사실은 인정하려 들지 않을 것이다.

모든 동전에는 세 가지 면이 있다. 자녀에게 물고기 잡는 법을 가르치는 것은 곧 모든 동전의 세 가지 면을 가르치는 것과 같다. 평생에 걸친 그 배움의 과정은 당신 자녀를 빈곤층이나 중산층에서 새로운 아이디어와 제품과 서비스를 세상에 제공하는 세계적인 사업가로 변모시킬 힘을 갖고 있다.

오늘날 자녀 교육에서 부모가 하는 역할은 과거 그 어느 때보다 중요해졌다. 그러므로 나는 자녀의 재정적 미래와 금융 교육에 큰 관심을 갖고 그들에게 불공평한 이점을 주기 위해 최선을 다하는 부모들에게 고맙다는 말을 하고 싶다. 독자 여러분 모두 좁은 틀 밖으로 나와 활짝 열어젖힌 마음 자세로 다른 관점들을 받아들이고 좀 더 금융 지능이 높은 사람으로 거듭나고자 노력하길 바란다.

모든 아이들은 훗날 부자나 가난한 사람,
또는 중산층이 될 가능성을 갖고 있다.
부모는 자녀가 그중에 어떤 사람이 되는가에
중요한 영향을 미치는 존재다.

이 책을 끝까지 읽어 준 당신에게 고맙다고 말하고 싶다. 그것은 곧 당신이 자녀의 금융 교육에서 적극적인 역할을 하기로 마음먹었다는 뜻이기 때문이다.

금융 교육은 사람의 인생을 변화시키는 힘을 갖고 있다.

가장 위대한 사랑

"나는 아이들이 우리의 미래라고 믿어요.

아이들을 잘 가르쳐서 그들이 앞장서게 만들고

아이들 내면에 있는 모든 아름다움을 일깨워 주며

자긍심을 심어 줘야 해요."

- 마이클 매서와 린다 크리드가 만든 노래

「가장 위대한 사랑(The Greatest Love of All)」 중에서

오바마, 잡스를 만나다

'A' 학생과 'C' 학생의 만남

스티브 잡스는 암 투병 중이던 2010년 가을에 버락 오바마 대통령과
만나 45분간 대화를 나눴다.

다음 내용은 월터 아이작슨의 전기 『스티브 잡스』에서 발췌한 것이다.

잡스는 오바마 행정부가 훨씬 더 기업 친화적으로 변해야 한다고 덧붙였다. 그
는 중국에 공장을 세우는 일은 매우 쉬운 반면 요즘 미국에 공장을 세우는 것
은 여러 가지 규제와 불필요한 비용 때문에 거의 불가능하다고 설명했다.

잡스는 또한 미국의 교육 시스템이 속수무책으로 낡았으며 교원 노조 때문에
절름발이가 되었다고 공격했다. "교원 노조가 해체되기 전까지는 교육 개혁의
희망이 거의 없다. 교사들은 산업 조립 라인의 노동자처럼 대우받는 것이 아니
라 전문직으로 대우를 받아야 한다. 학교장이 능력에 준하여 교사들을 고용하
고 해고할 수 있어야 한다. 미국의 교실에서 여전히 교사가 칠판 앞에 서서 교

과서를 사용하는 방식으로 수업이 이뤄진다는 것은 말도 안 된다, 모든 책과 학습 교재와 평가는 디지털을 이용한 쌍방향의 학생별 맞춤 형태가 되어야 하며 실시간 피드백도 제공되어야 한다." 그는 이렇게 주장했다.

스티브 잡스에게 감사의 말을 전하고 싶다.

- 로버트 기요사키

왜 A학생은 C학생 밑에서 일하게 되는가

옮긴이 | 안진환

경제경영 분야에서 활발하게 활동하고 있는 전문 번역가. 1963년 서울에서 태어나 연세대학교를 졸업했다. 『영어 실무 번역』, 『Cool 영작문』 등을 집필했고, 역서로 『스티브 잡스』, 『로그아웃에 도전한 우리의 겨울』(공역), 『트럼프, 승자의 생각법』, 『넛지』, 『빌 게이츠@생각의 속도』, 『The One Page Proposal』, 『포지셔닝』, 『괴짜경제학』, 『미운오리새끼의 출근』, 『피라니아 이야기』, 『실리콘밸리 스토리』, 『전쟁의 기술』, 『애덤 스미스 구하기』 등이 있다.

왜 A학생은 C학생 밑에서 일하게 되는가
그리고 왜 B학생은 공무원이 되는가

1판 1쇄 펴냄 2014년 9월 26일
1판 13쇄 펴냄 2023년 3월 24일

지은이 | 로버트 기요사키
옮긴이 | 안진환
발행인 | 박근섭
펴낸곳 | ㈜ 민음인

출판등록 | 2009. 10. 8 (제2009-000273호)
주소 | 06027 서울 강남구 도산대로 1길 62 강남출판문화센터 5층
전화 | 영업부 515-2000 **편집부** 3446-8774 **팩시밀리** 515-2007
홈페이지 | minumin.minumsa.com

도서 파본 등의 이유로 반송이 필요할 경우에는 구매처에서 교환하시고
출판사 교환이 필요할 경우에는 아래 주소로 반송 사유를 적어 도서와 함께 보내주세요.
06027 서울 강남구 도산대로 1길 62 강남출판문화센터 6층 민음인 마케팅부

㈜민음인은 민음사 출판 그룹의 자회사입니다.